Die Französische Revolution war ein gewaltsamer Umbruch und zugleich der Durchbruch zur modernen politischen Freiheit. Der Autor nähert sich diesem großen Thema der europäischen Geschichte auf ungewohnte Weise: Er beginnt mit den kleinen Ereignissen, mit Fallbeispielen aus der französischen Provinz. Diese Skizzen vermitteln den »Alltag« der Revolution, die Motive der »kleinen Leute« und die Bedeutung des revolutionären Geschehens für die Zeitgenossen.

Die Bauern erhoben sich gegen die Grundherrn und brannten deren Schlösser nieder – die verhaßten Symbole der »Feudalität«. Aus dem ländlichen Frankreich geleitet der Autor die Leserinnen und Leser in die Städte der Provinz und schließlich in die Hauptstadt Paris. Hier zeichnet er den tragischen Verlauf der Revolution nach: von den Erhebungen des »Volkes« in den Straßen über die Beratungen der Abgeordneten bis hin zu den Terrormaßnahmen der revolutionären Regierung, die im ganzen Land Tausende von Opfern forderten. Zum Schluß überschreitet der Autor die Grenzen Frankreichs und stellt anhand anschaulicher Beispiele die europäische Dimension der Französischen Revolution dar – der »größten Begebenheit unserer Tage«, wie ein deutscher Beobachter damals kommentierte.

Der Autor schildert die Französische Revolution nicht als rein politisches Ereignis, sondern als »Kulturrevolution«. Sie bemächtigte sich virtuos der Medien, erneuerte die Sprache und schuf eine öffentliche Festkultur. Kenntnisreich und spannungsvoll zieht der Autor die Leserinnen und Leser mitten hinein in die revolutionäre Begeisterung des Volkes, in die politischen Machtkämpfe und in die Atmosphäre von Bedrohung und Willkür zur Zeit der *Terreur*.

Rolf Reichardt, geboren 1940, studierte Geschichte, Romanistik und Politikwissenschaft in Heidelberg, Dijon und Marburg. Seit 1971 ist er Fachreferent für Sozial- und Kulturwissenschaften an der Universitätsbibliothek Mainz, seit 1991 außerdem Leiter des DFG-Schwerpunkts »Frankreichforschung«. Neuerdings lehrt er als Honorarprofessor an der Justus-Liebig-Universität Gießen.

Europäische Geschichte

Herausgegeben von Wolfgang Benz

Konzeption: Wolfgang Benz,
Rebekka Habermas und Walter H. Pehle

Europäische Geschichte

Rolf Reichardt

Das Blut der Freiheit

Französische Revolution und demokratische Kultur

Fischer
Taschenbuch
Verlag

2. Auflage: April 1999

Originalausgabe
Veröffentlicht im Fischer Taschenbuch Verlag GmbH,
Frankfurt am Main, Oktober 1998

Redaktion: Tanja Hommen
Karten: BITmap, Mannheim
Gesamtherstellung: Clausen & Bosse, Leck
Printed in Germany
ISBN-3-596-60135-5

Gedruckt auf Munken Print Extra der Papierfabrik Munkedal AB, Schweden

Inhalt

Vorwort

Die Französische Revolution, diesen wirkungsmächtigen Schlüsselvorgang an der Schwelle unserer Moderne, überschaubar und eindringlich darzustellen ist eine Aufgabe, die jede Historikergeneration auf neue Weise bewältigen muß. Freilich drängt sich die Frage auf, wie diese Aufgabe heute wissenschaftlich noch zu lösen ist: Das weltweit begangene Bicentenaire hat uns zur 200. Wiederkehr des Jahres 1789 international – die Flut der Zeitschriftenaufsätze nicht eingerechnet – mit etwa 5000 Bänden an teilweise grundlegenden Quelleneditionen, Monographien und Kongreßakten überschüttet. Das altbewährte Verfahren bestünde darin, aus den »klassischen« Revolutionsgeschichten von Jules Michelet über Jean Jaurès bis zu Albert Soboul und François Furet/Denis Richet einen gemeinsamen Extrakt herauszudestillieren und diesen mit einigen aktuellen Lesefrüchten zu garnieren, das Gros der neueren Forschungsliteratur aber in das bibliographische Grab zu versenken. Die folgende Skizze erprobt einen umgekehrten, beschwerlicheren Weg. Sie geht aus von den gründlichsten und fruchtbarsten Problem- und Fallstudien, die zum Bicentenaire erschienen sind, um zu einer Gesamtdarstellung neuer Art zu gelangen. Dieser Ansatz bedingt Perspektiven, Vorgehensweisen und Akzentuierungen, die bei der Überblicksdarstellung eines allgemein bekannten Weltereignisses zunächst befremdlich erscheinen mögen und daher kurz zu erläutern sind.

1. Da ein Großteil der neuen Forschungsliteratur aus Regionalstudien besteht, erhält die Revolution in der Provinz mehr Aufmerksamkeit, als es sonst üblich ist. Das entspricht der Forderung, »die Revolution zu entparisianisieren« – ein Grundsatz, den vor allem französische Historiker seit einiger Zeit gerne verkünden, in Gesamtdarstellungen aber noch kaum praktizieren. Der folgende Überblick unternimmt den Versuch, diesen Grundsatz in die Tat umzusetzen, indem er die übliche Perspektive umkehrt und die

Französische Revolution zunächst von exemplarischen Regionen und Städten der Provinz aus betrachtet, um sie erst anschließend in ihrem Zentrum Paris aufzusuchen.

2. Damit hängt eine Darstellungsweise zusammen, die an großen Linien interessierten Lesern kleinteilig erscheinen mag. Ich habe sie mit Bedacht gewählt unter dem Eindruck, daß allgemeine Aussagen über die Französische Revolution und ihre Wirkungen zunehmend Gefahr laufen, formelhaft, konstruiert, ja verfälschend zu wirken, wenn sie nicht auf der Grundlage konkreter Beispiele und Belege beruhen. Daher konzentrieren sich die folgenden Kapitel primär auf möglichst »dichte Beschreibungen« exemplarischer Fälle. Sie sollen den Stellenwert der Revolution im Leben so sinnfällig machen, daß sich aus ihnen, wie ich hoffe, nach und nach allgemeine Grundzüge überzeugender ergeben als aus Verallgemeinerungen gleich zu Beginn. Zugleich können jene Fallbeschreibungen, die auf authentischen Archivstudien beziehungsweise auf den Quellen selbst beruhen,[1] den Blick dafür schärfen, was aus der Tatsachenfülle der Revolution eigentlich für die Zeitgenossen besonders wichtig war und somit historisch relevanter ist als anderes; denn die Geschichtsschreibung hat zu einer Kanonisierung der revolutionshistorischen Tatsachen und Ereignisse einschließlich ihrer Gewichtung und Verknüpfung geführt, die oft weit von der Lebenswirklichkeit der damaligen Zeit entfernt ist.

Der Leser wird also eingeladen, sich der Revolution auf einem Wege zu nähern, der heute ungewohnt ist, der jedoch der Weg war, den die Zeitgenossen des ausgehenden 18. Jahrhunderts genommen haben. Dies erfordert ein wenig Geduld. Wer es eilig hat und sich vor allem über den Ablauf der »Großen Revolution« in Paris informieren will, sollte zuerst den dritten Hauptteil der vorliegenden Darstellung lesen.

3. Außerdem wird im folgenden besonderes Gewicht gelegt auf die kulturelle Dimension der Revolution, deren Entdeckung die neuere Literatur bei genauerem Hinsehen wie ein roter Faden durchzieht. Gemeint ist vor allem die politische Kultur, welche die kollektiven Verhaltensweisen, Werte und Symbole ebenso umfaßt wie die Medien und Institutionen der Kommunikation, der Soziabilität und der gesellschaftlichen Meinungsbildung. Bei der Her-

vorhebung dieser Faktoren liegt es mir fern, die Französische Revolution nach ihrer zuerst politischen, dann ökonomischen und zuletzt sozialen Deutung nunmehr – ebenso einseitig – zur »Kulturrevolution« erklären zu wollen. Es geht lediglich darum, treibende kulturelle Kräfte des revolutionären Prozesses, die in den meisten Gesamtdarstellungen vernachlässigt worden sind, stärker als bisher zu berücksichtigen.

Um diese Konzeption im Rahmen der Reihe »Europäische Geschichte« zu erproben, mußte der vorliegende Essay den nötigen Raum für exemplarische Beschreibungen durch Einschränkungen bei der systematischen Darstellung erkaufen. So erhält der Leser zur Entstehungsgeschichte der Revolution, zu ihren Verfassungen, Institutionen und Kriegen nicht die üblichen zusammenhängenden Überblicke, sondern verstreute Hinweise in anderen, allerdings vergleichsweise konkreten und dichten Kontexten. Wenn er für diesen Verzicht jedoch, wie ich hoffe, einen neuen, authentischeren Blick auf Altbekanntes bekäme, vielleicht sogar gelegentlich angesichts der Fremdartigkeit oder auch der Modernität einzelner Phänomene ins Staunen geriete, hätte sich der folgende Versuch einer Revolutionsdarstellung »gegen den Strich« gelohnt.

Frankreichs historische Provinzen mit Jahreszahlen ihrer Eingliederung

Frankreich, Departements von 1789

Grundzüge der Bauernrevolution in Frankreich

Frankreich am Ende des Ancien régime muß, obwohl es als Stammland der Aufklärung galt und obwohl alle Welt auf seine Hauptstadt blickte, noch als ein Agrarstaat bezeichnet werden. Lebten und wirtschafteten in diesem mit rund 26 Millionen Einwohnern volkreichsten Land Europas doch mehr als vier Fünftel der Bevölkerung auf dem Lande. Ohne deren wenigstens partielle Beteiligung hätte die Französische Revolution sich nicht durchsetzen können. Um zu verstehen und zu erfassen, was die Revolution für die Landbevölkerung bedeutete, muß man die gewohnte Pariser Perspektive zunächst aufgeben und die Revolution aus dem Blickwinkel der Provinz betrachten. Aus zwei Gründen soll das im folgenden anhand regionaler Beispiele geschehen: exemplarisch deswegen, weil die Vielfalt und detailreiche Allgegenwart revolutionärer Bauernbewegungen sonst völlig unübersichtlich würde; und zugleich regionalhistorisch, weil die Region die Lebenswelt des damaligen Durchschnittsfranzosen so stark bestimmte, daß eine Darstellung, welche vordergründig gleichartige Erscheinungen aus verschiedenen Regionen je nach Bedarf miteinander vermengte, anachronistisch wäre. Der folgende Versuch geht gleichsam zweigleisig vor: Während später eine Reihe sehr gedrängter Skizzen typische Ausprägungen der Bauernrevolution schildert, soll zu Beginn deren »durchschnittlicher Prototyp« etwas ausführlicher dargestellt werden – und zwar am Beispiel einer Gegend, die für die *France profonde* als so typisch gilt, daß Staatspräsident Chirac sie zu seinem Wahlkreis erkoren hat. Steigen wir also zunächst von den Höhen der Auvergne und des Zentralmassivs nach Westen hinab zu den Hügeln und weiten Tälern des Bas-Limousin, das 1790 zum Departement Corrèze wurde.

Kämpfe um Selbstbestimmung: Die Bauernrevolution in der Corrèze

Das Bas-Limousin war im späten 18. Jahrhundert ein ausgeprägtes »Bauernland«. Während die Kirche kaum mehr als 2 %, Adlige nur knapp 16 % und wohlhabende Bürgerliche 26 % des Grund und Bodens besaßen, verfügten die Bauern der Corrèze mit ihrem Bodenanteil von 55 % über mehr eigenes Land als in den meisten anderen Regionen Frankreichs. Da sie allerdings fast alle Zwergbauern waren (nur etwa 18 % der Landbevölkerung besaßen überhaupt kein Land), die von ihren oft weniger als 5 ha Splitterbesitz keine Familie ernähren konnten, mußten sie Äcker dazupachten und allerlei Nebenverdienste suchen, etwa als Saisonarbeiter in Aix oder Limoges. War ihre Lebenslage so schon prekär genug, wurde sie noch prekärer durch den Kirchenzehnt sowie die Natural- und Geldabgaben an die Grundherren, die – vor Abzug der staatlichen Steuern – ein Fünftel ihrer kargen Ernte auffraßen. Die Folge war, daß die Bauern sich bei Unwetter-, Frost- und Dürreschäden und den damit verbundenen Teuerungen hoffnungslos verschuldeten.

Selbst in diesem traditionsgebundenen Land jenseits der großen Verkehrswege, in dem weder – wie anderswo – skrupellose Großpächter noch übermächtige, tendenziell kapitalistische Grundherren die soziale Polarisierung zwischen Reichen und Armen vorantrieben, gelang der Revolution eine kurze, aber fundamentale Mobilisierung der bäuerlichen Massen. 1789 brach von außen die neue politisch-soziale Legitimität in die Dörfer ein und versetzte die Landbevölkerung in Aufruhr. Die revolutionären Volksaufstände in Paris fanden mit der Verzögerung von einigen Wochen oder Monaten Widerhall in einer bäuerlichen Protestbewegung. Ausgangspunkte neuer Ideen und revolutionärer »Funken« waren zwar die Städte, doch zeigte auch die Landbevölkerung Ansätze eines bewußten Egalitarismus, artikuliert von eigenen Sprechern und halb alphabetisierten »Schriftführern«. Das gilt insbesondere für den südwestlichen Teil des Departements Corrèze mit dem Städtedreieck Uzerche – Tulle – Brive. Von den Bauernrevolten des späten 16. Jahrhunderts (*Croquants*) bis zu den Agrarunruhen von 1814, 1830 und 1848 besteht hier eine lange regionale Tradition kollektiver Verstöße gegen die »öffentliche Ordnung«. Sie waren Ausdruck latenter Protest- und Gewaltbereitschaft gegen Ansprüche besonders der staatlichen Obrigkeiten.

Trügerische Ruhe vor dem Sturm (1789)

Nach einer schlechten Getreideernte greifen im Frühjahr 1789 Lebensmittelknappheit und damit verbundene Feindseligkeit, Haß gegen Getreidehändler und Bäcker um sich – gerade als die Gemeinden sich versammeln, um für die Generalstände ihre Gravamina aufzuschreiben und ihre Abgeordneten zu wählen. Soweit die Beschwerdehefte der Landgemeinden für die Generalstände (*cahiers de doléances*) erhalten sind, belegen sie eine deutliche Unzufriedenheit mit der Grundherrschaft und eine verbreitete Kritik am Zehnten. Ende Juli streifen Ausläufer der *Grande Peur*, einer kollektiven Panik, die Region; die Panik löst keine Revolte aus, mobilisiert aber große Teile der Bevölkerung: Während sich in den Städten Bürgerwehren bilden, versammeln sich auf dem platten Lande provisorisch bewaffnete Bauernhaufen – teils von ihren Pfarrern oder Grundherren geführt – gegen den imaginären Feind. In Ussel läuft das Volk auf dem Marktplatz zusammen und fordert, daß die Edelleute entwaffnet werden und sich »dem Dritten Stand unterordnen«. Die Bauern verstoßen offen gegen das adelige Jagdprivileg, verweigern die Zahlung des Zehnten und der Feudalabgaben. Die halbherzigen Antifeudaldekrete der Nationalversammlung im August bringen die Gemüter vollends in Gärung.

Wie sich mancherorts der Zündstoff ansammelte, illustriert ein sich schrittweise verschärfender Konflikt zwischen dem adeligen Schloßherrn de La Porte und seinen Bauern im Gebiet der Kleinstadt Brive. Geführt von dem Wirt Pierre Durieux, künftiger Tambourmajor der Nationalgarde und Mitglied des Bürgerkomitees von Brive, ziehen die abhängigen bäuerlichen Kleinpächter um den 10. August, also wenige Tage nach der *Grande Peur*, zum Schloß Lissac und fordern die Rückgabe einer gemeindlichen Mühle, die de La Porte sich wegen ausstehender Pachtzinsen angeeignet hatte. Dieser weist das Ansinnen brüsk zurück. Darauf werden Abordnungen seiner Grundholden bis Anfang Dezember mehrfach erneut vorstellig und erhöhen dabei von Mal zu Mal ihre Forderungen: Rückerstattung okkupierter Gemeindeländereien, eines Brunnens und einer Scheune, keine Betrügereien mehr bei der Grundsteuer! Schließlich besetzt am 4. Dezember ein Trupp Bauern das Schloß, zerstört den umstrittenen Brunnen, richtet vor dem Schloß einen Maibaum (*mai*) auf und daneben einen Galgen mit der drohenden Schrifttafel: »Hier wird der erste Einwohner gehängt, der dem Seigneur die Grundrente bezahlt. Hier wird der Grundherr selber gehängt, wenn er die Rente annimmt.«[2]

Ausbruch des Bauernsturms (1790)

Um den Jahreswechsel brechen in einem Dutzend Landgemeinden südlich von Brive Unruhen aus. Die Bauern ziehen zum Schloß der Leymoneyrie in Végennes, lassen sich bewirten und ersetzen den Schandpfahl der grundherrlichen Gerichtsbarkeit durch einen Maibaum. In Saint-Chamant zerstören sie die Familiengruft des lokalen Grundherrn in der Kirche, holen die Uhr vom Giebel seines Schlosses herunter, pflanzen einen Maibaum und beschließen, dieses und zwei weitere Schlösser in Brand zu stecken (was sie aber nicht ausführen). In der zweiten Januarhälfte weiten sich die Unruhen aus und gewinnen an antifeudaler Schärfe: In Chanteix und Saint-Mexant verschaffen sich die aufständischen Bauern Zutritt zu den Teichen der sich heftig wehrenden Kartäusermönche von Glandier, fischen sie leer und treiben Schwarzhandel mit ihrer Beute; nachdem die Landpolizei drei von ihnen verhaftet, befreien die übrigen sie – im Anschluß an die sonntägliche Messe – aus dem Gefängnis.

In der Kleinstadt Allassac reißen die Bauern am 24. Januar nach der letzten Messe die Ehrenbänke dreier Seigneurs samt der Loge des örtlichen Grundherrn und Generalleutnants des Gerichtsbezirks Uzerche, Pradel de Lamase, aus dem Gotteshaus, um sie auf dem Kirchplatz in einem Freudenfeuer öffentlich zu verbrennen.

Sie läuten die Sturmglocke und rufen damit die Bauern der Umgebung zu Hunderten in den Ort, während die Notabeln unter Protest fliehen; bis zum Abend brechen die Aufständischen in zehn Herrenhäuser ein und lassen sich schriftlich bescheinigen, daß sie ihre ausstehenden Abgaben geleistet hätten. Bei der dreistündigen Belagerung des Schlosses des amtsadeligen Kronbeamten Pradel de Lamase kommen vier Bauern zu Tode. Die Nationalgarde von Brive sorgt am folgenden Tag zwar kurze Zeit für Ruhe, doch ihr Befehlshaber Durieux sympathisiert heimlich mit den Aufständischen; sobald er abgezogen ist, formiert sich die bäuerliche Truppe am 26. Januar erneut, umrundet mit Trommeln und Pfeifen die Stadtmauern, zieht auf den Marktplatz, verlangt Essen und Trinken, erzwingt, daß die adeligen Wetterfahnen von den Giebeln der Herrenhäuser entfernt werden, ersetzt einen Schandpfahl, Wahrzeichen der grundherrlichen Gerichtsbarkeit, durch einen Maibaum. Worum es ihnen bei alldem geht, fassen »die armen Einwohner« von Allassac am 10. Februar in einer Beschwerdeschrift an die Nationalversammlung zusammen, die deutlich radikaler ist als ihr ein knappes Jahr zuvor verfaßtes *Cahier* für die Generalstände: Sie prangern den »feudalen Despotismus« und die »Grausamkeit« ihrer Grundherren an, von denen sie wie »Sklaven« und »Vieh« behandelt würden; sie fordern das allgemeine Jagdrecht und freie Nutzung des Waldes; sie wollen eine menschenwürdige Grundherrschaft, nicht deren Abschaffung. Bis Ende Januar erfassen gleichartige Unruhen über 30 Gemeinden des Bas-Limousin, so daß dessen Abgeordnete in der Nationalversammlung bestürzt ausrufen, in ihrer Heimat seien Anarchie und Willkür ausgebrochen.

In Wirklichkeit sind jene Unruhen von 1790, an denen sich vom Landarbeiter über den Kleinbauern bis zum dörflichen Handwerker fast alle bäuerlichen Gruppen beteiligen, keineswegs blindwütige Ausbrüche roher Gewalt, sondern den Regeln von Kirchen- und Dorfgemeinde verpflichtete Bewegungen, geregelte Symbolhandlungen, die sich eindeutig gegen die gesellschaftlichen und wirtschaftlichen Fundamente der Grundherrschaft richten. Ohne wie anderswo die seigneurialen Archive zu verbrennen, sind die meist nur mit Stöcken, Hacken und Sicheln bewaffneten Bauern überall bestrebt, ihren vorausgegangenen Steuerstreik sanktionieren und sich künftige Abgabenfreiheit bescheinigen zu lassen. Mindestens ebenso wichtig ist ihnen jedoch, daß die öffentlichen Zeichen des Dünkels und des sozialen Vorrangs des Schwert- und Amtsadels – von der Ehrenbank in der Kirche bis zu der Lehensbesitzern vorbehaltenen Wetterfahne – verschwinden. Ihre Wortführer verkünden: »Es soll keinen Edelmann und keinen Bürger mehr geben [...]. Wir sind alle gleich!«[3] In diesen radikalen Egalitarismus mischt sich ihre Genugtuung, nach Jahrhunderten der Unterordnung nun ihrerseits obenauf zu sein. Als sichtbares Wahrzeichen ihrer »Machtergreifung« errichten sie »Maien« und begründen damit die revolutionäre Tradition der Freiheitsbäume: Wie »die Gabe des Maien« im überkommenen Volksbrauch Ehrenbezeigung und Anerkennung der angestammten Obrigkeit bedeutete, so verkündet nun die Errichtung von Maibäumen gegenüber den Herrschaftssitzen der Grundherren den Anbruch einer neuen Herrschaft, einer neuen Zeit der Freiheit. Zugleich ist der Maien ein Festbaum; wer ihn überbringt, erhält nach altem Brauch eine Gabe. Mit den fürstlichen Bewirtungen, die sie bei ihren Umzügen in den Schlössern einfordern, bringen die Bauern also eine Umkehr der Herrschaftsverhältnisse zum Ausdruck: Die milde Gabe wird zur Sondersteuer der Reichen, das Fest geht über in Sozialprotest. – Bei alldem handeln die Bauern im vollen Bewußtsein ihres Rechts; denn von den Beschlüssen der Nationalversammlung erfahren sie nicht allein durch Ankündigungen des Pfarrers nach der Messe, sondern auch und vor allem durch die Gerüchte. Diese besagen, der König habe dem Dritten Stand befohlen, die seigneurialen Kirchenbänke zu verbrennen und die Wetterfahnen von den Herrschaftshäusern zu holen. Die Angriffe der Bauern auf die Pachtabgaben erscheinen schließlich auch deshalb rechtens, weil von ländlichen Anwälten ausgegrabene spätmittelalterliche Urkunden bezeugen, daß in der Vergangenheit Grundherren den Bauern, um sie zu halten, zeitweise extrem niedrige Zinse gewährt hatten.

Zudem haben die Bauern den Zeitpunkt zum Losschlagen mit Bedacht gewählt, herrscht doch Anfang 1790 im Lande weithin ein Machtvakuum. Während der Intendant und seine Subdelegierten ohnmächtig zusehen und die seigneurialen Richter demissioniert haben, sind die neu geschaffenen Munizipalitäten noch nicht fest eingerichtet, zögern die städtischen Nationalgarden, die Unruhen mit aller Gewalt niederzuschlagen. Und so kommen die Aufständischen fast ungestraft davon. Die städtischen Bürgerkomitees ihrerseits, hin- und hergerissen zwischen den Schadenersatzansprüchen der Seigneurs und der Einsicht in die Berechtigung der bäuerlichen Beschwerden, lassen die Dinge auf sich beruhen. Sie entziehen den Distriktgerichten Prozesse gegen die Aufständischen und verbreiten statt dessen im Dialekt des Limousin abgefaßte aufklärerische Broschüren, um die Bauern zur Beachtung der Gesetze zu bringen. Gegen den Wirt und Nationalgardisten Pierre Durieux aus Brive, der die Unruhen durch sein Beispiel mit ausgelöst und dann die Aufständischen hatte gewähren lassen, betreiben die geschädigten Grundherren erbost einen Prozeß. Doch sie erreichen weder Durieux' Inhaftierung noch seine Verurteilung; im Gegenteil: Im Februar 1791 wird Durieux vom Distriktgericht in Bordeaux freigesprochen und als heldenhafter Vorkämpfer der neuen Grundsätze belobigt. Das Plädoyer hält kein Geringerer als Vergniaud, Anwalt und künftiger Starredner der Girondisten – so eng können lokale und nationale Revolutionspolitik zusammenhängen.

Endemische Gärung (1790 bis 1792)

In den nächsten Jahren verlieren die bäuerlichen Unruhen an Heftigkeit, verstetigen sich aber zu einem andauernden Schwelbrand. Kaum ein Monat, in dem nicht bewaffnete Trupps Getreidetransporte anhalten, weitere Fischteiche leeren, Zahlern der grundherrlichen Abgaben den Galgen androhen, ein Schloß »besuchen«, eine Strafexpedition gegen einen seigneurialen Richter durchführen.

1791 verstärkt sich der »Krieg gegen die Teiche« der Seigneurs zu einer Massenbewegung mit Ansammlungen von über 1000 Bauern, die insgesamt an die 60 % der für die Region und ihr Ökosystem typischen, wirtschaftlich wichtigen und als aristokratisches Statusmerkmal so beachteten Fischteiche plündern und ihre Dämme durchstechen. Im Laufe von knapp anderthalb Jahren sind die

Bauernunruhen von einer anfänglich sozio-ökonomischen zu einer politischen Bewegung mutiert, die den Grundherren den ersten Rang im Dorf streitig macht. Scheinen diese doch hinter dem »aristokratischen Komplott« zu stecken, das infolge des Fluchtversuchs der königlichen Familie die Furcht vor einer Gegenrevolution entfacht. Aufgrund dieser Angst teilt das Direktorium des Departements am 18. Juli 1791 Waffen für die Bürgerwehr an alle Gemeinden aus und trägt den Bürgermeistern am 2. August auf, die Schlösser der emigrierten Adligen – diese »Brutstätten der Verfassungsfeinde« und »Vaterlandsverräter«, imaginäre Stützpunkte einer gegenrevolutionären Rückeroberung des Landes – zu durchsuchen. Die in Paris beschlossene Forderung des Verfassungseides an alle Priester fügt den antifeudalen Konflikten eine antiklerikale Spitze hinzu: Als am 9. April 1792 die Jakobiner der Departementshauptstadt Tulle in Bedrängnis geraten, weil sie – mit Freiheitsmützen bekleidet – eidverweigernde Priester am Abhalten der Ostermesse hindern wollen, kommen ihnen an die 15 000 Nationalgardisten und Bauern der Umgebung zu Hilfe, um die »Aristokraten« zum Schweigen zu bringen. Angefacht von Nachrichten über die Pariser Revolution am 10. August und von den Gesetzen des Konvents gegen die Emigranten flammt dann der »Krieg gegen die Schlösser« im Herbst 1792 noch einmal auf: Innerhalb von zwei Wochen dringen die Bauern in über 15 Herrensitze ein, brandschatzen drei weitere, werfen grundherrliche Urkunden in die Flammen. Besonders abgesehen haben sie es auf die Besitzungen von komplottverdächtigen Emigranten.

Wie sind diese Revolten der frühen Revolutionsjahre in der Corrèze zu beurteilen? Daß sie keine Hungeraufstände, keine notwendige Folge blanker Not waren, ist schon daran erkennbar, daß sie mit dem Anstieg der Getreidepreise im Mai 1792 nicht zunahmen, sondern abklangen. Denn sie hatten weniger wirtschaftliche als vielmehr politische Gründe. Die Bauern erwarteten von der Nationalversammlung eine Antwort auf die antifeudalen Beschwerden in ihren *cahiers de doléances* und fanden die ersten Gesetze von 1790 – sofern sie überhaupt korrekt darüber in Kenntnis gesetzt waren – völlig ungenügend. In der Tat: Während der Kirchenzehnt sofort abgeschafft wurde, benötigte man vier Jahre (1789–1793), um das Problem der Feudalität seiner gesetzlichen Lösung zuzuführen. Die adligen Ehrenvorrechte wie das Jagdprivileg waren zwar am 15. März 1790 aufgehoben worden, die an die grundherrliche Gerichtsbarkeit gebundenen Kirchenbänke zählten jedoch nicht dazu. Sie fielen erst durch das Dekret vom 13. April 1791. Solche juristischen Feinheiten verstanden die Bauern ebensowenig wie die grundherrliche Forderung, Abgaben, von denen sie sich zuvor legal freigekauft hatten, 1792 weiterhin zu leisten. Die Interpretation der Gesetze war eine Frage der Macht. Erst nach weiteren Bauernunruhen, am 25. August 1792, wurden in Frankreich alle grundherrlichen Abgaben, die nicht seit längerem beurkundet waren, hinfällig. Der Generalrat der Corrèze selbst trug den Munizipalitäten auf, die Feudaltitel zu verbrennen, und der vom Konvent in die Corrèze entsandte Abgeordnete Jacques Brival ordnete am 28. Dezember 1793 die Zerstörung der alten Schlösser an: Was 1790 noch als Aufruhr gegolten hatte, war nun legal geworden. Der ständige Druck der Bauern in den Jahren 1789 bis 1793 und ihre sich radikalisierenden Forderungen hatten den Rechtswandel teilweise provoziert und insgesamt beschleunigt. Bei alldem blieben sozialrevolutionäre Tendenzen recht begrenzt. Obwohl ländliche Notabeln befürchteten, es werde bald »keine Grundbesitzer mehr geben«, war die mit dem Schreckwort »Agrargesetz« (*loi agraire*) beschworene allgemeine Enteignung von Grund und Boden kein Programmpunkt der Aufständischen.

Abwehr und Widerspenstigkeit (1793 bis 1800)

Die folgenden, langen Jahre der Revolutionszeit bilden im ländlichen Limousin eine zusammenhängende Phase vergleichsweise seltener und geographisch weit gestreuter Konflikte, während der sich die Bauern von der revolutionären Bewegung auf die Verteidigung ihrer überkommenen Lebenswelt zurückziehen. Der sonst verbreitete Gegensatz zwischen einer radikalrevolutionären Jakobinerzeit (1793/94) und einer »ruhigeren« Direktorialzeit tritt hier kaum auf: Es gibt in der Corrèze weder eine bodenständige Abwehr des robespierristischen Zentralismus (»Föderalismus«) noch eine ländliche Gegenrevolution (»Vendée«). Gleichwohl sind die Bauern in ihrem Alltag von der Revolution betroffen: Zu der Steuerlast und dem »Blutzoll« der Rekrutierungen kommen die Entwertung des Papiergeldes, die ständigen Forderungen von Städten und Konventsbeauftragten nach Ablieferung des Getreides und ein Zwang zur Laizisierung. Alldem suchen sich die Bauern so weit wie möglich durch passiven, gelegentlich auch gewaltsamen Widerstand zu entziehen. Abgesehen von Angriffen auf bürgerliche Landsitze im Juni und Juli 1794, die zeitlich mit sozialrevolutionären Tendenzen im Jakobinerklub von Tulle zusammenfallen, nehmen die bäuerlichen Abwehrhandlungen nun eine tendenziell gegenrevolutionäre Wendung und konzentrieren sich hauptsächlich auf zwei Bereiche.

In diesem Departement, dessen Klerus zu 54 % den »irreligiösen« Verfassungseid verweigert, richtet sich eine erste Gruppe von Widerspenstigkeiten gegen die revolutionäre Laizisierungspolitik im allgemeinen und gegen die Einsetzung neuer – eidwilliger – Gemeindepfarrer im besonderen. Schon im Frühjahr 1791 hatten verschiedentlich Frauen dem neuen Pfarrer oder Vikar »ihre« Dorfkirche versperrt oder den »Eindringling« (*intrus*) gar mit wüsten Beschimpfungen und Steinwürfen vertrieben. Während dann in Yssandon die Nationalgarde geschlossen mit einem »Eidverweigerer« die heilige Messe feiert, predigt der »konstitutionelle Pfarrer« in Albussac vor sich von Mal zu Mal leereren Bänken, bis er aus dem Pfarrhaus flieht, »um verhängnisvolle Ereignisse zu vermeiden«. Der Ortsbeirat von Saint-Exupéry bei Ussel bittet Ende 1792 die Abgeordneten der »großen und majestätischen Republik« um die Freilassung des wegen Eidverweigerung verhafteten Dorfpfarrers, personifiziert sich doch in ihm ein Stück gemeindlicher Identität, dessen Dauerhaftigkeit den Bauern wichtiger ist als Fragen der »großen Politik«. Zur Requirierung von Getreide entsandte Kommissare des Departements, die im Oktober und November das platte Land bereisen, müssen empörten Menschenansammlungen die Ungültigkeit des neuen »Sonntags« (*décadi*) sowie der Zehntagewoche versprechen und sich heftige Klagen anhören über die »Kirchenschändungen« der »Barbaren« von Tulle. Am 5. Dezember 1793 dringen Einwohner des Dorfes Lentilhac in die Kleinstadt Ussac ein und ziehen vor den Sitz des revolutionären Überwachungskomitees, um den »Schuften«, die ihre Kirchenglocken geraubt und »ihre Altäre zerstört hätten, den Hals abzuschneiden«. Als der Stadtrat von Meymac und die lokalen Jakobiner am Dekadenfest des 20. Frimaire unter Führung des Ex-Abbés Jumel die Gemeindekirche in einen Vernunfttempel umwandeln und im Verlauf einer »Prozession« das Marienbild durch eine Freiheitsstatue ersetzen, attackieren nicht nur empörte Gläubige diesen ostentativ antiklerikalen Festzug; am 11. Dezember 1793 versammeln sich auch mehrere hundert Bauern mit ihren Mistgabeln und Flinten drohend im Ort, bis die Revolutionäre sie angreifen und 87 von ihnen gefangennehmen. Eine ähnliche Maskerade in Tulle provoziert die Bauern von Sainte-Fortunade derart, daß sie in die Departementshauptstadt gehen wollen, um ihre »beleidigten« Heiligen zu rächen.

Ab Dezember 1794 lassen die politisch-religiösen Spannungen zwar nach, weil der Gottesdienst in privatem Rahmen wieder zugelassen ist; da aber die Kirchen vielerorts in Dekadentempel, Pferdeställe oder Waffenmagazine umfunktioniert worden sind und Altargerät und Glocken requiriert bleiben, richten sich von 1795 bis 1800 kollektive Protest- und Gewaltaktionen, an denen Frauen führend beteiligt sind, gegen den revolutionären Kultus und seine Vertreter. An die 40mal kommt es in diesen Jahren besonders in der südlichen Corrèze vor, daß Bauern den republikanischen Lehrer davonjagen, den Käufer eines verstaatlichten Kirchenguts vertreiben, die Revolutionssymbole im »Vernunfttempel« herunterreißen, konstitutionelle Geistliche verprügeln, sonntäglichen Messen von »Eidverweigerern« dagegen bewaffneten Schutz geben – nicht ohne bei diesen Protesthandlungen gelegentlich ihre durchaus vorhandene Kenntnis der Revolutionsideologie schlitzohrig einzusetzen. So fordert ein Einwohner von Chadiot den Dorfrat am 2. Januar 1796 »im Namen der Landbevölkerung« auf, die alten Pfarrer wieder einzusetzen; denn »wir wollen in den Genuß der freien Religionsausübung kommen, welche die Verfassung [von 1795] gewährt; und im übrigen ist das Volk souverän«. Der schwerste Zwischenfall ereignet sich am Dreikönigstag 1796 in dem Marktflecken Argentat. Von der Sturmglocke herbeigerufen, besetzen

300 bis 400 bewaffnete Bauern der umliegenden Dörfer die Hauptkirche, lassen einen eidverweigernden Priester die Messe lesen, schwören einen von der Kanzel vorgesprochenen Eid gegen »die Gesetze der Republik«, halten ein großes Gelage vor dem Sitz des Pariser Regierungskommissars ab und verbrennen, als sie diesen selbst nicht finden (er hat sich für einen Monat nach Tulle geflüchtet), statt seiner eine Puppe.

Die zweite Hauptgruppe bäuerlicher Widerspenstigkeiten und gewaltsamer Abwehrreaktionen richtet sich gegen den Wehrdienst. Ihn zu verweigern hatte Tradition. Schon Turgot, in den 1760er Jahren Intendant des Limousin, hatte »den beim Volk dieser Provinz so verbreiteten Widerwillen gegen die Miliz«, gegen den Dienst im königlichen Heer beklagt. Die neue revolutionäre Vaterlandsbegeisterung ändert daran wenig, jedenfalls auf dem platten Lande. Ab 1791 ist die Corrèze mit der Aufstellung ihrer Freiwilligenbataillone, verglichen mit patriotischen Departements wie Pas-de-Calais, chronisch im Rückstand, und sobald ein Bataillon endlich gebildet ist, schrumpft es schon wieder durch Desertationen auf zwei bis ein Drittel seiner Sollstärke. Alle Bemühungen revolutionärer Politiker, mehr Landessöhne dauerhaft für die Republik zu rekrutieren, scheitern sowohl an dem Solidaritätsgeflecht der Familien, der ledigen jungen Männer und der Gemeinden wie an der komplizenhaften Passivität der Lokalverwaltungen. Als der Rekrutierungsdruck ab Februar 1796 steigt, formieren sich Banden von 200 und mehr Deserteuren, die partisanenartig in vertrautem Gelände operieren. Sie terrorisieren Militärwerber durch nächtliche Überfälle, demolieren Wahrzeichen der Republik wie Freiheitsbäume, verbrennen auch mal einen militanten Republikaner mitsamt seinem neu gekauften Schloß (einem Nationalgut) und rühmen sich in einem Manifest, für ihren König und die Religion ihrer Väter jederzeit 4000 Mann auf die Beine bringen zu können.

Beide Formen des Widerstands in der Corrèze – die antilaizistischen wie die antimilitärischen Bauernbewegungen – dürfen freilich nicht mißverstanden werden als völlige Ablehnung der Revolution und der Republik. Denn nicht hauptsächlich aus Frömmigkeit und »Pazifismus« bekämpften die Bauern die revolutionäre Kirchen- und Militärpolitik, sondern vielmehr deswegen, weil diese Politik verändernd, normierend und »entfremdend« in den gewachsenen Zusammenhang der kleinräumigen ländlichen Lebenswelt eingriff. Wenn sie ihren angestammten Pfarrer oder ihr Gotteshaus verteidigten, wenn sie sich gegen den Republikanischen Kalender und den Militärdienst auflehnten, so kämpften die Bauern letztlich für den Erhalt einer identitätsstiftenden Gemeinschaftskultur, die sich besonders in Kirchengemeinde, Familie und Jugendbund ausgeprägt hatte.

Grenzen und Eigenart der Bauernbewegung im Bas-Limousin

Überblickt man die »Konjunktur« der ländlichen Unruhen im Departement Corrèze während des ganzen Jahrzehnts der Revolution, erkennt man eine dreifache Entwicklung. Nach dem offenen Ausbruch aufgestauter Konflikte in den ersten drei bis vier Jahren (1790 bis 1792 waren es insgesamt 182 oder jährlich 60 Fälle) gehen die Zahlen sowohl der Unruhen (1793 bis 1799 gab es nur noch 92 oder jährlich 15 Fälle) als auch der an ihnen beteiligten Personen deutlich zurück. Während die Unruhen zunächst ganze Gruppen von Dörfern erfaßten, wurden sie später immer mehr zu einer Lokalangelegenheit. Gleichzeitig wechselten sie ihre Hauptstoßrichtung von wirtschaftlichen über politisch-soziale zu kommunitären Zielen. Das alles bedeutete – nach der explosiven Radikalisierung der für die Bauern keineswegs erfolglosen ersten Revolutionsjahre – eine deutliche Abschwächung, parallel zur Intensitätskurve der Revolution im allgemeinen. Doch so aufschlußreich die Bauernunruhen in der Corrèze für die Revolutionsgeschichte in der Provinz sind, sie waren zu keiner Zeit die bestimmende Kraft. Zwei bis drei Volksbewegungen während eines Jahrzehnts in nur einem Drittel der Gemeinden – das ist nicht überwältigend. Das abgelegene Bergland mit dem Hochplateau Millevaches in der nordöstlichen Hälfte des Departements etwa erlebte fast gar keine Bauernunruhen, auch bildeten sich dort kaum politische Klubs; es befand sich weitgehend am Rande der Revolution. Daß die Schwerpunkte der Aufstände dagegen in den vergleichsweise fruchtbaren, intensiv bewirtschafteten, dicht besiedelten und verkehrsoffenen Tiefebenen der südwestlichen Corrèze lagen, wo zudem mehr Leute schreiben und lesen konnten als in den Bergen, deutet an, wie stark auch die Bauernbewegung von einem gewissen wirtschaftlichen, sozialen und kulturellen Entwicklungsstand, von Kommunikationsmöglichkeiten, Soziabilität und von Kontakten mit städtischen Zentren abhing. Die Bauernrevolution war nicht durchweg städtefeindlich, sondern bezog aus der wechselseitigen Durchdringung von Stadt und Land wichtige Impulse.

Das Beispiel des Departements Corrèze zeigt außerdem, daß man nicht säuberlich zwischen einer revolutionären und einer gegenrevolutionären Bauernbewegung trennen kann. Im Bas-Limousin mischte sich beides, wobei die »revolutionären« Elemente in den frühen, die »gegenrevolutionären« Elemente in den späteren Jahren des Dezenniums überwogen. Diese Ambivalenz war jedoch nur aus der Sicht der Pariser Revolutionäre ein Widerspruch. Für die Bauern war sie eine mit den politischen Verhältnissen wechselnde Taktik zur Verfolgung eines gleichbleibenden Ziels: größtmögliche wirtschaftliche und soziale wie politische und kulturelle Eigenständigkeit und Selbstbestimmung. Nur solange sie ihnen half, dieses Ziel zu verfolgen, akzeptierten die Bauern die Revolution; sie war ihnen Mittel, nicht Zweck. Dennoch: Selbst jene in der Corrèze aktiven Gruppen der Bauernschaft, die die Revolution ablehnten, nahmen zentrale freiheitliche Grundsätze und Schlagworte auf, so daß man von einer rudimentären Politisierung des platten Landes durch die Revolution sprechen muß.

Brennende Schlösser in den Weinbergen des Mâconnais im Juli 1789

Im südlichen Burgund, wenige Kilometer von Mâcon, liegt in einem Seitental der Saône das Winzerdorf Igé. Es bietet ein Musterbild ländlicher Idylle. Und doch war es Ausgangspunkt des vielleicht spektakulärsten Bauernaufstandes von 1789, der in der zeitgenössischen Revolutionspresse ein großes, allerdings eher kritisches Echo fand. Das kam nicht von ungefähr. Waren die vielleicht 600 Winzer, Weinbergarbeiter und Zwergbauern von Igé im 18. Jahrhundert doch völlig abhängig von dem lokal beherrschenden Grundherrn, dem Baron de La Blétonnière. Er besaß fast alle fruchtbaren Weinberge, Wiesen und Äcker und verpachtete sie zu harten Bedingungen. Überdies strebte er danach, seinen Besitz und seine Macht auf Kosten der Bauern weiter auszudehnen. 1764 ließ er sein Güterverzeichnis (*terrier*) erneuern und höhere Abgaben für die Kleinpächter eintragen. Dann okkupierte er eine kommunale Quelle – in dieser trockenen Gegend ein lebenswichtiges Gut – und verleibte sie seinem Schloßpark ein. In dem endlosen Prozeß, den sie dagegen seit 1771 führte, ruinierte sich die Gemeinde derart, daß sie mit dem kommunalen Wald lebenswichtige eigene Flächen für Holzsuche und Weide an La Blétonnière abtreten mußte. Blieb die Allmende: Die Gemeinde wollte sie 1785 unter die Armen aufteilen; da der Baron sie jedoch für seine Rinder beanspruchte, zäunte er sie ein und ließ die Ziegen der Kätner nur gegen Entgelt auf ihr weiden. Selbst in der Stadt residierend, betrieb der Baron diese »feudale Reaktion« nicht persönlich, sondern überließ sie seinem Generalbevollmächtigten Michon, dem bestgehaßten Mann der Gegend, der mit Hilfe seiner Schikanen zum Schloßherrn des Nachbarortes Pierreclos aufgestiegen war. Er hatte beispielsweise gerichtlich erwirkt, daß ihm die Bauern für seine Heu- und Holztransporte bis zu zwölfmal im Jahr unentgeltliche Spann- und Fuhrdienste leisten mußten, als sei er der Grundherr selbst. Die soziale Lage war in Igé also im Sommer 1789 so explosiv, daß die Nachrichten vom Bastillesturm und vom Brand des Schlosses von Challes in der benachbarten Bresse (18. Juli) wie zündende Funken wirkten.

Als der Baron, zur »Sommerfrische« in Igé weilend, am 21. Juli mit seiner Gemahlin die Kirche verläßt, tritt ihm eine Gruppe von Winzern entgegen und bittet, aus der umstrittenen Quelle Wasser für Mensch und Vieh schöpfen zu dürfen. Die brüske Antwort des Barons, jenes Wasser sei seinen Wiesen vorbehalten, löst eine Kettenreaktion aus. Am folgenden Sonntag, dem 26. Juli, während die Kirmes im nahen Crèches-sur-Saône den Weinbauern der ganzen Nachbarschaft Gelegenheit bietet, mögliche Maßnahmen gegen die Grundherren zu bereden, läuten in Igé und Umgebung »zur Unzeit« die Glocken. Hunderte von Winzern strömen zusammen. Der Schnapsbrenner Claude Pain bewaffnet sie mit Hacken, Dreizacks und Hämmern und führt sie zum Anwesen des Barons. Dort durchbrechen die Aufständischen die Parkmauer, besetzen die Quelle, dringen in das Schloß ein und vernichten die Güterverzeichnisse. Vom 27. bis zum 29. Juli ziehen sie weiter zum Schloß ihres Peinigers Michon in Pierreclos, schlagen von den Möbeln bis zum Geschirr die gesamte Einrichtung kurz und klein und leeren die gehorteten Mehlsäcke zu den Fenstern hinaus. Ihre Aktion hat in der Bevölkerung so viel Rückhalt, daß das zuständige Gericht Michons Schadenersatzklage erst ein Jahr später annimmt.

Der Funke dieses Aufstands, vom Anführer Claude Pain auf drei zusätzlichen »Expeditionen« weitergetragen, setzt die gesamte Weinbauregion an den Westhängen der Saône zwischen Mâcon und Tournus in Flammen, weil fast überall ähnliche Verhältnisse herrschen wie in Igé. Drei Viertel des bebaubaren Landes befinden sich in der Hand der Grundherren, der Wald und das knappe Holz sind von ihnen monopolisiert, große Teile der Allmende sind durch Einhegung der kollektiven Weide entzogen. Auf den Bauern lasten hohe grundherrliche Abgaben (die Hälfte der Erträge), schwere Frondienste, ein Kirchenzehnt von 9 %, den sie an die Pächter der Benediktiner von Cluny, die größten Zehntbesitzer der Region, zahlen. Zu diesen strukturellen Ursachen kommen als konjunkturelle Anlässe besonders der abrupte Wechsel von Regenfluten und Dürre im Sommer und Herbst 1788 und anschließend ein Rekordwinter, in dem zwei Drittel der Reben erfrieren, so daß die kleinen Winzer 1789 vollends zahlungsunfähig sind. Deren Rebellion gleicht denn auch überall derjenigen von Igé: Sie reißen die Umzäunungen der Weiden ein, treiben ihr Vieh darauf, ergreifen wieder Besitz von ihren Kollektivrechten, zerstören an den Schlössern der Grundherren die äußeren Zeichen der Feudalität (Wetterhähne, Taubenschläge, Wappen, Zehntscheunen, Archivtürme), beschädigen die Einrichtungen, verbrennen vor allem die Güterverzeichnisse, versorgen sich aus Küche und Keller für ein Gelage. Ohne streng organisiert und koordiniert zu sein, wüten sie jedoch weder völlig maßlos noch ziellos: Sie verüben Gewalt nicht gegen Personen (die Schloßherren sind fast alle nach Mâcon geflohen), sondern gegen Sachen; und während sie – von sechs Ausnahmen abgesehen – die Güter von Bürgerlichen verschonen, konzentrieren sie sich auf die Besitzungen von Adel und Klerus (35 Fälle), ganz besonders auf die Schlösser jener Grundherren, die ihnen zuvor am härtesten zugesetzt hatten. Dabei legen sie an sechs von über 20 geplünderten Schlössern Feuer, so am 27. Juli an das Schloß Sénozan, einen Prachtbau des Barons Archambauld de Talleyrand-Périgord (aus der Familie des berühmten Talleyrand), von dem 2000 Aufständische nach 24 Stunden nur die verkohlten Grundmauern übriglassen.

Diese aus sozio-ökonomischen Ursachen erwachsenen Winzeraufstände waren keineswegs unpolitisch, vielmehr mischte sich in ihnen eine Tradition dörflicher Eigenständigkeit und Solidarität mit neuen Elementen der entstehenden revolutionären Kultur. Die meist aus 600 bis 800 Weinbauern und ihren Frauen, Knechten und Mägden bestehenden Trupps von Aufständischen marschierten in Reih und Glied mit dem Ruf »Vive le Tiers Etat!« Sie trugen Erkennungszeichen wie rote Schärpen aus geplündertem Vorhangstoff oder steckten Lottokarten an ihre Hüte. Sie glaubten sich nicht nur moralisch, sondern auch juristisch im Recht; denn gedruckte Flugblätter kolportierten einen angeblichen Erlaß des Königs, daß Schlösser und Grundherren, Wetterfahnen und Taubenschläge allesamt abgeschafft seien; und ein Dorfanwalt zeigte den Bauern eine Tafel mit der Aufschrift: »Auf königlichen Befehl sind alle Schlösser anzuzünden und zu verbrennen«. Der Ausspruch eines jungen Knechtes in Lugny am 28. Juli, »sie machten eine lange Reise von mindestens drei Monaten, um alle Schlösser und *terriers* zu verbrennen«[4], läßt eine bewußt antifeudale, mittelfristige und überlokale Perspektive erkennen. Vergleicht man die Gravamina, welche die Wahlversammlung des Winzerdorfes Romenay im März 1789 beschlossen hatte, mit den 27 schriftlichen Forderungen, welche die Einwohner von Romenay am 29. Juli an ihren Grundherrn, den Bischof von Mâcon, richteten, so wird deutlich, wie schnell sich allgemeine Beschwerden und Reformvorschläge zu umfassender Feudalkritik konkretisiert und radikalisiert hatten. Nachrichten von den Debatten der Nationalversammlung haben diese Politisierung zweifellos gefördert, waren doch in Mâcon während der Prozesse gegen die Aufständischen Maueranschläge wie dieser zu lesen: »Ist es nicht der Wille der Generalstände, den Zehnten abzuschaffen? Warum behandelt ihr diejenigen, die ihn nicht zahlen wollen, als Verbrecher?«[5]

Nach bloß einer Woche brach die Winzerrevolte des Mâconnais nahezu kampflos ebenso plötzlich in sich zusammen, wie sie aufgeflammt war. Es genügte, daß die städtischen Bürgermilizen, allen voran die von Tournus, an die 200 Aufständische verhafteten. Die anschließenden Schnellgerichtsverfahren und sofortigen 16 öffentlichen Hinrichtungen durch den Strang in Mâcon, Cluny und Tournus – alles innerhalb von zehn Tagen durchgepeitscht – forderten mehr und bewußter ausgesuchte Opfer als die Unruhen selbst. Mit dieser prompten strafrechtlichen Repression gingen administrative Maßnahmen Hand in Hand. Schon am 8. August mahnte eine Proklamation des Stadtrats von Mâcon zur Ablieferung des Zehnten, Verweigerer würden als »Räuber und Störer der öffentlichen Ordnung« verfolgt. Am 22. August erließ das Bezirksgericht der Stadt die gleichen Bestimmungen für die Feudalabgaben. Ein weiterer Erlaß vom 17. August, der in der ganzen Region plakatiert und von den Kanzeln verkündet wurde, verpflichtete alle Gemeinden zur Abwehr und Meldung von »Fremden«. Auch die Abtei von Cluny beteiligte sich an den Disziplinierungsmaßnahmen, indem sie Prämien auf die Denunziation von Aufständischen aussetzte und den Stadtrat von Cluny veranlaßte, die Weinbauern an die Zehntabgaben zu »erinnern«. Derart in ihrem Besitzstand bestätigt und geschützt, brauchten die adeligen Grundherren weder ganz auf ihre *terriers* zu verzichten noch die okkupierten Gemeindeländereien freizugeben, wie sie es auf dem Höhepunkt der Unruhen in Plakaten verkündet hatten. Der Grundherr von Igé hielt sich zwar an dieses Versprechen, aber der Schloßherr von Sénozan klagte auf Wiederherstellung von vier verbrannten Güterverzeichnissen, während sein Bruder – der berühmte Talleyrand – in der Nationalversammlung den Verzicht auf die Feudalrechte predigte. Es scheint paradox, kennzeichnet jedoch das große politische und soziale Gefälle zwischen dem revolutionären Zentrum und der provinzialen Peripherie, daß die Winzeraufstände des Mâconnais die Abgeordneten in Versailles veranlaßten, in ihrer berühmten Nachtsitzung vom 4. auf den 5. August 1789 die Abschaffung der Feudalität zu erklären, daß sich dadurch aber die elende Lage der Weinbauern vor Ort auch in den folgenden Jahren kaum verbesserte. Während die Bauern im Distrikt Mâcon von den verstaatlichten Kirchengütern nur gerade 9 % erwerben konnten, mußten sie zusehen, wie die Wirtschafts- und Amtsbürger der Region 77 % an sich brachten. Kein Wunder, daß am 29. November 1791 ländliche Sansculotten in das (seit einem Jahr leerstehende) Kloster Cluny eindrangen, die Glasfenster in der Abteikirche einschlugen und Meßgewänder, Handschriften und hölzerne Heiligenstatuen verbrannten.

Von der Steuerrebellion zum Kampf um die Gemeindeländereien in der Picardie 1789 bis 1795

Auflehnungen und Aufstände der Steuerzahler

Nicht nur grundherrliche und feudale, sondern auch staatliche Steuern stillschweigend zu verweigern oder sich offen gegen sie aufzulehnen, das war eine der allgemeinsten Erscheinungen im provinzialen Frankreich und eine der wichtigsten Antriebskräfte der revolutionären Bewegung vor allem in den ersten drei Revolutionsjahren, als die neue Finanzverwaltung noch nicht voll funktionierte. Rebellionen entzündeten sich besonders an den Getränkesteuern; förderte die in fast jedem Dorf vorhandene Geselligkeit in Wirtshaus, Weinschenke und Kneipe doch – oft unter Leitung des Wirtes – den Informationsaustausch und die kollektive Meinungsbildung der Zecher, schließlich auch ihren Entschluß zu gemeinsamer Auflehnung. Ganz Nordfrankreich wurde so 1790 von Rebellionen gegen die Steuern auf Bier, Wein und Schnaps – diesen Luxus des kleinen Mannes – erfaßt. Wie empfindlich diese vordergründig partikularen Proteste ein ganzes System trafen, zeigt das Beispiel der Picardie, jenes Landstrichs, der die heutigen Departements Aisne, Oise und Somme umfaßt.

Im Bereich dieser alten Provinz, die während des »Mehlkrieges« von 1775 eine ganze Serie schwerer Lebensmittelunruhen erlebt hatte, ging die revolutionäre Aufstandsbewegung in Stadt und Land vielerorts von Protesten gegen die Getränkesteuern aus. Im weiteren Verlauf richtete sie sich aber gegen die von Generalpächtern verwalteten indirekten Steuern des Ancien régime insgesamt, die auf der Picardie besonders schwer lasteten. Denn die von einem Heer von Kontrolleuren erhobenen städtischen Eingangszölle (*entrées*), die oft schikanös eingetriebenen Abgaben auf Salz (*gabelle*) und Tabak, auf lebenswichtige Alltagswaren wie Holz, Seife und Lebensmittel (*aides*), nicht zuletzt auch auf Wein und Bier (20–25 %), lagen hier wesentlich höher als etwa in der Bretagne. Darüber hinaus trafen sie hauptsächlich die Armen, während Geistlichkeit, Adel und wohlhabendes Stadtbürgertum teilweise oder ganz von ihnen befreit waren.

Sobald die Nachricht vom Brand der Pariser Zollhäuser und vom anschließenden Bastillesturm eintraf, brachen am 18. Juli 1789 in dem 3000 Seelen zählenden Städtchen Roye spontan heftige Unruhen aus, die sich wie ein Lauffeuer auf ein Dutzend Städte von Péronne über Saint-Quentin bis nach Noyon verbreiteten und überdies Dörfer wie Fins und Coubert erfaßten. Überall vereinigten sich Hunderte von Tagelöhnern, Handwerksgesellen und Landarbeitern zu provisorisch bewaffneten Trupps, plünderten und demolierten die Steuerbüros, rissen die Zollschranken ein, bedrohten die verhaßten Steuereintreiber, soweit diese nicht geflohen waren, zündeten ihre Häuser an, befreiten inhaftierte Schmugglerinnen, verkauften geschmuggeltes Salz und Tabak zu Niedrigpreisen auf offenem Markt, verhinderten die Zollabgaben auf Biertransporte, eröffneten Kneipen mit zollfreiem Ausschank. Obwohl die Stadt- und Steuerverwaltungen Nationalgarden und Soldaten gegen die Aufständischen in Marsch setzten, flackerte die Steuerrebellion bis 1791 immer wieder auf – mit dem Ergebnis, daß das gesamte Steueraufkommen der Picardie für 1790 drastisch sank: um 80 % bei den indirekten und um 50 bis 66 % bei den direkten Steuern.

Rein ereignisgeschichtlich entsprachen diese Unruhen durchaus den Steuerrebellionen des Ancien régime, nur daß sie – begünstigt durch Sympathien beim Militär und durch das Machtvakuum, das während der ersten Revolutionsjahre in den Provinzen herrschte – viel weiter ausgriffen und länger anhielten als früher. Neuartige Radikalität gewannen sie jedoch dadurch, daß sie sich mit einer politischen Programmatik verbanden, die das ganze System der indirekten Besteuerung prinzipiell in Frage stellte. In größerem Ausmaß als in anderen Regionen wurden die Aufstände in der Picardie begleitet von Petitionen an die Nationalversammlung gegen die fortdauernde Praxis der *aides*: Diese widersprächen dem von der Nationalversammlung selbst am 7. Oktober 1789 beschlossenen Grundsatz der gleichen und proportionalen Besteuerung aller Bürger. Zunächst von den Wirten in Roye zu Papier gebracht, dann als Abschrift in viele Gemeinden verschickt, von Kanzeln verkündet und durch Unterschriftenaktionen bestätigt, folgten diese Petitionen bewußt dem Vorbild der Pariser Distrikte. Dahinter steckte kein anderer als der spätere »Volkstribun« und Protokommunist François-Noël Babeuf, damals noch Feudaljurist in Roye: 1789 als »Aufwiegler« verhaftet, verließ er das Gefängnis 1790 als Lokalheld.

Diese und andere Steuerproteste trieben die Nationalversammlung wirkungsvoll zu neuen Gesetzen an. Im März 1790 hob sie mit der Salzsteuer zugleich die alten Abgaben auf Öle, Seife, Leder und Eisen auf, ein Jahr später außerdem die restlichen indirekten Steuern, die Tabaksteuer und die städtischen Einfuhrzölle. Die neue – direkte – Hauptsteuer (*contribution personnelle et mobilière*), die sie statt dessen und statt der alten Kopf- und Bürgersteuern (*capitation, taille*) zum Jahresbeginn 1791 einführte, ebnete Privilegien und Überbelastungen sozial wie regional ein. Die Folge davon war, daß sich etwa in der Bretagne – der wohl am meisten unterbesteuerten Provinz des Ancien régime – das Steueraufkommen pro Kopf verdoppelte – jedenfalls auf dem Papier; denn die landesweit chronisch schlechte Steuermoral war durch bloße Gesetze und Erlasse nicht zu verbessern.

Kampf um die Gemeindeländereien

Die Picardie ist noch in anderer Hinsicht ein instruktives Beispiel, nämlich für das Nebeneinander verschiedener revolutionärer Bewegungen in ein und derselben Region. Parallel zu der von den Städten angeführten Steuerrebellion stritten die Landgemeinden der Picardie bis 1795 eigenständig und verbissen gegen Grundherren und Großbauern, um ihre von diesen zu großen Teilen okkupierten Gemeindeländereien (*communaux*) und Kollektivrechte zurückzuerhalten. Nachdem sie darum seit der Jahrhundertmitte hartnäckig ebenso endlos wie erfolglos prozessiert hatten, verschafften ihnen die antiaristokratische Politik der Revolution und besonders das Gesetz zur Rückerstattung entfremdeter Kollektivrechte vom 28. August 1792 endlich Genugtuung. Nach und nach ergriffen sie wieder Besitz von ihren alten Gemeindeländereien, von ihrer Gemeinweide, von ihrem Moor (zum Torfstechen), von ihren die Straßen säumenden Obstbäumen, von ihrem Recht auf Jagd und Fischfang. Obwohl weitergehende Bestrebungen der landarmen Zwergbauern, die Gemeindeländereien aufzuteilen, die Solidarität der Dorfgemeinschaften zeitweise spalteten, vermittelte die Revolution den Bauern das Gefühl einer neu gewonnenen Freiheit, wie es das Dorf Offoy bei Péronne am 30. Dezember 1794 in einer Adresse an den Konvent emphatisch ausdrückte: »Endlich ist das Joch der Sklaverei zerbrochen, endlich sinkt der Knüppel der Feudalität, endlich hört der Jammer der Tyrannei auf! Wir atmen die Luft der Freiheit [...]. Welch ein Genuß, unseren Gemeindebesitz, für den wir unter dem abscheuerregenden Feudalregime so erfolglos gestritten haben, endlich wiederzuerlangen!«[6]

In der Tat: Im Ergebnis stärkte die Revolution die Kleinbauern der Picardie, indem sie die Entfremdung ihrer Gemeindeländereien und Kollektivrechte rückgängig machte, die Schrumpfung ihrer Landanteile stoppte und ihnen ermöglichte, wieder mehr Vieh zu halten – ohne allerdings das Grundproblem der Landarmut zu lösen. Ähnliches wiederholte sich in den meisten anderen nord- und nordostfranzösischen Provinzen sowie in vier Departements des Midi. Was die revolutionären Bauernbewegungen zur Wiedergewinnung verlorener *communaux* betrifft, kann das Beispiel der Picardie demnach als repräsentativ gelten.

Variationen der antifeudalen Revolution in der Gascogne 1790 bis 1794

Von Zentralfrankreich zieht sich ein zunächst schmales Band bäuerlicher Regionen nach Südwesten, das sich nördlich der Corrèze verbreitert, um in die Großregion der Gascogne zu münden. Die traditionelle Agrarstruktur dieser Gebiete prägte unter anderem ein besonderes Pachtsystem (*métayage*), bei dem der Bauer vom Verpächter zwar Geräte und Vieh erhielt, dafür aber einen besonders großen Teil der Ernte (bis zur Hälfte aller Erträge) abliefern mußte. Begünstigt vom Wachstum der Bevölkerung und der zunehmenden Knappheit von Erwerbsstellen, konnten die Verpächter in der zweiten Hälfte des 18. Jahrhunderts für die Vergabe immer kleinerer Güter immer härtere Forderungen stellen. Solche erschwerten Existenzbedingungen, welche die für Südwestfrankreich typische kleinräumige Mischwirtschaft besonders empfindlich trafen, verliehen den revolutionären Bauernbewegungen in der Gascogne stärker als anderswo eine gemeinsame »antifeudale« Hauptrichtung gegen alle Abgabenempfänger. Je nach den zusätzlichen Eigenheiten der einzelnen Teilprovinzen prägte sich diese allgemeine Tendenz allerdings in sehr unterschiedlichen Varianten aus, von denen zwei genannt seien.

Die Halbpächter (*métayers*) des südlichen Departements Gers, die in diesem Kernland der Gascogne (neben Zwergbauern und Landarbeitern) 40 % der Landbevölkerung ausmachten, waren so extrem mit Abgaben belastet, daß ihnen nach Abzug von Pacht (50 %), Kirchenzehnt (14 %), Arbeitslöhnen (11 %) und Saatgut (4 %) gerade noch ein Fünftel ihrer Ernte blieb. Ihren ganz besonderen Zorn erregte der im Vergleich zu anderen Provinzen (3,3 % in der Provence, 8,3 % in der Beauce und der Vendée) einzigartig überhöhte Zehnt (*dîme*), den die Pfarrer unmittelbar in Naturalien erhielten. Kein Wunder, daß die Halbpächter die *dîme* den Feudalabgaben zurechneten: Für sie lief es auf dasselbe hinaus, ob es der grundherrliche Gutsverwalter oder der Zehntpächter war, der ihre Erntearbeit überwachte und seinen Anteil einsackte. Nachdem in den 1780er Jahren ganze Landgemeinden zu Hunderten vergeblich gegen die Pfarrer prozessiert hatten, um die *dîme* wenigstens auf ein Zehntel vom Hundert zu ermäßigen und um sie von vereidigten Vertrauenspersonen einziehen zu lassen, schöpften sie mit der Revolution neue Hoffnung, ihr Ziel zu erreichen. Sie verstärkten ihren vorrevolutionären Abgabenstreik und setzten darauf, daß die im November 1789 beschlossene Verstaatlichung der Kirchengüter das Ende des Zehnten bedeuten würde. Verbittert mußten sie jedoch feststellen, daß die Nationalversammlung die *dîme* in den Wert der Nationalgüter einrechnete und daß die Käufer dieser Güter – meist Grundbesitzer und die wenigen Großbauern – den ehemaligen Zehnt den Abgaben zuschlugen. Damit trieben fortan statt der Pfarrer die Grundbesitzer dieselben Abgaben ein. In der Folge entwickelte sich ein Dauerkonflikt zwischen zwei Lagern von Nationalgarden. Während die Nationalgarden der Dörfer, die sich fest in der Hand der *métayers* befanden, deren Abgabenverweigerung unterstützten, seigneuriale Kirchenbänke verbrannten und Maibäume errichteten, verteidigten die städtischen Nationalgarden die Interessen der Grundherren. Als diese bürgerliche Abwehrfront durch die Rekrutierung nationaler Freiwilligenbataillone 1791/92 und durch die Verfolgung der Girondisten im Frühjahr 1793 geschwächt wurde, gewannen die bäuerlichen Sansculotten-Milizen der *métayers* für ein halbes Jahr die Oberhand, bis der vom Konvent entsandte Abgeordnete Dartigoyete mit Militär aus den städtischen Standorten Tarbes und Auch für Ruhe sorgte.

Was diese Niederlage für sie bedeutete, brachten die *métayers* Anfang 1794 in einer Petition an den Konvent zum Ausdruck, die sie von einem ihrer Anwälte in die nationale Hochsprache übertragen ließen: »Vor der Revolution haben wir den Priestern und Grundherren den Zehnten gegeben, heute geben wir ihn den Grundherren. Früher hatten wir dem Staat die Grundsteuer [*taille*] zu zahlen, heute zahlen wir sie den Grundbesitzern, und außerdem zahlen wir noch die Gewerbesteuer [*impôt mobilier*]. Gesetzgeber, wir haben also eine Steuer mehr als früher.« Und mit ausdrücklicher Berufung auf Rousseaus Lehre vom Gesellschaftsvertrag klagten sie die in der Verfassung von 1793 festgeschriebenen sozialen Menschenrechte ein: »Wir sind frei geboren, wir haben von der Natur das Recht, zu arbeiten und vom Produkt unserer Arbeit zu leben; dieses Eigentum [*propriété*] ist mindestens ebenso heilig wie das der Grundbesitzer, das vom Gesetz geschützt wird. [...] Dabei ernähren *wir* sie, weil ihre Äcker nur durch unsere Arbeit Frucht tragen. [...] Wollen die Grundbesitzer sich denn an die Stelle der Tyrannen setzen, von denen uns die Revolution befreit hat? [...] Glauben sie denn, daß alle Errungenschaften der Revolution ihnen gehören? [...] Gesetzgeber, gestattet, daß wir euch eine Frage zur Entscheidung vorlegen, die für uns sehr wichtig ist: Erlegt das Eigentum dem Grundbesitzer nicht auch Pflichten auf? Die Armen, sagt J.–J. Rousseau, haben die Existenz von Reichen nur unter der Bedingung anerkannt, daß die Reichen für die Armen sorgen [...]. Tagtäglich kürzen die Grundbesitzer den Lohn der *métayers* [...]. Darf das Gesetz es verschmähen, den Armen zu Hilfe zu kommen? Müssen die Bürger, die kein Eigentum haben, sich für ihren Lebensunterhalt ganz auf die Grundbesitzer verlassen, die völlig andere Interessen haben? [...] Gewiß nicht! [...] Es ist sehr befremdlich, daß der Grundbesitzer [*propriétaire*] [...] seinen *métayer* behandeln kann, wie er will, ohne daß ihm das Gesetz etwas vorschreibt [...]. Dies war das System der Tyrannen, von dem uns die Revolution befreit hat. Die Tyrannen wollten nur Sklaven oder wilden Tieren Nahrung geben, Republikaner brauchen ein völlig anderes System.«[7]

Diese Beschwerden – als Zeugnis eines geschärften »demokratischen« Bewußtseins auf dem Lande höchst bemerkenswert – legten den Finger auf sozialpolitische Versäumnisse der revolutionären Gesetzgebung. Doch der Konvent, von Problemen der großen Politik bedrängt, ging nach Kenntnisnahme der Petition zur Tagesordnung über. Die *métayers* im Departement Gers hatten zwar die Genugtuung, daß die früher privilegierten großen Grundbesitzer nun proportional zu den Steuern herangezogen wurden und daß ein Gesetz vom 14. Juni 1794 mündliche Vereinbarungen zur Umwandlung der *dîme* in Pachtabgaben für ungültig erklärte, aber die ab Herbst 1794 um sich greifende Reaktion der *propriétaires* war so wirkungsvoll, daß die materielle Lage der *métayers* sich nicht besserte; auf ihre Kosten erreichten die Grundbesitzer im Jahre 1800 vielmehr einen Einkommensrekord. Was den Halbpächtern und Landarbeitern von der Revolution blieb, war ein geschärftes soziales und – in dessen Konsequenz – auch politisches Bewußtsein.

Für die Pachtbauern der nördlich angrenzenden Provinz Quercy (Departement Lot), die den Grundherren von neun Korngarben drei abgeben mußten, obwohl die ursprünglichen Güterverzeichnisse nur die Hälfte davon vorsahen, lief die Revolution auf das gleiche Ergebnis hinaus, allerdings erst nach heftigeren Kämpfen.

Den Anstoß zum Aufruhr gibt 1790 die Departementsverwaltung selbst, indem sie kurz vor der Ernte eine Proklamation an die Landbevölkerung richtet, in welcher die Bauern ermahnt werden, ihre Abgaben und Steuern diesmal pünktlich zu entrichten. Als die Bauern sehen, daß ihre neu gewählten Vertreter für die Grundherren Partei ergreifen, steigert sich ihre Aufsässigkeit von August bis November 1790 zu revolutionärer Gewalt. Anfangs hatten sie sich lediglich über verfälschte Getreidemaße beschwert, jetzt verlangen sie von den Grundherren die Vorlage ihrer schriftlichen Rechtstitel für die Abgaben; sie machen Jagd auf die adeligen Wetterfahnen und ziehen drohend vor den Schlössern auf. Als schließlich die Distriktverwaltung von Gourdon Truppen anfordert, um das Land von den Maibäumen der Rebellen zu »säubern«, besetzt am 5. Dezember 1790 ein Bauernheer von 5000 Mann die Kleinstadt Gourdon und plündert drei Tage lang systematisch die Herrenhäuser der *seigneurs* und anderer reicher Einwohner. Die Nationalgarde läuft zu den Aufständischen über. Vom Adel in aller Eile aufgebotene Wehrgruppen geben der Furcht vor dem »aristokratischen Komplott« neue Nahrung und provozieren im Distrikt Lauzerte von Dezember 1790 bis Januar 1791 weitere Angriffe auf die Schlösser. Einen Monat lang beherrschen die Aufständischen das ganze Departement so weitgehend, daß der konstitutionelle Bischof Mitternachtsmessen und Glockengeläut einstellen läßt aus Furcht, Versammlungen der Gläubigen könnten in neue rebellische Bauernhaufen entarten. Aufgeschreckt vom übertreibenden Gerücht, im Quercy brennten über 40 Schlösser, schickt der Konvent am 24. Dezember 1790 die Abgeordneten Jacques Godard und Léonard Robin nach Cahors. Sie können die Aufständischen mit militärischer Unterstützung zerstreuen, aber nicht verhindern, daß sich die 1789/90 auf den Distrikt Gourdon begrenzte allgemeine Abgabenverweigerung 1791 auf den Distrikt Figeac ausdehnt.

Volksmärsche für gerechte Getreidepreise in der Beauce 1792

Ausgerechnet in der Beauce nahmen die revolutionären Agrarunruhen die Form von Brotaufständen an. Nicht etwa deswegen, weil diese klassische Kornkammer Frankreichs zu wenig produzierte, sondern weil die Pariser Lebensmittelverwaltung und die Heereskommissare der Regierung vorzugsweise hier Getreide requirierten. Nahrungsangst und Spekulation trieben die Preise zusätzlich in die Höhe, weil Arme, Landstreicher und Bettler, die nach der Verstaatlichung der Kirchengüter in den Städten immer weniger Hilfe fanden, auf dem Lande Zuflucht suchten. Mobilisierend wirkte außerdem die allgemeine politische Beunruhigung, gesteigert durch aktuelle Nachrichten und Gerüchte über den Vormarsch feindlicher Truppen gegen Frankreich und den Prozeß des Nationalkonvents gegen Louis Capet (Ludwig XVI.).

Und so überschwemmen im Februar und März und erneut im November und Dezember 1792 zwei Aufstandswellen unerhörten Ausmaßes die offenen Getreideebenen zwischen Seine und Loire. Von Glockengeläut aufgerufen, machen sich Gruppen aus zwei Dutzend und mehr benachbarten Dörfern geschlossen auf den Weg und formieren sich – verstärkt von Wanderarbeitern, Deserteuren und ländlichen Nationalgardisten – zu Marschkolonnen von 5000, ja 15 000 Personen. Sie ziehen tagelang von Markt zu Markt, um dort niedrige Getreide-, Mehl- und Brotpreise zu diktieren, den Lebensmittelverkauf zu überwachen, Speicher von Großpächtern und Grundherren auf versteckte Kornvorräte zu durchsuchen, Getreideexporte zu verbieten und sich dies alles von den örtlichen Amtsträgern als legal bescheinigen zu lassen. Sie erreichen das ohne Blutvergießen; wo ihnen vereinzelt kampfbereites Militär entgegentritt wie Ende November in Beaugency, zerstreuen sie sich. Ausgehend von den Holzfällern, Fuhrleuten und Köhlern in den Wäldern von Conches und Breteuil (Departement Eure), pflanzen sich diese Wellen von Volksmärschen für »gerechte Preise« in einer Kettenreaktion fort und verbreiten sich in alle Richtungen über ein Gebiet von mehr als 1000 km^2: nördlich über Chartres bis nach Brezolles, westlich über Le Mans bis nach Sablé, östlich bis nach Châteaudun und südlich über Blois bis nach Tours.

Was ihre Mobilität und ihre Preisfestsetzungen betrifft, gleichen diese Massenbewegungen den lokalen Marktunruhen des Ancien régime und der Grande Peur von 1789. Einen ansatzweise revolutionären Charakter gewinnen sie jedoch durch ihren höheren Grad von Organisation und politischem Bewußtsein. Mit uniformierten Nationalgardisten und Soldaten aus Freiwilligenbataillonen an ihrer Spitze, flankiert von Fahnen und Trommeln, begleitet von konstitutionellen Pfarrern, die als ihre Sprecher auftreten, beanspruchen die bewaffneten Marschkolonnen halboffizielle staatliche Autorität. Im Marktflecken Bonnétable bei La Ferté (Departement Sarthe) paradieren die Aufständischen am 20. November 1792 mit der Trikolore, patriotischen Gesängen und dem Ruf »Vive la Nation!« und wollen als »Brüder und Freunde« empfangen werden. Eine andere Kolonne wird drei Tage später in Le Mans mit einem Volksfest empfangen; beim abendlichen Tanz bricht die Menge in die Rufe aus »Es lebe die Nation! Bravo, der Brotpreis wird sinken!« Überhaupt geben sich die Aufständischen nach dem Sturz des Königtums betont republikanisch, indem sie etwa ein Lilienbanner symbolisch geißeln oder ein Reiterstandbild Ludwigs XV. stürzen. Soziale Sprengkraft bergen ihre egalitären Vorstellungen im Namen des Existenzrechts, wie sie sich in ihrem Umkreis vereinzelt artikulieren. So will ein Müller in Evreux die Einkünfte der Pächter zugunsten der Armen halbieren, und ein gewisser André Julien aus einem Dorf bei Châteaudun mahnt in einer unbeholfenen Petition an die Legislative (21. April 1792) die »Humanität«

der Reichen an: »Die Nation verkündet laut und öffentlich, wir seien alle Brüder. Aber wo ist sie denn, diese Brüderlichkeit [*fraternité*] unter den Franzosen? Ich sehe sie nicht.«[8] Das in solchen Zeugnissen angedeutete Ideal einer bäuerlichen Demokratie selbständig wirtschaftender Kleineigentümer bleibt freilich Utopie.

Formen bäuerlicher Gegenrevolution von der Bretagne bis zur Vendée

Aus heutiger Sicht ist dem französischen Mittelwesten, zumal der Bretagne, der politische Konservatismus geradezu angeboren, so daß diese ein Dutzend Departements umfassenden Regionen gleichsam vorbestimmt scheinen, zum Kernland des bäuerlichen Widerstands gegen die Revolution zu werden. Eine solche Deutung wäre allerdings anachronistisch, weil sie Ursache und Wirkung verwechselt. Die sprichwörtliche Religions- und Königstreue »der Vendée« war nicht vorgegeben, sondern erwuchs erst aus einem grausamen Bürgerkrieg, der bei den gleichen – besonderen – Umständen etwa auch in der Corrèze möglich gewesen wäre. Vergleicht man die politisch-soziale Entwicklung in der Bretagne mit derjenigen der benachbarten Regionen südlich der Loire, so wird deutlich, wie nahe Revolution und Gegenrevolution beieinanderlagen.

Die Bretagne: Zwischen Revolution und Gegenrevolution

In der Bretagne, wo der Adel (1 % der Bevölkerung) am Ende des Ancien régime fast keine Steuern zahlte, obwohl er über ein Viertel der Einkünfte aus Grundbesitz verfügte, begann die Revolution auf dem Lande ambivalent. Die Bauernschaft, unterstützt von den meist aus ihrer Mitte rekrutierten Dorfpfarrern, blockierte einerseits die Durchführung der Pariser Beschlüsse zum freien Getreidehandel mit traditionellen Lebensmittelunruhen und weigerte sich, die nahezu verdoppelten Steuern zu zahlen. Andererseits engagierten sich die Bauern für die Revolution vor Ort, indem sie sich 1789 lebhaft an den Wahlen zu den Generalständen beteiligten, nach dem Vorbild der städtischen Nationalgarden ländliche Milizen bildeten, 1790 Dutzende von Schlössern nach »Komplotteuren« und feudalen Urkunden durchsuchten und sich mit Erfolg um die neuen lokalen Wahlämter bewarben. So profilierte sich manches lokale politische Talent als Dorfrevolutionär – etwa der Bauer Jean Jouannic in Réguiny (Departement Morbihan), der vom örtlichen Pfarrer und Bürgermeister am 6. August 1790 beim »Landrat« in Vannes als »gefährlicher Unruhestifter« angeschwärzt wurde: »Auf dem Lande wird ein Mann, der eine laute Stimme hat, der mit Überzeugung und pedantisch redet, der vorgibt, vor nichts Respekt zu haben, und der vor allem groß in Behauptungen ist, ohne sich um die Wahrheit zu scheren – ein solcher Mann wird den einfachen Leuten immer imponieren, wie unwissend er auch sein mag. Und wenn er ein paar geschriebene Worte so ungefähr entziffern und seinen Namen kritzeln kann, dann genießt er unfehlbar großes Ansehen, genau wie besagter Jouannic.« Und er nutzt es, fährt der Gegner fort, um »die Verweigerung des Zehnten, der grundherrlichen Abgaben, der Steuern und die Verbrennung der Archive zu predigen [...]. Er hat sich zusammengetan mit dem Priester Tanguy und Herrn Resto, seines Zeichens Landedelmann, und alle drei überziehen sie die Gemeinde mit Intrigen und Streit [...]. In unserer Versammlung geht es nie ohne heftige Wortwechsel und Beleidigungen ab, die böses Blut machen und uns nicht mehr zur Ruhe kommen lassen.«[9]

Doch wie dieser Brief bereits ankündigt, zerbrach die anfängliche revolutionäre Einigkeit von Stadt und Land nicht zuletzt an wechselseitigem Unverständnis. Während die gebildeten Patrioten von ungehobelten »Brauseköpfen« wie Jouannic so befremdet waren, daß sie ihr Einrücken in einflußreiche Ämter bei den Departements- und Distriktwahlen im Herbst 1790 weitgehend verhinderten, empörten sich die Bauern ihrerseits über städtische Bevormundung und Einmischung in ihre kommunitäre Selbstbestimmung. Vor allem aber zerbrach das anfängliche Bündnis von *Tiers État* und Bauernschaft gegen die »Aristokratie« an der Kirchenpolitik der Nationalversammlung (1790/91), genauer: an der Verstaatlichung der Kirchengüter, der Angleichung der kirchlichen Administration an die Verwaltungsgliederung der Departements und dem Bestreben der Revolutionäre, den katholischen Pfarrern für ihre Übernahme in die staatliche Besoldung einen Eid auf diese neue Kirchenverfassung (*Constitution civile du clergé*) abzufordern. Derart in ihrer bisherigen sozialen Stellung beeinträchtigt, von Episkopat und Papst zur Treue ermahnt, schwenkte der Pfarrklerus mehrheitlich ins Lager der Revolutionskritiker um und verweigerte zu drei Vierteln den Verfassungseid – mit der Folge, daß städtische Nationalgarden in viele Dörfer einrückten, um die Eidverweigerer zu verjagen und neuen »patriotischen« Ersatzpfarrern Geleitschutz zu geben. Beides war nötig; denn da es sich bei jenen widerspenstigen Pfarrern meistens um einheimische Bauernsöhne handelte, deren Verdrängung die Karrierepläne ganzer Clans störte, provozierten die Strafexpeditionen der Städter eine Solidarisierung ganz besonders der weiblichen Dorfbevölkerung mit ihren angestammten Pfarrern und führten zur Demissionierung der bäuerlichen Gemeinderäte. Schrittweise nahm die Gewaltbereitschaft der enttäuschten Bauern zu. Zunächst wurden im Sommer 1791 Bräuche katholischer Frömmigkeit wie Rüstzeiten (*retraites*) und Prozessionen zu politischen Protestformen umfunktioniert, an denen sich die Landbevölkerung massenhaft beteiligte. Als dann im Herbst 1792 die Zivilstandsregister verstaatlicht, Zivilehe und Scheidungsrecht eingeführt wurden und die Nationalgarden, gestützt auf neue Gesetze zur Deportation der Eidverweigerer, in den Dörfern immer härter durchgriffen und zugleich die Rekrutierung von »Freiwilligen« für die Revolutionstruppen betrieben, begannen die Bauern gegen diese vermeintliche Wiedereinführung der verhaßten »Miliz« und gegen die in ihren Augen planvolle »Entchristlichung« offen zu rebellieren. Sie begnügten sich nicht länger mit Manifesten für die Rückkehr ihrer alten Pfarrer und die Freiheit vom Wehrdienst, sondern griffen zum Mittel der Gewalt. Ihre Aufstandsbewegungen, die von März 1793 bis Frühjahr 1794 die ganze südwestliche Hälfte der Bretagne überzogen, reichten vom Niederschlagen »patriotischer« Amtsträger über die örtliche Gefangennahme und Entwaffnung der »Blauen« bis zur bewaffneten

Belagerung und Besetzung einiger Distrikthauptstädte, der Verbrennung der Verwaltungspapiere in den Amtsstuben und der Tötung einiger republikanischer Symbolfiguren. Nur die Nähe revolutionstreuer Truppen und ihr schnelles Eingreifen verhinderten, daß sich diese oft von Tausenden von Bauern getragenen, dazu von ehemaligen Adeligen unterstützten Rebellionen zu einer flächenhaften Gegenrevolution auswachsen konnten.

Der Anspruch des bäuerlichen Milieus auf Selbstbestimmung und politische Autonomie, der vergeblich gegen die revolutionären Eingriffe erhoben wurde, personifizierte sich in Typen wie Alain Nédellec, Großbauer im Weiler Fouesnant südöstlich von Quimper. 1790 zum Friedensrichter gewählt, wollte er sein Amt nur auf schriftlichen Bescheid des Königs antreten. Als das Gericht des Departements Finistère nach einem Jahr Nédellecs Amtsantritt anordnete und zur Strafe seinen Besitz pfänden wollte, wußten seine Pächter und Kleinbauern dies ebenso zu verhindern wie eine Neuwahl unter städtischem Begleitschutz. Selbst 300 Nationalgardisten und 350 Soldaten richteten wenig aus gegen einen Clanchef, der mit Glockengeläut, Emissären und ihn angeblich legitimierenden »Papieren« jederzeit in zehn Dörfern eine starke Gefolgschaft mobilisieren konnte, als Herrscher des Distrikts auftrat, Schutz vor Steuern versprach und sich dem Zugriff der Republikaner immer wieder entzog. Als diese ihn schließlich doch verhafteten und der revolutionären Justiz übergaben, wurde bei seiner Hinrichtung im März 1793 in Quimper erstmals die Guillotine eingesetzt.

Damit war der offene ländliche Widerstand zwar gebrochen, aber nicht völlig erstickt. Bis zum Ende des Jahrhunderts schwelte er weiter in Form der *Chouannerie*, einer Art Partisanenkampf, der sich teilweise auf die »Infrastruktur« des traditionellen Salzschmuggels zwischen der Bretagne und den Regionen südlich der Loire stützen konnte.

Jene Truppenpräsenz, welche die bretonischen Bauernunruhen im Keim erstickte und auch einem Nédellec beikam, war südlich der Loire fast nirgends vorhanden, weil die Regierung aus Furcht vor einer englischen Landung das Militär in den Atlantikstädten konzentriert hatte. Dieser Umstand machte 1793 die entscheidende Besonderheit der Vendée und der angrenzenden Departements aus. Wie ansonsten die sozialen und politisch-kulturellen Verhältnisse dieser Region denjenigen der Bretagne weitgehend glichen, so unterschied sich auch die sprichwörtlich gewordene »Erhebung der Vendée« nicht grundsätzlich, sondern nur graduell von den übrigen bäuerlichen Rebellionen gegen bestimmte revolutionäre Maßnahmen.

Das hauptsächlich von Pachtbauern bewohnte, von gewundenen Tälern, Hohlwegen und Hecken durchzogene Hügelland südlich der Loire (Departements Deux-Sèvres und Vendée) war karg und lediglich durch eine einzige größere Straße erschlossen, doch war es weder verarmt noch völlig isoliert. Nachdem sie zuerst große Hoffnungen in die Revolution gesetzt hatte, erlebte auch hier die unterbürgerliche Landbevölkerung eine Enttäuschung nach der anderen. Die Bauern stellten fest, daß ihre Abgabenlast durch die Steuerreformen und die antiseigneuriale Agrargesetzgebung weder gerechter verteilt noch deutlich verringert wurde; sie mußten zusehen, wie städtische Kaufleute, Notare und Anwälte die meisten neuen Wahlämter eroberten, die besten und größten Nationalgüter ersteigerten und die Nationalgarden gegen eidverweigernde Dorfpfarrer mobilisierten. Zu dieser Privilegierung der städtischen Eliten, die den Revolutionären in Paris nicht als Problem bewußt war, kam die religiöse Frage richtungweisend und sinngebend hinzu. Auch südlich der Loire gewannen ab 1791 kollektive Äußerungen der traditionellen Volksfrömmigkeit wie nächtliche Prozessionen und Feiern der Eucharistie zunehmend politischen Protestcharakter, bis 1793 der offene Aufstand ausbrach.

Im Anschluß an Einwohnerversammlungen nach dem sonntäglichen Kirchgang und an Kneipengespräche entwickelt sich die Revolte aus weit verbreiteten, fast alltäglichen Zusammenstößen im Gebiet der Landgemeinden südlich von Nantes. Ab der zweiten Märzwoche verweigern die Bauern ihre Teilnahme an der Auslosung von Freiwilligen für die Front. Dabei stoßen sie mit Nationalgarden zusammen, indem sie sich einiger Weiler und Städtchen der Umgebung bemächtigen, wie des Marktfleckens Machecoul, wo sie republikanische Nationalgarden und Amtsträger der Ortsverwaltung massakrieren; sofortige Berichte, die davon landesweit verbreitet werden, prägen ein negatives Bild der Aufständischen. Als die durch Straflosigkeit und Zulauf bestärkten Bauern am 19. und nochmals am 23. März die 2000 bis 3000 Mann starken republikanischen Linientruppen des allzu sorglosen Generals Marcé besiegen, konstruiert der Konvent eine Theorie der Verschwörung und des abgrundtiefen Hasses gegen die Revolution, um diese für ihn ebenso unfaßbare wie unverständliche Niederlage zu erklären. Die »Vendée« wird zum Schlagwort. Mit dem Dekret Cambacérès am 20. März beginnt der Bürgerkrieg. In einer Zeit erbitterter Machtkämpfe im Konvent und militärischer Bedrohung der Republik durch die an der Nordfront vordringenden alliierten Truppen liefert die Vendée den *Montagnards* ein willkommenes Feindbild, um ihren Radikalismus gegen die Girondisten sowie die Entsendung von 82 Kommissaren in die Departements zu rechtfertigen. So dämonisieren revolutionäre Wortführer im Konvent die »Vendéens« zu von Priestern fanatisierten Vaterlandsverrätern, die den Kelch in der einen und die Pistole in der anderen Hand hielten. Statt je ihre eigenen Fehler einzugestehen, betreiben die Republikaner einen Märtyrerkult um den am 7. Dezember 1793 in der Vendée gefallenen Kinderhelden Bara, Verkörperung der patriotischen Unschuld und Tugend. Sie stilisieren den Vendéekrieg zum Entscheidungskampf der Republik gegen das Königtum, der Revolution gegen die Konterrevolution. »Die Vendée« wird zu einem festen Begriff, es handelt sich um die Geburt einer »Region der kollektiven Erinnerung«, die das gegenrevolutionäre Frankreich symbolisiert. Gracchus Babeuf spricht nach Robespierres Sturz von »der Vendée der 86 Departements«, um die landesweite politische Reaktion zu beschreiben: »Die Vendée ist nicht mehr nur das Kerngebiet einer Revolte [...]. Die Vendée ist heute überall.«[10]

Da es zunächst keine Repressionen gibt, breitet sich die Rebellion wie ein Lauffeuer aus. Von März bis Juni 1793 erobern »die Weißen«, wie die Aufstandischen wegen ihrer royalistischen Kokarden genannt werden, mehrere Städte von Cholet (17. April) über Fontenay-le-Comte (25. Mai) und Saumur (9. Juni) bis Angers (19. Juni). Wie beispielsweise der Aufruf belegt, den die Bauern des Dorfes Houdan am 13. März 1793 an den Rat der von ihnen belagerten Kleinstadt Ancenis bei Nantes richten, ist das »Programm« der Aufständischen nicht eigentlich gegenrevolutionär, sondern zielt auf die bäuerliche Würde und Freiheit:

»Brüder und Freunde, das Vaterland ist in großer Gefahr. Überall fließt das Blut in Strömen [...]. Wir sind es, die mit unserem Schweiß und unserer Arbeit die Städte ernähren. Die Städte müssen sich aus Dankbarkeit und aus Menschlichkeit [*humanité*] mit uns beraten und unsere Interressen unterstützen. Unsere Forderungen beruhen auf Gerechtigkeit [*justice*], aber man muß sie anhören, um sie zu beurteilen. Wir wollen kein Blut vergießen, wir fordern nur Einheit und Frieden. [...] Die Miliz ist abgeschafft worden, und wir werden niemals weder Wahl noch Los dulden. [...] Wir wollen in der Wahl der Priester, die wir unseres Vertrauens für würdig halten, frei sein und möchten sie selbst aussuchen. Wir verlangen nicht die Rückkehr der Feudalrenten, wir sind nicht die Freunde der Despoten [...]. Wir verlangen eine Verringerung der Steuern.«[11]

Die aufständischen Bauern beherrschen bis zum Herbst das Land zwischen Loire und aquitanischer Tiefebene. Sie finden Zustimmung bei einem großen Teil der Bevölkerung. »Die Blauen«, wie die Soldaten der Republik wegen ihrer Uniform heißen, sind gegenüber Zehntausenden bewaffneter Bauern hilflos. Die Organisation dieser Haufen ist hauptsächlich kommunitär strukturiert: Die Gemeinde verkörpert die gewohnte Lebenseinheit und damit den Sinn des Kampfes, sie gibt den Zusammenschluß der wehrhaften Männer um einen lokalen Anführer vor, sie ermöglicht es dem ortsansässigen Landedelmann, sich anzuschließen. Darüber hinaus bleibt die Organisation der »Katholisch-königlichen Armee«, die sich zu einem guten Drittel aus ländlichen Handwerkern rekrutiert, rudimentär. Sie verfügt weder über eine Kriegskasse noch über ausreichende Verpflegung, Bewaffnung (viele Kämpfer sind nur mit

Knüppeln bewaffnet) und Ausbildung (Mangel an Kanonieren). Die selbstherrlichen lokalen Führer beteiligen sich kaum an Koordinierung und Planung. Abgesehen von dem gemeinsamen Eintreten für Religion und Königtum herrscht Zwist vor. Ein *Conseil supérieur*, der seit dem 26. März 1793 in Châtillon-sur-Sèvre als eine Art Regierung fungiert, wird bereits im Oktober 1793 wieder aufgelöst; er profiliert sich hauptsächlich religionspolitisch. Immerhin drucken die Aufständischen mit erbeuteten Druckerpressen eigene Geldscheine und ein »Bulletin des amis de la Monarchie et de la Religion«, das sie in ihrem Herrschaftsgebiet plakatieren.

»Die Vendée« auszumerzen, dieses Symbol der Ablehnung der Revolution durch einen Teil der Bauernschaft, wird zum aktuellen Hauptziel, zur fixen Idee der Revolutionäre in Paris. Im Juni 1793 schlagen die in die Vendée entsandten Sonderbevollmächtigten Mazade und Garnier dem Konvent vor, die Höfe in der Vendée zu verbrennen, die Einwohner zu deportieren und die Region mit »neuen Menschen« zu besiedeln. Das Dekret, das der Konvent am 1. August auf einen Bericht von Barère beschließt, erhebt die systematische Brandschatzung zum offiziellen Mittel der Kriegsführung. Schlecht ausgebildet und ausgerüstet, durch ständige Desertationen geschwächt, von inkompetenten »Generälen« wie dem Pariser Bierbrauer Santerre befehligt, richten die republikanischen Truppen bis zum Herbst allerdings wenig aus. »Die unerklärliche Vendée existiert immer noch ... Vernichtet die Vendée!« ruft Barère am 1. Oktober den Abgeordneten im Konvent zu; und der Konvent beschließt: »Die Räuber der Vendée sind bis Ende Oktober auszumerzen, das Heil des Vaterlandes gebietet es.«

Das anschließende Wüten der *Terreur* in der Vendée ergibt sich folgerichtig aus dem republikanischen Unverständnis. Nach ihren Siegen von Cholet (17. Oktober 1793) und im Sumpfgebiet von Saverny (23. Dezember 1793) veranstalten »die Blauen« nach Aussage ihres Generals Westermann unter den Rebellen ein »fürchterliches Schlachten«. Von Dezember 1793 bis Februar 1794 läßt der Konventskommissar Jean-Baptiste Carrier in Nantes täglich 170 bis 200 gefangene »Vendéens« aburteilen und exekutieren sowie weitere nachts in der Loire ertränken (woanders nannte man das »patriotische Taufen«), weil die Guillotine mit den Hinrichtungen nicht nachkommt. Gleichzeitig durchkämmen unter dem neuen Oberkommando des Generals Louis-Marie Turreau verstärkte Revolutionstruppen in zwölf Kolonnen – den berüchtigten *colonnes infernales* – von Januar bis April 1794 vergewaltigend, mordend und brennend die Dörfer und Höfe der unübersichtlichen Heckenlandschaft südlich der Loire.

Die Grausamkeit und die Publizität dieser Repression haben erheblich zur symbolischen Überhöhung der Vendée beigetragen. Turreau berichtete dem Konvent, als habe er ein Volk vernichtet: »Es gibt keine Vendée mehr.« Doch trotz dieser vordergründigen Siege muß die Pariser Vendéepolitik als gescheitert gelten. Trotz einer Besatzung von 30000 Mann Revolutionstruppen gärte es in der Region weiter. Statt spontan vereinigter Bauernhaufen bekriegte nun allerdings eine nahezu berufsmäßige Guerilla »die Blauen«. Die thermidorianische Regierung lenkte ein, indem sie der Region gegen die Anerkennung des republikanischen Regimes nicht nur Kultfreiheit, Freistellung von der Wehrpflicht und einen zehnjährigen Steuererlaß gewährte (oft waren seit 1789 keine Steuern bezahlt worden), sondern auch ihre Kämpfer als besoldete Sondertruppe anerkannte (15. Februar 1795). Doch erst der neuen, flächendeckenden Kriegstaktik des Generals Hoche gelang es, die Guerilla der unnachgiebigen Republikgegner zu zerschlagen und ihren Führer Charette hinzurichten (29. März 1796). Selbst danach konnte sich die Vendée mit der Republik nicht abfinden, das Trauma des Krieges hatte sie in die Hochburg eines kämpferischen Katholizismus und Royalismus verwandelt. Das Ergebnis war einerseits sozio-ökonomisch verheerend: Durchschnittlich ein Viertel der gesamten Bevölkerung der Vendée fiel dem Bürgerkrieg zum Opfer (etwa 150000 Menschen), nicht zu reden von der Zerstörung ganzer Dörfer, von den unzähligen Verlusten an Ernten, Vieh und anderen Gütern. Andererseits hat »die Vendée« durch die landesweite Resonanz und durch die Reaktionen, die sie hervorrief, einiges zur Schaffung der nationalen Einheit Frankreichs beigetragen; gegen »die Vendéens« kämpften Freiwillige aus den Departements Vienne und Corrèze Seite an Seite mit 800 Bastillesiegern aus Paris und mit Truppen, die das belagerte Mainz verteidigt hatten.

In extrem gesteigerter Ausprägung spiegelt der Bürgerkrieg in der Vendée und den angrenzenden Departements allgemeine Verständnis- und Koordinierungsprobleme zwischen der nationalen Programmatik der radikalen Revolutionäre in Paris auf der einen und dem Autonomiestreben der ländlichen Bevölkerung, die sich weithin zentralistischer »Modernisierung« widersetzte, auf der anderen Seite. Dieser Konflikt schwelte ebenso in anderen Regionen, so spricht man etwa auch von einer »Vendée« in der Provence.

Die Bauernrevolution im Überblick

Die skizzierten regionalen Beispiele sind exemplarisch für die wichtigsten Typen bäuerlicher Erhebungen im revolutionären Frankreich und für deren geographische Gewichtung. Die antifeudalen Aufstände, wie wir sie im Bas-Limousin, im Mâconnais und in der Gascogne beobachtet haben, ergriffen hauptsächlich große Gebiete Zentral- und Südfrankreichs, darunter die Auvergne und die südliche Provence; außerdem gingen sie, wie in der Bretagne oder der Ile-de-France, häufig andersartigen Unruhen voraus oder vermischten sich mit ihnen. Die Getreide- und Brotaufstände, bei denen die hohe Beteiligung von Tagelöhnern, entwurzelten Saisonarbeitern und Landstreichern auffällt, waren ein Phänomen vor allem des Rhônetals und ganz besonders der Kornkammern Nordwestfrankreichs, wie der Beauce. Im Nordwesten und Nordosten des Landes konzentrierten sich zugleich die bäuerlichen Kämpfe für die Aufteilung der großen Pachtgüter (*grosses fermes*) in Höfe für Kleinbauern sowie für die Wiedererlangung der Allmenden und kollektiven Nutzungsrechte, wie das Beispiel der Picardie zeigt. Die ebenfalls in der Picardie beobachtete Steuerrebellion allerdings war landesweit verbreitet. Was schließlich die bäuerliche Gegenrevolution betrifft, so verweisen die Beispiele der Bretagne und der Vendée auf ihren Schwerpunkt im französischen »Mittelwesten«; doch auch das weiter südlich gelegene Bas-Limousin erlebte eine ganze

Reihe tendenziell gegenrevolutionärer Aufstandsbewegungen, besonders in der zweiten Hälfte der 1790er Jahre.

Diese Beobachtungen werden durch statistische Erhebungen über insgesamt 4700 kollektive, öffentliche Gewaltakte und Erhebungen, die von Juni 1788 bis Juni 1793 im ländlichen Frankreich zu ermitteln sind,[12] bestätigt und chronologisch verfeinert. Demnach waren es die Lebensmittelunruhen von 1788/89, die bereits vor dem Zusammentritt der Generalstände den Reigen der ländlichen Erhebungen eröffneten (im März 1789 machten sie zwei Drittel aller Vorfälle aus), um dann 1792/93 erneut anzuschwellen. An sie schloß sich im Juli 1789 mit der Großen Furcht vor dem vermeintlich drohenden »aristokratischen Komplott« gegen die politische Erneuerung des Königreiches ein Lauffeuer ländlicher Paniken an. Die allgemein verbreiteten Steuerrebellionen konzentrierten sich auf die Jahre 1789 und 1790. Antifeudale Bewegungen, die über ein Drittel aller Aufstandsbewegungen ausmachten, waren am häufigsten im Herbst 1789 sowie in den Jahren 1792 und 1793. Die religiös motivierten Unruhen nahmen von 1790 bis 1792 an Zahl und Heftigkeit stark zu und gingen oft in die gegenrevolutionären Erhebungen von 1792/93 über.

Doch wie zahlreich und verbreitet diese ländlichen Erhebungen auch waren – bildeten sie überhaupt einen integralen Bestandteil der Französischen Revolution? Handelt es sich nicht eher um weitgehend autonome, »eigensinnige«, in starkem Maße rückwärtsgewandte Protestbewegungen? In der Tat spricht einiges dafür, diese Frage zu bejahen. Zum einen setzte eine ganze Reihe ländlicher Aufstände im Grunde die Bauernrevolten des alten Frankreich fort: So beriefen sich die bretonischen Bauern auf die *Bonnets rouges* von 1675, die Bauern des Bas-Limousin auf die *Tard-avisés* von 1707, die des Vivarais auf die *Masques armés* von 1783. Zum anderen waren die meisten Bauernerhebungen der Revolutionszeit kommunitär geprägt; viele verfolgten das Hauptziel, revolutionäre Eingriffe von außen abzuwehren und die altgewohnte gemeindliche Lebenswelt zu bewahren.

Freilich überwogen bei den ländlichen Aufständen andere Charakterzüge, die sie eng mit dem allgemeinen Revolutionsprozeß verbanden. Bei allen oben skizzierten regionalen Erhebungen spielten sowohl Nachrichten über revolutionäre Pariser Ereignisse wie den Bastillesturm und über neue Gesetze der Nationalversammlung (etwa zur Abschaffung der Feudalität oder zum Verfassungseid der Priester) als auch unmittelbare Forderungen revolutionärer städtischer Amtsträger vor Ort (etwa zur Entrichtung von Steuern oder zur Bereitstellung von Soldaten) eine auslösende, oft auch motivierende Rolle. Mochten jene Nachrichten auf dem Lande verzerrt ankommen und nicht selten mißverstanden werden, ermutigten und provozierten doch erst sie die Bauern zum Losschlagen. Oftmals zwar nutzten die Bauern – ohne sich sonst für die Revolution zu interessieren – lediglich die Gunst der Stunde, um etwa seigneuriale Abgaben und staatliche Steuern abzuschütteln, gleichwohl schlossen sie sich damit aber im allgemeinen den Aufstandsbewegungen der Revolution an. Mehrere Reihen von Bauernaufständen gehören sogar unmittelbar zu den treibenden Kräften der Revolution. Das gilt insbesondere für die antiseigneurialen Erhebungen, welche die nationale Gesetzgebung zur Abschaffung der Feudalität 1789 erst in Gang sowie 1792 zum Abschluß brachten und so die Bauernbefreiung in Frankreich etwa gegenüber derjenigen in Baden oder Dänemark stark beschleunigten; es gilt aber auch für die Aufstände in der Vendée, die als Reaktion eine weitere Radikalisierung der Revolutionäre im Nationalkonvent bewirkten. Es kommt hinzu, daß die aufständischen Bauern sich weder so blindwütig verhielten, wie ihnen in Erinnerung an die spätmittelalterlichen *Jacques* nachgesagt wird, noch allein ökonomische Interessen verfolgten, sondern daß sie zugleich einer eigenen politischen Kultur Ausdruck verliehen, die sich mit dem emanzipatorischen Grundanliegen der Revolution durchaus vereinen ließ. Das Unrecht ihrer Gegner anzuprangern, die Legitimität ihrer Erhebungen durch Inszenierung rechtlicher Formen und Hinzuziehung anerkannter Revolutionäre öffentlich sichtbar zu machen, durch das Abreißen seigneurialer Wetterfahnen und das Pflanzen von Freiheitsbäumen gegenüber den »Aristokraten« ihre eigene Würde und Eigenständigkeit kundzutun – solche kollektiven Symbolhandlungen waren den Bauern nicht weniger wichtig als die Wiederinbesitznahme der Allmende oder die Verweigerung des Zehnten. Darüber hinaus gibt es Indizien dafür, daß Teile der Landbevölkerung sich zentrale politische Schlagworte der Revolution zu eigen machten – wie die *métayers* der Gascogne, die die Argumentation von Rousseau und Sieyès auf ihre Welt anwandten – und daß an der Spitze einzelner Erhebungen radikale Gestalten standen, die man fast als ländliche Sansculotten bezeichnen könnte: Erinnern wir uns zum Beispiel an den Wirt Pierre Durieux aus Brive im Bas-Limousin, an den Schnapsbrenner Claude Pain im Mâconnais, an die Bauern Jean Jouannic und Alain Nédellec in der Bretagne.

Das bäuerliche Frankreich war auch deshalb Teil der Revolution – und hielt mehrheitlich zu ihr –, weil es trotz aller Abwehrreaktionen und Mißerfolge erhebliche Vorteile aus ihr zog und zugleich von ihr verändert wurde. Die Bauern konnten die wirtschaftliche und soziale Vormachtstellung der Grundherren, die von privilegierten Adeligen zu ländlichen Notabeln mutierten, zwar nicht brechen, aber begrenzen, indem die Standesprivilegien abgeschafft und die »feudale Reaktion« gebremst wurden. Obwohl sie bei der Versteigerung der verstaatlichten Kirchen- und Emigrantengüter den reichen Städtern und Grundbesitzern unterlegen waren, konnten die Bauern ihren Anteil an Acker- und Weideland insgesamt leicht erhöhen. Ihre häufig straflosen Abgaben- und Steuerverweigerungen verschafften ihnen zeitweise ökonomische Entlastung; außerdem nutzten größere Bauern die Assignaten zur billigen Tilgung von Schulden. Die von kommunalen Traditionen geprägte politische Kultur der Dörfer erfuhr eine gewisse Verrechtlichung und Demokratisierung: Die Landgemeinden wurden stärker in die reorganisierte Landesverwaltung einbezogen, und die bestimmenden ländlichen Clans trugen ihre Auseinandersetzungen und Machtkämpfe statt mit Gewalt nun bei den Wahlen aus. Kurzum: Das ländliche Frankreich, das im 18. Jahrhundert noch immer »unterverwaltet« war und dessen Gemeinden weithin ein zurückgezogenes Eigenleben führten, trat mit der Bauernrevolution in die (nationale) Politik ein.

Revolutionäre Bewegungen und revolutionäre Kultur in der städtischen Provinz

Die politisch-sozialen Bewegungen in den städtischen Zentren der französischen Provinz bildeten, nicht weniger als die Agrarunruhen, eine mobilisierende Kraft, die der Revolution im Zentrum Paris erst nationale Resonanz und landesweites Durchsetzungsvermögen verschaffte. Allerdings waren die lokalen Ausprägungen dieser städtischen Revolution vielfältiger als die der bäuerlichen Bewegungen: in Grenoble ein vorrevolutionärer Volksaufstand gegen die in Paris beschlossene Entmachtung des Obergerichts der Dauphiné (7. Juni 1788); in Rennes eine Straßenschlacht zwischen »Aristokraten« und »jungen Leuten« (*jeunes gens*) wegen der umstrittenen Reform der Landstände der Bretagne (Januar 1789); in Straßburg die Erstürmung und Brandschatzung des Rathauses auf die Nachricht vom Pariser Bastillesturm (21. Juli 1789); eine militärische Expedition der Nationalgarden von Bordeaux und Toulouse gegen »die Royalisten« von Montauban (Mai 1790); in Nîmes blutige Zusammenstöße zwischen Protestanten und Katholiken (13. Juni 1790); in Rouen ein royalistischer Aufstandsversuch (Januar 1793); in Lyon der doppelte Umschlag zunächst von der Herrschaft militanter Jakobiner und Sansculotten zum »Föderalismus« und dann zur Eroberung der Stadt durch die Revolutionstruppen mit anschließender Hinrichtungswelle (Juni 1793 bis Frühjahr 1794); in Clermont-Ferrand eine gegenrevolutionäre Erhebung (9. Juli 1797). Die Variationsbreite dieser aufsehenerregenden Ereignisse und einer Fülle weiterer »revolutionärer« Bewegungen ist zu groß, die jeweiligen lokalen Umstände sind für ihr Verständnis zu wichtig, als daß sie sich einfach summieren und zu einem überschaubaren Gesamtbild zusammenfügen ließen. Allgemeine Grundzüge der städtischen Revolution in der Provinz finden sich in weniger spektakulären Erscheinungen, besonders in neuen Formen, Inhalten und Funktionen der Soziabilität, das heißt der politischen Kommunikation, Geselligkeit und Vereinsbildung. Das soll im folgenden erläutert werden – zunächst am Beispiel des uns schon teilweise bekannten Departements Corrèze, dann ergänzend an zwei anderen – gegensätzlichen – Fällen, die zugleich revolutionsgeschichtliche Zusammenhänge zwischen Stadt und Land illustrieren.

Kehren wir also zurück in das Bas-Limousin, diesmal nach Tulle, einer Stadt von 10 000 Einwohnern, regionaler Hauptsitz der kirchlichen und staatlichen Institutionen, sozial und wirtschaftlich mitgeprägt von kleinen Handwerksbetrieben und einer Waffenmanufaktur. Für diese Kleinstadt beginnt die Revolution mit der *Grande Peur*, die sich nach dem Pariser Bastillesturm im Lande verbreitet. Aus Furcht vor einer »Invasion der Räuber« beschließt der bürgerliche Stadtrat am 2. August 1789 die Aufstellung einer *garde citoyenne*, einer Miliz aller »ehrlichen Bürger«, also ohne die Armen und die Domestiken. Von dieser Bürgermiliz, die sich bald »Nationalgarde« nennt und auf einen Kern von Aktivisten konzentriert, patrouillieren Tag und Nacht jeweils 24 Wächter durch die Straßen. Parallel dazu bestellt die Versammlung der verängstigten Bürger am 7. August 1789 eine Art lokale Notstandsregierung, genannt *Comité permanent*. Diese sorgt für die Aufrechterhaltung der öffentlichen Ordnung, bis – gemäß den Beschlüssen der Nationalversammlung – im Januar 1790 in zehn Wahlgängen an ebenso vielen Tagen ein neuer Magistrat gewählt wird. In ihm geben zwar nach wie vor die Honoratioren mit Bürgermeister Jean-François Melon de Pradou, königlicher Anwalt des Bezirksgerichts (*Présidial*), den Ton an; aber mit dem königlichen Prokurator Jacques Brival und einigen seiner Anhänger sind auch freiheitlicher eingestellte »Patrioten« vertreten. Angesichts der Bauernunruhen, der zeitweiligen Überfüllung der Gefängnisse von Tulle und der öffentlichen Erhängung der beiden aufständischen Bauern Vaujour und Siccard wachsen im Februar die Spannungen in Magistrat und Bevölkerung. Während die Honoratioren möglichst alles beim alten lassen wollen, eine harte Aburteilung der rebellischen Bauern betreiben und sich aus Paris von der Nationalversammlung als »Wahrer der Ordnung« belobigen lassen, setzen sich die »Patrioten« für die Beseitigung der Standesprivilegien und eine mildere Behandlung der Aufständischen ein. Sie können ihre Position ausbauen, als bei den ersten Wahlen zu den Verwaltungsämtern des Departements Corrèze, das im April 1790 ohne Bruch aus der Provinz Bas-Limousin hervorgeht, Brival als *Procureur général syndic* in das Spitzenamt der Verwaltung einrückt. In dieser gespannten Lage erhalten die Befürworter der Revolution Unterstützung durch eine neue politische Kraft, die sich außerhalb der regulären Institutionen von Stadt, Distrikt und Departement formiert.

Jakobiner in der *France profonde*: Die »Verfassungsfreunde« von Tulle

Am 5. Juni 1790 halten die am 20. Mai gegründeten »Amis de la Constitution« von Tulle in der Bibliothek des reformierten Franziskanerklosters ihre erste protokollierte Sitzung ab.[13] Über 500 Mitglieder unterzeichnen die demokratischen und zugleich disziplinierenden Statuten dieser Vereinigung prorevolutionärer Bürger. Sie bestellen einen Präsidenten, zwei Sekretäre und einen Schatzmeister, die jeweils monatlich mit der absoluten Mehrheit der Mitglieder neu gewählt werden. Der Präsident wahrt »die Ordnung in der Versammlung«, die er eröffnet und schließt. Er stellt Fragen und erteilt das Wort in der Reihenfolge der Meldungen. Die Sekretäre führen das Protokoll sowie die Mitgliederliste in mehreren Exemplaren und verwalten alle Unterlagen zu den Veröffentlichungen der Gesellschaft. Vier *commissaires*, die monatlich mit einfacher Mehrheit gewählt werden, sorgen für die Ordnung im Saal. Die Gesellschaft tagt jeweils an den beiden wöchentlichen Posttagen ab 19 Uhr. Während der Sitzungen dürfen die Mitglieder nicht nach Belieben herumlaufen, aufstehen und dazwischenrufen, sondern sie sollen sitzen bleiben, auf das Glockensignal schweigen, die Redner aussprechen lassen und selber pro Sitzung nicht mehr als dreimal reden. Anträge werden schriftlich eingereicht. Wer Mitglied werden will, muß von fünf anderen unterstützt werden, seinen Namen während drei Sitzungen bekanntgeben, von der Mehrheit aufgenommen werden und dann noch eine sechsmonatige Probezeit durchmachen. Ausgeschlossen wird, wer nachweislich den »Grundsätzen der Verfassung« zuwiderhandelt oder den Sitzungen drei Monate lang fernbleibt.

Im Zuge der lokalen und regionalen Politisierung wird diese Geschäftsordnung nach und nach ergänzt und verschärft. Anfänglich nur sonntags für Nichtmitglieder zugänglich, werden die Sitzungen mit dem zweiten Halbjahr 1790 durchgehend öffentlich, so daß ihnen auch Frauen und andere Nichtmitglieder beiwohnen können, allerdings nur auf den Tribünen. Um die Männer, die Aufnahme in ihn begehren, kritischer zu prüfen, erhöht der Klub das Quorum der Zustimmung auf drei Viertel (19. August 1790), dann auf fünf Sechstel (20. Februar 1791) seiner Mitglieder. Damit sich unter diese bei den Sitzungen keine anderen, mißliebigen Personen mischen, werden im Herbst 1792 Mitgliedskarten für monatlich 15 Sols eingeführt; während bedürftige Brüder ihre Ausweise umsonst erhalten, sollen wohlhabende freiwillig mehr bezahlen. Im März 1794 ersetzt der Klub diese Karten durch Medaillen mit der Umschrift »Sans-Culotte, membre de la société populaire de Tulle«. Ebenfalls im Herbst 1792 beschließt er, daß der jeweilige Ordnungshüter ein *bonnet rouge* trägt und mit einer Pike ständig im Saal patrouilliert. Dennoch geschieht es besonders im ersten Halbjahr 1794 immer wieder, daß Nichtmitglieder den freien Raum vor dem Präsidium besetzen und des Saals verwiesen werden, daß Störer, zumal wenn sie als »verdächtig« gelten, hinausgejagt, angezeigt, ja verhaftet werden. Mehrfach kommt es aber auch zu »skandalösen Szenen« unter den Mitgliedern selbst: Einmal müssen einige wegen Trunkenheit von der Sitzung ausgeschlossen werden (27. Oktober 1793); ein anderes Mal bricht eine Schlägerei aus, als der Munitionsarbeiter Jean-Louis Ducher den Kaufmannssohn Pierre Jarrige beschimpft, er sei »un aristocratte et un phanatique« (4. Januar 1795). Auch die Teilnahme an den Sitzungen, die ab Juni 1792 mit Rücksicht auf die berufstätigen Mitglieder zwei Stunden später beginnen, bedarf weiterer Regelung. Nachdem sie im ersten Jahr langsam, aber stetig zunimmt und der Klub Ende Juni 1791 in den größeren Saal des städtischen Gymnasiums umzieht, fällt sie von Ende Oktober 1792 bis Anfang 1793 so stark ab, daß einige

Lesungen und Abstimmungen wegen Beschlußunfähigkeit vertagt und diejenigen Mitglieder, die in Tulle wohnen, ermahnt werden, mindestens jede dritte Sitzung zu besuchen.

Diese Hervorhebung einer Gruppe von Mitgliedern hängt zusammen mit dem weiten geographischen und sozialen Einzugsbereich des Klubs. Denn zu den 235 Klubisten von Tulle selbst kommen in der Zeit der größten Mitgliederstärke (Mai 1790 bis Juni 1791) fast 300 »Brüder« aus 58 anderen Gemeinden, zumeist Dörfern, des Bas-Limousin hinzu, also aus den Gebieten der oben erwähnten Bauernunruhen. Entsprechend zweigeteilt ist die Sozialstruktur des Klubs. Einerseits sind seine frühen und führenden Mitglieder fast alle Bürger der Stadt Tulle, die damals keinen Zugang zum eher konservativen Magistrat hatten; sie rekrutieren sich primär aus einer traditionellen bürgerlichen Oberschicht von Verwaltungsbeamten, Richtern, Notaren, Anwälten, Ärzten, Kaufleuten und Studenten, während Geistliche sich erst um die Jahreswende 1790/91 in größerer Zahl anschließen. Xavier Villeneuve, studierender Sohn eines Kaufmanns und neues Klubmitglied, hat also nicht Unrecht, wenn er in der Sitzung vom 5. Januar 1791 seine Genugtuung darüber ausdrückt, nunmehr »in die Elite der vernünftigen Patrioten aufgenommen zu sein«. Andererseits schließen sich dem Klub sehr bald und in steigendem Maße bemerkenswert viele Männer aus dem einfachen Volk an, zunächst Handwerker und kleine Ladenbesitzer sowie Arbeiter aus der örtlichen Waffenmanufaktur, dann auch Bauern aus dem Umland, die kaum ihren Namen schreiben können, wie jener Etienne Chabrerie aus Bouysse (22. September 1790). Dieser »Volksanteil« des Klubs steigt von Juni 1791 bis August 1794 von 43 auf 58 %, so daß nach den bürgerlichen Vorsitzenden der ersten Jahre mit Brousse und Faure im Dezember 1794 nacheinander zwei Arbeiter der Manufaktur zu Präsidenten gewählt werden.

Zwar ist der Klub in Tulle nicht unumstritten: Im August 1790 beschweren sich Mitglieder so nachdrücklich über nächtliches Geschrei gegen den Klub und über »ein verleumderisches Pamphlet«, welches am hellichten Tag in den Straßen von Tulle plakatiert werde, daß die »Verfassungsfreunde« als Erwiderung eine Selbstdarstellung drucken lassen. Während der radikalen Revolutionsphase muß sich der Klub mit einer Gegengründung auseinandersetzen und schließt einige seiner Mitglieder aus, weil sie der »Société monarchienne«, einem royalistischen Gegenklub, angehören (1./3. Juli und 1. August 1794). Doch mit einer Mitgliedschaft, die ein Fünftel der erwachsenen Männer von Tulle umfaßt, dürfte der Klub bis 1793/94 die Mehrheit der politisch engagierten und aktiven Bürger der Stadt auf seiner Seite gehabt haben. Um in der Stadt noch allgemeinere Anerkennung zu gewinnen, ergreift er eine ganze Reihe von Initiativen. So richtet er im November 1790 einen »Patriotischen Ball« für alle Bürger aus und feiert zur Eroberung Savoyens am 7. Oktober 1792 ein »Bürgerfest« mit Musik, bei dem die Teilnehmer gemeinsam »die Hymne der Marseiller« singen. Wiederholt setzt er sich für die Lebensmittelversorgung ein.

Seine höchst vielfältigen, insgesamt geradezu fieberhaften Aktivitäten erstrecken sich hauptsächlich auf zwei Bereiche: zum einen auf die interne politische Akkulturation seiner Mitglieder im Verbund mit Gleichgesinnten im ganzen Lande, zum anderen auf die ideologische und praktische Unterstützung der Revolution nach außen.

»La rage de s'associer«: Verfahren politischer Kommunikation und Meinungsbildung

Im Sinne der aufklärerischen Gebildetensozietäten von den Freimaurerlogen bis zu den Lesekabinetten – allerdings politischer und öffentlicher als sie – sind die »Verfassungsfreunde« von Tulle eine freiwillige, überständische Zusammenkunft von Bürgern zu gemeinschaftlicher Information, Diskussion und Meinungsbildung über die brennenden Fragen des Tages. Da sie Einmütigkeit im Geist der Freiheit und Gleichheit anstreben, titulieren sie sich nicht würdeheischend *monsieur*, sondern reden einander vertrauensvoll mit *frère* (Bruder) an, was die Sitzungsprotokolle mit der freimaurerischen Kurzform »f∴» wiedergeben. Später ächten sie auch das Siezen: Bei der Anrede wird *tu* anstelle von *vous* obligatorisch (5. November 1793). Gelegentlich bekräftigen die Klubisten ihre

Einigkeit mit Feiern. So beschließen sie, ein *repas d'union* abzuhalten (11. August 1790), laden die Jakobiner der Nachbarstadt Brive zu einem weiteren Brudermahl ein (11. Mai 1791) und schließen ihre Sitzung früher als gewöhnlich, um gemeinsam zur Farandole, dem Volkstanz des südlichen Frankreich, zu gehen (10. Mai 1794). Doch ihre eigentliche Aktivität richten sie primär auf die Revolutionspublizistik.

Die kollektive Lektüre der *papiers publics* ist ein derart zentrales Anliegen des Klubs, daß manche seiner Sitzungen ausschließlich aus Lesungen bestehen. Besonders für die unterbürgerlichen, teilweise nicht lesefähigen Mitglieder (bis zu 50 %) wird dieses Vorlesen der aktuellen politischen Druckschriften zum zentralen Mittel der Information und Meinungsbildung. Nicht zufällig finden die Klubsitzungen an den Posttagen statt, denn der größte Teil der Publizistik kommt von außen in die Stadt. Dabei handelt es sich zur Hälfte um die Tagespresse, ganz besonders um Pariser Zeitungen, wobei der Klub die ihm wichtigsten Blätter selbst abonniert, während er sich andere schenken läßt. So informiert er sich über die Arbeit der Nationalversammlung aus dem halboffiziellen »Journal des débats«, das ihm der Magistrat von Tulle überläßt, subskribiert aber auf eigene Kosten vorzugsweise führende Organe der radikaleren revolutionären Meinungspresse. Sie reichen von Jean-Louis Carras »Annales patriotiques« über Jean-Baptiste Louvets Plakatzeitung »La Sentinelle« und den Marseiller »Courrier du Midi« bis hin zum »Courrier des 83 Départements« von Antoine-Joseph Gorsas, der bevorzugt gelesen wird, weil er sich nach Ansicht der Klubisten besonders dazu eignet, »den Eifer und die Verfassungsliebe der Patrioten anzufachen« (17. Mai 1792). Das jakobinische Zentralorgan »Journal de la Montagne« dagegen abonniert der Klub erst spät, gegen Ende der *Terreur* (26. August 1794). Daß die »Brüder« die Revolutionspresse nicht nur rezipieren, sondern auch diskutieren und durch sie Anstöße zur weiteren politischen Kommunikation erhalten, zeigen sowohl Leserbriefe, die sie zum Beispiel an die »Annales patriotiques«,[14] den »Courrier« von Gorsas und den »Indicateur«[15] richten, als auch eine eigene Adresse an die Nationalversammlung, welche sie »allen Journalisten« zur Veröffentlichung übermitteln (31. Juli 1791), sowie die Tatsache, daß sie die

Plakatzeitung »La Sentinelle« nach der Lektüre »jeden Posttag am öffentlichen Platz anschlagen«, damit alle Passanten sie lesen können (16. Juli 1792). Mehr noch: Begeistert von dem besonders radikalen und volksnahen Pariser Blatt »Le Père Duchesne« von Jacques-René Hébert, gründet der Klubaktivist und mehrfache Präsident Jean-Charles Jumel, ein früherer bischöflicher Vikar, eine ähnliche Zeitung mit dem Titel »Le Père Duchêne de la Corrèze«, aus der im Klub ebenfalls vorgelesen wird und die ihrerseits Auszüge aus der Klubkorrespondenz veröffentlicht.[16]

Die andere Hälfte der vorgelesenen Publizistik bilden gedruckte Flugblätter und Broschüren. Dazu gehören Reden von Ludwig XVI., Camille Desmoulins und Robespierre ebenso wie offizielle Proklamationen der Nationalversammlung und des Konvents, Dokumente über die Verschwörungspläne des Königs, eine *Grande relation* (großer Bericht) über die Revolution des 10. August 1792 oder Auszüge aus einer Schrift des Notars Valette aus Périgueux über »die Ungerechtigkeit der Feudalrechte« (8. Januar 1792). Neben solchen verhältnismäßig anspruchsvollen Texten spielen populäre Schriften, die sich in didaktischer Absicht besonders an die unterbürgerliche Hälfte der Klubisten wenden, eine wichtige Rolle. So trägt der Bruder d'Orfeuil am 26. September 1791 unter großem Beifall aus seiner Schrift »La lanterne magique« vor, die »in kurzweiliger Weise den moralischen Sinn der Revolution erklärt«: Sie »gibt einen Überblick über die verschiedenen Regierungsformen [...], vergleicht genau das alte und das neue Regime miteinander und greift heftig die Vorurteile an, die trotz des Schreis der Vernunft noch immer über die Menschen herrschen«. Andere Volksstücke, die den Brüdern als kleine Inszenierungen dargeboten werden, finden so begeisterten Beifall, daß der Klub sie drucken und öffentlich plakatieren beziehungsweise an alle befreundeten Klubs verschicken läßt: etwa »ein Lehrgespräch zwischen einem Dorfschulzen, einem patriotischen und einem aristokratischen Bauern über die Verfassung« (5. März 1792) oder eine derbe Satire, in der »die Aristokraten mit Fußtritten und Faustschlägen aus dem Saal der Feuillants in Paris verjagt werden« (4. Januar 1792).

Diese für eine provinzielle Kleinstadt wie Tulle erstaunlich umfangreiche, intensive und aktive Rezeption der Revolutionspublizistik ist jedoch nur einer von zwei Grundfaktoren der überlokalen Politisierung im Klub. Der andere Faktor, der die »Verfassungsfreunde« von Tulle noch enger in die sich entwickelnde nationale politische Kultur einbindet, besteht in ihrer landesweiten Kommunikation und Vernetzung mit den revolutionären Kräften wie den zahlreichen Nationalgarden in Stadt und Land, insbesondere aber mit gleichgesinnten Jakobinerklubs; denn obwohl sie sich selbst nicht so nennen, gehören sie zu ihnen. Sie erreichen diese Netzbildung hauptsächlich durch zwei Verfahren, die sie von den Akademien und Freimaurerlogen der Aufklärungszeit übernehmen: durch Angliederung gleichartiger Tochtergesellschaften an eine Muttergesellschaft (Affiliation) und durch beständige Korrespondenz. Bewußt praktizieren sie damit ein Verfahren patriotischer Meinungsbildung, das der befreundete »Club national« von Bordeaux mit ihrer Zustimmung später prägnant beschreibt: »einen ununterbrochenen Briefverkehr zwischen den Volksgesellschaften zu unterhalten, damit sie sich wechselseitig aufklären und einander die Mittel zur Vervollkommnung des Gemeingeistes [*esprit public*] mitteilen« (12. Oktober 1794).

In einer ihrer ersten Sitzungen beschließen die »Verfassungsfreunde« von Tulle, »an alle Gesellschaften Frankreichs zu schreiben«, um sie über ihre Ziele zu unterrichten (29. Juli 1790). Zugleich finden sie die Anerkennung des Pariser Jakobinerklubs als »Brudergesellschaft«, indem sie ihre Statuten und ihre Mitgliederliste vorlegen, und treten in einen regen Schriftwechsel mit ihm ein. Nicht von ungefähr ist das *Comité de correspondance* ihr wichtigster Ausschuß. Zeitweise erhalten sie allwöchentlich von der Muttergesellschaft Packen von gedruckten Rundschreiben, Reden, Nachrichten über die politische Lage in der Hauptstadt, Stellungnahmen zu politischen Grundsatzfragen und ähnliche Schriften, die sie in ihren Versammlungen verlesen, diskutieren und teilweise weiterverteilen. Ihrerseits schicken sie den »Brüdern« in der Hauptstadt ihre eigenen Schriften sowie die anderer Klubs und richten Adressen und Petitionen an die Nationalversammlung, etwa für die Freilassung verhafteter aufständischer Bauern des Bas-Limousin (11. Juli 1790). Doch obwohl sie die politischen Direktiven der Muttergesellschaft in der Regel befolgen, indem sie etwa für die Hinrichtung Ludwigs und die Ächtung der Girondisten eintreten, wahren sie eine gewisse Selbständigkeit; zum Beispiel korrespondieren sie auch mit dem Pariser Cordeliersklub, weisen einen von Robespierre verfaßten Gesetzesentwurf zur Neuordnung der Nationalgarden zurück (1. Mai 1791) und erwidern auf die Pariser Denunziation ihres Mitglieds Léonard Bardon, »daß Republikaner sich nichts vorschreiben lassen« (12. Oktober 1794). Noch wichtiger als die Verbindung mit der übergeordneten Pariser Muttergesellschaft ist den »Verfassungsfreunden« von Tulle die Korrespondenz sowohl mit gleichgeordneten provinzialen Jakobinerklubs in anderen Departementshauptstädten wie Avignon, Bordeaux, Dijon, Limoges, Montauban und Poitiers als auch mit kleineren Klubs in der Corrèze; insgesamt korrespondieren sie landesweit mit 102 provinzialen Brudergesellschaften.

Im engmaschigen Kommunikationsnetz der Jakobinerklubs Südwestfrankreichs und des Midi erfüllt der Klub von Tulle mindestens drei Hauptfunktionen. Zum ersten übt er eine gewisse Leitung, Kontrolle und Aufsicht über die kleineren Klubs im Departement Corrèze aus. Dies ergibt sich schon aus dem Grundsatz der Pariser Jakobiner, die Affiliation nur solcher Provinzialklubs zu akzeptieren, welche die Verbrüderung mit wenigstens zwei anderen Klubs nachweisen. Als früh gegründeter, mitgliederstarker und jakobinisch profilierter Gesellschaft fällt so den »Verfassungsfreunden« von Tulle naturgemäß eine regionale Führungsrolle zu. Wie sie der Muttergesellschaft laufend Auskunft erteilen über die politische Zuverlässigkeit benachbarter Klubs, welche die Affiliation mit der Muttergesellschaft beantragen, so fordern sie ihrerseits von den neu gegründeten Klubs, die sich mit ihnen verbrüdern wollen, zuvor deren Mitgliederlisten, Statuten und andere Zeugnisse patriotischer Gesinnung an. Diese Überprüfungen sind keine bloße Formalität. Der Klub von Tulle gewährt etwa den »Amis de l'Égalité« des Weilers Uzerche die Affiliation erst, nachdem diese sich von sechs »verdächtigen« Mitgliedern getrennt haben (8./9. Oktober 1792); den »Brüdern« von Egletons gewährt er sie nur unter der Bedingung, daß diese ein Jahr lang ausschließlich bäuerliche Mitglieder (*cultivateurs*) aufnehmen (29. November 1793); und die Beziehungen zu den »Jakobinern« der Kleinstadt Ussel bricht der

Klub ganz ab, weil diese sich hartnäckig weigern, revolutionsfeindliche Mitglieder auszuschließen und »mit den besten Bürgern ihrer Stadt eine neue Gesellschaft zu bilden« (22. Oktober 1793).

Zum zweiten fungiert der Klub von Tulle regional als Vermittler und Verteiler der Revolutionspublizistik im allgemeinen wie der jakobinischen Aufrufe und Rundbriefe im besonderen. So verteilt er an alle Brudergesellschaften der Corrèze 200 Exemplare einer gedruckten Rede aus dem Pariser Klub der Cordeliers (6. Juli 1791), ferner ganze Stöße revolutionärer Broschüren, die er vom Abgeordneten der Corrèze im Nationalkonvent erhält (22. August 1792), oder auch ein Rundschreiben, in dem die Pariser Muttergesellschaft alle mit ihr affilierten Klubs auffordert, »zu gemäßigte« Abgeordnete auszuschließen (19. April 1793). Die »Verfassungsfreunde« von Tulle drucken in ihren Augen besonders wichtige Texte auf eigene Kosten nach und verschicken sie an alle Klubs und Magistrate der Corrèze, zum Beispiel ein Dekret über die Abschaffung der Renten in 500 Exemplaren (20. August 1792).

Zum dritten schließlich ergreifen die »Verfassungsfreunde« von Tulle, wie das letzte Beispiel schon andeutet, oft selbst die Initiative, um im Netz der Brudergesellschaften die revolutionären Kräfte und die patriotische Einigkeit zu verbreiten und zu festigen. Allgemein rufen sie alle affilierten Klubs der Corrèze wiederholt dazu auf, sich den »Maßnahmen der öffentlichen Wohlfahrt« ihrer Brüder in Tulle anzuschließen und ihren Eifer für den Kampf der Freiheit und Gleichheit zu verdoppeln (29. August 1793). Im einzelnen organisieren sie etwa gemeinsame Petitionen ihrer Brudergesellschaften an die Nationalversammlung, verschicken Listen mit den Namen zuverlässiger Kandidaten für departementale Wahlämter oder richten über die affilierten Klubs eine Generaladresse an alle Einwohner der Corrèze, »um ihren Patriotismus anzufeuern und um die Geister auf die neue Rekrutierung von Vaterlandsverteidigern vorzubereiten« (29. August 1793). Zur Stärkung des »Gemeinwillens« (*volonté générale*) organisieren sie außerdem eine Art Kongreß zur Bildung eines »Zentralkomitees« der Jakobinerklubs, dessen Delegierte von Bordeaux und der Corrèze im Juli 1792 in ihren Klubräumen tagen. Nicht zuletzt nutzen sie Feste zur Bekräftigung jakobinischer Brüderlichkeit, wenn sie etwa für eine

Abordnung der »Frères sans-culottes« von Limoges am 28. November 1793 ein Bürgermahl veranstalten oder zusammen mit Abgesandten von Brive die »Säuberung« des dortigen Klubs von »aristokratischen« Mitgliedern am 25. September 1794 mit einem Versöhnungsfest feiern.

Furor politicus: Der Jakobinerklub von Tulle als »wachsames Auge« der Revolution

Die geradezu besessene »Vereinigungswut« (*rage de s'associer*) des führenden Revolutionsklubs der Corrèze bringt einen Politisierungsschub mit sich, indem sie eine bis dahin in lokaler Isolation vor sich hin lebende Region mit einem Schlag in einen nationalen Kommunikations- und Diskussionszusammenhang hineinzieht. Dies wird um so deutlicher, wenn man die Inhalte der Klubtätigkeit etwas genauer betrachtet. Ohne offiziell irgendwelche Befugnisse zu besitzen, fungiert der Klub durch seinen Einfluß auf die öffentliche Meinung als »basisdemokratische« Instanz neben und in Konkurrenz zu den verfassungsmäßigen Gewalten. Fortdauernde Mißstände anprangern, Verstöße gegen die Errungenschaften der Revolution denunzieren, die Arbeit von Stadtrat, Distrikt- und Departementalverwaltung mißtrauisch beobachten – dieses Selbstverständnis einer revolutionären Wächterfunktion, das andere Klubs auf ihren Mitgliedskarten mit dem Emblem des Auges ausdrücken, ist allen Aktivitäten des Klubs gemeinsam.

Grundsätzlich legen die »Verfassungsfreunde« von Tulle großen Wert auf eine neue Kultur der Freiheit und Gleichheit, zumal auf die zugehörigen Symbole und Symbolhandlungen. Sie bekämpfen alles, was in ihren Augen dagegen verstößt – etwa die Führung adelsähnlicher Titel. Schon im Herbst 1790 denunzieren sie einen »vormaligen Privilegierten«, weil er sich in einer Taufurkunde *Messire* titulieren läßt; und als 1793 der Bürger Roussel sich in seinem Heiratsvertrag denselben Titel anmaßt und sich obendrein von einem eidverweigernden Priester trauen läßt, zitieren sie ihn vor den versammelten Klub und erreichen beim Stadtrat gar seine Inhaftierung. Ebenso prangern sie immer wieder durch die Revolution überholte »Monumente der Feudalität« an – wie jene Steinsäule am Hauseingang ihres Clubmitglieds Miginiac, Friedensrichter von Clergoux: Er muß die Darstellungen eines Galgens, eines Schandpfahls und einer Wetterfahne von der Säule tilgen und durch »Inschriften zu Ehren der Verfassung« ersetzen (19./22. Juni 1791). Sowohl den Magistrat von Tulle wie die Departementalverwaltung mahnen sie wiederholt, das Gesetz über »die Zerstörung aller Monumente des Ancien régime« durchzuführen und alle noch existierenden Feudaltitel zu verbrennen (3./6. September 1793). Nicht zuletzt suchen sie »die Überreste des Aberglaubens« zu beseitigen, indem sie beispielsweise eine Marienstatue, die bei einer Prozession aufgetaucht ist, während der Sitzung verbrennen oder sich zu einer *promenade civique* rüsten, »um den Monumenten des Fanatismus den Garaus zu machen« (30. November 1793).

Im Gegenzug propagieren die »Verfassungsfreunde« die Symbole und die Helden der Revolution. Zusammen mit den Wahlbeamten des Departements veranstalten sie am 3. Dezember 1790 die feierliche Einweihung einer Nachbildung der Bastille, welche die Schrecken des Ancien régime beschwört und zugleich an den befreienden Bastillesturm des Vorjahres erinnert. Sie wachen darüber, daß als patriotische Anstecker nur blau-weiß-rote Kokarden getragen werden, und betrachten jede andere Farbkombination als »konterrevolutionär« (18. September 1793). Obwohl der Abgeordnete Jacques Brival ihnen noch im März 1792 davon abrät, führen sie das Tragen der roten Jakobinermütze ein, schreiben diese bei Beerdigungen ihrer Mitglieder als Kopfbedeckung vor (30. November 1793) und suchen sie sogar – wenn auch vergeblich – dem konstitutionellen Bischof der Corrèze aufzudrängen. Zwei ihrer Mitglieder schließen sie aus, weil sie in ihren Taschen weiße Mützen finden (17. Juli 1794). Besonders nachdrücklich beteiligen sie sich am Kult um die nationalen Revolutionshelden. So gedenken sie des verstorbenen Volkstribuns Mirabeau im April 1791 mit einer Totenfeier, die sie durch Plakate ankündigen und zu der sie alle verfaßten Körperschaften von Tulle und Umgebung einladen. Für die wegen Befehlsverweigerung zunächst zur Galeerenstrafe verurteilten Soldaten von Nancy veranstaltet der Klub in der ehemaligen Klosterkirche von Tulle eine Trauerfeier mit 600 Einladungen; und nach der Rehabilitierung dieser »Meuterer« verlesen die »Verfassungsfreunde« einen ausführlichen Bericht über das radikalrevolutionäre Freiheitsfest, mit dem die Pariser Vorstädte am 11. April 1792 die freigelassenen Patrioten geehrt hatten. Die bestürzende Nachricht von der Ermordung des »Volksfreundes« Marat schließlich löst eine ganze Kette von Erinnerungsritualen aus: Die »Brüder« richten eine Traueradresse an den Konvent, geben eine Leichenrede für ihre sonntägliche Vollversammlung in Auftrag und lassen in ihren Sitzungen eine Reihe von Marat-Apotheosen rezitieren; sie beschaffen sich eine Marat-Büste für ihren Sitzungssaal, dazu Büsten der anderen »Freiheitsmärtyrer« Le Peletier, Chalier und Brutus, und feiern die Einweihung dieser »Heiligenbilder« am 25. und 26. September 1794 mit einem umständlich vorbereiteten Fest. Unter Begleitung von Musik empfängt die Vollversammlung die vier Büsten der Revolutionshelden, die von je zwei Brüdern der reformierten Bruderklubs von Brive und Tulle getragen werden; es folgen ein Festdiner des Klubvorstands mit diesen Delegierten sowie den Konventsbevollmächtigten und dann ein Brudermahl der einfachen Mitglieder, zu dem jeder seine Mahlzeit mitbringt und bei dem alle sich den Bruderkuß geben und Revolutionslieder singen.

Regelrechte lokale Kulturpolitik betreiben die »Verfassungsfreunde« von Tulle im Bereich des Schulwesens. Da das von eidverweigernden Geistlichen geführte *collège* schließen mußte, greifen sie die Anregung der Nationalversammlung, in jedem Departement eine *École de constitution* einzurichten, begeistert auf (6. April 1791). Sie erklären die Wiedereröffnung der einzigen Oberschule am Ort für eine Sache »von höchster Wichtigkeit« (16. Mai 1792) und bilden einen Zwölferausschuß zur Planung und Vorbereitung konkreter Maßnahmen (5. September 1793). Tatsächlich erarbeitet diese *Commission de l'instruction* von Februar bis April 1794 sowohl eine Ordnung »für die republikanische Erziehung der Kinder beiderlei Geschlechts« als auch ein Reglement für das Lehrpersonal, um anschließend im Oktober die Lehrerinnen zu prüfen und einzustellen – ehemalige Nonnen, die widerstrebend den Verfassungseid geleistet haben. Den bedürftigen Schülern stiftet der Klub sogar Schulbücher. Doch erstickt seine schulpolitische Initiative im

Machtumschwung, der sich nach dem Sturz Robespierres auch in der Corrèze allmählich durchsetzt.

Ausgreifender und kulturrevolutionärer ist die Kirchenpolitik der Klubisten von Tulle. Sie richtet sich zunächst gegen eidverweigernde katholische Pfarrer, die trotz der Abschaffung des Zehnten teilweise weiterhin Abgaben erheben, die wie der Vikar von Seilhac das Landvolk mit »sehr aufrührerischen Reden« gegen die Verfassung aufhetzen oder wie der Vikar Lagarde geheime Taufen durchführen. Damit solche »Untaten des Fanatismus« in der Corrèze künftig geahndet werden, bestellen die Klubisten am 16. April 1791 einen »Überwacher der Priester«, lassen schwarze Listen der Eidverweigerer zirkulieren und begrüßen im August 1792 das Konventsdekret zu ihrer Deportierung. Nachdem sie die Überwachungsmaßnahmen Anfang 1794 verstärkt haben, um Seelenmessen für König Ludwig XVI. zum Jahrestag seiner Hinrichtung zu verhindern, kündigen sie dem Konvent am 18. Februar an, »daß es in der Corrèze keine Priester mehr gibt«. Darüber hinaus wenden sie sich gegen die kirchlichen »Überreste des Aberglaubens« überhaupt, indem sie die Umschmelzung der überzähligen Kirchenglokken zu Kanonen, die staatliche Beschlagnahmung des Kirchensilbers und die Schließung der Gotteshäuser beziehungsweise deren Umfunktionierung zu Vernunfttempeln betreiben. Und so ziehen die Klubisten am 28. November 1793 geschlossen und mit klingendem Spiel zur Hauptkirche von Tulle, erklären sie mit einer Monumentalinschrift zum »Temple de la Raison« und beantragen zur Finanzierung der Ausschmückung des neuen Tempels beim Magistrat eine Zwangsabgabe von 1200 Livres auf die in Haft befindlichen »Aristokraten«.

Umgekehrt feiern sie jeden Übertritt eines katholischen Geistlichen in ihr Lager als großen Erfolg von Aufklärung und Revolution. Mit Genugtuung verzeichnen sie im Frühjahr 1791 den reihenweisen Beitritt eidleistender Priester, unter ihnen auch des neugewählten konstitutionellen Bischofs der Corrèze, Jean-Joseph Brival, den sie sogleich zum Präsidenten wählen. Noch lieber freilich sind ihnen volksnähere Brüder wie der Vikar Jean-Baptiste Lacambre, der im April 1791 den *bons patriotes* der Landgemeinde Naves die Klubsatzung bekanntgibt, oder der Vikar Ambaud von

Chamberet, der in seinem Dorf selber einen Klub gründet und mit dem von Tulle affiliert (8. und 28. Juni 1791). Im Herbst 1793, auf dem Höhepunkt des revolutionären Antiklerikalismus, wird der Klubsaal der »Verfassungsfreunde« von Tulle zum Schauplatz einer regelrechten Dechristianisierung. Nachdem der konstitutionelle Bischof öffentlich die schädlichen Auswirkungen der Ehelosigkeit aufgezeigt hat, legen die eidleistenden Pfarrer reihenweise ihr Priesteramt nieder, geben teilweise ihre Eheschließung bekannt und halten eine feurige republikanische Ansprache nach der anderen, bis der Klub beschließt, »seine Zeit nicht länger mit Reden von Priestern zu verlieren« und zur Tagesordnung überzugehen (1. Dezember 1793). Allerdings: Die Breiten- und Tiefenwirkung dieses antikatholischen Aktivismus bleibt zweifelhaft, wie ein symptomatischer Vorfall zeigt. Als die »Verfassungsfreunde« nämlich eine Gruppe von Bürgern, unter ihnen sogar einige Klubisten, beim Kauf einer Kirche zur Abhaltung von Gottesdiensten ertappen, werden sie mit diesem »Rückfall in den Aberglauben« nur schwer fertig: Zunächst versuchen sie es mit einer Mischung von Anprangerung und Magie, indem sie die Namensliste der Beschuldigten während dreier Sitzungen an der Türe des Tagungsraumes aushängen und anschließend verbrennen (26. Januar 1792); dann folgt die verharmlosende Erklärung, die meisten jener katholischen Bürger hätten nicht einmal ihren Namen schreiben können und seien dumme, von einigen Fanatikern verführte Bauern (3. Juli 1794).

Zusammengenommen veranschaulichen diese kulturrevolutionären Bestrebungen grundlegende Handlungsmotive und Ziele des Jakobinerklubs von Tulle. Und doch machen sie erst den kleineren Teil seiner unermüdlichen Aktivität aus; denn mit ihnen verbindet sich eine Fülle allgemeiner sozio-ökonomischer Maßnahmen sowie spezifischer politischer Handlungen, die noch unmittelbarer mit dem Verlauf der Revolution zusammenhängen. Was zunächst die »Sozialpolitik« des Klubs betrifft, so zielt sie besonders auf zwei Gruppen, die unter den Mitgliedern stark vertreten sind. Die eine Gruppe bilden die Arbeiter der 1794 in »Usine de la Montagne« umbenannten Waffenmanufaktur am Stadtrand von Tulle, gleichsam die Personifikation der plebejischen Gefolgschaft der Revolution. Zu ihnen, die gelegentlich mit ihren Werkzeugen und Fahnen in seinen Versammlungen paradieren, unterhält der Klub 1793/94 bevorzugte und zugleich heikle Beziehungen. Einerseits vertraut er ausgewählten Aktivisten unter ihnen gern patriotische Aufgaben an, etwa die Begleitung eines Gefangenentransports nach Limoges oder den Besuch eines »Lehrgangs« zur Salpetergewinnung in Paris; auch unterstützt er einen Neubau ihrer Manufaktur und richtet im ehemaligen Schloß von Cueille eine eigene Bäckerei für sie ein. Andererseits kann der Klub nach ständigen Pariser Klagen über die sinkende Waffenproduktion der Manufaktur nicht umhin, die gesamte Belegschaft vor seine Schranken zu zitieren, sie über die wachsenden Arbeitsausfälle zu befragen und zur Produktionssteigerung zu verpflichten.

Zum anderen und intensiver bemüht sich der Klub um die Bauern der Corrèze. »Dumme Bauern«? Jener Ausspruch war Ausdruck momentaner Enttäuschung; denn anstatt die sprichwörtliche »Unbildung« der Dorfbevölkerung einfach hinzunehmen, startet der Klub mehrere Initiativen zur Landaufklärung – beginnend mit schriftlichen Warnungen vor der »Fallgrube des Fanatismus« (13. März 1791) über die Verteilung von Verfassungskatechismen bis hin zur Entsendung von 26 »Brüdern«, die den Auftrag erhalten, auf dem Lande »den *esprit public* aufzuklären« (10. Oktober 1793). Zugleich sucht der Klub die Gefolgschaft der Bauern zu gewinnen. Während die Stadtväter von Tulle 1790 an der Inhaftierung und Verurteilung aufständischer Bauern mitwirken, stellt sich der Klub auf deren Seite, indem er ihre Beschwerden über die grundherrlichen Fischteiche wohlwollend anhört und »nach langer Diskussion« in einer Adresse an die Nationalversammlung weiterleitet (27. April 1791) und darüber hinaus verspricht, ihnen bei der ersten Gefahr zu Hilfe zu eilen (23. Februar 1791). Seine bauernfreundliche Haltung zahlt sich aus und befreit die revolutionären Aktivisten der Stadt im sogenannten Mützenkrieg (*Guerre des Bonnets*) von Tulle aus einer kritischen Lage: Als am 9. April 1792, einem Ostermontag, 50 »Patrioten« – rote Mützen auf ihren Köpfen – in die Visitationskirche eindringen, um die Gläubigen, für die ein eidverweigernder Priester gerade die Messe liest, auseinanderzujagen, formiert sich auf dem nahen Marktplatz binnen kurzem eine dreifach größere Menge bewaffneter »Aristokraten«. Nur mit knapper Not verhindert die Gendarmerie einen blutigen Zusammenstoß der feindlichen Lager. Forderungen nach freier Religionsausübung und nach Schließung des Jakobinerklubs von Tulle werden laut. Da rufen die »Demokraten« mit der Sturmglocke 15 000 Bauern aus der Umgebung zu Hilfe, die – von Nationalgardisten aus den Dörfern geführt – in die Stadt strömen und »die verbrecherischen Machenschaften der Revolutionsfeinde« vereiteln. Es sind die Kleinpächter (*bordiers*), nicht die reicheren grundbesitzenden Bauern (*cultivateurs propriétaires*), welche die städtischen Revolutionäre unterstützen; der Klub hat allen Grund, ihnen zwölf Tage darauf mit einer Adresse zu danken.

Hinter diesem Ansatz zu einem Bündnis der revolutionären Kräfte in Stadt und Land stehen konkrete Interessen, allen voran der städtische Bedarf an Getreide. Ist doch Brot das wichtigste Grundnahrungsmittel der kleinen Leute. Wiederholt fordert der Klub die Bauern auf, den Markt von Tulle mit Getreide zu beliefern. Im Oktober 1793 läßt er eine entsprechende Adresse in 500 Exemplaren drucken und durch 26 Brüder im Distrikt von Ussel verteilen, während er gleichzeitig 22 weitere Brüder in das Umland von Tulle entsendet, um die Mehlvorräte der Müller zu erkunden. Doch wie diese Kundschafter berichten, sind es die Bauern leid, sich auf den städtischen Märkten niedrige Preise diktieren und obendrein als »aufständische Banditen« beschimpfen zu lassen. Noch am 9. Dezember 1794 kommentiert eine Frau die Klubdebatte über den chronischen Getreidemangel mit einem Zwischenruf von der Tribüne: »Die Patrioten von '89 wollen kein Korn mehr bringen, weil man sie als Robespierristen behandelt.« Überhaupt zieht sich die Brotfrage wie ein roter Faden durch die Aktivitäten des Klubs. Dieser bildet eigens einen Ausschuß, das *Comité des subsistances*, mit dem Auftrag, Getreidetransporte nach Tulle zu beschleunigen, Hamsterer aufzuspüren und zu verfolgen, Vorratslisten der Bäcker zu prüfen, konkurrierende Requirierungen insbesondere der Armeelieferanten fernzuhalten und gemeinsam mit dem Magistrat von Tulle die tägliche Brotversorgung der kleinen Leute vor Ort zu planen. Der radikale Vorschlag, zur Lebensmittelbeschaffung nach Pariser Vorbild eine *armée révolutionnaire* aufzustellen, findet im Klub wenig Resonanz. Als aber das Gesetz über Höchstpreise für Lebensmittel (*Maximum*) im Herbst 1793 in die Provinz vordringt, unterstützt es der Klub begeistert; er bestellt jeden Sonntag zwölf »Brüder«, die während der Woche die Märkte inspizieren, und zwei andere, welche die Einhaltung der festgesetzten Höchstpreise auf Getreide, Mehl und Brot überwachen. Mehr noch: Er versucht sogar, die soziale Kluft zwischen reichen Weißbrotessern und armen Schwarzbrotessern einzuebnen, indem er beantragt, für alle Einwohner nur noch Roggenmischbrot backen zu lassen.

Setzen diese Initiativen zur Lebensmittelversorgung in radikalisierter Form die populären Grundsätze der »moralischen Wirtschaft« des Ancien régime fort, so ist eine Reihe anderer Aktivitäten des Klubs ganz unmittelbar mit den politischen Kernproblemen der Revolution verknüpft. Vor dem Hintergrund einer permanenten Angst vor »aristokratischen Verschwörungen«, vor denen die »Verfassungsfreunde« von Tulle alle affilierten Klubs schon in einem Rundbrief vom 13. März 1791 warnen, sind es vor allem drei Problembereiche, welche nacheinander ihre Tagungsordnung beherrschen.

Zunächst der Kampf gegen die Monarchie und für die Republik. Anfangs spielt die Frage des Königtums in den Diskussionen unserer »Verfassungsfreunde« keine besondere Rolle, auch nicht angesichts des mißglückten Fluchtversuchs der königlichen Familie im Juni 1791. Als Ludwig XVI. jedoch gegen das Gesetz über die Emigranten – diese verdächtigen »Komplotteure« – sein Veto einlegt, als Anfang 1792 die republikanischen Gastredner Dubois de Crancé und Roederer bei ihnen sprechen, als der Abgeordnete der Corrèze ihnen die neue Schrift über »Les crimes des Rois« zur Lektüre schickt, da entwickeln die Klubisten rasch einen heftigen Antiroyalismus. In den Adressen an die Nationalversammlung Ende 1791 forderten sie lediglich die Rücknahme des königlichen Vetos, Anfang August 1792 verlangen sie bereits die Absetzung des Königs – was ihnen ihr Abgeordneter Brival am 13. August, nur drei Tage nach dem Pariser Tuileriensturm, »bestätigt«. Und während der Konvent nun dem »Bürger Louis Capet« den Prozeß macht, empören sich die Jakobiner von Tulle über die hochverräterischen Geheimpapiere Ludwigs, die sie sofort nach der Veröffentlichung erhalten, und lauschen den republikanischen Adressen ihrer »Brüder« aus Paris, etwa des Journalisten François Robert (13. Oktober 1792). Derart republikanisiert, scheinen sie das Todesurteil gegen Ludwig zu befürworten. Jedenfalls fordern sie den Konvent am 20. Januar 1793 – also einen Tag vor Ludwigs Hinrichtung – auf, alle Abgeordneten, die nicht für den Tod, sondern für den Appell an das Volk gestimmt hätten, auszuschließen, und wiederholen diese Forderung später in einer Adresse »an alle Volksgesellschaften der Republik« (19. April 1793). Nach dem Sturz Robespierres bekräftigten sie wiederholt ihren Republikanismus. Als dieser einmal fraglich scheint, weil das »wirre Gerede« eines Klubisten und der Straßenklatsch einiger Kleinbürger royalistische Neigungen andeuten, erheben sie sich – mit den Zuhörern auf den Tribünen – geschlossen zum Eid, »lieber zu sterben, als in Frankreich einen König auf dem Thron zu dulden« (21./24. Dezember 1794). Zugleich verwahren sie sich gegen den Vorwurf der Thermidorianer, sie hätten sich während der Jakobinerdiktatur als »Royalisten mit republikanischer Maske« erwiesen: »Es ist sehr leicht, einen Terroristen von einem Republikaner zu unterscheiden; ersterer will durch Tyrannei herrschen, der wahre Republikaner dagegen will keinen anderen Herren als die Vernunft und das Gesetz. Und wir – wir wollen weder einen König Louis Capet noch einen Herrscher Louis Béral« (7. Januar 1795). Und so veranstalten sie zum »Jahrestag des Todes des letzten Königs« ein Bürgerfest mit einer morgendlichen *promenade civique* des Klubs und der Amtsträger von Tulle, einer Farandole am Nachmittag und einem Ball zum Abschluß (21. Januar 1795).

Zweitens engagiert sich der Klub leidenschaftlich in dem Krieg, den die Revolutionäre in Paris mit wachsender Verbissenheit gegen äußere wie innere Gegner führen. Eingestimmt durch kriegerische Adressen der Bruderklubs von Orléans, Dijon und Caen, begrüßt er die französische Kriegserklärung an Österreich und Preußen, hängt in seinem Sitzungssaal das Plakat »La Guerre aux Tyrans« auf, das ihm die »Brüder« von Bordeaux geschickt haben (7. Mai 1792), sammelt Kriegsspenden für die Nationalversammlung und erklärt dieser seine »feste Entschlossenheit, frei zu leben oder zu sterben« (4. Juni 1792). Als ihr Vorsitzender die Erklärung des nationalen Notstandes (*la patrie en danger*) verliest und mitteilt, »daß zahlreiche Truppen gegen die französischen Grenzen vorrükken«, beschließen die Klubisten, *en permanence* zu tagen (15. Juli 1792), und intensivieren die Werbung für ein Freiwilligenbataillon der Corrèze. Sie ehren die rekrutierten Freiwilligen mit einer Festsitzung und nehmen geschlossen an ihrer öffentlichen Vereidigung teil. Mit Stolz verlesen sie die »Frontbriefe« der Landeskinder und sammeln für diejenigen unter ihnen, die in Gefangenschaft geraten. Gespannt und voller Vaterlandsbegeisterung verfolgen sie die Kriegsnachrichten etwa über die Siege der Rheinarmee von General Custine, den »heimtückischen Vaterlandsverrat« des Generals Dumouriez (6. April 1793) oder »die zahlreichen Siege der Freiheitskinder über die Tyrannenknechte« in den Niederlanden (28. September 1794). Den »inneren Feind« verkörpert für sie »die Vendée«, wo ein Freiwilligenbataillon der Corrèze gegen die »Rebellen« eingesetzt ist. Während die Frauen und Mütter dieser Freiwilligen deren Rückkehr fordern, setzen die Klubisten sich in einer Sondersitzung dafür ein, daß sie auf dem Posten bleiben. Mit Genugtuung registrieren sie dann die Siegesnachrichten aus Limoges (25. Oktober 1793) und schließlich einen Bericht über die endgültige Kapitulation der »Vendée-Rebellen« (5. März 1795). Ihren Vendéeheimkehrern bereiten sie im Oktober 1793 einen triumphalen Empfang: Einem gewissen Maurel verleihen sie die Ehrenmitgliedschaft und die Klubmedaille; einen anderen Freiwilligen lassen sie, geschmückt mit Lorbeerzweigen und trikolorefarbenem Band, feierlich in ihre Versammlung einziehen, und mit Beifallsstürmen begleiten sie seinen Bericht über »die totale Niederlage der Banditen« (5. März 1795).

Drittens schließlich unterstützen und betreiben sie innenpolitische Notstandsmaßnahmen, die nachträglich unter dem Schlagwort *Terreur* zusammengefaßt werden. Ohne eine »Jakobinerdiktatur« zu planen, tragen sie nach und nach zu ihr bei. Ausgehend von der Grundhaltung patriotischer Wachsamkeit bilden sie schon Mitte Januar 1791 ein *Comité de recherches* mit dem Auftrag, »die verfassungsfeindlichen Umtriebe der Feinde der Ordnung aufzudecken«. In Abstimmung mit ihren »Brüdern« in Dijon und Bordeaux bilden sie diesen Ausschuß im Frühjahr 1792 zu einem

Comité de surveillance um. In wachsender Angst vor einem gegenrevolutionären Bündnis der äußeren und der inneren Feinde der Republik stellen die im Herbst 1792 eine »Liste der Verdächtigen« auf und versteigen sich zu »terroristischen« Überlegungen: Sollte man nicht alle beim Vaterlandsverrat ertappten Emigranten hinrichten und »alle ruchlosen Agitatoren mit dem Tode bestrafen«? Unter dem Eindruck des Bürgerkriegs in der Vendée radikalisieren sich ihre Aktivitäten im Sommer und Herbst 1793 weiter: Aufstellungen und Diskussion von Emigranten- und Säuberungslisten, Ausschlüsse zu »lauer« Mitglieder (*épurations*), Bekanntmachungen über abgefangene Geheimkorrespondenzen der »Aristokraten«, Proteste gegen die zu nachsichtige Behandlung der »Verdächtigen« im städtischen Gefängnis, politische Überprüfungen der Wahlbeamten der Corrèze durch je zwei »Brüder« pro Distrikt, andererseits das Ausstellen von Leumundszeugnissen (*certificats de civisme*) für revolutionstreue Patrioten wechseln sich in dichter Folge hektisch ab. Konsequent begrüßen die Klubisten im November die Verurteilung und Guillotinierung der führenden Girondisten in Paris und beteiligen sich an der Bildung des »Revolutionsgerichts« der Corrèze. In ihrer Sitzung vom 6. Juli 1794 decken sie ein »gegenrevolutionäres Komplott« in der Stadt auf und nennen dem anwesenden Konventskommissar Roume die Namen von 34 Verschwörern – mit der Folge, daß alle verhaftet und 15 dem Pariser Revolutionsgericht übergeben werden. Damit hat die »Jakobinerdiktatur« in Tulle ihren Höhepunkt erreicht.

Es ist allerdings zu bezweifeln, daß die *Terreur* – im radikalen Sinne der Pariser Revolutionsregierung – unter den Klubisten von Tulle starken Rückhalt hatte. Jedenfalls fällt auf, wie emphatisch sie »die glückliche Revolution des 9. Thermidor« begrüßen und wie abrupt sie sich von dem »Blut- und Schreckenssystem« (*système de sang et de terreur*) – so die stereotypen Formeln – abwenden, sobald sie am 2. August 1794 vom Sturz des »Tyrannen Robespierre« erfahren. Nicht ohne sogleich in einer Adresse an den Konvent ihre Verfassungstreue zu beteuern: »die Volksgesellschaft von Tulle hat sich nicht geändert und wird sich nicht ändern. Freiheit, Gleichheit, Haß gegen die Tyrannei, Liebe zur Republik und Treue zu ihr bis zum Tode – so lautet ihr Glaubensbekenntnis«

(26. August 1794). Doch obwohl der Klub seine Organisation und seine Gremien einschließlich des Überwachungskomitees beibehält, ändert er sich in Zusammensetzung und politischer Ausrichtung. Zwar setzt sich der Klub für die Freilassung ehemaliger »Brüder« aus dem Gefängnis ein, zugleich betreibt er jedoch die Inhaftierung angeblicher »Terroristen« wie Roussel – sehr zum Erstaunen anderer Mitglieder: »Es sei nicht recht«, äußert der Hutmacher Joseph Lacombe, »einen Patrioten einzusperren; er habe immer gedacht, das Gefängnis sei nur für die Aristokraten da.« In der Tat wird die *épuration*, vormals Instrument jakobinischer Einmütigkeit, nun gegen die radikalrevolutionären Klubisten umgepolt. In emotionsgeladenen Sondersitzungen von Oktober bis November 1794, bei denen entsetztes Schweigen und leidenschaftliche Wortausbrüche – zumal der *citoyennes des tribunes* – einander abwechseln, unterzieht der Klub mehr als ein Dutzend seiner Mitglieder hochnotpeinlichen Verhören; jedes angeschuldigte Mitglied muß sich auf der Rednertribüne vor der Versammlung rechtfertigen. Molé gelingt dies ganz und gar nicht; schließlich reißt er sich die Klubmedaille mit heftiger Bewegung von der Brust und schleudert sie wütend auf den Tisch des Vorsitzenden. Mit Schimpf und Schande aus der Gesellschaft gestoßen werden insbesondere: Antoine Sauty, weil er »der ungestümste Betreiber des Terror- und Blutsystems« gewesen sei und Bürger dem Revolutionsgericht ausgeliefert habe; Vidalin, weil er eine »unverschämte Verachtung der Klubmedaille« an den Tag lege, sich durch Spekulationen mit Assignaten bereichert habe und nur mit Leuten vom »Schweif Robespierres« verkehre; Desprès, Postmeister von Tulle, weil er unentwegt nach dem Gefängnis und nach dem Blutgerüst geschrien und obendrein viele Briefe veruntreut habe; der frühere Klubpräsident Jean-Baptiste Juyé, weil er willkürlich das Wort erteilt oder verweigert, Anträge entstellt und das *système de terreur* mitbegründet habe. Im Gegenzug rehabilitiert der Klub früher ausgeschlossene Mitglieder wie Léonard Bourdon, dessen Einstandsrede über »die Leiden der Stadt während der Tyrannenherrschaft der Terroristen« er beklatscht und drucken läßt (24. November 1794); und als Thomas Vialle in der Sitzung vom 19. Januar 1795 erklärt, er sei »in der Zeit der Tyrannei« ausgestoßen worden und wolle nun »unter der

Herrschaft der Gerechtigkeit« in den Klub zurückkehren, bekommt er soglcich zustimmend die Mitgliedsmedaille ausgehändigt. Und so kann der Vorsitzende den neuen Konventskommissar Claude-François Chauvier am 12. Januar 1795 mit den Worten empfangen, das »eiserne Zeitalter« (*règne de fer*), das »eine Handvoll kleiner Tyrannen« in Tulle eingeführt habe, sei vorbei; denn der Klub habe »all diese Terroristen und Blutsäufer ausgespien« und sei nunmehr regeneriert.

Mit ihrer politischen Wende von der »Jakobinerdiktatur« zur gemäßigten Bürgerrepublik der Direktorialzeit fungieren die Klubisten gleichsam als Schrittmacher eines allgemeineren Umschwungs in der Corrèze. Wiederholt drängen sie die Amtsträger des Distrikts, endlich die Guillotine vom Rathausplatz in Tulle zu entfernen; denn »sie erinnert an jene Zeit des blutigen Schreckens, welche die Geschichte der französischen Revolution besudelt hat« (16. November 1794). Sie empören sich darüber, daß Joseph-Anne Vialle (ein anderer Vialle als der Vorgenannte) weiterhin als *agent national* im Distrikt amtiert, obwohl er aus dem Klub ausgestoßen worden ist (6. November 1794, 8. Januar 1795). In einer Unterschriftenaktion mahnen sie den Konventskommissar Elie Lacoste, »daß das Volk mit Ungeduld die Bestrafung der Terroristen erwarte« (9. Dezember 1794). Und als Lacoste sich befremdet zeigt über das Ausmaß »der Wut und Leidenschaft, mit welcher die Gesellschaft mehrere Bürger der Stadt verfolgt«, werfen sie ihm vor, »zu verhindern, daß die Bürger in den Genuß der Revolution vom 9. Thermidor kommen« (9. Dezember 1794, 2. Januar 1795). – Als Lacoste kurz darauf abgelöst wird und viele Jakobiner bei den Neuwahlen ihre Ämter verlieren, ist der Machtwechsel in der Corrèze vollzogen. Am 24. März 1795 hält der Klub von Tulle seine letzte protokollierte Sitzung ab.

Ein Revolutionsklub und seine exemplarische Bedeutung

Zusammenfassend läßt sich der Jakobinerklub von Tulle charakterisieren als »außerparlamentarische« Vereinigung der reformwilligen und sozial engagierten Bürger der Stadt mit den freiheitsbewußten und politisch aktiven Kleinbürgern, Arbeitern und Bauern der näheren Umgebung. Durch Affiliationen und Korrespondenz in das nationale Netzwerk der Revolutionsklubs integriert, folgt er im großen und ganzen den Richtlinien der Muttergesellschaft in Paris, konzentriert sich aber hauptsächlich auf die Kommunikation in der eigenen Region. Seine bruderschaftliche Vereinskultur, wie sie sich in Festen und Umzügen äußert, ist die politisierte Form einer eingewurzelten Soziabilität. Mit seiner Geschäftsordnung, seinen regelmäßigen Sitzungen und Debatten trägt er zur Einübung demokratischer Verfahren ebenso wesentlich bei wie zur aktuellen Information, zur kollektiven Meinungsbildung seiner Mitglieder und zur Einbürgerung einer neuartigen politischen Rhetorik. Die Revolutionssymbolik, die Brotversorgung, die Einbindung des katholischen Klerus in die Revolution, die äußeren und inneren Kriege, der Kampf zwischen Königtum und Republik und die Revolutionsregierung des Jahres II – das sind die Themen, für die er sich am leidenschaftlichsten und nachhaltigsten einsetzt. Seiner Mitgliederstruktur entsprechend unterhält er enge Beziehungen zur ländlichen Umgebung, indem er einerseits vorsichtig für die sozialen und ökonomischen Forderungen der aufständischen Bauern eintritt, andererseits eine Landaufklärung in politisierender und zugleich disziplinierender Absicht betreibt. Gegenüber den Wahlbeamten und Regierungsvertretern in Stadt, Distrikt und Departement fungiert er bis 1794 als treibende revolutionäre Kraft. Gut vier Jahre lang gibt er in Tulle politisch den Ton an und kann die Honoratioren, zu deren Bekämpfung er sich 1790 formiert hatte, erfolgreich schwächen. Als er sich nach der »thermidorianischen Wende« der Revolution 1795 auflöst, haben die alteingesessenen Bürgerfamilien zwar einen Großteil ihres politischen Einflusses zurückgewonnen, aber dennoch hat sich Grundlegendes geändert: Nicht nur, daß die Standesprivilegien des Ancien régime gefallen sind und sich die Legitimationsgrundlage des Magistrats demokratisiert hat; die traumatisierende Wirkung der *Terreur* und der anschließenden thermidorianischen »Säuberungen« hat eine dauerhafte innere Polarisierung zur Folge, wie der »Fall Clercuy« zeigt.

Jean-François Clercuy, Einwohner von Tulle ohne festen Beruf, gehört als Archivar des Klubs und Mitglied seines Überwachungsausschusses zum aktiven Kern der »Verfassungsfreunde« und ist damit ein besonderes Ärgernis für die Propagatoren der thermidorianischen Reaktion. Im September 1794 wird er vom Klub in Abwesenheit ausgeschlossen und bei der Distriktverwaltung denunziert. Die verhört den »Terroristen« und fällt schließlich am 28. Mai 1795 ein Hafturteil, »weil die öffentliche Meinung ihn als einen der entschiedensten Anhänger des Blutsystems betrachtet«. Doch Clercuy hält nur um so unbeirrter an seinen sozialen und demokratischen Grundüberzeugungen fest und veröffentlicht einen Brief »An seine Mitbürger« (»A ses concitoyens«), in dem er die gegen ihn erhobenen Anschuldigungen zurückweist: »Die Leidenschaften sind in Wallung, die Stimme der Wahrheit wird erstickt und kann nicht mehr zum Konvent vordringen; die Patrioten von '89, zumal die in Tulle, werden verfolgt, schikaniert und angeschwärzt vom Geschrei einer Menge, die von den alten Feinden des Vaterlandes in die Irre geführt wird. Die Gleichgültigen und die Extremisten [*les hommes extrêmes*] ergreifen die Führung des aristokratischen Haufens; sie [...] jagen diejenigen Mitglieder aus der Volksgesellschaft, durch deren Tatkraft, Redlichkeit und Patriotismus sie in den Schatten gestellt worden sind. [...] Das irregeleitete Volk wird einen Augenblick selbst zum Verfolger seiner entschiedensten Verteidiger. [...] Es ist falsch, daß ich ein Anhänger der Blutmenschen sein soll. [...] Vielmehr habe ich treu zu den Patrioten gehalten, die der Revolution dienten, die Interessen des Volkes vertraten und dessen Feinde auch unter schwierigen Umständen bekämpften. [...] Ich bin weder des Diebstahls noch des Mordes angeklagt; ich habe der Republik mit Eifer gedient [...]. Daher werde ich nicht nachlassen, aus der Gruft meines Kerkers zu schreien: Ein promptes Urteil oder der Tod! Der Tod oder die Republik mit der Freiheit!«[17] Hier wird deutlich: Die antirevolutionäre Dämonisierung der »Schreckensherrschaft« auf der einen und das sozialrevolutionäre Erlösungspathos auf der anderen Seite – diese beiden unversöhnlichen Grundhaltungen, die das nachrevolutionäre Frankreich in zwei »Nationen« spalteten – gehen auch in einer Kleinstadt wie Tulle auf die Erfahrung der (hier fast unblutigen) *Terreur* und ihrer Folgen zurück.

Die Gesellschaft der »Verfassungsfreunde« von Tulle war nur

einer, wenngleich der größte von 204 gleichartigen Klubs, die allein im Departement Corrèze von 1790 bis 1794 wie Pilze aus dem Boden schossen. Gerade in ihrer unauffälligen Durchschnittlichkeit ist sie typisch für ein grundlegendes Massenphänomen der Französischen Revolution: Jenes Netz meist spontan gegründeter Revolutionsklubs oder Volksgesellschaften, das sich ausgehend von den städtischen Zentren 1791/92 über das ganze Land verbreitete und zur Zeit seiner größten Dichte, um die Jahreswende 1793/94, bis zu 6000 Sozietäten umfaßte (Karte 3). Tulle gehört zu den Städten mit über 4000 Einwohnern, die landesweit sämtlich einen Revolutionsklub aufweisen, während diese Quote bei Orten mit 2000 bis 3000 Einwohnern auf 87 % und bei den Dörfern auf 13 % sinkt. Das war freilich immer noch genug, um die wichtigsten revolutionären Schlagworte auch auf dem platten Lande bekanntzumachen. Insgesamt traten 15 bis 30 % aller erwachsenen Männer (in Tulle 20 %) einem Revolutionsklub bei. Verglichen mit den 850 Freimaurerlogen der 1780er Jahre bedeutete dies nicht nur quantitativ, sondern auch qualitativ eine neue Dimension; denn während die Logen der Aufklärungszeit ziemlich unpolitische Geheimgesellschaften und nur ein Sozietätsmodell unter anderen (Akademien, Salons, Lesekabinette) waren, waren die revolutionären Volksgesellschaften zugleich öffentlich und politisch und galten zu ihrer Zeit als die einzig legitime Form der Vereinigung.

Das Beispiel von Tulle ist außerdem insofern typisch, als es zeigt, daß die Gründungswellen der Jakobinerklubs kein zentral gesteuerter, einheitlicher Prozeß, sondern weithin spontane Bewegungen mit regional unterschiedlichen Initiativen und Schwerpunkten waren und daß ferner das Netz der Affiliationen kein willfähriges Instrument der Jakobinerdiktatur bildete, sondern einen flexiblen Verbund vieler Zentren mit wechselnden organisatorischen und politischen Akzenten – das alles natürlich im Rahmen gemeinsamer revolutionärer Grundüberzeugungen. Ja, die provinzialen Klubs spielten mehrfach ihrerseits eine aktive Rolle im Zentrum der Revolution: Im Sommer 1793 trugen sie mit ihrer Unterstützung der Muttergesellschaft wesentlich zum Ausbau der jakobinischen Hegemonie in Paris bei; und ihre rund 7000 Adressen, die von August 1793 bis Juli 1794 im Konvent verlesen wurden, waren

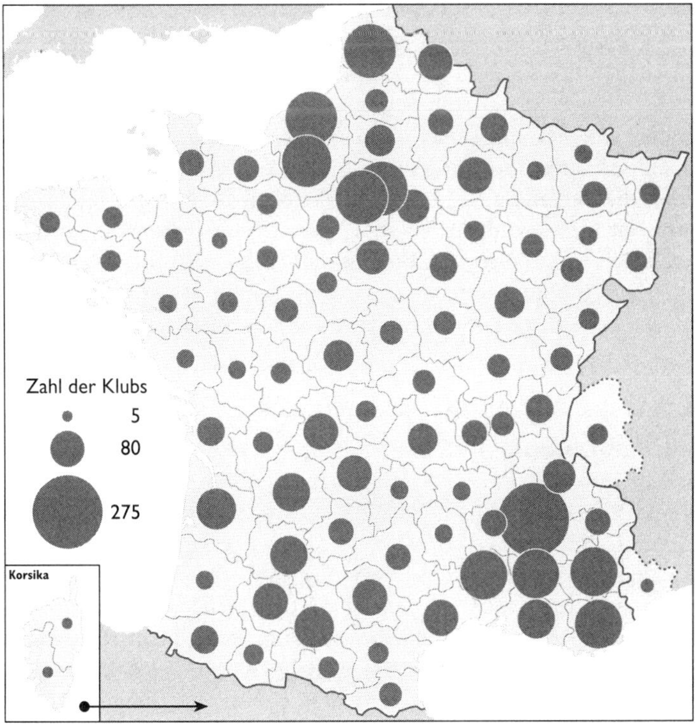

Anzahl der Klubs in den französischen Departements

ein wichtiger Legitimationsfaktor der Revolutionsregierung. Doch die grundlegendste Bedeutung der Volksgesellschaften besteht in ihrer Akkulturationsleistung, in ihrem langfristig wirksamen Beitrag zur »Fundamentalpolitisierung« der breiten Bevölkerung. Indem sie sich untereinander verbrüderten und in einem weitgespannten, immer dichteren Kommunikationsnetz sehr effizient über die aktuelle Tagespolitik und Publizistik informierten, überwanden sie die lokale Isolation durch Solidarität und gemeinschaftliche Meinungsbildung und schufen so einen nationalen politischen Raum von neuer – tendenziell demokratischer – Qualität.

Ein Departement der Ile-de-France im Windschatten der Revolution

Angesichts der bemerkenswerten Präsenz der Revolution in einem so abgelegenen Departement wie der Corrèze und seinem städtischen Zentrum Tulle mag es verwundern, daß es in Melun, nur 43 km oder sieben Wegstunden östlich von Paris, noch im Sommer 1790 zwar ein Lesekabinett und acht Freimaurer, aber keinen Revolutionsklub gab. Doch auch dies gehört zur Revolutionsgeschichte der Provinz: Regionen, die von der Revolution nicht voll erfaßt, sondern nur gestreift wurden – und zwar gerade in der Nähe von Paris, das die aktivsten revolutionären Kräfte aus dem Umland an sich zog. Das ist beispielsweise am Departement Seine-et-Marne mit seinem Verwaltungszentrum Melun zu beobachten.

Das aus den historischen Landschaften Brie und Gatinais gebildete Departement ist eine Region kleinstädtischer Zentren, die zusammen nur 7000 bis 8000 Einwohner umfassen: Davon entfallen 5000 auf Melun, entsprechend weniger auf die Distrikt-»Städte« Meaux, Rozay und Provins. Während diese Zentren im ausgehenden 18. Jahrhundert wirtschaftlich und politisch-sozial von handwerklichen Familienbetrieben, Amtsbürgern, lokalen Honoratioren und Kaufleuten (vor allem Getreidehändlern und Transportunternehmern) geprägt sind, befindet sich das Umland ganz überwiegend in der Hand adeliger und bürgerlicher Großgrundbesitzer aus Paris; in den Dörfern bilden Landarbeiter und Tagelohner 40 % der Haushaltsvorstände. Diese tiefen sozialen Gegensätze werden von der Revolution nicht eingeebnet, sondern nur leicht verschoben zugunsten wohlhabender Stadtbürger, Gutspächter und Großbauern (den Hauptnutznießern der Nationalgüterversteigerungen) sowie dörflicher Handwerker. Nach einer amtlichen Erhebung von 1790/91 bleibt ein Sechstel der Bevölkerung almosenbedürftig. Es ändert sich auch nichts daran, daß vom Getreideanbau über die Wein- und Gemüsekulturen bis hin zur Geflügel- und Viehzucht die gesamte Agrarwirtschaft des Departements auf die Versorgung des »Bauchs von Paris« ausgerichtet ist.

Der traditionelle Ruf der Brie und des Gatinais, vergleichsweise ruhige Regionen zu sein, bestätigt sich in der Revolutionszeit: Im Frühjahr 1790 verstreute Bauernaufstände gegen die Gesetze der Nationalversammlung zur Ablösung der Feudalrechte, 1791 Forderungen nach einer Aufteilung der Allmenden unter die Dorfbewohner, 1792 Lebensmittelunruhen in der Brie und ein Gefängnismassaker in der Bischofsstadt Meaux – das sind die spektakulärsten revolutionären Bewegungen im Departement. Da die Pfarrer sich dem Frömmigkeitsschwund der Region anschließen und zu über zwei Dritteln den Verfassungseid leisten, bewirkt die Kirchenfrage keine politische Zerreißprobe wie in der Bretagne oder der Vendée. Bis zum Frühjahr 1793 beschränkt sich die Unterstützung des Departements Seine-et-Marne für die Revolution auf Rekrutierung von Freiwilligen und auf Lebensmittellieferungen nach Paris; man beobachtet kaum einschneidende soziale Maßnahmen und Eingriffe in die lokalen Kräfteverhältnisse, um die Bevölkerung für die Revolution zu mobilisieren.

Entsprechend zögernd schließt sich das Departement der revolutionären Soziabilität an, obwohl seine Bevölkerung aus den Bruderschaften, Zünften und Festbräuchen der Winzer über vorbereitende Organisationserfahrungen verfügt. Die Gründungen von Revolutionsklubs – meist unter dem Namen »Volksgesellschaft« (*société populaire*) – setzen erst im Oktober 1790 ein und bleiben weitmaschig. Der Klub von Melun beispielsweise, Ende 1790 nur ein kleiner Zirkel lokaler Honoratioren, bleibt bis 1792 ziemlich exklusiv und wächst erst im Sommer 1794 auf 350 Mitglieder an. Die Klubs der Kleinstädte und Marktflecken rekrutieren sich zu zwei Dritteln aus Kaufleuten und Handwerkern; Schankwirte und Weinhändler bilden dank ihres Bekanntheitsgrads und ihrer verbalen Kompetenz den festen Kern, während Bauern kaum und Tagelöhner noch weniger anzutreffen sind. Die Klubs der Distriktstädte ergreifen erst im Frühjahr 1793 Initiativen mit Außenwirkung. Ihre Aktivisten lassen sie nicht nur in den örtlichen Wirtshäusern den Patriotismus und die »heilige Revolution« predigen, sondern entsenden sie auch als »Missionare« und »revolutionäre Apostel« in die umliegenden Dörfer, um die Landleute zur Lektüre der Gesetze und Dekrete anzuleiten und prozessionsartige *promenades civiques* mit den Büsten der »Revolutionsheiligen« Marat und Le Peletier zu veranstalten – Missionsversuche allerdings, die bei vielen Bauern auf Ablehnung stoßen. Wenn schließlich im Herbst und Winter 1793/94 in einigen Dörfern des Departements »Volksgesellschaften« gegründet werden, bedeutet das nicht unbedingt ein Bekenntnis zur Revolution; denn für so manche durch Entchristianisierung, Getreiderequisitionen und Truppenaushebungen verunsicherte Gemeinde ist der Klub eine Institution der Solidarität zur Verteidigung ihrer kommunalen Eigeninteressen, eine Art Schutzschirm vor revolutionären Zugriffen durch die Stadt.

Das gleiche distanzierte Verhältnis zur radikalen Revolution kennzeichnet die Verwaltung des Departements Seine-et-Marne. Bis zum Sommer 1793 können die gemäßigten Administratoren, die bei den Wahlen von 1792 bestätigt worden sind, gegenüber dem Konvent den Schwebezustand eines passiven Konformismus aufrechterhalten. Während sie das erwartete Freiwilligenkontingent für die Revolutionstruppen problemlos rekrutieren und im Juli das Verfassungsplebiszit ordnungsgemäß durchführen, lassen sie das Gesetz über die Gründung von Überwachungsausschüssen ein halbes Jahr lang unbeachtet und bleiben wochenlang jede Reaktion auf die Pariser »Revolution« vom 2. Juni 1793 schuldig. Erst durch erhöhten Druck von außen werden sie in den revolutionären Radikalisierungsprozeß hineingerissen. Als ihre Ausfuhrverbote für Lebensmittel, ihre Handelskontrollen sowie Überfälle auf Getreidetransporte die Belieferung der Pariser Bäcker aus dem Departement fast zum Erliegen bringen, entsendet der Konvent im September den unauffälligen Abgeordneten Pierre Dubouchet als Sonderbeauftragten (*représentant en mission*) nach Melun.

Allerdings ist der farblose *Montagnard* Dubouchet, Sohn eines Papierfabrikanten aus dem Puy-de-Dôme, seiner Aufgabe nicht gewachsen. Er pflegt eine radikale Rhetorik, ohne sich um Details zu kümmern, und beschränkt sich darauf, die Repressionsgewalt in den administrativen Zentren des Departements zu konzentrieren. Sein Versuch, die Wahlbeamtenschaft von regimefeindlichen Mandatsträgern zu säubern, wird durch den Mangel an qualifiziertem Führungspersonal erheblich relativiert. Angesichts konkurrierender Getreiderequisitionen verschiedener Pariser Stellen in seinem Departement stellt er sich auf die Seite der departementalen Mandatsträger und schreibt im Herbst 1793 an den Wohlfahrtsausschuß: »In diesem Teil der Republik herrscht ein Prinzip völliger Verwirrung und Unordnung. Das Übel kommt zum großen Teil von diesem Schwarm von Kommissaren sowohl der Pariser Commune wie des Ministeriums. Sie haben meistens nicht die geringste Ahnung, was sie eigentlich überwachen sollen. Weder haben sie das Vertrauen des Volkes, noch werden sie es so leicht erwerben. Auch verschmähen sie es, mit mir zu korrespondieren. Kurzum: Mitten in der Freiheit organisieren sie die Tyrannei.«[18] Als seine wenig radikalen Maßnahmen Kritik aus Paris auf sich ziehen, holt Dubouchet sich Rückendeckung bei den Klubs seines Departements und erstattet dem Konvent am 21. November die übertriebene Vollzugsmeldung: »das Departement Seine-et-Marne ist nunmehr sansculottisiert«.[19]

Dennoch übernimmt der Bevollmächtigte des Nationalkonvents wichtige Verbindungsfunktionen zwischen Paris und dem Departement. Um es »auf die Höhe der Revolution« zu bringen, leitet er im September 1793 mit der Aufstellung einer »Revolutionsarmee« zur Überwachung der »Hamsterer«, mit der Durchführung des Gesetzes über die Höchstpreise der Grundnahrungsmittel, der Bildung von Überwachungsausschüssen (*Comités de surveillance*) und eines Allgemeinen Sicherheitsausschusses (*Comité de sûreté générale*) radikale »Wohlfahrtsmaßnahmen« ein. Eine gewisse Wirksamkeit erreicht diese »Revolutionsregierung« auf departementaler Ebene jedoch nicht unmittelbar durch Dubouchet selbst, sondern durch einige »Patrioten«, an die er seine Vollmachten delegiert. Aus der Gruppe dieser »Unterbevollmächtigten« ragt Claude-Louis Métier hervor: Pfarrer der Gemeinde St. Aspais in Melun, 1789 Redakteur des regionalen Beschwerdehefts, 1790 gewählter Stadtrat und Gründungsmitglied der »Gesellschaft der Freunde der Freiheit und Gleichheit« von Melun, 1791 Vorsitzender der Wählerversammlung des Distrikts Melun. Métier verkörpert die kleine Schar von Revolutionsaktivisten in Verwaltungszentren des Departements, die kurze Zeit über einen großen Handlungsspielraum verfügt. Während die Großgrundbesitzer, Gutspächter und Anwälte im Herbst 1792 geschwächt aus den Wahlen hervorgehen, steigt Métier, der sein Priesteramt inzwischen niedergelegt hat, zum Vorsitzenden der Departementsverwaltung auf. In seiner nur zweimonatigen »Amtszeit« als Bevollmächtigter Dubouchets (September bis Oktober 1793) entfaltet der »rote Pfarrer« eine fieberhafte Tätigkeit. Er belegt die Reichen mit Sonderabgaben und leitet die Internierung der »Verdächtigen« ein (über 120 Personen in zwei Wochen). Er ersetzt in seinen Augen zu gemäßigte Mitglieder des Revolutionskomitees durch radikale Gesinnungsfreunde, gewählte Stadträte (lokale Honoratioren) durch Klubmitglieder, meist kleinbürgerliche Werkstattbesitzer. Er rechnet mit allen Gegnern des Klubs von Melun ab, nimmt umfangreiche Umbesetzungen im Justizapparat vor und gründet ein *Comité révolutionnaire central* unter seiner Leitung – bis der Konvent, durch Beschwerden der Opfer Métiers alarmiert, den übereifrigen Aktivisten zur Rede stellt und wegen Kompetenzanmaßung entmachtet.

Gestützt auf Revolutionäre wie Métier, baut Dubouchet im Departement Seine-et-Marne von Herbst 1793 bis Anfang 1794 ein revolutionäres Überwachungs- und Denunzierungssystem auf. Nicht weniger als 284 *Comités de surveillance*, die sich auch untereinander mit Haftbefehlen bekriegen, machen Jagd auf tatsächliche und vermeintliche Getreidespekulanten, Eidverweigerer und andere »Konterrevolutionäre«. Sie arbeiten zusammen mit den Revolutionskomitees der Distrikte, die ihre Amtsbereiche nach »Verdächtigen« durchkämmen. Gemeinsam internieren sie 1539 Personen, die meisten von ihnen in den ersten beiden Monaten nach dem Verdächtigen-Gesetz vom 17. September 1793. Diese Verhaftungswelle zielt in erster Linie auf »Aristokraten«, fast die Hälfte der Internierten sind Kleriker und ehemalige Adelige. Auf Initiative Dubouchets, des departementalen *Comité de sûreté générale* und der Distrikträte werden 147 dieser Internierten nach Paris ausgeliefert und dort vor dem Revolutionstribunal angeklagt: 59 Freisprüchen stehen eine Deportation und 86 Todesurteile gegenüber, die wiederum besonders Kleriker, aber auch zehn bäuerliche Gegner der Dechristianisierungspolitik des Revolutionskomitees von Coulommiers treffen. Damit hat die *Terreur* also auch das Departement Seine-et-Marne erfaßt, allerdings nicht entfernt so »total« und so blutig, wie spätere Darstellungen behaupten. Die Verfolgung ist nicht systematisch, sie schont »Freunde« und »Verbündete« der Revolutionsaktivisten. Alle Internierten zusammen machen gerade 0,5 % der Bevölkerung aus, und die Hälfte von ihnen befindet sich vier Wochen nach der Verhaftung wieder auf freiem Fuß.

Die Zeit der Revolutionsregierung hat im Departement Seine-et-Marne jedoch nicht nur eine »terroristische«, sondern auch eine kulturelle Seite. Vom Spätsommer 1793 bis zum Frühjahr 1794 veranstalten vor allem die Volksgesellschaften 126 Revolutionsfeste mit einem deutlichen Höhepunkt um die Jahreswende (32 Feiern). Zunächst meist spontan organisiert, gelten die meisten dieser öffentlichen politischen Veranstaltungen den Freiheitsmärtyrern und den neuen Grundwerten von *Liberté* und *Egalité* über *Bonheur* und *Unité* bis zu *Peuple* und *Patrie* und sind damit Ausdruck der Demokratisierung der gesellschaftlichen Sinnbildungsmuster. Zugleich demonstrieren sie die Stärke und Konformität der revolutionären Volksbewegung. Erst mit dem Frühjahr 1794 werden die populären Feste zunehmend von offiziellen Feierlichkeiten etwa zur Eroberung von Toulon oder für das Höchste Wesen überlagert.

Freilich ist damit die radikale Revolutionsphase im Departement Seine-et-Marne auch schon vorüber, denn der nächste Konventsbevollmächtigte, der zuvor in Burgund erfolgreiche Nicolas Maure, der Dubouchet im Dezember 1793 ablöst, schlägt eine gemäßigtere Richtung ein. Um die politische und die wirtschaftliche *Terreur* zu begrenzen, macht er die meisten Kräfteverschiebungen der Vormonate nach und nach rückgängig. Da er den Begriff des »Verdächtigen« enger faßt als sein Vorgänger, entläßt er im Frühjahr 1794 über die Hälfte der Internierten. Er lehnt es ab, die Reichen mit Sonderabgaben zu belasten, und zeigt sich überhaupt in Steuerfragen gegenüber Großgrundbesitzern und Besitzbürgern großzügig. Er bemüht sich außerdem, die lokalen Antreiber der Dechristianisierung zu entmachten. Zwar gelingt es ihm nicht, alle Magistrate der 560 Gemeinden des Departements völlig von »Anarchisten« zu säubern, eine loyale Verwaltung aufzubauen und den Justizapparat in Melun mit fachlich qualifizierten Personen zu besetzen, weil die Volksgesellschaft sich dagegenstellt; aber er entmachtet viele Klubaktivisten und befördert insgesamt das Wiedererstarken der gemäßigten Kräfte. Während in Paris die *Grande Terreur* um sich greift, kehrt also das Departement Seine-et-Marne bereits wieder in den Windschatten der Revolution zurück.

Mag die *Terreur* in diesem Fall begrenzt gewesen sein, sie hat dennoch in den Kleinstädten und Marktflecken von Brie und Gatinais das gesellschaftliche Leben nachhaltig emotionalisiert, polarisiert und politisiert. Das zeigt sich 1794/95, als im Departement Seine-et-Marne gemäßigte bis konservative Kräfte vollends die Oberhand gewinnen und die früheren Revolutionsaktivisten entwaffnen und überdies mit Katzenmusik und Spottgedichten verfolgen. Im Gegenzug wahren die »Patrioten« von 1793 durch Treffen in Wirtshäusern und geheimen Zirkeln einen überlokalen Zusammenhalt. Sie zählen zu den Abonnenten von Babeufs Zeitung »Le Tribun du Peuple« und beteiligen sich im Februar 1796 an der »Verschwörung der Gleichen«. Die Wortführer der Volksbewegung des Jahres II bilden den Kern einer politischen Opposition auf kommunaler und regionaler Ebene, sie sind die Väter einer republikanischen Tradition.

Marseille: »Schutzschild der Revolution«

Anders als die Kleinstädte des Departements Seine-et-Marne kann die Handelsmetropole an der Rhônemündung in mancher Hinsicht als Vorreiterin der Revolution gelten, weil typische politisch-soziale Konflikte und Bewegungen sich hier besonders scharf und frühzeitig ausprägten. Dies erklärt sich einmal aus der gespannten Sozialstruktur von Marseille, der drittgrößten Stadt Frankreichs im späten 18. Jahrhundert (mit den Vororten 120000 Einwohner). Einem besonders hohen Bevölkerungsanteil von Handwerkern und immer mehr Tagelöhnern stand eine reiche Oberschicht adeliger und großbürgerlicher Kaufleute gegenüber, die den Stadtrat für sich monopolisierte. Zudem hatten unterbürgerliche Protestbewegungen in dieser Stadt Tradition: Bei Teuerungen hatten in der Vergangenheit mehrfach Lebensmittelunruhen erfolgreich die Senkung der Brotpreise erzwungen, und einzelne Gruppen der städtischen Oligarchie hatten bei internen Machtkämpfen selbst wiederholt das Volk auf der Straße für sich mobilisiert. Hinzu kam die »südländische Soziabilität«, eine in der verstädterten östlichen Provence besonders hohe Neigung auch der kleinen Leute, sich mit ihresgleichen in Handwerker- und Gesellenbünden, Bruderschaften und Vereinen zu organisieren. In Verbindung mit der Wirtschafts- und Beschäftigungskrise der späten 1780er Jahre erzeugten diese Strukturen bei der Unterschicht eine latente Bereitschaft zu Protest- und Selbsthilfeaktionen.

1789: Rebellion oder Revolution?

Vor diesem Hintergrund erscheinen die heftigen Lebensmittelaufstände, die im März 1789 in Marseille und Umgebung ausbrechen, anfangs nur als eine Neuauflage jener gewohnten »Rebellionen des Pöbels«. Sehr bald jedoch erweisen sie sich als erstes Glied und als Katalysator einer revolutionären Entwicklung. Sie treffen zusammen mit dem lokalen Wahlkampf für die Generalstände, in dem der Dritte Stand von Marseille auf Druck der Straße den Volkstribun Mirabeau als Abgeordneten wählt und feiert (obwohl Mirabeau dann die Wahl des *Tiers État* von Aix annimmt). Sie veranlassen die Bildung einer *garde citoyenne*, in der Lastträger und Bürgersöhne miteinander fraternisieren. Im Ergebnis erschüttern die Aufstände die Autorität des Magistrats so schwer, daß für zwei Monate die Wahlmännerversammlung des Dritten Standes die Regierung übernimmt. Kein Vertreter der königlichen Gewalt – weder der Stadtkommandant noch der Intendant der Provence noch die Räte des Obergerichts von Aix – wird eingelassen, bis der militärische Oberbefehlshaber der Provinz, Graf von Caraman, am 20. Mai mit sechs Infanteriebataillonen gewaltsam einrückt. Gleichwohl steigt die Spannung in den Handwerker- und Arbeitervierteln von Marseille weiter an, denn noch immer sitzen zahlreiche Aufständische, die im März festgenommen worden sind, in Aix in Untersuchungshaft.

Da wirkt die Nachricht über die Pariser Ereignisse des 14. Juli als zündender Funke für eine Befreiungsaktion. Nachdem sie die frohe Botschaft vom Fall der Bastille in den Weinschenken wie der Taverne Arquier begeistert gefeiert haben, ziehen in der Nacht vom 28. auf den 29. Juli mindestens 3000 Marseiller mit Musik, Trommeln und Fahnen nach Aix, erzwingen die Freilassung der Gefangenen und die Herausgabe ihrer Prozeßakten. In Marseille selbst aber gerät die entstehende revolutionäre Volksbewegung in Bedrängnis durch die Rückkehr des alten Magistrats und eine obrigkeitstreue Bürgerwehr, welche die populäre *garde citoyenne* ersetzt. Als sich aus einer durch Plakate angekündigten Demonstration der »Patrioten« auf dem Platz La Tourrette am 19. August ein Aufstand entwickelt, weil die Ordnungskräfte zwei Demonstranten erschießen, wird er von Caramans Dragonern blutig niedergeschlagen (40 Tote). Wieder werden Aufständische festgenommen und haben einen langen Prozeß und harte Strafen zu fürchten, zumal es ihren Sympathisanten Anfang Dezember nicht gelingt, sie aus dem Gefängnis zu befreien.

1790: Eine Re-Inszenierung des Bastillesturms

In diesem Dauerkonflikt zwischen alteingesessener Stadtoligarchie, Militär und Justiz auf der einen und den politisierten Kleinbürgern auf der anderen Seite kehrt sich das Kräfteverhältnis im Frühjahr 1790 schrittweise um. Zwar ergeben die Stadtratswahlen Ende Januar aufgrund des hohen Wahlzensus einen politisch sehr gemäßigten Magistrat, zwar führen die »Patrioten« weiter Klage über drohende Strafverfahren, aber im Februar wird eine Nationalgarde aufgestellt, am 11. April formiert sich die revolutionsfreundliche Bildungselite der Stadt unter Führung des Anwalts Charles-Jean-Marie Barbaroux zum Jakobinerklub von Marseille, eine Woche darauf ziehen die königlichen Truppen ab, und zehn Tage später versichern sich die »Patrioten« der Solidarität der Nationalgarde in einem großen Freiluftbankett, das sie auf der Meilhan-Allee für sie ausrichten. Unmittelbar darauf, am 29. und 30. April, wird die Kräfteverschiebung zugunsten der revolutionären Aktivisten offenkundig: In einer Reihe von Handstreichen bemächtigen sie sich der drei Stadtfestungen Saint-Jean, Notre-Dame de la Garde und Saint-Nicolas.

Revolutionäre Qualität gewinnen diese planvollen Aktionen vor allem dadurch, daß sie als »Bastillesturm« verstanden und inszeniert werden. Gleich dem Pariser »Staatskerker« gelten die »Marseiller Bastillen«, wie sie nun in der zeitgenössischen Publizistik heißen, als »Hort des Despotismus« und »Schlupfwinkel der Aristokratie«,[20] insbesondere die Zitadelle Saint-Nicolas, die Ludwig XIV. um 1660 erbaut hatte und in der sich nun der für den Tourrette-Prozeß verantwortliche Oberstaatsanwalt Sanchon de Bournissac eingenistet hat: »Diese Zitadelle«, schreibt die führende Lokalzeitung, »wurde errichtet, nicht um die Bürger zu schützen, sondern im Gegenteil, um sie zu unterjochen; denn alle Batterien bedrohen die Stadt.«[21] Sie unschädlich zu machen erscheint den Marseiller »Patrioten« daher als zwingende Notwendigkeit: »Wir mußten diesen Brandherd der Gegenrevolution, der unser Leben bedrohte, auslöschen. Wir haben eine heilige Pflicht erfüllt, indem wir uns der Festungen bemächtigten; denn sie bedrohten die Nationalversammlung, ja ganz Frankreich.«[22]

Obwohl sie die Festungen im Handstreich eingenommen haben, stilisieren die Marseiller Aufständischen die Aktion zu einer heldenmütigen Eroberung, die es nicht weniger zu feiern gilt als den 14. Juli 1789 – so im Hof der Festung Notre-Dame de la Garde: »Die Distrikte waren mit Trommeln und wehenden Fahnen herbeimarschiert. [...] Ungefähr 15 000 Mann der Nationalen Truppen paradierten in der Festung vor der Munizipalität und dem Kommandanten; sie stiegen auf den Festungsturm und hißten die Fahne der Nation.«[23] Wie der Pariser Bastillesturm wird auch die »Eroberung« der Forts in Marseille von spontaner Volksjustiz begleitet; eine Flugschrift setzt die Tötung des Festungskommandanten von Saint-Jean ausdrücklich in Parallele zur Enthauptung des Bastillegouverneurs de Launay, zur »gerechten Strafe« für den »Hinterhalt«, den er den Bastillestürmern vermeintlich gelegt hatte: »In der Überzeugung, entweder nachzugeben oder die Rolle von de Launay zu spielen, zog er [Calvet] das letztere vor, was seiner von jeher bewiesenen Niedertracht entsprach. [...] Das Volk verlangte die Bestrafung de Calvets [...], er wurde über die Bresche der ersten Ringmauer gehängt; sein Haupt wurde auf eine Pike gespießt und den ganzen Tag lang in der Stadt herumgetragen. Dieses denkwürdige Exempel gleicht sehr dem tragischen Ende des Bastillegouverneurs, es scheint die Aristokraten zu erschrecken und ihre Kabale zu durchkreuzen.«[24]

Mehr noch: Wie in Paris begnügen sich auch in Marseille die »Patrioten« nicht mit der Erstürmung der »Bastille«, sondern nehmen ihre symbolträchtige Schleifung in Angriff. In der Nacht vom 17. auf den 18. Mai 1790 dringen 200 mit Spitzhacken und anderen Brechwerkzeugen ausgerüstete Aktivisten in die Hafenfestung Saint-Nicolas ein und beginnen damit, die Quader der Turmzinnen in die Tiefe zu stürzen. Der Magistrat und der Generalrat der Stadt lassen sie gewähren; denn mit den *démolisseurs* solidarisieren sich alle revolutionsfreundlichen Kräfte der Stadt: Während Frauen und Kinder die Aktivisten mit Essen und Trinken versorgen, sammelt der Jakobinerklub für sie Spenden im Wert von 16 000 Livres, und demselben wohltätigen Zweck widmet das neue Theater von Bonnet-Bonneville den Spielerlös seines aktuellen Stücks »La démolition des forts de Marseille«.

Wie die *vainqueurs de la Bastille* schließlich setzen sich die Besieger der *Bastilles marseillaises* selbstbewußt als Nationalhelden neuer Art, als plebejische Patrioten, in Szene, indem sie mehrfach die Liste jener 50 »Patrioten« drucken lassen, welche das Fort Notre-Dame de la Garde überrumpelt hatten, und sich brieflich mit dem Cordeliersklub in Paris verbrüdern: »Ihr, tapfere Pariser, habt den ersten Schlag gegen den Koloß des Despotismus geführt. [...] Wir haben nicht mehr getan, als euerem Beispiel zu folgen. Mit eueren Fesseln sind auch die unseren gefallen. Ohne die gewaltige Erschütterung, die vom Fall der Bastille ausging, hätten wir diese drohenden Bollwerke, diese Schlupfwinkel der Tyrannei vielleicht niemals vernichtet.«[25]

Diese sehr bewußte, konkrete und differenzierte Umsetzung der Bastillesymbolik, so weit entfernt von deren Ursprungsort, ist ein Beleg für die intensive Rezeption der Pariser Nachrichten in der Provinz und ein Beispiel für die landesweite Einbürgerung einer neuen politischen Kultur, die sich zu einem wesentlichen Teil in revolutionären Symbolen ausdrückte. Zugleich wirkte sie als eine Art Schutzschild für die Marseiller Revolutionäre. Denn die Besetzung und teilweise Schleifung staatlicher Festungen, die seit 1789 nicht mehr dem König, sondern der Nation, dem neuen Souverän, gehörten, waren eigentlich strafbare Handlungen, mit denen zwar ein volksnaher Abgeordneter wie Mirabeau sympathisierte, die aber die Mehrheit der Nationalversammlung ebenso ahnden wollte wie der Innenminister. Nur weil sie so genau nach dem Vorbild der Bastillesieger gehandelt hatten, blieben die Marseiller Revolutionäre ungeschoren. Jean-Paul Marat drückte es in seiner Zeitung mit aller Deutlichkeit aus: »Mit dem Abriß eines Monuments der Tyrannei, das in ihrer Mitte errichtet war, um sie zu vernichten, tun die Marseiller heute dasselbe wie die Pariser, als sie unter den Augen der Nationalversammlung die Bastille schleiften. [...] Wenn nun die Erhebung des 14. Juli die erste Großtat der Revolution ist, die den Despotismus vernichtet und der Nation alle ihre Rechte zurückgegeben hat, und wenn darin die größte Heldentat der Pariser besteht, sind dann etwa die Marseiller im Unrecht, wenn sie dies Vorbild der Bürgertugend nachahmen?«[26]

1791 und 1792: Pilgerzüge der Revolutionsmissionare

Nach ihren handgreiflichen kollektiven Aktionen in den beiden ersten Revolutionsjahren, die 1790 deutlich an revolutionärer Symbolkraft gewonnen haben, entwickeln die politisierten Bürger von Marseille, die sich im örtlichen Jakobinerklub und in der Nationalgarde formieren, 1791/92 eine neue, noch stärker verbalisierte und räumlich noch weiter ausgreifende Aktionsform: den revolutionären »Pilgerzug« (*course civique*) – eine politische Missionstätigkeit, bei welcher der Revolutionsprediger als Träger »der Verfassung« und Künder »des Gesetzes« auftritt.

Die Vorformen dieser politischen Pilgerzüge haben noch einen militärischen Charakter. So werden die Kolonnen von mehr als 4000 Nationalgardisten, die im September 1791 unter Führung von Marseiller Revolutionsaktivisten von allen Seiten gegen Arles vorrücken, um dort den revolutionsfeindlichen Klub der *Chiffonistes* zu entmachten, nur durch einen Rückzugsbefehl von Kriegsminister Delessart an einem regelrechten Angriff gehindert. Und in Aix, wo 2000 Nationalgardisten von Marseille und Umgebung im Februar 1792 das konservative Bündnis des Klubs der *Antipolitiques* mit dem aus Marseille vertriebenen königlichen Regiment Ernest gewaltsam zerschlagen wollen, kann der Kommandant der Linientruppen, Puget de Barbentane, eine Straßenschlacht nur knapp verhindern. Doch findet diese eigenmächtige Marseiller Initiative bereits den Beifall der politischen Leitung vor Ort. Als nämlich der Innenminister seine Empörung über diesen »Beginn einer Rebellion« äußert, stellt sich das Direktorium des Departements Bouches-du-Rhône auf die Seite der Nationalgarden: »Man muß Marseille als den Schild der Revolution in diesem Departement betrachten, und ohne den Schrecken (*la terreur*), den die öffentliche Streitmacht hier verbreitet, wäre in den südlichen Departements vielleicht schon die Gegenrevolution ausgebrochen.«[27] Vor dem Hintergrund verstärkter Aktivitäten der Revolutionsgegner in mehreren Orten der Provence markiert diese Expedition den Beginn einer allgemeinen Bewegung.

Ihr Ausgangspunkt ist Apt, eine Kleinstadt wenige Kilometer nördlich von Aix. Eine Abordnung ihres Jakobinerklubs besucht am 6. März 1792 die »Verfassungsfreunde« von Marseille und schildert die Bedrängnis der »Patrioten« in Apt: Ein Häuflein von 150 Jakobinern werde erdrückt von der zehnfachen Übermacht der »Amis de la Paix«, die alle wichtigen neuen Wahlämter besetzten und ihre Gegner auf der Straße mit dem Ruf verfolgten: »Hoch leben die Aristokraten, an die Laterne mit den Patrioten!« Eine Woche darauf, am 12. März, sind die Patrioten der Nachbargemeinden mit 1500 bewaffneten Brüdern zur Stelle und setzen im Namen der »Verfassung« und der »öffentlichen Wohlfahrt« das Programm ihrer *promenade civique* durch: Zahlung der Steuerrückstände, Abzug der eidverweigernden Priester, Auflösung des »aristokratischen« Klubs, Entwaffnung der Verdächtigen. Ihr »Prediger« ist kein anderer als Jacques Monbrion, Anführer der »Bastillesieger« von Marseille. Von Apt aus zieht Monbrion durch die Städtchen der Umgebung, stärkt die Revolutionsklubs durch feurige Reden und Hilfszusagen. In Sault organisiert er die Vernichtung der Zeichen der Feudalität, die Schleifung der Zinnen eines Schlosses, eine Bürgertaufe in der Gemeindekirche und ein revolutionäres Fest. Als zwei Wochen darauf das gleiche Verfahren mit Erfolg auf das »Aristokratennest« Arles angewendet wird, triumphiert eine Revolutionszeitung: »Uns kann nichts widerstehen [...]. Unsere Armee wird die Runde durch vier oder fünf Departements machen, um alle Gemeinden, die an der Aristokratie leiden, verfassungsmäßig zu organisieren. Die Steuern werden bezahlt, die Fanatiker aufgeklärt, die Unwissenden belehrt, die Eidverweigerer proskribiert [...] werden. Wir brauchen Klubs und abermals Klubs! [*Des clubs, des clubs!*] Es wird sie in den kleinsten Orten geben. Unsere vorauseilenden Missionare [*missionnaires précurseurs*] bereiten überall das Nötige vor: Versammlungsräume, Tribünen, Register und vor allem Geheimausschüsse der Vorsicht und der Volksdiplomatie [*diplomatie populaire*].«[28]

Es ist vor allem ein »Revolutionsmissionar«, der dieses Programm in die Tat umsetzt: François Isoard, Sohn eines Maurermeisters, Zögling des Schulordens der Oratorianer, 1791 selbst Lehrer am neuen städtischen Gymnasium von Marseille und Sekretär des Jakobinerklubs – ein Aktivist, der bei Monbrion in die Lehre gegangen ist. Kaum haben Abgesandte der verstädterten Landgemeinde Rians bei den Marseiller »Verfassungsfreunden« über Streit unter den »Patrioten« und den wachsenden Einfluß des revolutionsfeindlichen Bürgermeisters Desidery in ihrer Gemeinde geklagt (11. April 1792), da ist Isoard bereits drei Tage später mit zwei anderen »patriotischen Missionaren« zur Stelle, vereinigt die rivalisierenden Gruppen zu einem Klub und organisiert am 20. April ein Fest mit Feuerwerk und Tanz unter dem Motto »In Einheit stark«. Der Bedarf an solchen Missionen scheint groß zu sein, denn das »Journal des départements méridionaux« veröffentlicht in seiner Nummer vom 15. April folgenden Leserbrief eines Patrioten von Riez in der Haute-Provence an die Redaktion: »Bitte teilen Sie uns durch Veröffentlichung in Ihrer Zeitung mit, welche Mittel nötig sind, um in unserer Stadt eine Klub-Gesellschaft [*société clubique*] zu gründen [...]. Auch andere Städte könnten die Energie nutzen, die Sie uns damit zuführen werden [...]. Nicht zu vergessen Sisteron, wo einige ehemalige Adelige und eine größere Gruppe von Bürgern den Patrioten den Mund zuschnüren und das Volk in die Irre führen, indem sie es zum Aufstand provozieren, sobald man von einem Klub redet [...]. Bitte helfen Sie uns, heilen Sie uns von der Krankheit der Gemäßigten [*modérés*].«[29]

Tatsächlich entsendet der Marseiller Jakobinerklub Isoard und seinen »Bruder« Tourneau am 26. April zu einer »Missionsreise« ins Bergland der nordöstlichen Provence, um »patriotische Gesellschaften« zu gründen. Und so ziehen die beiden im Mai wochenlang von Ort zu Ort, predigen die Verfassung, bestärken die Revolutionsfreunde in ihren Überzeugungen, bekehren »verirrte Brüder«, verjagen eidverweigernde Priester und gründen über ein Dutzend neue Revolutionsklubs. Nach und nach schließen sich ihnen immer mehr »missionierte« Klubisten an, bis ihr Zug an die 4000 Pilger umfaßt, als er am 17. Mai in Sisteron einrückt. Dort feiern die Missionare ihren spektakulärsten Triumph. Nicht nur, daß sie die Abdankung des konservativen Bürgermeisters sowie mehrerer Wahlbeamter, die Auflösung einer royalistischen Bruderschaft, die Gründung einer »Société patriotique« erreichen und einen Freiheitsbaum pflanzen, sie veranstalten auch ein Versöhnungsfest mit Liedern, Tanz und einem üppigen »patriotischen Diner«: Die Fleischplatten sind geschmückt mit kleinen Pavillons, auf denen

Wahlsprüche wie »Krieg den Palästen, Friede den Hütten! Hoch leben die Patrioten! Kein Quartier für Aristokraten!« zu lesen sind; während des Festmahls erhält jeder Teilnehmer eine Freiheitsmütze mit einer Kokarde in den Farben der Trikolore; während des Desserts werden Isoard und Tourneau mit Lorbeerkränzen (*couronnes civiques*) geehrt; und beim anschließenden »Besuch« einiger Herrenhäuser werden genug »schändliche aristokratische Papiere« und Bilder des Königs beschlagnahmt, um das Fest mit einem Autodafé zu beenden. Der »Missionsbericht« von Isoard und Tourneau im Marseiller Jakobinerklub findet am 6. Juni begeisterte Zustimmung: »Eurem unermüdlichen Eifer ist die Gründung von über 60 patriotischen Klubs zu danken [...]. Indem ihr als erste die Laufbahn der patriotischen Mission [*la carrière de la mission civique*] eingeschlagen habt, seid ihr zu Vorbildern geworden.«[30] Um mit den regenerierten oder neu gegründeten Volksgesellschaften der Provence in Verbindung zu bleiben, gründen Isoard und Monbrion Anfang Juni 1792 unter dem Titel »Manuel du laboureur et de l'artisan« ein Handwerker- und Bauernjournal, aus dem in einer Reihe von Klubs tatsächlich vorgelesen wird.

Nationale Berühmtheit erlangt ein »Pilgerzug«, der unmittelbar an diese Mission anschließt: der Marsch der Marseiller Föderierten nach Paris. Von der Nationalversammlung angefordert, um die Hauptstadt gegen die vorrückenden Alliierten verteidigen zu helfen, brechen 600 Nationalgardisten am 2. Juli auf und erreichen Paris am 29. Juli, auf den Lippen die Marseillaise, die sie aus der Presse aufgenommen und unterwegs bekanntgemacht haben. Gleichzeitig fordern die Jakobiner von Marseille als erster provinzialer Klub die Absetzung des Königs (23. Juli). Die Sechshundert beteiligen sich am Sturm auf die Tuilerien und kehren als »Bataillon des 10. August« im Triumph in die Rhônestadt zurück. Dort bilden sie eine besonders aktive, radikalrevolutionäre Kraft in den Sektionen wie im Jakobinerklub.

Dieser spektakulärste »Pilgerzug« von Marseiller Revolutionären markiert jedoch zugleich einen Wendepunkt. Hin- und hergerissen zwischen politischer Mäßigung und Militanz verliert die Aktionsform der patriotischen Mission ab Herbst 1792 nach und nach an Überzeugungskraft und Wirksamkeit. Einerseits setzt der

Marseiller Jakobinerklub das Instrument der Mission ein, um bei allzu radikalen Rechtsbrüchen von Revolutionsaktivisten im Departement Bouches-du-Rhône zu vermitteln. So schickt er Isoard Mitte August 1792 nach Manosque, wo Unbekannte vier eidverweigernde Priester erhängt hatten; anschließend erteilt er ihm den Auftrag, im Distrikt von Apt »die republikanischen Tugenden zu propagieren« sowie »die Achtung der Personen und des Eigentums zu predigen«; laut Rechenschaftsbericht von Ende Dezember vermittelt Isoard hier bei Übergriffen gegen Schlösser, bei der Jagd auf Verdächtige und schlichtet eine Reihe von Rechtsstreitigkeiten.

Andererseits erzielt die republikanische Mission immer weniger Vermittlungserfolge. Statt dessen greift sie zunehmend auf militärische Gewalt zurück und verstößt damit gegen die »Verfassung«, die sie eigentlich predigen will. Das wird besonders deutlich im Fall von Salon, einer Stadt von knapp 6000 Einwohnern, in der eine Oberschicht einflußreicher Großbürger sich im konservativen Klub der *Antipolitiques* zusammengeschlossen hat und mit seiner Hilfe die Verwaltung beherrscht. Die revolutionsfeindlichen Aktivisten dieses Klubs, auch »die Schwarzen« genannt, reißen die Freiheitsbäume aus und verspotten die »Patrioten« im Ort, wie deren Delegierte im Marseiller Jakobinerklub klagen. Der fühlt sich im stolzen Bewußtsein seiner bisherigen »Missionserfolge« berufen, auch Salon »auf die Höhe der Revolution« zu bringen. Nachdem die Überredungsversuche einer ersten Kommission von September bis Oktober 1792 in Salon nichts ausgerichtet haben, greift im November eine zweite Kommission unter dem Schutz von 600 Nationalgardisten energisch durch: Sie setzt einen neuen – provisorischen – Stadtrat ein, entzieht den *Antipolitiques* die Affiliation mit Marseille und schlägt die Auflösung des »aristokratischen« Klubs vor. Als eine Abordnung von 30 Mitgliedern der *Antipolitiques* am 26. November in der Versammlung der Marseiller Jakobiner dagegen protestiert, wird ihr Sprecher mit den Rufen empfangen: »Da bist du also, du Handlanger der aristokratischen Bourgeoisie [*aristocratie bourgeoise*] von Salon. [...] Und du wagst noch zu fragen, du Ungeheuer, warum wir die Bruderschaft aufgekündigt haben? Ihr seid ihrer nicht würdig. Wißt ihr denn nicht, daß die aristokratische Bourgeoisie den Klub von Salon beherrscht?«[31] Darauf erwirken die Jakobiner von Marseille das Einverständnis der Departementsverwaltung zur Auflösung der *Antipolitiques* und entsenden im Dezember eine dritte Kommission nach Salon, wieder unter dem Geleitschutz einer imposanten Streitmacht. Gegen den Protest der lokalen Autoritäten, welche die formale Einhaltung »des Gesetzes« beteuern, und gestützt auf eine Minderheit sechzig lokaler »Patrioten«, berufen sich die Kommissare auf die Gefahr eines »Komplotts der Geldaristokratie«, annullieren die letzten lokalen Wahlen, lassen neue Amtsträger wählen, verjagen alle »Aristokraten« und »Vaterlandsverräter« aus der Volksgesellschaft und »regenerieren« deren Geschäftsordnung: »Art. I. Die Gesellschaft diskutiert alles, was die Freiheit und die Gleichheit betrifft, im Geist und nach den Prinzipien des Nationalkonvents; sie denunziert alle Mißbräuche und alle Vaterlandsverräter. Sie überwacht alle Volksvertreter. [...] Art. XVII. Alle Beifalls- und Mißfallensbekundungen sind verboten. [...] Die Mitglieder dürfen sich gegenseitig nur mit *Bruder*, *Freund* oder *Bürger* anreden. [...] Art. XXIV. Alle drei Monate wird über die Säuberung abgestimmt; das Komitee stellt die Liste der Mitglieder auf, die einer Prüfung unterzogen werden.«[32] Doch die Gemäßigten von Salon geben sich nicht geschlagen und versuchen, die gewählte Departementsverwaltung gegen die Jakobiner von Marseille auszuspielen. Am 13. Februar 1793 dringen sie mit einem Demonstrationszug 1500 bewaffneter Bauern in die Sitzung des Verwaltungsrats ein und beklagen sich über die Rechtsverstöße und täglichen Schikanen der jakobinischen Kommissare. Um zwischen den verfeindeten Lagern zu vermitteln, wird schließlich Isoard nach Salon entsandt. Aber die Führungsgruppen der Stadt inszenieren einen regelrechten Volksaufstand gegen ihn und verweigern jede Verhandlung; auch die bloße Gegenwart von 700 Nationalgardisten, die am 19. Februar mit zwei Kanonen in die Stadt einrücken, kann keinen Kompromiß erzwingen; denn der Einsatz militärischer Gewalt widerspricht Isoards Verständnis von der »Verfassung«. Die Polarisierung zwischen radikalen Revolutionären und Gemäßigten hat die früher so erfolgreiche Verfassungsrhetorik des politischen Missionars wirkungslos gemacht. Bei den Jakobinern von Marseille ist Isoard inzwischen zwar zum Vizepräsidenten avanciert, aber vor den föderalistischen Konflikten flieht er Mitte Mai 1793 nach Paris, wo er Verbindung zum Cordeliersklub aufnimmt und Mitglied der Jakobiner wird.

1793 und 1794: Sansculotten gegen Jakobiner

Dieser Umschlag der politischen Entwicklung erkärt sich aus latenten Rivalitäten der revolutionären Bürgervereinigungen Marseilles untereinander, angefacht von der sich radikalisierenden Revolution in Paris. Seit seiner Gründung im April 1790 weit und breit die aktivste revolutionäre Kraft, weiß sich der Jakobinerklub von Marseille lange mit den Sektionen (*sections*) der Stadt einig – bis sich in ihnen eine eigenständige Sansculottendemokratie entwikkelt. Hatten die im Herbst 1789 in Marseille eingerichteten 32 Sektionen von Winter 1789 bis Januar 1792 zunächst – wie vorgesehen – als Primärversammlungen der Aktivbürger zur Wahl der Abgeordneten und des Verwaltungspersonals fungiert, so verselbständigen sie sich ab Frühjahr 1792 zu permanent tagenden politischen Debattier- und Aktionsklubs, die auch ärmere, nicht wahlberechtigte Bürger anziehen und für die Abschaffung der Monarchie eintreten. Nach der Revolution des 10. August zählen die Jakobiner erstaunt nicht mehr nur 30 oder 40, sondern 400 bis 500 Personen, die jeweils an den Sitzungen der einzelnen Sektionen teilnehmen. Insgesamt mobilisieren diese Sektionsversammlungen nun etwa 15 000 Bürger oder die Hälfte der erwachsenen Männer von Marseille. Ohne sich grundsätzlich vom kleinbürgerlichen Sozialprofil des Jakobinerklubs zu unterscheiden, sind die Sektionäre etwas »plebejischer«: Ihre große Mehrheit besteht aus Handwerkern und Krämern, meist Familienväter im Alter um 44 Jahre, dazu kommen als führende Aktivisten einige Lehrer und andere »Gebildete«. Der wachsende Zusammenhalt und die revolutionäre Militanz der Sektionen schlagen sich im Herbst 1792 nieder in der Ausgabe von Mitgliedskarten, der Bildung von »Überwachungskomitees« zur Entdeckung und Ergreifung von »Verdächtigen« und der eigenmächtigen Bildung eines eigenen »Volksgerichts« (das nie offiziell anerkannt wird). Verstehen die Sektionen sich doch als Träger einer Art Rätedemokratie: »Nach den Prinzipien der Volkssouveränität, ohne die es keinen demokratischen Staat gibt, geht jede Gewalt unmittelbar vom Souverän aus; er allein hat das Recht, diese Gewalt nach eigenem Gutdünken zu delegieren und sie sogar zurückzufordern, wenn er es für zweckmäßig hält.«[33]

Obwohl der Jakobinerklub von Marseille den Sektionen durch wechselseitige Mitgliedschaften verbunden ist und bei der Verfolgung der »Verdächtigen« bis Anfang 1793 eng mit ihnen zusammenarbeitet, betrachtet er ihr plebiszitäres und partikularistisches Demokratieverständnis mit wachsender Kritik. Als nun der Konventsbevollmächtigte Moïse Bayle der Stadt Marseille am 16. März 1793 die Ersetzung des Volksgerichts durch ein Revolutionstribunal, die Rekrutierung von 6000 Freiwilligen und die Entwaffnung der Bürger ankündigt, kommt es darüber zur Spaltung im Jakobinerklub. Der radikalrevolutionäre Flügel nimmt die Anstöße von Paris auf, kann sich damit in der Stadt aber nicht durchsetzen, weil die Mitglieder des gemäßigten Flügels zu den Sektionen abwandern, welche ihrerseits die Anordnungen des Konvents zurückweisen. Zusätzlich gestärkt durch den Anschluß von Großbürgern und deren plebejischer Klientel (Lastenträger und Hafenarbeiter) und mitgetragen von einem starken lokalpatriotischen Unabhängigkeitsdrang, wehren sich die Sektionen im März und April gegen die Zentralisierungs- und Bevormundungsversuche der restlichen Jakobiner. Die Aufstellung schwarzer Listen und den Ausschluß mißliebiger Mitglieder verweigern sie ebenso wie die Schließung ihres Volksgerichts und die Mitwirkung bei der Rekrutierung einer departementalen Revolutionstruppe. Ihr Einfluß auf die städtischen Amtsträger wird so bestimmend, daß die Konventskommissare Bayle und Boisset in Montélimar Zuflucht suchen und die Sektionen am 2. Mai zu Revolutionsfeinden erklären: »sie tun so, als hätten sie die nationale Souveränität gepachtet [...]. Aus der von ihnen benutzten Formel *die souveränen Sektionen von Marseille* spricht eine unverhüllte Tendenz zum Föderalismus.«[34]

Auf diesen Exkommunizierungsakt hin solidarisieren sich alle städtischen Gremien von Marseille mit den Sektionen. Diese werden nun für drei Monate die beherrschende Kraft des Departements Bouches-du-Rhône. Im Sog der innenpolitischen Polarisierung, die sich von Paris auf das ganze Land überträgt, geraten sie nach und nach in eine »girondistische« Position. Sie lösen das Zentralkomitee der Jakobiner auf und bilden aus drei Delegierten jeder Sektion ein 96köpfiges *Comité général* als neues Leitungsgremium der Stadt. Durch das ihnen unterstehende *Tribunal populaire* lassen sie angeklagte Anhänger freisprechen und einige militante Jakobiner, wie die Brüder Savon, als »Anarchisten« zum Tode verurteilen. Sie intensivieren die Zensur und die Postkontrollen, um das jakobinische Informationssystem zu zerstören, lassen den Rest führender Jakobiner verhaften und den Jakobinerklub selbst am 3. Juni 1793 schließen. Sie entsenden ihre Aktivisten in das Departement, damit sie überall die Jakobinerklubs auflösen. Angesichts des revolutionären Zentralismus der *Montagnards* in Paris vertreten sie »das Widerstandsrecht gegen Unterdrückung«. Sie verweigern den neuen Gesetzen des Konvents einschließlich der jakobinischen Verfassung die Anerkennung, stellen jede positive Erwähnung des Konvents unter Strafe und träumen mit dem Marseiller Abgeordneten Barbaroux von einer humanen Revolution in einer »Republik des Midi«. In einer großangelegten publizistischen Propaganda-Offensive stellen sie sich als Hüter der republikanischen Ordnung dar und denunzieren die Jakobiner einschließlich Marat und Robespierre als Diktatoren und »Blutmenschen«, welche die Söhne von Marseille vor das Pariser Revolutionstribunal zerren wollen. Zu ihrer Verteidigung bilden sie ein fünfköpfiges *Comité de sécurité générale* und stellen eine eigene *Armée départementale* auf.

So viel politischen Eigensinn an der Südflanke der belagerten Republik kann der Konvent um so weniger dulden, als Toulon dem Beispiel von Marseille folgt und im Juli ebenfalls seine Unabhängigkeit von Paris erklärt. Am 25. August läßt der Konvent die Revolutionstruppen unter General Carteaux nach Marseille einrücken und entsendet zugleich die kompromißlosen Montagnards Nicolas Barras und Louis-Stanislas Fréron in die rebellische Stadt. Gestützt auf wieder aufgetauchte Jakobiner, die kurz zuvor mit dem Ruf »Wir sind die Sansculotten« einen vergeblichen Versuch zur Befreiung ihrer Gefangenen gemacht hatten, befreien die beiden Konventsbevollmächtigten die »Patrioten« aus den Gefängnissen, gründen den Jakobinerklub neu, belegen die Bevölkerung mit einer Sondersteuer und rekrutieren Soldaten für die Belagerung von Toulon, wohin sich führende Sektionäre abgesetzt haben. Sie tauschen das Führungspersonal der Stadt und des Departements aus, errichten ein departementales *Tribunal criminel révolutionnaire* und setzen mit ihrem Erlaß vom 12. Oktober »die *Terreur* auf die Tagesordnung« (*la terreur est à l'ordre du jour*). Vom Herbst 1794 bis Mitte April 1794, als das Pariser Revolutionsgericht alle politischen Strafsachen an sich zieht, müssen sich vor dem *Tribunal criminel révolutionnaire* an die 1000 Angeklagte verantworten. Diese Prozesse sind nicht zuletzt eine Abrechnung der standhaften Jakobiner mit ihren Verfolgern: Denunziation von Jakobinern ist der häufigste Anklagepunkt; einem gewissen Claude Jogaud wird zur Last gelegt, bei der Schließung des Klubs »in den Straßen aristokratische Grimassen gezogen« und die Zuschauer zum Klatschen aufgefordert zu haben;[35] und tatsächlich sind unter den 282 zum Tode Verurteilten besonders viele führende Sektionäre (147) und alle 15 Mitglieder des *Tribunal populaire*. Gleichwohl kommt es in Marseille nicht zur »Großen Terreur« wie in Paris, sondern die Richter bemühen sich um streng gesetzliche Verfahren; sie sprechen 461 Angeklagte frei. Jedenfalls übertrifft die so durchgesetzte »Regeneration« Marseilles durch die *Terreur* die vorausgegangene Diktatur der Sektionsdemokratie an Härte und Wirksamkeit.

Die Revolutionsregierung hinterläßt in den großbürgerlichen Kreisen, aber auch in den Sektionen von Marseille einen tiefen Terroristenhaß, der sich nach dem Sturz Robespierres unverhüllt äußert. Daß die gemäßigten Konventsbevollmächtigten Auguis und Serres die noch gefangenen »Föderalisten« freilassen, statt ihrer die Jakobiner verhaften und ihren Klub schließen (21. September 1794), reicht offenbar nicht aus, um das gegenrevolutionäre Rachebedürfnis zu befriedigen; denn Anfang 1795 formieren sich die Mordkommandos der *Compagnies du Soleil*, um Jagd auf versprengte »Terroristen« zu machen, und am 5. Juni 1795 werden gefangene Jakobiner Opfer eines Massakers – ausgerechnet in der Festung Saint-Jean, einer jener *Bastilles marseillaises* von 1790. Ein weiteres symbolisches Ereignis – die Hinrichtung des Revolutionsmissionars und »unverbesserlichen« Jakobiners François Isoard am 25. September 1795 in Aix – bestätigt, daß die in Marseille so frühzeitige und populäre revolutionäre Aufbruchbewegung einer tendenziell demokratischen Kultur an ihr vorläufiges Ende gelangt ist.

Einige Grundzüge der Französischen Revolution in der Provinz

Die Großstadt Marseille, die Mittelstadt Tulle, die Kleinstädte und Marktflecken des Departements Seine-et-Marne – diese Beispiele illustrieren gerade in ihrer Unterschiedlichkeit die große Variationsbreite der Revolution in der französischen Provinz: einerseits in Marseille eine patriotische Militanz und eine Sansculottenbewegung, die teilweise entsprechende Erscheinungen in Paris vorwegnehmen; andererseits im Departement Seine-et-Marne eine große Zurückhaltung gegenüber den Anforderungen der radikalen Revolution und ein bemerkenswertes Geschick, sich dem politischen Zentralismus von Paris zu entziehen; zwischen diesen Extremen in Tulle eine wenig spektakuläre, aber engagierte Beteiligung an den Hauptphasen der Revolution. Die angeführten Beispiele zeigen, wie umfassend und tiefgreifend die Revolution die Provinz erfaßt und politisiert hat. Darüber hinaus erlauben sie einige allgemeine Beobachtungen zum Charakter der Revolution in der *France profonde*:

Zum ersten hat sich erwiesen, daß die Revolution in den Städten und die Revolution auf dem Lande durchaus nicht völlig getrennt nebeneinander abliefen. Das ist für die Provence mit ihren verstädterten Dörfern offensichtlich, es gilt aber ebenso für eine ländlichere Region wie das Departement Corrèze. Wenn die aufständischen Bauern sich hier und anderswo revolutionäre Schlagworte und Forderungen zu eigen machten, so geschah das vor dem Hintergrund vielfältiger Kontakte mit den Städten: Verbreitung politischer Druckschriften auf dem Lande, Teilnahme von Bauern an den Sitzungen städtischer Revolutionsklubs, Klubgründungen in einer Reihe von Dörfern, Missionsreisen von Revolutionsaktivisten, gelegentliche Hilfe von Bauern für bedrängte Revolutionäre in der Stadt – all diese politischen Stadt-Land-Beziehungen weisen darauf hin, daß die Bauernrevolution nicht so »autonom« war, wie meist behauptet wird. Zwar verfolgten die aufständischen Bauern primär eigene – vor allem antifeudale und kommunitäre – Ziele, doch verbanden sie damit das gleiche freiheitliche Grundanliegen wie die Städte. Hier wie dort lief die Revolution auf eine fundamentale Politisierung der breiten Bevölkerung hinaus.

Zum zweiten bestätigt sich im städtischen Bereich, was wir oben für das platte Land festgestellt haben: daß die Übergänge zwischen pro- und gegenrevolutionären Bewegungen fließend waren. Begeistert wirkten die Bauern der Bretagne 1789 bei der Aufhebung der ökonomischen und sozialen Privilegien mit; erst durch den Antiklerikalismus, das Elitedenken und den Zentralismus der radikalen Pariser Revolutionäre wurden sie zu Gegenrevolutionären. Die Sansculotten von Marseille waren zunächst die treibende Kraft einer egalitären Volksbewegung und wurden erst allmählich zu *fédéralistes*, als der Konvent ihre Selbstbestimmung und Entscheidungsfreiheit einengte. Wie die bäuerliche »Konterrevolution« bekämpft auch der städtische »Föderalismus«, wie das von den *Montagnards* propagierte Schlagwort lautete, letztlich nicht die Revolution an sich, sondern nur ihre »totalitären« Auswüchse. Eng damit zusammen hängt die Konkurrenz zwischen dem zentralistisch orientierten Jakobinismus und dem lokal-kommunitär ausgerichteten Sansculottismus – ein Gegensatz, der sich nicht auf Paris beschränkt, sondern strukturell in der städtischen Revolution angelegt ist, wie der Fall Marseille zeigt.

Zum dritten zeigen unsere Beispiele, daß es ungeachtet lokaler und regionaler Besonderheiten hauptsächlich drei Themen- und Problembereiche waren, an denen sich die revolutionären Auseinandersetzungen und Entwicklungen vor Ort nacheinander entzündeten: die Kirchenfrage (vom Eid auf die Zivilverfassung des Klerus bis zur Dechristianisierungskampagne), die Ablösung der Monarchie durch die Republik und das Problem der *Terreur*. Nie zuvor waren in Frankreich politische Kernfragen landesweit so gleichartig und so leidenschaftlich diskutiert worden, nie zuvor erlangten sie so große lokalpolitische Bedeutung wie in den ersten fünf Jahren der Revolution. Insbesondere in der Frage der *Terreur* entwickelten sich unversöhnliche Gegensätze zwischen Tätern und Opfern der Revolution, zwischen laizistischen Republikanern und katholischen Royalisten. Erstmals wurden Kernfragen der französischen Politik zum Gegenstand einer Grundsatzdebatte auf nationaler Ebene.

Zum vierten ist deutlich geworden, daß die Revolution in der Provinz neben der politisch-sozialen auch eine kulturelle Dimension von großem Facettenreichtum umfaßte. Hierzu gehört die Versprachlichung der weltanschaulichen und gesellschaftlichen Gegensätze in einem emphatischen Vokabular, mit dem sich Propagatoren und Gegner der Revolution regelrechte Wortgefechte lieferten. Dabei wandelte sich beispielsweise der traditionell auf den Adel festgelegte Terminus *aristocratie* zu einem von jeder sozialen Zugehörigkeit abgelösten Gesinnungs- und Kampfbegriff, wie die in der Kleinstadt Salon angetroffene Neuprägung *aristocratie bourgeoise* zeigt. Die neue Sprache der Revolution verbreitete sich in der Provinz nicht nur durch mündliche, sondern auch durch publizistische Diskussionen: Die große kommunikative Leistung von Zeitungen und Pamphleten, Flugblättern und Plakaten ist eine weitere wichtige Facette der Kulturrevolution. Hinzu kommt die wichtige Rolle, die revolutionäre Symbole und Symbolhandlungen wie die Erstürmung der »Marseiller Bastillen«, die Vernichtung der »Wahrzeichen der Feudalität« in der Corrèze oder die Feiern für die »revolutionären Märtyrer« im Departement Seine-et-Marne spielten. Überhaupt äußerte sich die kulturelle Seite der Revolution ganz besonders in patriotischen Festen, zumal in der volksnahen und radikalen Revolutionsphase von 1793/94; verband sich in den Revolutionsfeiern doch die Demonstration von Einigkeit und Stärke mit einem gewissen Werbeeffekt, das Bekenntnis zu den neuen politischen Grundwerten und Symbolen mit dem Bedürfnis nach Geselligkeit. In viele dieser kulturellen Äußerungen spielten außerdem religiöse Momente hinein; ob die Revolutionäre nun politische »Katechismen« verfaßten und verbreiteten, ob sie Pilgerzüge zur politischen Missionierung organisierten oder ob sie katholische Gotteshäuser zu »Vernunfttempeln« umfunktionierten – immer wieder suchten sie altvertraute religiöse Formen, Rituale und sakrale Orte mit neuen Inhalten zu füllen, um ihre Freiheitsbotschaft wirksamer zu popularisieren und ihr zugleich eine Aura von Heiligkeit zu verleihen.

Die patriotischen Klubs und Volksgesellschaften erweisen sich als Hauptträger dieser politischen Kultur sowie der Revolution in der Provinz überhaupt. Mehr als die Wahlbeamten der Departements und Distrikte, die sich schnell zu einer administrativen Funktionselite formierten, mehr auch als die wechselnden Bevollmächtigten des Konvents, die oft ohne genauere Kenntnis von Land und Leuten in für sie fremden Regionen operierten, mobilisierten und aktivierten die Revolutionsklubs maßgebliche Teile der Bevölkerung vor Ort, machten sie mit der politischen Zeitdiskussion, den Inhalten und Zielen der Revolution vertraut, motivierten sie zur Übernahme von Ämtern und Sonderaufträgen. Gerade in der Provinz waren die Klubs die entscheidendste treibende Kraft des Revolutionsprozesses. Als die gemäßigten Republikaner sich nach dem Sturz Robespierres bemühten, diesen Prozeß zu stoppen, war es daher eines ihrer ersten und wichtigsten Anliegen, die politischen Klubs landesweit zu verbieten und darüber hinaus die Möglichkeit ihrer Neugründung für immer auszuschließen. Die von ihnen am 22. August 1795 verabschiedete Direktorialverfassung verwandte fünf Artikel darauf, alle außerparlamentarischen politischen Vereinigungen zu unterbinden. So untersagt Artikel 361 eine demokratische Namensgebung: »keine Versammlung von Bürgern kann sich Volksgesellschaft nennen«. Und Artikel 362 nimmt mit sicherem Blick für das Wesentliche die Mittel der Netzbildung und der internen Disziplinierung aufs Korn: »keine partikulare Vereinigung, die sich mit politischen Fragen beschäftigt, kann mit einer anderen korrespondieren, sich mit ihr affilieren, öffentliche Sitzungen abhalten [...], sich das Recht zu Ausschlüssen anmaßen oder ihre Mitglieder ein äußeres Zeichen ihrer Vereinigung tragen lassen«. Ein Gesetz vom 25. Juli 1797 geht noch weiter und verbietet »jede partikulare Gesellschaft, die sich mit politischen Fragen beschäftigt«. Soweit sie auf einer demokratischen Volksbewegung beruhte, wurde die Revolution in der Provinz mit der Schließung der Jakobinerklubs und der Volksgesellschaften praktisch beendet.

Die Französische Revolution als politischer Prozeß

»Freiheitspilger«, die wie der Berliner Kapellmeister Johann Friedrich Reichardt und sein ihn begleitender Stiefsohn, der Jurastudent Wilhelm Hensler, durch Frankreich reisten, um die Revolution vor Ort in Augenschein zu nehmen, konnten in der Provinz fast alle Grundelemente der Französischen Revolution antreffen: so beispielsweise am Mittelrhein den äußeren Krieg, im Mâconnais den Brand der Schlösser, in Lyon die föderalistische Revolte, in Marseille eine politisierte Sansculotterie, in Tulle einen Jakobinerklub, in der Corrèze antifeudale Bauernaufstände, in der Vendée eine bäuerliche Gegenrevolution und im Departement Seine-et-Marne die revolutionäre *Terreur* eines Konventsbevollmächtigten und seiner Delegierten. Um aber zu verstehen, wie all diese unterschiedlichen, ja teilweise gegenläufigen Phänomene zusammenhingen, mußten sie die Revolution schließlich in ihrem Zentrum aufsuchen – in der Kulturmetropole Paris, mit über 600 000 Einwohnern damals die volkreichste Stadt Europas. Hier vor allem entfaltete die Revolution über Jahre hinweg jene eigengesetzliche Dynamik, die den Zeitgenossen so neuartig erschien und sie zur Modellrevolution der Neuzeit machte.

Daß sie ein zusammenhängender demokratischer Emanzipations- und Politisierungsprozeß sei, den die aufständische Volksmenge in einer Reihe revolutionärer Kampftage (*journées révolutionnaires*) Stufe um Stufe radikalisierte, brachte unter anderen der Publizist François-Xavier Pagès in seiner »Histoire secrète de la révolution française« (1796), einer der frühesten und einflußreichsten Revolutionsgeschichten, zum Ausdruck: »Unsre Revoluzion ist, ohne einen Anführer, der sie vorbereitet oder geleitet hätte, vor sich gegangen; die Gewalt der Umstände allein hat sie bewegt. Das staunenswürdigste, was beinahe den Glauben erzeugen könnte, daß etwas Übernatürliches auf diese große Revoluzion eingewirkt habe, ist, daß alle Ereignisse, alle Komplotte, alle Verräthereien, alles endlich, was gerade am meisten sie hätte stürzen [...] sollen, im Gegentheile zu ihrer Beschleunigung und Befestigung beigetragen hat. Man hat gesagt, die Revoluzion wäre ein fortwährendes Wunder.«[36] Da jede neue Proklamation des Endes der Revolution sich als voreilig erwies, kam Pagès im Verlauf seiner Darstellung immer mehr zu der Auffassung, die Französische Revolution als Gesamtprozeß bestehe aus einer langen Kette momentaner revolutionärer Impulse. Und er zählte sie alle auf: »Die Revoluzion vom 14. Julius; die Revoluzion vom 5 und 6ten Oktober; die Revoluzion zur Zeit der Annahme der Konstituzion von 1791; die Revoluzion vom 10. August 1792; die Revoluzion zur Zeit der Abschaffung der Königswürde und der Erklärung der Republik; die Revoluzion zur Zeit der Hinrichtung des Königs; die Revoluzion des 31. Mais, des Zeitpunkts vom Anfange des Dezemvirats; die Revoluzion zur Zeit der Annahme der Konstituzion von 1793; die Revoluzion des 9. Thermidors, des Zeitpunkts des Falles der Dezemvirn; die Revoluzion zur Zeit der Konstituzion von 1795; endlich die Revoluzion vom 30. Vendemiäre.«[37]

An diese Gliederung kann die folgende Skizze anknüpfen. Als Hauptimpulse des revolutionären Prozesses werden dabei freilich mehr die vom »Volk« getragenen *journées* als die Verfassungsereignisse verstanden; denn was die Revolution – neben sozio-ökonomischen, außenpolitischen und persönlichen Faktoren – bis 1794 recht eigentlich vorantrieb, war eine neuartige, mehr und mehr am »Volk« (*peuple*) orientierte politische Kultur. Sie bestand zum einen in der demokratischen Mobilisierung der kleinen Leute, zum anderen im ständigen öffentlichen Wettbewerb der politischen Führungskräfte und Gruppierungen um die symbolische Schlüsselposition des wahren, nationalen Volkssprechers: Jeweils diejenige Gruppe gewann die Macht, die ihre Gegner am wirkungsvollsten als »Volksverräter« entlarvte und sich selbst am überzeugendsten als Treuhänder des »Volkes« darstellte. Daher die ständige Demokratisierung und Radikalisierung der revolutionären Programme, daher die oft so entscheidende Rolle von Komplottverdacht und Angst vor Verrat, daher die für den Revolutionsverlauf so kennzeichnende Folge parteiartiger Abspaltungen, Verdächtigungen und Säuberungen. Umgekehrt sollte die Revolution in dem Maße an Schwung verlieren und zum »Krebsgang« (Walter Markov) übergehen, wie die Berufung auf das »Volk« zur taktischen rhetorischen Formel verkam und die demokratischen Regeln hinter Machtinteressen zurückgestellt wurden.

Spätabsolutistische Reformversuche und Vorrevolution von Juni 1787 bis Mai 1789

Wie das französische Wort *révolution* mit den 1770er Jahren zunehmend eine reformerische Bedeutung gewinnt, so beginnt auch die Französische Revolution selbst als Reformbewegung. Die Situation ist geprägt durch ein anhaltendes Bevölkerungswachstum, knapper werdende Erwerbsstellen, eine Krise des Textilgewerbes, steigende Preise bei stagnierenden Löhnen, schließlich durch eine wachsende Staatsverschuldung und einen innenpolitischen Dauerkonflikt der Krone mit den Volksvertretungsansprüchen der Obergerichte (*parlements*). Vor diesem Hintergrund und nach dem Scheitern Turgots unternehmen die Finanz- und Premierminister Necker, Calonne und Loménie de Brienne ab 1778 nacheinander verzweifelte Anstrengungen, den absolutistischen Staat aus seiner Systemkrise zu befreien. Ungewollt entfacht der Staat des Ancien régime dabei selbst die politische Debatte, die ihn zusehends in Frage stellt, und mobilisiert jenes neue Führungspersonal, das ihn später beseitigen wird. Insbesondere die 1787 in zwei Dritteln des Königreichs eingeführten Provinzialversammlungen und ihre Untergliederungen, die Steuererhöhungen versüßen sollen, zugleich aber den Beginn einer Konstitutionalisierung und regionalen Selbstverwaltung markieren, erproben in gewisser Weise bereits die Verfassungsrevolution von 1789: Sie verdoppeln die Vertretung des Dritten Standes, beraten gemeinsam ohne ständische Trennung, sammeln in einer Fragebogenerhebung »Beschwerdehefte« der Gemeinden und legen in gedruckten Protokollbänden öffentlich Rechenschaft über ihre Arbeit ab. Die periodischen Beratungen dieser hierarchisierten Selbstverwaltungskörperschaften auf Provinz-, Distrikt- und Gemeindeebene sowie ihre dauernden geschäftsführenden Ausschüsse (*Commissions intermédiaires*) wecken landesweit Reformhoffnungen und führen viele zuvor eher politikferne Männer in die »parlamentarische« Praxis ein, unter ihnen auch Emmanuel-Joseph Sieyès, Mitglied der Provinzialversammlung des Orléanais und ihrer *Commission intermédiaire*. Das alles fördert, wie der Staatsanwalt und Pariser Polizeikommissar Jean-François Sobry widerwillig bemerkt, die Entwicklung einer oppositionellen Öffentlichkeit: »Tatsächlich wünscht die überwältigende Mehrheit der Nation überhaupt keine Provinzialversammlungen. [...] Es sind vor allem die Stammgäste der Cafés und Klubs, welche dieses System überall nur deswegen anpreisen, weil es darauf hinausläuft, alles schlecht zu machen, alles umzustürzen, und weil immerhin ein Anschein von Gemeinwohl dafür spricht. [...] Alles ist in Unordnung, überall kursieren Gerüchte. Man versammelt sich und erregt sich in Diskussionen; nie zuvor hat man im Staat eine ähnliche Gärung erlebt.«[38] Tatsächlich belebt die Einrichtung der *Assemblées provinciales* in den noch von Landständen mitverwalteten französischen Randprovinzen altständische Bewegungen und führt beispielsweise in der Dauphiné zur Ständeversammlung auf dem Schloß Vizille bei Grenoble (Juli 1788), wo an die 500 Deputierte sowohl für die Privilegien ihrer Provinz wie für »die Rechte der Nation« eintreten.

Der so erzeugte Politisierungsschub wird noch verstärkt durch die beiden Notabelnversammlungen, die Ludwig XVI. 1787 und 1788 nach Versailles einberuft; anstatt von einflußreichen Persönlichkeiten des Königreiches – wie vorgesehen – Unterstützung für eine Gerichtsreform und den Abbau der Steuerprivilegien zu erhalten, müssen die Vertreter der Krone sich heftige Vorwürfe gegen den »ministeriellen Despotismus« anhören. Zu den antiabsolutistischen Wortführern zählt der Marquis de La Fayette, Held des Freiheitskrieges der englischen Kolonien in Nordamerika und Mitglied der *Assemblée provinciale* der Auvergne. Als all diese verspäteten, halbherzigen und von Ludwig XVI. ohne wirklichen Nachdruck unternommenen Reformversuche weder das Anwachsen des Defizits noch den Ansehensschwund des Staates stoppen können, kündigt Premierminister Loménie de Brienne am 5. Juli

1788 die Einberufung von Generalständen an und gibt zugleich die öffentliche Diskussion über ihre Form und ihre Ziele frei; denn seit 1614 waren keine *États généraux* mehr zusammengetreten.

Die wachsende Flut von Reformbroschüren und politischen Pamphleten schwillt nun erst recht an. In einem publizistischen »Ständekampf« berufen sich die Sprecher der Privilegierten, das heißt vor allem der Prälaten, des Schwert- und Amtsadels, auf angestammte, historische Vorrechte und »Freiheiten«, während die »Patrioten«, wie sich die Wortführer der Nichtprivilegierten jetzt zu nennen beginnen, naturrechtlich argumentieren und dem korporativen Gesellschaftsverständnis der Traditionalisten das vom Volk her definierte Konzept der souveränen, von einem einzigen Gemeinwillen beseelten »Nation« entgegensetzen. Sieyès formuliert besonders wirksam, was hundert gleichartige Broschüren wiederholen, wenn er Ende 1788 in seiner Streitschrift »Qu'est-ce que le Tiers État?« kategorisch feststellt: »Eine Nation ist von jeder Form unabhängig; und auf welche Art und Weise sie auch will, die bloße Äußerung ihres Willens genügt, um [...] alles positive Recht außer Kraft zu setzen.«[39] Die Begeisterung für die Einebnung der alten korporativen und ständischen Schranken zugunsten einer einheitlichen »Nation« wird so meinungsbildend, daß die *parlements* in der Öffentlichkeit die Anerkennung als Repräsentanten des Volkes verlieren, sobald sie sich am 23. September 1788 für die alte Form der *États généraux* erklären, nach der Klerus und Adel zusammen doppelt so stark vertreten sind wie der Dritte Stand, der größte Teil der Nation. Dieser patriotischen Grundströmung trägt der neue Premierminister Jacques Necker Rechnung, indem er am 27. Dezember 1788 beim Kronrat durchsetzt, die Vertretung des Dritten Stands auf den bevorstehenden *États généraux* zu verdoppeln. Die grundsätzliche Bedeutung dieses ersten Zugeständnisses ist den Reformern und ihren Gegnern sofort klar. Auf die besorgte Warnung der Brüder Ludwigs XVI. vor einer »Revolution« (»Sire, eine Revolution in den Grundsätzen der Regierung bereitet sich vor, sie wird von der Gärung der Geister herbeigeführt.«[40]) erwidert ein ganzer Chor patriotischer Publizisten: »Um so besser! Ist es nicht diese Revolution, oder besser diese heilsame Regeneration, welche die wahren Patrioten aller Stände und aller Staaten vorbereiten, fordern und sehnlich erwarten?«[41]

Die innenpolitische Reformdiskussion intensiviert sich bei den Wahlen zu den Generalständen in den ersten Monaten des Jahres 1789; denn die erste Aufgabe der etwa 60 000 Wählerversammlungen im ganzen Land besteht darin, ihre Gravamina zu sammeln und in Beschwerdeheften (*cahiers de doléances*) niederzulegen: Dokumente einer umfassenden »Volksbefragung«, die bäuerliche Unzufriedenheit über die Feudalität, bürgerliche Forderungen nach Rechtsgleichheit und liberale Neigungen beim Adel anzeigen, aber insgesamt kein Konzept eines politischen Systemwechsels enthalten. Bemerkenswerte radikale Ausnahmen wie die Präambel des erst am 1. Mai 1789 verabschiedeten General-*Cahier* des Hauptwahlkreises Paris-Land gibt es gleichwohl: »Eine Revolution bereitet sich vor. Die mächtigste Nation Europas wird sich selbst eine politische Verfassung geben, das heißt eine unerschütterliche Existenzgrundlage, die Machtmißbrauch unmöglich macht. Dieses große Werk ist unschwer durchzuführen, wenn nur die Willen geeint und die Beratungen frei sind.«[42] Prophetische Worte.

Doch zunächst sind so hochgespannte Erwartungen utopisch, weil die gewählten Deputierten, denen die *cahiers* als bindende Instruktionen mitgegeben werden, nur zur untertänigen Beratung des Königs in einer Notlage des Staates geladen sind. Da das Wahlreglement vom Januar 1789 fast allen Franzosen ab 25 Jahren, die Steuern zahlen und einen festen Wohnsitz haben, das Wahlrecht gewährt, bereitet sich zwar eine breite Mobilisierung politisch engagierter Bürger vor; sie kann sich aber nicht voll entfalten, weil ein Stufensystem von Wählerversammlungen die Deputierten und die Beschwerden ihrer *cahiers* mehrfach aussiebt. Das gilt insbesondere für den Dritten Stand. Brauchen die Wahlberechtigten des Erbadels nur einmal in den zuständigen Hauptwahlkreisen (*bailliages*) zusammenzukommen, um ihre Vertreter direkt zu den *États généraux* zu entsenden, so sind den Generalversammlungen des Klerus bereits Wahlversammlungen der einzelnen geistlichen Körperschaften (Pfarrer, Kapitel, Orden) vorgeschaltet; der Dritte Stand aber muß dreimal Wahlmänner bestellen, bevor diese aus ihrer Mitte die Abgeordneten für die Generalstände wählen können:

zunächst auf lokaler Ebene (bei Städten zuvor getrennte Versammlungen der Zünfte und der Bürger), dann auf Bezirksebene (bei den bäuerlichen Deputierten nochmals abgestuft in Eröffnungs- und Hauptversammlung) und erst anschließend auf der Ebene des *bailliage*. Das Ergebnis sind elitäre Abgeordnete des Dritten Standes: zahlreiche Anwälte, Notare und Rentenbürger, aber kein Handwerker und nur ein einziger Bauer, Michel Gérard aus dem Dorf Saint-Martin bei Rennes, der sogleich Aufsehen erregt, weil er sich weigert, zur Eröffnung der Generalstände am 2. Mai 1789 den teuren schwarzen Festanzug zu kaufen, der für die Abgeordneten des *Tiers État* eigentlich vorgeschrieben ist.

Obwohl die Generalstände zum prunkvollen Versailler Hof einberufen sind und obwohl die feierliche Eröffnungsprozession ihrer 1165 Abgeordneten das Schauspiel einer intakten Ständegesellschaft inszeniert, erweisen sie sich nicht als willfähriges Zustimmungsinstrument der Regierung. Von den geschäftsmäßigen Eröffnungsreden des Königs und Neckers in ihren Reformerwartungen enttäuscht, verweigern insbesondere die Abgeordneten des Dritten Standes, die sich nun nach dem Vorbild des englischen Unterhauses *Les Communes* nennen, jede Beratung über höhere Steuern, bevor sie nicht mehr Rechte erhalten haben. Um ihre zahlenmäßige Überlegenheit von 578 gegenüber 291 Abgeordneten der Geistlichkeit und 270 Abgeordneten des Adels zur Geltung zu bringen, fordern sie entgegen der altständischen Tradition gemeinsame Beratung der drei Stände und Abstimmung nach Köpfen. Ihre Taktik, als größter und für die Nation repräsentativster Teil der Ständevertretung in ihrem Versammlungsraum hartnäckig auf den Anschluß der beiden anderen Ständekammern zu warten, wird von einem Kreis besonders aktiver Abgeordneter um Sieyès und Mirabeau geplant, die sich außerhalb der Versammlung in der *Société des Trentes* und dem *Comité breton* besprechen. Die Abwehrfront der geistlichen Abgeordneten, bei denen die einfachen Pfarrer die Bischöfe dreifach majorisieren, bröckelt als erste: Am 12. Juni beginnen die Abgeordneten des Klerus, zu denen des Dritten Standes überzulaufen.

Von der Verfassungs- zur Volksrevolution (im Juni und Juli 1789)

Derart verstärkt, erklären sich die *Communes* – in Erwartung weiterer Überläufer – am 17. Juni 1789 zur »Nationalversammlung«. Ausgehend von der These, »wenigstens 96 Prozent der Nation zu repräsentieren«, beanspruchen sie das Recht, auch für sich allein »den Gemeinwillen der Nation« zu artikulieren: »Die Versammlung [der *Communes*] erklärt daher, daß die anwesenden Abgeordneten das gemeinsame Werk der nationalen Erneuerung unverzüglich beginnen können und ohne Unterbrechung vollenden müssen. Unter den gegenwärtigen Umständen ist *Assemblée nationale* der einzig angemessene Name für die Versammlung; denn allein ihre Mitglieder sind als rechtmäßige Vertreter beglaubigt und öffentlich anerkannt, sie sind fast von der gesamten Nation direkt entsandt worden, und weil die Repräsentation eins und unteilbar ist, hat keiner der Abgeordneten [...] das Recht, seine Vertretungsfunktion getrennt von dieser Versammlung auszuüben.«[43] Damit sind die Abgeordneten von Interessenvertretern einzelner Korporationen und Stände zu Repräsentanten Frankreichs geworden und können ihre *cahiers de doléances* ad acta legen. Und nachdem diese selbsternannte Nationalversammlung drei Tage darauf im Ballhausschwur gelobt hat, nicht eher auseinanderzugehen, bis Frankreich eine Verfassung habe, sanktioniert Ludwig XVI. die Eigenmächtigkeit der *Communes*, indem er den adeligen Ständevertretern und den restlichen Abgeordneten des Klerus am 27. Juni befiehlt, sich der *Assemblée nationale* anzuschließen.

Ob Ludwig XVI., der noch in der *Session royale* vom 23. Juni vor den versammelten Ständen die Beschlüsse des *Tiers État* für nichtig, seine königlichen Prärogativen für unverzichtbar und die Versammlung – ohne Erfolg – für aufgelöst erklärt hat, sich der Tragweite seiner Entscheidung bewußt ist? Jedenfalls stimmt er einer Verfassungsrevolution zu, die sein dynastisches Erbrecht mit einem gewählten Parlament konfrontiert und ihm als dem traditionellen Repräsentanten des Gemeinwohls mit der *Assemblée nationale constituante* (Erklärung vom 9. Juli 1789) einen konkurrierenden Souverän zur Seite stellt. Diese »Revolution der Juristen« ist in gewisser Weise eine gemäßigte, elitäre Revolution, und zwar in doppelter Hinsicht: einerseits gegenüber dem König, der – wenn auch mit eingeschränkter Macht – in einer konstitutionellen Monarchie weiter amtieren soll; andererseits gegenüber der breiten Bevölkerung, die nicht direkt und entsprechend ihren konkreten Interessen gehört, sondern durch eine Elite unabhängiger Abgeordneter vertreten wird. Zwar macht Mirabeau den *Communes* mit untrüglichem Gespür für die kommende Entwicklung am 15. Juni 1789 den Vorschlag, sich »Représentants du Peuple français« zu nennen: »Repräsentanten des französischen Volkes! Welch ein Titel für Männer, die wie Sie das Volk lieben, die wie Sie empfinden, was alles sie dem Volk verdanken! [...] gerade weil der Name des Volkes in Frankreich nicht genug gilt, weil er getrübt und vom Rost der Vorurteile bedeckt ist, weil er bei uns eine Vorstellung weckt, die den Dünkel erschreckt und die Eitelkeit empört, weil er in den Salons der Aristokraten mit Geringschätzung ausgesprochen wird – gerade deshalb, meine Herren, meine ich, daß wir es uns zur Pflicht machen müssen, diesen Namen nicht nur zu reinigen, sondern auch zu adeln, ihn künftig Ministern zu Ehren zu bringen und bei jedermann liebenswert zu machen.«[44] Aber die Mehrheit entscheidet sich für die Selbstbezeichnung *Assemblée nationale*, und zwar nicht zuletzt deshalb, weil die Alternativbezeichnung sie zu sehr in die Nähe des »Pöbels« rücken würde. Gleichwohl hat Mirabeau, von den Pariser Marktfrauen liebevoll »Väterchen Mirabeau« betitelt, mit seiner Aufwertung des *peuple* als einer der ersten einen Schlüsselbegriff der weiteren revolutionären Rechtfertigung in die öffentliche Debatte eingeführt und damit eine Kraft angekündigt, welche die Revolution weiter vorantreiben und radikalisieren sollte.

Vier Wochen nachdem ihm die *Communes* die volle Anerkennung verweigert haben, betritt das Volk von Paris die Bühne der Revolution. Das kommt nicht von ungefähr. Die Vorbereitungen zu den Generalständen hatten auch in den Pariser Vorstädten (*faubourgs*) eine mobilisierende Wirkung. Bemerkungen über zu hohe Löhne, die der Papierfabrikant Jean-Baptiste Réveillon in der

Wählerversammlung des Distrikts Sainte-Marguerite gemacht hatte (22. April 1789), hatten unter den nicht wahlberechtigten, von steigenden Brotpreisen bedrängten Lohnempfängern des Faubourg Saint-Antoine lebhafte Wirtshausdiskussionen und wenige Tage darauf einen heftigen Aufstand ausgelöst (27./28. April). Angeführt von einem Trommler und angefeuert von dem Ruf »Allons, vive le Tiers État!«, den eine gewisse Marie-Jeanne Trumeau anstimmte, hatten 3000 mit Knüppeln bewaffnete Arbeiter eine Réveillon darstellende Strohpuppe verbrannt, sein Wohnhaus gestürmt und verwüstet. Die Repression durch königliche Truppen und die Justiz war hart gewesen: wenigstens 25 Tote, drei Hinrichtungen durch den Strang, fünf Verurteilungen zu lebenslanger Galeere, 26 Haftstrafen. Trotzdem war Paris nicht wieder zur Ruhe gekommen. Während die Stände in Versailles von Mai bis Anfang Juni 1789 zunächst fruchtlos verhandelten, versammelten sich im Garten des Palais-Royal, das als Besitz des Herzogs von Orléans dem unmittelbaren Zugriff der Polizei entzogen war, Nacht für Nacht Tausende von Menschen, um den von patriotischen Journalisten und Volksrednern vorgetragenen neuen Parolen über die Bedeutung des »Dritten Standes« und die Notwendigkeit einer »Verfassung« zuzuhören. Nun – mit der Erklärung der *Communes* zur Nationalversammlung – steigt die Spannung in der Hauptstadt weiter an. Es verstärken sich die Gerüchte, daß Ludwig XVI. diesem Akt nur unter Vorbehalt zugestimmt habe, daß eine unnachgiebige Hofpartei um seine Gemahlin Marie-Antoinette und den Grafen von Artois einen Staatsstreich vorbereite. Tatsächlich erhalten zahlreiche Regimenter der königlichen Truppen seit dem 22. Juni den Befehl, bei Versailles und in Paris Stellung zu beziehen; das Marsfeld am heutigen Eiffelturm gleicht bald einem Heerlager. Zwar werben die Patrioten systematisch um die Sympathie der Soldaten, indem sie auf dem Marsfeld Flugschriften und Zeitungen verteilen und am 30. Juni elf Gardesoldaten, die einen Schießbefehl auf das Volk verweigert hatten, mit Gewalt aus dem Abbaye-Gefängnis befreien; auch feiern und bewirten sie am 10. Juli im Palais-Royal 80 Artilleristen, die aus ihren Kasernen im Hôtel des Invalides ausgebrochen sind. Aber die Komplottfurcht, die eine anonyme Flugschrift aus der zweiten Julihälfte »bestätigt«, bleibt:

»Am Donnerstagabend [...] sollte Necker entlassen werden. In derselben Nacht sollten die Truppen nach Paris einrücken, die strategischen Punkte besetzen und dort Kanonen aufstellen. [...] Die Nationalversammlung sollte aufgelöst werden [...]. 47 Mitglieder der Nationalversammlung sollten verhaftet werden. Die Proskribierten waren drei Erzbischöfe, vier Pfarrer, 17 Adelige und 23 Mitglieder der Gemeinen. [...] Als im Kronrat jemand einzuwenden wagte, daß die königlichen Truppen möglicherweise den Befehl verweigern könnten, sagte einer der königlichen Räte wütend: Nun gut, dann versprecht ihnen eben die Plünderung von Paris, und sie werden gehorchen.«[45]

Da erreicht die Hofpartei am 11. Juli, daß Ludwig XVI. den populären Premierminister Necker, der die Verdoppelung der Abgeordneten des Dritten Standes durchgesetzt hatte, entläßt und statt seiner den konservativen Baron de Breteuil beruft. Für die breite Bevölkerung von Paris bedeutet das den Beginn des befürchteten Staatsstreichs. Ihre erste Reaktion ist Protest: Am 12. Juli trägt ein langer Demonstrationszug eine trauerumflorte Büste Neckers über die Boulevards und erzwingt die Schließung der Theater; in den Gärten der Tuilerien stößt der Zug mit einer vom Prinzen Lambesc befehligten Kavallerieeinheit zusammen und muß sich auflösen. Die zweite Reaktion sind Volksaufstände in der Nacht vom 12. auf den 13. Juli: Während eine erregte Menschenmenge die Häftlinge aus den Gefängnissen Conciergerie und Laforce befreit, verbrennen andere Aufständische die erst kürzlich fertiggestellten Zollhäuser am Stadtrand, welche die verhaßten Einfuhrzölle auf Wein erheben; außerdem erbeuten die Aufständischen im Kloster der Lazaristen am Nordrand von Paris große Mengen Mehl und Getreide. Die dritte Reaktion besteht in der fieberhaften Suche nach Waffen: Um sich auf den befürchteten Angriff der Armee vorzubereiten, plündern die kleinen Leute die Läden von Büchsenmachern und Sattlern und lassen in den Waffenschmieden die ersten Piken anfertigen. Um diese ungeregelte Volksbewaffnung einzudämmen, bestellen die Wahlmänner der Pariser Abordnung für die Generalstände aus ihrer Mitte am 13. Juli eine provisorische Stadtregierung (*Comité permanent*), die ihrerseits sofort eine Bürgermiliz von 13000 Mann (*Garde nationale*) bildet. Doch die Selbstbewaffnung des Volkes ist nicht mehr aufzuhalten. Während die königlichen Truppen sich zurückziehen, dringen am Morgen des 14. Juli etwa 7000 Aufständische aus den klein- und unterbürgerlichen Schichten in die Invalidenkaserne am Marsfeld ein, bewaffnen sich mit Gewehren und einigen Kanonen und ziehen mit dem Ruf »à la Bastille« zu dem berüchtigten Staatsgefängnis im Faubourg Saint-Antoine weiter, wo sie Schießpulver vermuten. Als der Bastillegouverneur de Launay zwar mit ihnen verhandelt, aber zugleich einen Hinterhalt zu legen scheint, gehen sie – unterstützt von Bürgern und 70 zu ihnen übergelaufenen Gardesoldaten – zur Belagerung der Festung über. Militärisch ist diese Aktion eigentlich aussichtslos; während die Angreifer 98 Tote und 73 Verletzte zu beklagen haben, verliert die hundertköpfige Besatzung der Bastille (Invaliden und Schweizer) nur einen einzigen Mann. Doch angesichts der wogenden Volksmenge der Belagerer kopflos geworden, entschließt sich der Gouverneur um 17 Uhr zur Kapitulation. Die Belagerer feiern ihre »Eroberung«, im Triumph ziehen sie mit den befreiten Bastillegefangenen zum Rathaus am Grève-Platz. Unterwegs lynchen sie de Launay und einen seiner Adjutanten, dann auch noch den des Volksverrats bezichtigten Vorsteher der Pariser Kaufmannschaft, de Flesselles; ihre abgeschnittenen Köpfe werden auf Piken gespießt, als blutige Trophäen durch die Straßen getragen und einige Tage lang ausgestellt; ein an der Pike mit de Launays Haupt befestigtes Schild stellt den Bastillegouverneur an den Pranger: »ein Treuloser und Verräter des Volks« steht darauf geschrieben.

Die »Erstürmung« der als uneinnehmbar geltenden königlichen Stadtfestung durch das aufständische Volk von Paris markierte schon für die Zeitgenossen den eigentlichen Beginn der Französischen Revolution. Obwohl strategisch bedeutungslos, hatte sie weitreichende politische Folgen. Sie zeigte, daß sich die Armee nicht mehr gegen die breite Bevölkerung einsetzen ließ, und machte damit auch einen Militärschlag gegen die Nationalversammlung unmöglich. Sie führte zum Zerfall der Hofpartei, zum freiwilligen Exil des Grafen von Artois und zur Rückberufung Neckers. Sie veranlaßte die Generalversammlung der Wahlmänner, sich unter dem Namen *Commune* zu einem städtischen Parlament zu formieren, zur Verwaltung von Paris einen Stadtrat (*Conseil de ville*) zu bilden, den Abgeordneten Sylvain Bailly zum neuen Bürgermeister und La Fayette zum Oberkommandierenden der Nationalgarde zu wählen. Sie gab dem Pariser Volk ein neues Bewußtsein seiner Stärke, und sie schuf den Typus des jugendlichen revolutionären Volkshelden. Ein Beispiel ist der 26jährige Joseph Arné aus der Franche-Comté, ein königlicher Grenadier, der zu den Aufständischen übergelaufen war: »Der heldenhafte Grenadier, der [...] als erster auf den Turm der Bastille gestiegen ist, wird – in einem eleganten Einspänner sitzend – zum Palais-Royal geleitet; er trägt einen Blumenkranz auf dem Kopf und auf der Brust den Orden des hl. Ludwig mit blauem Band.«[46] Der »Staatsverbrecher« nach altem Recht wird zum Nationalhelden glorifiziert, nicht mehr fürstlichen Heerführern, sondern plebejischen Kriegern gebührt unsterblicher Ruhm; während die Gefallenen in Gottesdiensten geehrt werden, bilden die rund 800 offiziell beglaubigten »Bastillesieger« (*Vainqueurs de la Bastille*) eine von der Stadt besoldete Ehrenkompagnie (*Volontaires de la Bastille*) und werden von der Nationalversammlung mit eigens angefertigten Degen ausgezeichnet. Und wiederum sanktioniert Ludwig XVI. die vollendeten Tatsachen, indem er am 17. Juli durch das Spalier der Nationalgarde in »seine gute Stadt Paris« einfährt, sich vom neuen Bürgermeister die blau-weiß-rote Nationalkokarde, das Abzeichen der Aufständischen, an den Hut heften läßt und in der Kathedrale Notre-Dame einem Dankgottesdienst beiwohnt.

Der Bastillesturm hatte für die Zeitgenossen große Bedeutung, weil er nicht irgendeine Festung, sondern eben den berüchtigten Pariser Staatskerker betraf, dieses Schandmal des aufgeklärten Zeitalters, das seit 1715 von einer langen Reihe sensationsheischender, in mehrere europäische Sprachen übersetzter Pamphlete zur Folterhöhle verfolgter Freiheitsapostel stilisiert worden war. Der Fall dieses allgemein bekannten Symbols des »Despotismus«, dieses sprichwörtlichen »Palastes der Rache«, wie der kurzzeitige Bastillehäftling Voltaire das Gefängnis genannt hatte, findet europaweit ein begeistertes Echo und löst in Paris eine fieberhafte »Vermarktung« aus: Während einerseits sowohl in Theaterstücken und populären Liedern über die Heldentaten der Bastillesieger als auch durch modische Frisuren, Knöpfe und Schuhe »à la Bastille« der neu errungenen Freiheit gehuldigt wird, veröffentlichen andererseits die revolutionären Broschüren alle in der Festung entdeckten Zeugnisse, die geeignet scheinen, das Schreckbild vom Bastilledespotismus zu bestätigen – von königlichen Haftbefehlen (*lettres de cachet*) und Polizeidokumenten über Häftlingsberichte und Mauerinschriften bis hin zu Enthüllungen über Folterinstrumente und den »Mann mit der eisernen Maske«. Kollektive Zwangsvorstellungen überlagern dabei die Tatsachen. Da zum Beispiel keiner der nur sieben Gefangenen, die am 14. Juli aus der Bastille befreit worden sind, dem Idealbild des zu Unrecht verfolgten Freiheitsmärtyrers entspricht, imaginieren Journalisten, Stecher und sogar das Wachsfigurenkabinett von Curtius den »Comte de Lorges«, einen würdevollen Greis mit wallendem Bart, der 32 Jahre lang in der Bastille lebendig begraben gewesen sei, am 14. Juli endlich das blendende Licht der Freiheit erblickt und geäußert habe: »Worin bestand mein Verbrechen? Im Drang einer republikanischen Seele, die nicht mit ansehen kann, wie das Laster triumphiert und die Tugend zum Opfer der Verfolgung wird.«[47] Das Bedürfnis, die Bastille dem Erdboden gleichzumachen, ist daher allgemein, und die sogleich in Angriff genommene Schleifung dieses verhaßten »Monuments der Tyrannei« ist über Monate ein symbolträchtiges Schauspiel, das nicht nur die meisten Pariser und viele Abgeordnete der Nationalversammlung, sondern auch ausländische »Revolutionstouristen« begeistert verfolgen. So berichtet die weit verbreitete Erlanger Zeitung, wie »alles in die Strasse St. Antoine hin[strömt], um den bezaubernden Anblick der Niederreissung der so gefürchteten Bastille, darin so mancher Unschuldige das Opfer von Privatabsicht und Rachsucht wurde, zu geniessen, woran seit Morgens 3 Uhr vom 16ten 2000 Handwerksleute arbeiten, die mit ihrer Arbeit zum größten Unwillen des Publikums nicht schnell genug fertig werden können; und während daß Ludwig XVI. am einen Ende in die Stadt Paris kam, verstärkte man am andern mit 500 Mann die Zahl der Arbeiter, die dieses verhaßte Monument des Despotismus niederreissen. So oft ein Stein herunterstürzt, so klopft das Volk in die Hände, und schreit aus vollem Halse: bravo, frisch dran! macht geschwind, wir werden euch bar bezahlen; und Erfrischungen werden den Arbeitern in Menge gebracht.«[48]

Nachdem die *parlements* und die alten Stände aus dem Wettbewerb um die politische Macht ausgeschieden waren, hatten sich im Sommer 1789 also drei Hauptkräfte behauptet oder entwickelt, von deren Verhalten der weitere Verlauf der Revolution im Zentrum Frankreichs entscheidend abhängen sollte: als traditionelle Macht das dynastische Königtum von Gottes Gnaden in der Gestalt Ludwigs XVI., dem zwar noch die Regierung unterstand, der aber nicht mehr die volle Souveränität und nur noch beschränkte Verfügungsgewalt über seine Armee besaß; als neue Kräfte einerseits die Nationalversammlung, Trägerin der gemäßigten Verfassungsrevolution, andererseits die Bürger und Kleinbürger von Paris, Träger der radikaleren städtischen Volksrevolution. Würde nun der König den – einer breiten Zustimmung sicheren – Entschluß aufbringen, sich an die Spitze einer gemäßigten Revolution der Eliten zu setzen? Würde die Nationalversammlung genug Elemente der Volksrevolution aufnehmen, um die Führung zu behalten? Oder würden diese Kräfte gegeneinander arbeiten und dadurch die politische Krise verlängern? Daß solche Fragen im Juli 1789 nicht zu beantworten waren, macht die geschichtliche Offenheit des weiteren Revolutionsprozesses deutlich. Kompliziert wurde das Kräftespiel noch durch die aufständischen Bauern, die Regierung und Parlament im Juli 1789 – wie oben dargestellt – mit der Massenpanik der *Grande Peur* und einem ersten Sturm auf die Schlösser der Feudalherren aufschreckten.

Die Verfassunggebende Nationalversammlung zwischen aufständischen Bauern und protestierenden Weibern (August bis Oktober 1789)

Als Grundbesitzer teilweise selber von den Bauernaufständen betroffen, reagieren die Abgeordneten der Nationalversammlung schnell und gewinnen damit vorerst die Initiative zurück. In der stürmischen Nachtsitzung vom 4. auf den 5. August, die ein Kreis von 100 patriotischen Delegierten zuvor im *Comité breton* vorbereitet hat, steigern sie sich in einen Rausch des selbstlosen Verzichts. Beginnend mit dem Vicomte de Noailles und dem Duc d'Aiguillon, opfern die liberalen Sprecher der oberen Stände der »Nation« nacheinander ihre Taubenschläge und Kaninchengehege, ihre Kirchenbänke und ihr exklusives Jagdrecht, ihre Fronrechte und ihre Patrimonialgerichtsbarkeit, dazu die Ämterkäuflichkeit, den Kirchenzehnt samt allen Sonderrechten der Stände, Provinzen und Städte. »Die Nationalversammlung beseitigt die Feudalordnung voll und ganz«, lautet der vollmundige Beschluß am Ende der Opfernacht, der landesweite Begeisterung auslöst. Weit weniger Beachtung findet die nur halbherzige Umsetzung des Beschlusses. Die konkreten Ausführungsgesetze dekretieren in den folgenden Tagen zwar unter anderem kostenloses und gleiches Gericht für jedermann und die Zulassung aller zu allen Ämtern. Den allgemeinen Grundsatzbeschluß zur Abschaffung der Feudalität aber schränken sie erheblich ein, indem sie nur die persönlichen Vorrechte ersatzlos abschaffen, für die auf dem Boden liegenden Abgabenrechte jedoch die käufliche Ablösung festsetzen. Nachdem sie die Forderungen des Volkes von Paris und der Bauern derart in die von ihr vertretene gemäßigte Revolution integriert hat, kann die Nationalversammlung, die sich am 9. Juli zur »Konstituante« erklärt hatte, sich wieder ihrer eigentlichen Aufgabe zuwenden, eine Verfassung auszuarbeiten. Als erstes Ergebnis verabschiedet sie am 26. August die »Déclaration des droits de l'homme et du citoyen« – ein aus vielen konkurrierenden Entwürfen in langen Diskussionen gewonnener Kompromißtext, der die Souveränität in der »Nation« verankert (Artikel 3) und neben den bürgerlichen Grundrechten vor allem die neue Freiheit der politischen Öffentlichkeit festschreibt: »Der freie Austausch der Gedanken und Meinungen ist eines der kostbarsten Rechte des Menschen; jeder Bürger kann frei reden, schreiben und drucken« (Artikel 11). Bei den folgenden Beratungen der Konstituante brechen über den Fragen eines königlichen Vetos und der Einrichtung eines Oberhauses nach englischem Vorbild wachsende Gegensätze zwischen den Abgeordneten auf. Obwohl »Parteien« verpönt sind, weil sie an die

Interessenrepräsentation des Ancien régime erinnern, bilden sich in der Nationalversammlung erste Ansätze zu politischen Gruppierungen heraus. Während sich auf der rechten Seite des Versailler Tagungsraumes um Konservative wie den Abbé Jean Maury und Jacques de Cazalès die *Aristocrates* oder auch *les Noirs* genannten Revolutionsgegner sammeln, gruppieren sich auf »der Linken« um Wortführer wie Sieyès, Mirabeau, Bailly und Jean-Baptiste Target die *Constitutionnels*, die Anhänger einer demokratischen Verfassungsrevolution, unter denen besonders Antoine Barnave, Adrien Duport und Alexandre Lameth (auch das »Triumvirat« genannt) enge Verbindung zum König halten. Eine Mittelstellung nehmen die von den *Constitutionnels* abgespaltenen *Monarchiens* ein, liberalkonservative Abgeordnete um Pierre-Victor Malouet, den Grafen François-Henri de Virieu und Jean-Joseph Mounier, die für ein parlamentarisches Zweikammersystem eintreten.

Die Beratungen dieser Gruppierungen der Konstituante geraten im Herbst 1789 jedoch ins Stocken, weil Ludwig XVI. weder der Menschenrechtserklärung noch den August-Dekreten zustimmt und das 1000 Mann starke Flandernregiment von Douai nach Versailles kommen läßt. Als nun die königliche Leibwache dieses Regiment am 1. Oktober mit einem prunkvollen Bankett empfängt und als die weinseligen Zecher beim Erscheinen der königlichen Familie die Nationalkokarden zertreten und sich als Zeichen ihrer Königstreue weiße Kokarden anstecken, wittern die Volksredner im Palais-Royal einen weiteren Staatsstreichversuch. Zusätzlich mobilisiert durch Lebensmittelknappheit und Beschäftigungskrise, erhebt sich das Volk von Paris erneut, um die Schändung des revolutionären Symbols zu rächen, Ludwig XVI. dem verderblichen Einfluß des Hofes zu entziehen und mit dem König – dem traditionellen »Brotherren« – den Überfluß in die Hauptstadt zu holen. Da für die Brotversorgung in der damaligen Familienwirtschaft hauptsächlich die Frauen zuständig waren und da sie bei Lebensmittelunruhen traditionell die Hauptrolle spielten, sind es die Weiber der Markthallen und des Faubourg Saint-Antoine, welche die *journées d'octobre* prägen. Am 5. Oktober 1789 läuten 7000 Frauen die Sturmglocke, demonstrieren vor dem Rathaus gegen die Brotknappheit, formieren sich trotz Regen und Schlamm zu einem

20-km-Marsch nach Versailles, geführt von dem Bastillesieger Stanislas Maillard, bewaffnet mit Knüppeln, Piken und zwei erbeuteten Kanonen. La Fayette, ein Gegner von Volksunruhen, eilt nur widerstrebend mit 20000 Nationalgardisten hinterher. In Versailles angekommen, dringt eine Abteilung der Weiber in die Sitzung der Nationalversammlung ein, um sich der Unterstützung des amtierenden Präsidenten Mounier zu versichern. Die andere zieht vor das Schloß; ihre Sprecherin, die Blumenbinderin Louison Chabry, erwirkt von Ludwig XVI. das schriftliche Versprechen, Paris mit Brot zu versorgen, während Mounier den König überredet, den Beschlüssen des 4. August zuzustimmen. Am nächsten Morgen dringen einige Aufständische in den Schloßhof ein, massakrieren die Leibwachen Huttes und Varicourt und spießen ihre abgetrennten Häupter auf Piken. Weitere Bluttaten kann die Nationalgarde verhindern. Dem Ruf »À Paris!«, den die Volksmenge nun gebieterisch wiederholt, gibt die königliche Familie schließlich nach. Der revolutionskritische Marquis Charles-Élie de Ferrières, der als Mitglied der Nationalversammlung den Zug der über 30000 Menschen von Versailles nach Paris begleitet, berichtet in seinen Memoiren, was zeitgenössische Bildflugblätter unmittelbar festhalten: »Am Mittag brach der König auf. Die Köpfe von Huttes und Varicourt wurden dem Zug auf zwei Piken vorangetragen. Es folgten vierzig bis fünfzig Leibgardisten zu Fuß, ohne Waffen, eskortiert von einem Trupp mit Säbeln und Piken bewaffneter Männer. Weiter sah man eine Gruppe von Leibgardisten zu Pferde, [...] umgeben von Männern und Weibern, die sie zwangen, Hochrufe auf die Nation auszubringen, mit ihnen zu trinken und zu essen. Eine buntgemischte Menge von Männern mit Piken, einer Hundertschaft der Schweizer, von Soldaten des Regiments Flandern, von Weibern mit dreifarbenen Kokarden, die Pappelzweige trugen, und von anderen Weibern, die auf Kanonen ritten, umgab die Karosse des Königs. Die Gewehre zum Zeichen des Sieges mit Eichenlaub geschmückt, ununterbrochenes Musketenfeuer, Schreie: Wir bringen den Bäcker, die Bäckerin und den kleinen Bäckerjungen!, grobe Beleidigungen gegen die Königin, Drohungen gegen die Priester und Adeligen – das war der schimpfliche und barbarische Zug, der den König, die Königin und die königliche Familie auf einem

Marsch von mehr als sechs Stunden zum Pariser Rathaus begleitete.«[49]

Obgleich er einige traditionelle Züge trägt, übertrifft dieser zweite Schub der städtischen Volksrevolution den Bastillesturm insofern an Radikalität, als er die Beziehungen zwischen den drei Hauptkräften der ersten Revolutionsphase stärker verändert als der 14. Juli. Ludwig XVI., zu äußerlicher Loyalität gegenüber der Konstituante gezwungen, ist nun in seinem Pariser Stadtschloß dem Druck der Straße viel stärker und unmittelbarer ausgesetzt als zuvor. Die Konstituante ihrerseits, die am 12. Oktober von Versailles in den Manège-Saal der Tuilerien umzieht, hat vom Volk zwar Unterstützung gegen den König erhalten, ist aber zugleich selbst so stark unter den Druck der Aufständischen geraten, daß Mounier sein Mandat aus Protest niederlegt und die Abgeordneten am 21. Oktober die *Loi martiale* beschließen: Danach können die Ordnungskräfte auf Volksansammlungen, die sich auf Befehl nicht auflösen, das Feuer eröffnen. Außerdem setzt die Konstituante ein Sondergericht (*Comité de recherches*) ein, das die Straftaten des 5. und 6. Oktober verfolgen soll; es kommt zwar zu keinem Urteil, aber die bissigen öffentlichen Kommentare über seine Nachforschungen sind symptomatisch für die wachsenden Spannungen zwischen Verfassungs- und städtischer Volksrevolution.

»La Nation, la Loi, le Roi«: Die Phase von November 1789 bis September 1791

Die Abgeordneten der Konstituante geben nun einstweilen wieder die Richtung der politischen Entwicklung vor, indem sie vor allem in zwei Bereichen tätig werden. Zum einen müssen sie endlich das seit dem Zusammentritt der Generalstände aufgeschobene Problem der staatlichen Überschuldung lösen. Um einen Bankrott zu vermeiden, der die zahlreichen Besitzer von Staatsanleihen unter ihnen hart treffen würde, erklären sie daher die Kirchengüter zum Eigentum der Nation (2. November/17. Dezember 1789) und dekken mit ihrer Versteigerung das neu geschaffene Papiergeld der Assignaten. Die Konsequenzen dieses Eingriffs, der noch durch die gesetzliche Schließung der Klöster abgesichert wird (13. Februar 1790), gehen weit über die Finanzpolitik hinaus; denn weil der Wegfall der Kirchenmittel eine staatliche Priesterbesoldung bedingt (14. April 1790), weil diese wiederum in der Zivilkonstitution des Klerus (12. Juli 1790) mit der Pfarrerwahl im Rahmen der politischen Wahlen verknüpft wird und weil die Priester diese ganze Neuordnung eidlich anerkennen müssen (Gesetz vom 27. November 1790), erwächst aus der Verstaatlichung der Nationalgüter schrittweise ein »Kulturkampf«, der das anfängliche Bündnis von Revolution und Religion zerstört. Zum anderen absolvieren die Abgeordneten in der Folgezeit von der Abschaffung der Adelstitel (19. Juni 1790), der Binnenzölle (31. Oktober 1790), der Steuerpacht (20. März 1791) und der Zünfte (14. Juni 1791) über die Demokratisierung der Verwaltung in den Kommunen (14. Dezember 1789) und den neu geschaffenen Departements (26. Februar 1790) bis hin zur Schaffung eines neuen Steuersystems (23. November 1790/13. Januar 1791) und zur völligen Neuordnung des gesamten Zivil- und Strafrechts sowie der Justiz ein gigantisches Gesetzgebungsprogramm im Zeichen der politisch-rechtlichen Freiheit und Gleichheit. Oberflächlich betrachtet scheint das alles breite Zustimmung zu finden, schwören doch der König, die Abgeordneten, die Nationalgarde, alle neu gewählten Mandatsträger und das Volk von Paris am ersten Jahrestag des Bastillesturms vor dem Vaterlandsaltar auf dem Marsfeld feierlich den nationalen Brudereid. Im Hintergrund sammelt sich jedoch neuer politischer Zündstoff an.

Parallel zur Gesetzgebungsarbeit der Konstituante beginnen sich 1790 die Aktivisten der städtischen Volksrevolution in politischen Klubs zu formieren und zu organisieren. Hatte »die Linke« der Konstituante schon am 19. Oktober 1789 das informelle *Comité breton* in die »Amis de la Constitution« überführt (sie versammeln sich im verlassenen Kloster *Jacobins* in der Rue Saint-Honoré) und damit das Vorbild eines elitären Revolutionsklubs geschaffen, so gründen freiheitsbegeisterte Bürger des Pariser Distrikts der Cordeliers im April 1790 das basisdemokratische Gegenmodell der »Société des amis des droits de l'homme et du citoyen«. Nach dem Franziskanerkloster, in dessen Krypta er wöchentlich viermal tagt, kurz *Cordeliers* genannt, steht dieser Klub allen Bürgern – auch Frauen – offen und erhebt nur einen niedrigen Monatsbeitrag von zwei »Sous«. Hier profilieren sich volksnahe Journalisten wie Camille Desmoulins und Jean-Paul Marat und radikale Redner wie Georges-Jacques Danton als Sprecher des »Volkes« und bestärken die Kleinbürger und Tagelöhner in ihrem Antiklerikalismus, in ihrem Aristokratenhaß, in ihrer Neigung zur direkten Aktion. Das Modell des Cordeliersklubs ist so erfolgreich, daß sich in den anderen Volksvierteln von Paris binnen kurzem gleichartige *sociétés populaires* oder *sociétés fraternelles* bilden und daß François Robert im Mai 1790 ein »Comité central des sociétés patriotiques« gründet. Kritisch beobachten und kommentieren diese Volksgesellschaften nun alle Anzeichen von »Aristokratie« in der Kommunalverwaltung und der Konstituante – wie die überstürzten, durch einen hohen Wahlzensus beschränkten Stadtratswahlen Ende Juli 1790 – und beginnen, entsprechende Petitionen an die Konstituante zu richten. Schriftliche Artikulation und direkte Aktion liegen bei dieser Volksbewegung nah beisammen. Am 28. Februar 1791 kommt es zu einem Zusammenstoß mit den Ordnungskräften, als 3000 Aktivisten des Faubourg Saint-Antoine nach Vincennes strömen und sich anschicken, dort den baufälligen Gefängnisturm zu schleifen; denn Reparaturarbeiten hatten das Gerücht entstehen lassen, der Turm solle als »neue Bastille« dienen. Auf Befehl der Pariser Stadtverwaltung schreitet die Nationalgarde unter La Fayette sofort ein, verjagt die *démolisseurs* und nimmt 64 Aktivisten in Untersuchungshaft – zur großen Empörung der *sociétés populaires*.

Ähnlich mißtrauisch wie die Vertreter der Verfassungsrevolution beobachten die politisierten Kleinbürger auch Ludwig XVI. und die königliche Familie. Wurde nicht am 19. Februar 1790 der Marquis de Favras öffentlich gehängt, weil er ein »Komplott« zur Entführung Ludwigs geschmiedet hatte? Bewies die am 1. April 1790 veröffentlichte Liste der vom König gezahlten Pensionen (*Livre rouge*) nicht dessen enge Verbindung zu den Anhängern des Ancien régime? Mußten in den Tuilerien nicht die »Dolchritter« (*chevaliers du poignard*) entwaffnet werden – Ritter vom Orden des hl. Ludwig aus ganz Frankreich, die sich in der Nacht des 28. Februar 1791 zur »Verteidigung« des Königs versammelt hatten? Ludwigs Absicht schließlich, das Osterfest auf seinem Schloß in Saint-Cloud zu feiern, erscheint so fluchtverdächtig, daß die Volksmenge ihn am 18. April 1791 an der Abreise hindert. Tatsächlich flieht die königliche Familie zwei Monate darauf, am 20. Juni 1791, in Richtung Reichsgrenze. Zur Begründung hinterläßt Ludwig ein Manifest, das die Beeinträchtigungen der »Majestät des Königs« aufzählt. Neben seiner Ohnmacht in Verfassungsfragen, seinem schwindenden Einfluß auf Heer und Regierung und der allgemeinen »Unordnung« erklärt Ludwig die revolutionäre Publizistik und die *sociétés populaires* für besonders unerträglich: »Die unzähligen Zeitungen und verleumderischen Schmähschriften sind nur ein Echo der Klubs und verewigen den Wirrwarr [...]. Franzosen! [...] Wolltet ihr, daß der Despotismus der Klubs die Monarchie ersetzt, unter der sich das Königreich 14 Jahrhunderte lang fortentwickelt hat?«[50]

Der königliche Fluchtversuch, der in Varennes (Champagne) an der Aufmerksamkeit des Postmeisters Jean-Baptiste Drouet scheitert, löst einen neuen Revolutionsschub aus. Die Rückführung Ludwigs und seiner Familie in die Hauptstadt durch eine vorwurfsvoll schweigende Bevölkerung gleicht einem Spießrutenlaufen. Während die Konstituante die spontan beschlossene Entbindung des Königs von seinen Funktionen schnell wieder aufhebt, um ihre Grundsatzbeschlüsse für eine konstitutionelle Monarchie aufrechtzuerhalten, formiert sich in der »außerparlamentarischen Opposition« binnen weniger Wochen eine republikanische Bewegung. Sie wird getragen von neuen Presseorganen wie Condorcets »Républicain« (3.–23. Juli 1791) und Broschüren streitbarer Publizisten wie François Robert und Louise de Kéralio. »Meine Mitbürger«, ruft Robert aus, »die Nationalversammlung braucht nicht mehr zu beraten. Die Flucht des ehemaligen Königs, die Festnahme dieses Schurken, das Komplott, das er mit den anderen Tyrannen geschmiedet hat – all diese Ereignisse haben uns die Augen geöffnet: innerhalb von zwei Wochen sind wir um zwei Jahrhunderte älter geworden.«[51] Hinzu kommen republikanische Aufrufe und Adressen der Volksgesellschaften, welche die Cordeliers in einer Petition an die Konstituante zusammenfassen: »1789 waren wir Sklaven, 1790 hielten wir uns für frei, und Ende Juni 1791 sind wir es. Gesetzgeber! [...] ihr habt Ludwig XVI. mit einer übermäßigen Macht ausgestattet [...]. Aber das Gesetz bestand, und wir haben Gehorsam geleistet [...]. Die Zeiten haben sich aber geändert. [...] Ludwig hat sich des Königtums entäußert. [...] Demzufolge beschwören wir euch im Namen des Vaterlandes, entweder auf der Stelle zu erklären, daß Frankreich aufhört, Monarchie zu sein, und daß es eine Republik ist; oder wenigstens abzuwarten, bis alle Departements und Urwählerversammlungen ihr Verlangen hinsichtlich dieser bedeutenden Frage mitgeteilt haben [...]. Die Gesellschaft hat beschlossen, die vorliegende Petition drucken und anschlagen zu lassen und sie sodann den Departements und den patriotischen Gesellschaften des französischen Reiches zuzustellen.«[52]

Als die Abgeordneten ablehnend reagieren, verstärkt der Cordeliersklub den Druck und ruft die Pariser auf, eine republikanische Petition zu unterzeichnen, die er auf dem Vaterlandsaltar des Marsfeldes ausgelegt hat; sie verlangt nicht weniger, als »Ludwig vor Gericht zu stellen«. Am 17. Juli haben über 6000 Demonstranten bereits ihre Unterschrift geleistet, und eine siebenmal größere Menschenmenge steht bereit, als der Magistrat von Paris in Absprache mit der Konstituante gewaltsam einschreitet. Bürgermeister Bailly erklärt die Petition für gesetzeswidrig, verhängt das Kriegsrecht aufgrund der *Loi martiale* und läßt La Fayette mit 10 000 Nationalgardisten aufmarschieren; deren Gewehrsalven auf die fast unbewaffnete Menge fordern über 50 Tote und mehrere hundert Verletzte. Die anschließende Repression führt zum vorübergehenden Verbot des Klubs und zwingt Danton, Desmoulins und Marat, zeitweise in den Untergrund zu gehen.

Damit hat die Wechselbeziehung von Verfassungsrevolution und städtischer Volksrevolution ein neues Stadium erreicht; das Miteinander vom Tag des Bastillesturms hat sich über das ambivalente Verhältnis des Oktobers 1789 in ein feindliches Gegeneinander verkehrt. Wichtigster Katalysator dieser Radikalisierung war Ludwig XVI.; um seine Ablehnung der Revolution zu überwinden, verstärkten die *journées révolutionnaires* von Mal zu Mal den Druck:

Hatte der Bastillesturm nur einer königlichen Festung gegolten, so betraf der Marsch der Weiber im Oktober 1789 schon die Person Ludwigs XVI., während die Marsfeldpetition sich gegen das Königtum überhaupt richtete. Und weil sie diese Radikalisierung der revolutionären Volksbewegung in ihrer Mehrheit (noch) nicht mitmachte, geriet die Nationalversammlung in eine immer härtere Konfrontation mit dieser Volksbewegung. Dabei verschärften sich freilich auch die Meinungsgegensätze in ihrer eigenen Mitte derart, daß nicht mehr alle *constitutionnels* ein und demselben Klub – den *Jacobins* – angehören wollten; so spaltete sich die Mehrheit der gemäßigten Revolutionsanhänger unter dem Namen *Feuillants* am 16. Juli 1791 vom Pariser Jakobinerklub ab und ließ eine von Robespierre geführte Minderheit zurück.

Dieses Kräfteverhältnis ist symptomatisch, denn nach wie vor behält die Konstituante die Oberhand. Unter der Devise »La Nation, la Loi, le Roi« – dem Wahlspruch der gemäßigten Verfassungsrevolution – läßt sie am 18. September auf den Plätzen und Boulevards der Hauptstadt die Proklamation ausrufen: »Bürger, die Verfassunggebende Nationalversammlung hat das Werk der Verfassung, das sie am 17. Juni 1789 begonnen und in den Jahren 1789, 1790 und 1791 fortgeführt hat, am 3. September 1791 glücklich vollendet. Am 14. dieses Monats ist die Verfassungsurkunde vom König feierlich angenommen und unterzeichnet worden.«[53] Und um die große Bedeutung dieser ersten geschriebenen Verfassung Frankreichs hervorzuheben, veranstaltet der Magistrat von Paris ein Fest, in dem die Selbstdarstellung der gewählten Mandatsträger und militärisches Gepränge das Volk auf eine Zuschauerrolle festlegen: »Mehrere Salven der Artillerie kündeten den Beginn des Festes an. Der Stadtrat, der Herr Bürgermeister an seiner Spitze, kam um acht Uhr aus dem Rathaus. Der Festzug bestand aus einer Abteilung der Nationalgarde zu Fuß und zu Pferde, den Stadtwachen, einem Musikzug und Waffenhelden in voller Uniform. Nachdem man die Proklamation von der Freitreppe des Rathauses sowie auf dem Carrousel- und Vendôme-Platz verkündet hatte, begab man sich zum Marsfeld. Dort vereinigten sich sechs Divisionen der Nationalgarde, die Wahlmänner von 1789 und 1791, die Richter der Pariser Gerichte und des Kassationsgerichts, ferner der Departementalrat, die Komitees der 48 Sektionen und die Friedensrichter. Der Herr Bürgermeister stieg zum Altar des Vaterlandes hinauf, verlas die Proklamation und zeigte den Bürgern das Buch der Verfassung. Die präsentierten Degen, Säbel und Gewehre, die auf ihren Spitzen hochgehaltenen Mützen und Hüte der Bürger-Soldaten boten für einige Minuten das schönste Schauspiel. Der Beifall der Zuschauer und Rufe: Es lebe die Nation! steigerten den Genuß dieses schönen Augenblicks, den eine Salve von achthundertunddreißig Kanonen ankündigte; anschließend sang ein großer Chor eine französische Ode. [...] Am Abend fand in der ganzen Stadt ein Lichterfest statt.«[54] In der Tat gewinnt das so gefeierte »Buch der Verfassung« – mehr als die folgenden Konstitutionen der Revolution – eine fast sakrale Aura. Zusammen mit der Menschenrechtserklärung in Form der mosaischen Gesetzestafeln plakatiert, wird es zum ersten Lesetext der Grundschulen, zum Stoff von Bürgerbrevieren und Liederbüchern.

Innerhalb des Kräftedreiecks von Parlament, König und Volk kam der endlich in Kraft gesetzten Verfassung eine weitaus handfestere Bedeutung zu, wobei sie sehr unterschiedlich bewertet wurde. Die Abgeordneten betrachteten sie mehrheitlich als Abschluß des revolutionären Prozesses, obwohl manche unter ihnen in der erblichen Monarchie inzwischen einen störenden Fremdkörper sahen. »Aber«, so faßte der Abgeordnete Raubaut Saint-Etienne im Herbst 1791 die herrschende Meinung zusammen, »die Nationalversammlung glaubte nicht, daß das Königreich imstande sei, eine zweite Revolution zu ertragen. [...] Wer konnte im übrigen auch voraussagen, wie diese neue Revolution ausgehen würde?«[55] War die Verfassung also für die Nationalversammlung der Kristallisationskern eines mittleren revolutionären Konsensus, so galt sie Ludwig XVI. als das letzte innenpolitische Mittel zur Stabilisierung seiner Macht und zur Beendigung der Revolution, wie er in seiner Proklamation vom 28. September 1791 offen zugab: »Das Ende der Revolution ist gekommen; es ist an der Zeit, der Verfassung durch die Wiederherstellung der Ordnung jenen Rückhalt zu verschaffen, dessen sie jetzt am meisten bedarf.«[56] Ganz anders die Wortführer der demokratischen Volksbewegung: »Wir sind keineswegs dieser Meinung. [...] Die Revolution ist so lange nicht vollzogen, wie wir dem König erlauben, einen Hof zu unterhalten. [...] Die [...] Revolution ist so lange nicht vollzogen, wie wir nicht den Makel entfernt haben, der auf jeder Seite unserer Verfassung ins Auge springt. [...] Die Revolution ist so lange nicht vollzogen, wie wir uns darauf versteifen, die Majestät des Volkes mit der des Königs zu verwechseln.«[57] Ob die Verfassung vom Herbst 1791 eine befriedende Wirkung haben würde, war angesichts so gegensätzlicher Erwartungen und Ziele höchst zweifelhaft.

Das Scheitern der parlamentarischen Monarchie und die »Zweite Revolution« (Oktober 1791 bis August 1792)

Sobald die neue Verfassung in die Praxis umgesetzt wurde, begann die politische Kräftekonstellation, welche sie zustande gebracht hatte, sich zugunsten der demokratischen Volksbewegung zu verschieben. Die Parlamentswahlen, bei denen Abgeordnete der Konstituante nicht erneut kandidieren konnten, brachten trotz Zensus und zweistufigem Wahlverfahren eine bereits in lokalen und departementalen Wahlämtern erprobte Elite von Revolutionsanhängern in die *Assemblée législative*, wie die Versammlung nun hieß. Als diese am 1. Oktober 1791 ihre Sitzungen begann, zeigte sich, daß es unter den 745 Abgeordneten keine konservative »Rechte« mehr, sondern nur noch drei »patriotische« Gruppierungen gab: die zunächst besonders einflußreichen 264 Abgeordneten, die dem Klub der *Feuillants* angehörten; eine nur halb so starke Gruppe von 136 »linken« Abgeordneten, die bei den *Jacobins* eingeschrieben waren, unter ihnen Jacques-Pierre Brissot, Condorcet und eine Reihe glänzender Redner aus dem Departement Gironde (Gensonné, Guadet, Vergniaud); zwischen beiden eine Mehrheit von 300 bis 340 Abgeordneten, die keinem Klub angehörten und sich als »unabhängig« erklärten. Da diese Gruppierungen im wesentlichen konstant blieben und die neu gewählten Abgeordneten zumeist die parlamentarische Monarchie akzeptierten, bildete die *Législative* bis zu ihrem Ende einen Faktor politischer Stabilität. Die Anstöße zum Fortgang der Revolution gingen von drei anderen Faktoren aus – dem Rollenwechsel zweier städtischer Institutionen, einer Reihe konkreter politischer Konflikte und der Person Ludwigs XVI.

Die eine Institution, welche nach und nach die Seite wechselte, war die Pariser *Commune*. Ihre reguläre partielle Neuwahl Ende 1791 ergab einen Linksruck. Bürgermeister Bailly, wegen seiner Rolle beim Marsfeldmassaker zunehmend angefeindet, wurde abgewählt und durch den standhaften Jakobiner Jérôme Pétion ersetzt. Zugleich rückten die volksnahen Klubisten Pierre-Louis Manuel und Danton in die Schlüsselämter des *Procureur de la Commune* und seines Stellvertreters auf. Da diese Tendenz sich in den folgenden Kommunalwahlen fortsetzte, konnten die Abgeordneten der *Législative* bei Volksunruhen, wie sie am 29. Januar 1792 wegen der Teuerung von Tee und Zucker ausbrachen, nicht länger fest mit der Hilfe des Bürgermeisters und der Repression durch die Nationalgarde rechnen. Von einem »Anhängsel« der Nationalversammlung entwickelte die Pariser *Commune* sich allmählich zu einer eigenständigen Hauptkraft der Revolution.

Zum anderen spielten die 48 städtischen Wahlbezirke (*sections*), die im Mai 1790 die früheren 60 Distrikte ersetzt hatten, mehr und mehr eine basisdemokratische Rolle, die ihnen eigentlich nicht zugedacht war. Anstatt – wie vorgesehen – nur für die Wahl der Stadträte, Richter und Beamten des Departements Paris zusammenzukommen, versammelten sich die Wahlbürger der Sektionen immer öfter von sich aus, um die Presse zu lesen, die neuen Gesetze zu diskutieren, Petitionen an die *Commune* und die *Législative* abzufassen und gemeinsame Aktionen vorzubereiten. Geführt von einer in den Pariser Stadtvierteln verwurzelten lokalen Elite von Handwerksmeistern, Ladenbesitzern und Juristen, gewannen diese Sektionsversammlungen vom Herbst 1791 bis zum Sommer 1792 so stark an Zulauf, Selbstbewußtsein und politischem Gehör, daß sie zu einem wichtigen Verbündeten der nach dem Marsfeldmassaker geschwächten Volksgesellschaften wurden. Diese entfalteten ab März wieder eine verstärkte Aktivität, und auf Drängen der Cordeliers ließ Marat seinen radikalrevolutionären »Ami du Peuple« wieder aufleben. Gleichzeitig strebten »linke« Abgeordnete der Konstituante, die zwischenzeitlich in anderen Wahlämtern untergekommen waren (so wurde Robespierre öffentlicher Ankläger am Pariser Strafgericht), in die Politik zurück und redeten verstärkt bei den *Jacobins*.

Der akute zeitgenössische Hintergrund, vor dem sich das wachsende revolutionäre Engagement der *Commune* und noch mehr der Sektionsversammlungen entfaltete, bestand aus einem Bündel konkreter innen- und außenpolitischer Konflikte. Erstens zeigte die Verstaatlichung der Kirchengüter ihre Fernwirkung. Da viele katholische Geistliche sich hartnäckig weigerten, den Eid auf eine vom Staat diktierte Kirchenverfassung zu leisten, die Papst Pius VI. verurteilt hatte, dekretierte die *Législative* zunächst die Zwangsvereidigung (25. November 1792) und dann die Deportierung der Eidverweigerer (27. Mai 1792). Zweitens wurde die Emigration adeliger und geistlicher Revolutionsgegner, unter ihnen ehemalige Abgeordnete der »Rechten« wie der Abbé Maury, in dem Maße zu einem akuten Problem, wie die geflüchteten Prinzen ihre Ablehnung der Verfassung proklamierten und der Comte de Provence in Koblenz eine Emigrantenarmee aufbaute. Nach einer fruchtlosen Vorwarnung (9. November 1791) beschlagnahmte die *Législative* daher am 9. Februar 1792 die Besitzungen der Emigranten und ließ sie – als Nationalgüter zweiter Herkunft – für die Staatskasse versteigern. Drittens verschärften sich die Spannungen zwischen dem revolutionären Frankreich und dem Alten Reich, insbesondere mit den Führungsmächten Österreich und Preußen. Kaiser Leopold II. und König Friedrich Wilhelm II. hatten sich in ihrer Deklaration von Pillnitz (27. August 1791) zwar hinter Ludwig XVI. gestellt, aber eine sofortige militärische Intervention ausgeschlossen. Nun gingen sie zur Unterstützung der Emigrantenstreitmacht über, da Marie-Antoinette ihre familiären Beziehungen zum Kaiserhof nutzte und Ludwig insgeheim um eine militärische Intervention ersuchte (3. Dezember 1791). Ohne diese Geheimkontakte zu kennen, waren insbesondere die jakobinischen Abgeordneten der *Législative* zunehmend beunruhigt und begannen einen Krieg zu fordern, der – wie sie erwarteten – die äußere Konterrevolution mit einem Schlag vernichten und den König zur endgültigen Stellungnahme für oder gegen die Revolution zwingen würde. Brissot brachte am 16. Dezember 1791 bei den *Jacobins* zum Ausdruck, worin sich die Sektionen und die Klubs mit den meisten Abgeordneten einig waren: »Die Kraft der Überlegung und der Tatsachen hat mich davon überzeugt, daß ein Volk, das nach zehn Jahrhunderten der Sklaverei die Freiheit errungen hat, Krieg führen muß. Es muß Krieg führen, um die Freiheit auf unerschütterliche Grundlagen zu stellen; es muß Krieg führen, um die Freiheit von den Lastern des Despotismus reinzuwaschen; und es muß schließlich Krieg führen, um aus seinem Schoß jene Männer zu entfernen, die die Freiheit verderben könnten.«[58] Und so erklärte die *Législative* – nachdem sie Österreich vergeblich ein Ultimatum zur Vertreibung der Emigranten gestellt hatte (25. März 1792) – dem »König von Ungarn und Böhmen« am 20. April 1792 den Krieg; ausdrücklich fügte sie hinzu, »daß der Krieg, den sie zu führen genötigt ist, kein Krieg von Nation gegen Nation ist, sondern die gerechte Verteidigung eines freien Volkes gegen den ungerechten Angriff eines Königs«.

Alle genannten Kräfte und Konflikte enthielten mittelbar oder unmittelbar revolutionäres Potential. Zur Entfaltung kam dieses Potential jedoch erst durch zwei weitere Faktoren: die Obstruktionspolitik Ludwigs XVI. und ihr zeitliches Zusammentreffen mit einem für die Revolutionäre zunächst ungünstigen Kriegsverlauf. Nach der Verfassung, auf die er den Eid geleistet hatte, wäre der König als Haupt der Exekutive zur Zusammenarbeit mit der *Législative* verpflichtet gewesen; tatsächlich aber beschränkte er sich darauf, wie vorgeschrieben seine Minister aus den Reihen der Abgeordneten zu berufen: zuerst eine Gruppe von *Feuillants* (9. Dezember 1791), die nach zwei Monaten demissionierten; dann eine Gruppe von *Jacobins* um Innenminister Roland und Finanzminister Clavière (23. März 1792), die er wegen ihrer revolutionären Kritik seinerseits entließ (16. Juni 1792), ohne ein neues Kabinett zu bilden. Ansonsten legte er gegen die Verstaatlichung der Emigrantengüter ebenso sein aufschiebendes Veto ein wie gegen die Dekrete zu den eidverweigernden Priestern. Wenn er sich in der *Législative* am 14. Dezember für den Krieg aussprach und dann der Kriegserklärung vom 20. April an Österreich (und mittelbar an

Preußen, Österreichs Verbündeten) zustimmte, so tat er dies in der heimlichen Hoffnung, der Kaiser werde die französischen Linientruppen, die sich in einem schlechten Zustand befanden, leicht besiegen und ihn wieder in seine angestammten Rechte einsetzen. Tatsächlich wich eine französische Armee am 29. April 1792 in erschreckter Auflösung zurück, als sie in Belgien auf österreichische Truppen traf, und in den folgenden Wochen liefen die ehemals königlichen Regimenter reihenweise zum Feind über. Siegesgewiß veröffentlichte der Herzog von Braunschweig dann am 25. Juli im Koblenzer Hauptquartier der Alliierten ein Manifest, in dem er seinen Einmarsch nach Frankreich zur Befreiung Ludwigs ankündigte und den Parisern eine beispiellose militärische Exekution androhte, wenn sie die Tuilerien stürmen oder die Mitglieder der königlichen Familie auch nur beleidigen würden. Doch gerade diese äußere Bedrohung der Revolution löste in der französischen Hauptstadt eine Kette militärischer und politischer Abwehrreaktionen aus, die zu zwei weiteren *journées révolutionnaires* führen.

Zur militärischen Abwehr mobilisiert die *Législative* landesweit Freiwillige (*volontaires*) und bemüht sich, diese vaterlandsbegeisterten neuen Verbände mit den alten Linientruppen zu verschmelzen. Außerdem läßt sie aus den Departements zum Schutz der Hauptstadt 20 000 bewaffnete Revolutionsaktivisten kommen – die Föderierten (*fédérés*) genannt, weil sie zum dritten Jahrestag des Bastillesturms in Paris sein sollen, unter ihnen auch das Bataillon aus Marseille. Die politischen Reaktionen im engeren Sinn gehen von anderen Kräften aus. Zunächst richtet Innenminister Roland im Namen des »Volkes« am 10. Juni 1792 die warnende Aufforderung an den König, sein Veto gegen die oben genannten Gesetze zurückzuziehen: »Sire! Der gegenwärtige Zustand Frankreichs kann nicht von langer Dauer sein; es ist ein Zustand der Krise, deren Heftigkeit ihren höchsten Punkt erreicht. Er muß mit einem Donnerschlag enden [...]. Was haben alle diese bewegten Ereignisse, die wir seit vier Jahren miterleben, mit sich gebracht? Vorrechte, die das Volk bedrückten, wurden abgeschafft; Vorstellungen über Gerechtigkeit und Gleichheit haben sich überall Bahn gebrochen und festgesetzt; die öffentliche Meinung über die Rechte des Volkes hat das Gefühl dieser Rechte bestätigt [...]. Des

Volkes Eifer hat schon einige Male ein solches Ausmaß angenommen, daß er an die Stelle des Gesetzes getreten ist.«[59]

Als der König seinen Minister darauf entläßt, meldet sich das Volk am 20. Juni in zwei parallelen, sorgfältig vorbereiteten Aktionen selbst zu Wort. Ein Demonstrationszug von 8000 Sektionären und Klubisten aus den Pariser Vorstädten protestiert gegen die königsfreundliche Haltung der *Législative* und verschafft sich Einlaß in ihre Versammlung; unter dem Murren der Abgeordneten und dem Beifall der Tribünen verliest der Sprecher der Demonstranten eine Petition und fordert, die fehlende Einigkeit von Parlament und König notfalls zu erzwingen, um den drohenden Einmarsch der »Tyrannen« besser abwehren zu können: »Gesetzgeber, das französische Volk wird heute bei Ihnen vorstellig, um seine Ängste und seine Befürchtungen zu bekunden. [...] Bilden sich die Feinde des Vaterlandes etwa ein, daß die Männer des 14. Juli eingeschlafen sind? Wenn sie das glauben, wird es für sie ein schreckliches Erwachen geben. Jene haben nichts von ihrer Tatkraft verloren. [...] Es ist Zeit. Ja, Gesetzgeber, es ist Zeit, daß das französische Volk sich seiner erworbenen Würde gewachsen zeigt. [...] So hängt also das Glück einer Nation von der Laune eines Königs ab? Darf dieser König einen anderen Willen haben als das Gesetz? Das Volk verbietet es, und sein Kopf ist mindestens ebensoviel wert wie das Haupt eines gekrönten Despoten. [...] Das Volk steht bereit; es wartet schweigend auf eine Antwort, die endlich seiner Souveränität würdig ist. Gesetzgeber, wir wollen so lange dauernd unter Waffen bleiben, bis die Verfassung in die Tat umgesetzt ist.« Und um ihren Volksvertretungsanspruch zu untermauern, fügen die Demonstranten hinzu: »Diese Petition wird nicht nur von den Einwohnern der Vorstadt Saint-Antoine unterstützt, sondern auch von allen Sektionen der Hauptstadt und der Umgebung von Paris.«[60] Währenddessen findet vor den Tuilerien eine zweite Massendemonstration statt. Ohne daß die *Commune* eingreift, dringen bewaffnete Sektionäre in die königlichen Gemächer ein, setzen Ludwig eine rote Freiheitsmütze auf, zwingen ihn zu einem Trinkspruch »auf die Nation« und bedrängen ihn, sein Veto zurückzuziehen. Aber anders als im Juli und Oktober 1789 sowie im September 1791 gibt Ludwig XVI. diesmal nicht nach.

Nun eskaliert die politische Krise erst recht. Zwischen der äußeren Bedrohung des Landes, der Verweigerungshaltung des Königs und dem wachsenden Druck der Volksbewegung in die Klemme geraten, trägt die *Législative* unfreiwillig selbst zur Beschleunigung des Radikalisierungsprozesses bei, indem sie den nationalen Notstand (*la patrie en danger*) ausruft (11. Juli), Pétion und Danton, die sie nach dem 20. Juni wegen Untätigkeit der *Commune* entlassen hatte, wieder in ihre Ämter einsetzt (13. Juli), den *sections* das lange erstrebte Recht einräumt, permanent zu tagen, und ihnen die Nationalgarde unterstellt (25. Juli). Diese Maßnahmen haben einen großen Mobilisierungseffekt: Auf die Notstandserklärung hin melden sich in Paris binnen weniger Tage 15 000 Freiwillige zu den Waffen, während – zusätzlich zu den Kleinbürgern – Gesellen, Domestiken und Tagelöhner massenhaft in die *sections* strömen. Zusätzlich verstärkt durch die aus den Departements eintreffenden *fédérés*, die ein Zentralkomitee bilden und sich mit den *sociétés populaires* verbrüdern, gewinnt die republikanische Volksbewegung an Breite und Radikalität und bombardiert die *Législative* mit Petitionen zur Absetzung Ludwigs XVI. Doch weder die Petition, die Robespierre im Auftrag der *fédérés* redigiert und am 17. Juli einbringt, noch eine gemeinsame Petition von 47 der 48 Sektionen (3. August), noch ein Ultimatum zur Absetzung Ludwigs, das Pétion in seiner Eigenschaft als Bürgermeister am 5. August stellt, können das Parlament zu Maßnahmen gegen Ludwig XVI. bewegen.

Angesichts dieser offenbar ausweglosen Notsituation greifen die Revolutionsaktivisten zum Mittel der Gewalt. Ab dem 6. August bereiten die Sektionäre und Klubisten der Volksviertel gemeinsam mit den *fédérés* offen den Aufstand vor, während Ludwig XVI. die Garnison der Tuilerien auf etwa 4000 Mann (Schweizer und ehemalige adelige Leibgardisten) verstärkt; Gerüchte machen daraus »sechstausend bis an die Zähne bewaffnete Schweizer [...] und zehn- bis zwölftausend Dolchritter, die geschworen haben, die *fédérés* auszumerzen«[61]. Um Mitternacht am 9. August läuten die Sturmglocken des Faubourg Saint-Antoine und des Cordeliersviertels den Aufstand ein. Je drei Kommissare der *sections* besetzen das Rathaus und bilden den Kern eines neuen Pariser Magistrats, der *Commune insurrectionnelle;* Santerre übernimmt den Oberbefehl über die Nationalgarde. In den frühen Morgenstunden des 10. August haben die ersten Kolonnen der Milizionäre die Tuilerien erreicht. Als die Schweizer unerwartet das Feuer auf sie eröffnen und 400 von ihnen niederstrecken, massakrieren Föderierte und Sektionäre die Soldaten zu Hunderten. Ein bretonischer Nationalgardist berichtet am 11. August nach Rennes: »Wir sind starr vor Erschöpfung – weniger deswegen, weil wir zwei Nächte unter Waffen verbracht haben, als wegen der Seelenschmerzen. [...] Himmel! wieviel Blut und Tränen kostet den Franzosen die Freiheit!! Wie viele Opfer auf seiten des Volkes und der Nationalgarden! Zusammen vielleicht 2000 Tote. Die gefangenen Schweizer sind zum Teil auf den Grève-Platz geführt worden. Dort hat man sie durch Kopfschüsse getötet. Sie waren Verräter, die der Rache geopfert werden mußten. Was für eine Rache! Mich schaudert. Mindestens 47 Getöteten hat man den Kopf abgeschnitten. Der Grève-Platz war von Toten bedeckt, und die Köpfe wurden auf Piken herumgetragen. Die ersten Köpfe, die abgeschnitten wurden, sind die von sieben Dolchrittern.«[62]

Der von *fédérés* aus ganz Frankreich getragene siegreiche Aufstand zwingt der *Législative* den Willen der republikanischen Volksbewegung auf. Die *Législative*, in deren Mitte sich Ludwig XVI. mit seiner Familie geflüchtet hat, muß nicht nur die neue *Commune* offiziell anerkennen (in sie treten am 11. auch Hébert, Robert und Robespierre ein), sondern noch am selben Tag auch die Amtsenthebung Ludwigs erklären und Neuwahlen nach dem allgemeinen Wahlrecht dekretieren, wie Robespierre es zehn Tage zuvor verlangt hatte: »Das französische Volk wird aufgefordert, einen Nationalkonvent zu bilden.«[63] Während die königliche Familie im Turm des Templerordens einquartiert und der Aufsicht der Revolutionäre unterstellt wird, übernimmt ein Provisorischer Vollzugsrat (*Conseil exécutif provisoire*) von sechs Ministern die Regierung.

Ein Jahr zuvor noch blutig unterdrückt, hatte die städtische Volksbewegung mit der »Zweiten Revolution«, wie die Ereignisse des 10. August 1792 sofort genannt wurden, erstmals die Oberhand über die gemäßigte Verfassungsrevolution im Parlament gewonnen. Indem sie mit der Absetzung Ludwigs XVI. den Sturz des

Königtums bewirkte, beseitigte sie, wie Marat bemerkte, eine politische Inkonsequenz, die seit Juni 1789 ständige Konflikte zwischen Krone, Parlament und Volk erzeugt und so die Revolution wesentlich mit vorangetrieben hatte: »Die Revolution richtete sich gegen den Despotismus des Fürsten, seiner Höflinge und der privilegierten Stände; solange das Volk sich im Aufstand befand, hätte es als erstes diese Stützen des Despotismus ganz einfach zerschmettern können. [...] Wer hätte es für möglich gehalten, daß das Volk, anstatt diese Stützen des Ancien régime von allen Ämtern auszuschließen, sie zur Organisierung des neuen Regimes herbeigerufen hat! Und doch ist genau das geschehen.«[64]

Girondins gegen *Montagnards* oder: »Die Revolution frißt ihre Kinder« (August 1792 bis Juni 1793)

»Meine teueren Mitbürger, glaubt einem Mann, der alle Intrigen und Komplotte kennt und seit drei Jahren keinen Augenblick versäumt hat, über euer Heil zu wachen. Der ruhmreiche Tag des 10. August kann für den Sieg der Freiheit entscheidend sein, wenn ihr eueren Vorteil zu nutzen versteht. [...] Seid auf der Hut vor der Reaktion [...]. Betrachtet die Nationalversammlung als euren furchtbarsten Feind [...]. Erinnert euch an das Marsfeld! Niemand verabscheut Blutvergießen mehr als ich. Aber um zu verhindern, daß es in Strömen vergossen wird, beschwöre ich euch, einige Tropfen zu vergießen. [...] Fordert die Einberufung eines Nationalkonvents, um den König abzuurteilen und die Verfassung zu reformieren.«[65]

Dieser Appell, den der »Volksfreund« Marat am Tag der »Zweiten Revolution« an die Pariser richtete, entsprach genau der Verratspsychose und dem weitverbreiteten Rachebedürfnis in jener Übergangsphase vom 10. August bis zum 20. September 1792, als die *Législative* in Erwartung ihrer baldigen Auflösung zwar weiter tagte, eigentlich aber die *Commune* und der Provisorische Vollzugsrat mit seinem populären Justizminister Danton die politische Macht ausübten. Doch auch sie wurden von einer Massenhysterie mitgerissen, bei der zweierlei zusammenkam. Zum einen empfanden viele Revolutionsaktivisten die spontane Volksjustiz des 10. August als unzureichend. Fest davon überzeugt, daß jene »hinterhältigen« Gewehrsalven der Schweizer auf das Volk an den Tuilerien Teil eines mißglückten Komplotts Ludwigs XVI. gewesen seien, verlangten sie die Hinrichtung aller »Gegenrevolutionäre« und waren enttäuscht, daß das zu diesem Zweck am 17. August eingesetzte Sondergericht (*Tribunal criminel*) so langsam vorging. Zum anderen wurde gleichzeitig die äußere militärische Bedrohung beängstigend akut. Als am 26. August in Paris die alarmierende Nachricht eintraf, daß Longwy kampflos vor den Preußen kapituliert hatte, ermächtigte Danton die *Commune* zu Hausdurchsuchungen bei 3000 »Verdächtigen« und zu 1000 Verhaftungen. Die zusätzliche Schreckensnachricht, daß mit Verdun am 2. September die letzte Sperrfestung zwischen dem Alten Reich und der französischen Hauptstadt gefallen war, löste in Paris ein Verteidigungsfieber aus; während Danton in der *Législative* zur Rettung des Vaterlandes aufrief, ließ die *Commune* die Sturmglocke läuten, 30000 Piken schmieden und aus Volksmilizionären Marschbataillone bilden, die gegen den Feind ausrücken sollten. Doch würden, sobald die wehrhaften Männer Paris verlassen hätten, nicht die Gegenrevolutionäre aus den Gefängnissen ausbrechen, um die zurückgebliebenen Frauen und Kinder umzubringen? Diese panische Angst der Revolutionäre stand hinter den Massakern, die spontan improvisierte »Geschworenengerichte« und »Volksrichter« vom 2. bis zum 6. September in neun Pariser Gefängnissen veranstalteten; als Vorsitzenden des »Volksgerichts« im Abbaye-Gefängnis treffen wir den Bastillesieger Stanislas Maillard wieder, der im Oktober 1789 den Zug der Weiber nach Versailles angeführt hatte. Im Zuge dieser Gerichtsinszenierungen, bei denen es nur Freisprüche oder Todesurteile gab, fielen den Septembrisaden nur zu einem Viertel politische Gefangene (vor allem eidverweigernde Priester), zu drei Vierteln aber unpolitische Häftlinge zum Opfer, insgesamt über 1300 Personen. Die vom 3. bis zum 15. September durchgeführten Parlamentswahlen, an denen sich nur etwa ein Zehntel der Stimmberechtigten beteiligte, fanden also in einer extremen Krisenlage statt, die Royalisten praktisch unwählbar machte, radikale Revolutionäre dagegen begünstigte.

Unter den 749 Abgeordneten der *Convention*, wie das neue Parlament hieß, fanden sich denn auch keine Revolutionsgegner mehr, sondern nur noch »Patrioten«. Von ihnen hatten sich knapp 100 (etwa Sieyès, Pétion und Robespierre) schon in der Konstituante und 189 (darunter Brissot und seine Anhänger) in der *Législative* bewährt. Über 400 jedoch waren neue Männer, meist aus den Wahlämtern der Departements aufgestiegen; hinzu kamen einige Intellektuelle wie Condorcet, eine Reihe der Volksbewegung nahestehender Klubaktivisten wie Marat und Danton (letzterer erhielt in Paris die höchste Stimmenzahl) und sogar zwei Arbeiter: der Waffenschmied Noël Pointe und der Wollkämmer Jean-Baptiste Armonville. Damit verschob sich das Spektrum der politischen Gruppierungen erneut. Die gemäßigt revolutionäre »Rechte« bildeten nun die etwa 150 Girondisten um Brissot – sie kamen fast zur Hälfte aus den süd- und südwestlichen Departements –, während die hauptsächlich in Paris und Nordfrankreich gewählte radikalrevolutionäre »Linke« um Robespierre anfänglich nur 100, im Juni 1793 dann 267 Abgeordnete umfaßte; da sie auf den erhöhten Sitzreihen des Tagungssaales Platz nahmen, nannte sie der Volksmund auch *la Montagne* – eine Anspielung auf den heiligen Berg Sinaï. Zwischen »Bergpartei« (*Montagnards*) und Girondisten (*Girondins*) bildete die politisch weniger festgelegte Mehrheit der Konventsabgeordneten in der niederen Saalmitte die wechselnd abstimmende »Ebene« (*Plaine*) beziehungsweise den »Sumpf« (*Marais*). In sozialer und wirtschaftlicher Hinsicht aufgrund ihrer gemeinsamen Zugehörigkeit zum mittleren bis gehobenen Amtsbürgertum ziemlich homogen, unterschieden sich diese Gruppierungen hauptsächlich durch ihre politischen Temperamente. Ihre immer erbitterteren Auseinandersetzungen, bei denen *Girondins* und *Montagnards* die *Plainė* jeweils auf ihre Seite zu ziehen suchten, waren ein Machtkampf um die revolutionäre »Richtlinienkompetenz«, der den Revolutionsprozeß für die nächsten acht Monate prägte. Obwohl sich dabei die politische Diskussion teilweise wieder stärker in das Parlament verlagerte, sollte weiterhin entscheidend bleiben, welche Seite die Unterstützung der erstarkten Volksbewegung und der *Commune* erhalten würde.

Wenn nun der Konvent – durch die Nachricht vom französischen Sieg bei Valmy erleichtert – gleich bei seiner ersten Sitzung am 21. September 1792 die Abschaffung der Monarchie erklärte und drei Tage darauf »die eine und unteilbare Republik« ausrief, so zerfiel diese anfängliche Einmütigkeit bereits bei der kontroversen Beurteilung der Septembermassaker. Girondistische Forderungen, die »Blutsäufer« um Marat, Robespierre und Danton strafrechtlich zu verfolgen, und Unschuldsbeteuerungen der *Montagnards* prallten unversöhnlich aufeinander, führten aber zu keiner Klärung, weil insbesondere Danton, der inzwischen nicht mehr Justizminister, sondern Abgeordneter war, keine Beteiligung nachgewiesen werden konnte. In der Folgezeit waren es vor allem drei aktuelle Problemkomplexe, an denen sich der Dauerkonflikt zwischen *Girondins* und *Montagnards* entzündete und weiter entwickelte.

Der erste große Grundsatzstreit entbrannte um die Frage, was nach seiner endgültigen Absetzung mit Ludwig geschehen sollte. »Tod dem Hochverräter Louis Capet«, forderten seit dem 10. August militante Publizisten im Namen der Sektionen und Volksgesellschaften immer lauter. Kurz nachdem Ludwigs Geheimkorrespondenz in einem eisernen Wandschrank der Tuilerien entdeckt worden war (20. November 1792) und den Verdacht des Landesverrats bestätigt hatte und während der Konvent noch debattierte, ob und in welcher Form Ludwig gerichtet werden könne, machte sich der »rote Priester« Jacques Roux, Mitglied der Cordeliers und der *Commune* sowie Vorsitzender der Sektion Gravilliers, zum Sprecher dieser radikalen Richtung. Am 1. Dezember hielt er in der ehemaligen Kirche der Ursulinerinnen eine flammende »Rede über die Verurteilung Ludwigs des Letzten«, die er anschließend als Druckschrift verbreitete: »Bürger und Republikaner!« rief er aus. »Es ist an der Zeit, die Völker der Erde zu lehren, daß die Nationen nicht länger Eigentum der Könige sind, daß allein die Tugend den Menschen unverletzlich macht, daß aber das Verbrechen die Tyrannen auf das Blutgerüst bringt. [...] In der Tat: Das Volk hat seine Macht nicht delegiert, damit die Verbrechen der Könige wie mit einem Schwamm weggewischt werden. Entweder der Kopf Ludwigs fällt, oder wir werden unter den Trümmern der Republik begraben. Lange genug haben die Könige zu Unrecht das Blut der Völker vergossen, um den Despotismus zu festigen; es ist an der Zeit, die Freiheit der Völker zu festigen, indem man rechtmäßig des unreine Blut der Könige vergießt.«[66] Der Konvent nahm diese Berufung auf das »Volk« nicht unmittelbar auf, als er den Prozeß gegen Ludwig am 11. Dezember eröffnete, sondern pochte auf sein souveränes Entscheidungsrecht als einzig legitime Vertretung der »Nation«. Aber im Ergebnis liefen seine Debatten auf das gleiche hinaus. In ihnen unterlag die girondistische Forderung, Ludwig nur zu lebenslanger Haft zu verurteilen beziehungsweise die Entscheidung über die Todesstrafe einem Referendum zu überlassen, den radikalrevolutionären Gegenargumenten, daß Ludwig durch den Aufstand des 10. August bereits gerichtet sei. Darüber hinaus verbanden radikale Meinungsführer mit Ludwigs Tod zugleich fast heilsgeschichtliche Erwartungen, was sie wiederum in die Nähe von Jacques Roux rückt: »Sie haben nicht ein Urteil für oder gegen einen Menschen zu fällen«, rief Robespierre den Abgeordneten am 3. Dezember zu, »sondern eine Maßnahme der öffentlichen Wohlfahrt [*salut public*] durchzuführen, einen Akt der nationalen Vorsehung zu vollbringen. [...] Wenn eine Nation gezwungen ist, auf das Recht zum Aufstand zurückzugreifen, kehrt sie gegenüber dem Tyrannen zum Naturzustand zurück. [...] Wie der Prozeß gegen den Tyrannen im Aufstand besteht, so fällt seine Verurteilung mit seinem Sturz zusammen; und seine Strafe bemißt sich danach, was die Freiheit des Volkes erfordert. [...] Ludwig muß sterben, weil es Not tut, daß das Vaterland lebe.«[67] Dementsprechend entschied der Konvent, nachdem er Ludwig zweimal als Angeklagten vor seine Schranken zitiert hatte, in vier namentlichen Abstimmungen vom 15. bis zum 17. Januar 1793, daß Ludwig der »Verschwörung gegen die Freiheit« schuldig sei, daß seine Verurteilung keiner Ratifizierung durch das Volk bedürfe, daß er mit dem Tode zu bestrafen und daß dies Urteil sofort zu vollstrecken sei.

Und so inszenieren die Revolutionäre auf der ehemaligen »Place de Louis XV«, die inzwischen in »Place de la Révolution« umbenannt ist, das Schauspiel der »öffentlichen Rache« (Robespierre) am ehemaligen Souverän. Neben dem Sockel des im August 1792 gestürzten Reiterdenkmals Ludwigs XV. wird auf einem bühnenartigen Holzpodest die Guillotine errichtet – der Idee nach ein altes Köpfinstrument, aber technisch perfektioniert durch das neue Konstruktionsprinzip des Arztes Dr. Louis und seine ebenso preiswerte wie rasche Ausführung durch den deutschen Klavierbauer Tobias Schmidt. Eigentlich als Instrument eines schmerzlosen und egalitären Hinrichtungsverfahrens konzipiert und seit dem Frühjahr 1792 eingesetzt, wird sie durch den 21. Januar zu einem Symbol der revolutionären *Terreur*. Nur langsam dringt der Karren, den Jacques Roux als Vertreter der *Commune* und als offizieller Berichterstatter begleitet, mit Ludwig am Morgen dieses Tages durch die schweigende Menge vom Tempel zum Revolutionsplatz vor. Dort will Ludwig dann – schon mit gekürztem Haupthaar auf dem Blutgerüst stehend – dem massenhaft versammelten Volk seine Unschuld beteuern, als der Sicherheitskordon eines Reiterbataillons der Nationalgarde, der Guillotine und Volk trennt, diese letzten Worte mit Trommelwirbeln erstickt. Darauf läßt Charles-Henri Sanson, Scharfrichter seit den 1760er Jahren, Ludwig festschnallen, sein Haupt vom Fallbeil abschlagen und es dem Volke zeigen. Die umstehenden Revolutionsaktivisten brechen in Hochrufe auf die Nation aus, während Anhänger der alten Monarchie ihre Taschentücher in das vergossene Blut des »heiligen Königs« tauchen und Haarlocken von ihm zu erhaschen suchen. In der Tat gilt die symbolträchtige Hinrichtung »beiden Körpern des Königs«: nicht nur dem konkreten Leib Ludwigs, sondern auch und vor allem dem *corpus mysticum* des Sakralkönigtums, wie die Zertrümmerung der »heiligen Ölflasche« mit dem himmlischen Salböl, die ein Konventskommissar später in Reims zelebriert, bestätigt. Mit dem Akt vom 21. Januar 1793 hat die Revolution die Brücken zum Ancien régime endgültig abgebrochen und eine tiefe Kluft aufgerissen zwischen den Befürwortern der Hinrichtung auf der einen und den Gegnern der »Königsmörder« auf der anderen Seite, die Ludwig zum christusähnlichen Märtyrer verklären und auf Rache sinnen: Am Vorabend des 21. Januar ermordet ein ehemaliger königlicher Leibgardist den Robespierristen Michel Le Peletier de Saint-Fargeau, der im Konvent für die unverzügliche Vollstreckung des Todesurteils gestimmt hatte, und schafft damit – ungewollt – den ersten »Freiheitsmärtyrer« der Revolution.

Aus dem Prozeß gegen Ludwig gingen die *Girondins* geschwächt hervor, am Tag seiner Hinrichtung demissionierte ihr Innenminister, Jean-Marie Roland. Noch mehr aber schadete ihnen, daß sie den Ernst der sozialen Frage verkannten, die im Frühjahr 1793 durch den Wertverfall der Assignaten, wachsende Arbeitslosigkeit und steigende Brotpreise akut wurde. Die daraus folgenden Forderungen der kleinen Leute nach Lebensmittelversorgung und »gerechten Preisen« erwiesen sich in dem Maße als politischer Faktor, wie sie in die revolutionäre Volksbewegung eingingen und zum Prüfstein für die Beurteilung der »Parteien« im Konvent wurden. Selbstbewußte plebejische Flugschriften prangerten Hamsterei und Spekulantentum an: »Was haben die Reichen für die Revolution getan? Nichts! Statt dessen haben sie die Freiheit einzig und allein für ihre persönlichen Interessen ausgenutzt. [...] Jeder Handel, der die Existenz der Bürger beeinträchtigt, stellt einen Mißbrauch dar, der augenblicklich unterdrückt werden muß. Denn von allen Arten der Aristokratie ist jene die schlimmste, welche die gewaltige Mehrheit der Bürger Sansculotten aushungert, die wahren Freunde der Republik und die wahren Stützen der Revolution.«[68] Als Mitglied der *Commune* setzte Jacques Roux eine Petition für Höchstpreise auf Lebensmittel auf und verlas sie am 12. Februar im Konvent: »wo es kein Brot gibt, da gibt es auch keine Gesetze, keine Freiheit und keine Republik mehr«.[69] Der »Volksfreund« Marat schlug in dieselbe Kerbe, verstärkte aber den politischen Akzent, indem er Preistreiberei als Zeichen von Revolutionsfeindschaft deutete: »Es ist nicht zu bestreiten, daß die Kapitalisten, die Spekulanten, die Monopolisten, die Luxushändler [...] allesamt, von einigen wenigen abgesehen, Handlanger des Ancien régime sind, die jenen Mißständen nachtrauern, durch die sie sich auf Kosten der Allgemeinheit bereichert haben. [...] Heute verdoppeln sie ihren Eifer, um das Volk durch schwindelerregende Preise für die Waren des täglichen Bedarfs und durch die Angst vor einer Hungersnot zu entmutigen. [...] In jedem Land, wo die Volksrechte nicht leere Phrasen sind, die nur prahlerisch auf dem Papier stehen, würde die Plünderung einiger Läden, an deren Türpfosten man die

Hamsterer aufknüpft, den betrügerischen Machenschaften bald ein Ende machen.«[70] Als am 24. und 25. Februar tatsächlich Lohnempfänger und Erwerbslose, Marktfrauen und Fleischergesellen, Bauarbeiter und Lastenträger mehr als 1000 Pariser Bäcker- und Kolonialwarenläden stürmten und niedrige Preise diktierten, sprachen die Girondisten empört von Verletzung des Eigentumsrechts und Komplizenschaft der *Commune*. Es bedurfte weiterer Petitionen der *sections* (18. und 30. April) und eines Marsches von 10000 unbewaffneten Bürgern zum Konvent (2. Mai), bis dieser – gegen die Stimmen der Girondisten – endlich am 4. Mai das Maximum für Getreide beschloß. Der spätere Versuch der Girondisten, die Verbindung der *Commune* zu den städtischen Volksunruhen durch einen Untersuchungsausschuß aufzudecken und führende Aktivisten wie Hébert und Varlet zu bestrafen (18.–28. Mai), führte zu keinem Erfolg und machte sie bei den kleinen Leuten nur noch verhaßter.

Zum Verhängnis wurde den *Girondins* schließlich der Krieg, den der von ihnen beherrschte Verteidigungsausschuß und ihr Wortführer Brissot mit den Kriegserklärungen an England und Holland (1. Februar 1793) betrieben, ohne ihn für die Republik entscheiden zu können. Leicht errungene französische Anfangserfolge wie die Annexionen von Savoyen (27. November 1792) und Nizza (31. Januar 1793) wurden überschattet von der Eroberung des Roussillon durch Spanien (Januar 1793) und vor allem von der Tatsache, daß die Belgienarmee des mit Brissot befreundeten Generals Charles-François Dumouriez bereits zwei Wochen nach ihrem Einfall in Holland den Rückzug antreten mußte (Anfang März 1793) und von den Österreichern am 18. März bei Neerwinden vernichtend geschlagen wurde. In der Hauptstadt riefen diese Niederlagen um so mehr Bestürzung und Komplottverdacht hervor, als sie mit der Nachricht vom gegenrevolutionären Bauernaufstand in der Vendée zusammentrafen. Aufs höchste alarmiert, sahen die radikalen Revolutionäre in der Republik eine von äußeren und inneren Feinden bedrohte Festung, zu deren Verteidigung der Konvent außerordentliche Notmaßnahmen ergreifen mußte – und zwar zunehmend gegen die rechtsstaatliche Position der *Girondins*. Hatten die Dekrete über die Aushebung von 300000 zusätzlichen Soldaten

(24. Februar 1793) und die Entsendung von Konventsbevollmächtigten (*représentants en mission*) zu den Revolutionstruppen (9. März) noch die Zustimmung der girondistischen Abgeordneten gefunden, so wurden drei weitere Notstandsgesetze, die sich als institutionelle Grundlage der *Terreur* erweisen sollten, gegen sie durchgesetzt: die Errichtung eines Sondergerichts (*Tribunal révolutionnaire*) zur Verfolgung aller Anschläge »gegen die Freiheit, Gleichheit, Einheit und Unteilbarkeit der Republik« (10. März); die Schaffung von Überwachungs- und Revolutionsausschüssen (*comités révolutionnaires*) in den Klubs und Sektionen (21. März); und die Bildung eines von *Montagnards* beherrschten Konventsausschusses zur Überwachung der Staatsverwaltung: des *Comité de salut public* (6. April). Entscheidend geschwächt wurde die Position der *Girondins* schließlich durch die Flucht des Generals Dumouriez zu den Österreichern am 4. April – offenbar eine Bestätigung des von Marat und anderen seit langem geschürten Komplottverdachts. Schon einen Tag darauf reagierte der Pariser Jakobinerklub mit einem Rundschreiben: »Freunde, wir sind verraten worden! [...] Auf Paris richtet Dumouriez seine Rachegelüste [...]. Franzosen! Das Vaterland ist von der allergrößten Gefahr bedroht! Dumouriez erklärt dem Volk den Krieg. [...] Zu den Waffen, Republikaner! Eilt nach Paris, wo sich ganz Frankreich trifft. Paris muß zum Hauptquartier der Republik werden. [...] Nur eingeäschert werden wir Paris ausliefern!!!«[71]

Damit war der Endkampf zwischen *Girondins* und *Montagnards* eröffnet. Anfangs ebenfalls Mitglieder des Jakobinerklubs, waren die Girondisten ab Herbst 1792 nach und nach von ihm ausgeschlossen worden. Brissot hatte seinen Ausschluß mit einem wütenden Pamphlet gegen die »Gleichmacher« und die »Hydra der Anarchie« beantwortet, während auf der Gegenseite Robespierre schon Anfang 1793 Anschluß an die städtische Volksbewegung gesucht hatte, um mit ihrer Hilfe die girondistische Mehrheit im Konvent zu kippen: »Sobald sich das Volk versammelt, erlischt die politische Repräsentation, die Vollmacht des Konvents.«[72] Zur gleichen Zeit, als dann Aktivisten der Cordeliers um Jean-François Varlet die Forderung aufbrachten, unwürdige Volksvertreter aus dem Konvent abzuberufen, und nachts die Druckereien girondistischer Zeitungen verwüsteten (9./10. März), bestieg Robespierre fast täglich die Rednertribüne der Jakobiner, um mit ihnen, den Sektionen und der *Montagne* eine »Volksfront« gegen die *Brissotins* zu bilden: »Eine Revolutionsarmee muß aufgestellt werden; alle Patrioten, alle Sansculotten müssen sich zu dieser Armee melden; die Vorstädte müssen den Kern und die Kraft dieser Armee ausmachen. [...] Alle, die durch Lauheit [*modérantisme*] aufgefallen sind, müssen erbarmungslos aus unseren Sektionen gejagt werden. [...] Der Augenblick ist gekommen, entweder mit den Despoten fertig zu werden oder für die Freiheit zu sterben. [...] Ganz Paris soll zu den Waffen greifen, die Sektionen und das Volk sollen darüber wachen, daß der Konvent sich zum Volk erklärt [*que la Convention se déclare peuple*].«[73]

In der Tat kam der Konvent der Volksbewegung durch die Festsetzung von Höchstpreisen entgegen, aber zu einer Entscheidung im Machtkampf zwischen seinem rechten und seinem linken Flügel war er auch nach Dumouriez' Verrat nicht bereit. Einer Proskriptionsliste mit 22 Namen girondistischer Abgeordneter, die 35 Sektionen am 15. April bei ihm einreichten, stimmte er ebensowenig zu wie girondistischen Anträgen auf Schließung des Jakobinerklubs und Auflösung der *Commune* (18. und 22. Mai). Wurde allerdings sein Grundsatz, sich das Handeln nicht von der Straße diktieren zu lassen, so radikal formuliert wie am 25. Mai vom amtierenden Präsidenten Maximin Isnard, dann fand das öffentlich nur den Beifall der Rechten und mußte die *Montagnards* provozieren: »Wenn es durch diese immer wieder auflebenden Aufstände dazu käme, daß die Nationalvertretung Schaden litte«, rief der Girondist Isnard drohend aus, »so erkläre ich euch im Namen von ganz Frankreich, daß Paris zerstört werden würde [...]. Bald würde man an den Ufern der Seine nachforschen, ob es Paris je gegeben hat [...]. Das Schwert des Gesetzes, noch triefend vom Blut des Tyrannen, steht bereit, jedem den Kopf abzuschlagen, der es wagen sollte, sich über die Nationalvertretung zu erheben.«[74] Tags darauf erklärten sich Marat und Robespierre für den Aufstand gegen die Girondisten.

Wie dabei vorzugehen sei, hatte Hébert – »Verbindungsmann« zwischen *Commune*, Sektionen und Jakobinern – soeben seinem populären »Père Duchesne« in den Mund gelegt: »Tüchtige Sansculotten, der Augenblick ist gekommen, daß ihr Klauen und Zähne, vor allem aber Umsicht zeigt. Erhebt euch wie ein Mann, geht zum Konvent, aber nicht um die Brissotisten und Girondisten zu massakrieren, wie man es nur zu gerne hätte, sondern um gegen die verfluchte Sippschaft der Zwölf Gerechtigkeit zu fordern [...]. Das Volk wird sich selber retten. Brissotisten und Girondisten, die Bombe ist gelegt, noch ein paar Tage, und ihr seid gewesen.«[75] Gesagt, getan. Delegierte von 33 Pariser Sektionen versammeln sich im ehemaligen Bischofspalast (*Évêché*) und bilden in der Nacht vom 30. auf den 31. Mai unter Leitung von Varlet einen geheimen Neunerausschuß, der dann zum 25köpfigen Revolutionären Zentralkomitee erweitert wird, um sich die *Commune* zu unterstellen und den sorgfältig vorbereiteten Volksaufstand zu koordinieren. Als eine erste Massendemonstration von 6000 bewaffneten Milizionären aus dem Faubourg Saint-Antoine den Konvent nicht umstimmen kann, läßt das Zentralkomitee diesen am 2. Juni 1793 von 80000 Nationalgardisten unter dem Befehl von Santerre umzingeln und zwingt dem Parlament die Ratifizierung einer gemeinsamen Petition der Sektionen auf, die den Aufstand in die Tradition der *journées révolutionnaires* stellt und zugleich seine neuartige Disziplin betont: »Das Volk von Paris [...] hat sich erhoben und steht bereit. Es schickt uns in eure Mitte, wie es uns in die Gesetzgebende Versammlung gesandt hat, um die Amtsenthebung von Ludwig XVI. zu fordern. Vertreter des Volkes, bei den Revolutionen des 14. Juli und des 10. August ist Blut geflossen, weil es starken Widerstand gab und weil [...] Zwietracht herrschte. Doch bei der Revolution des 31. Mai wird kein Blut fließen, weil die Streitkräfte, die Einzelpersonen und alle Meinungen vereint sind. Die Einwohner von Paris treten hier massenhaft vor euch und fordern durch uns einen Anklagebeschluß gegen die Verräter in eueren Reihen.« Es folgt eine Liste mit den Namen von 27 Girondisten.[76] Soweit sie nicht geflohen sind, werden die Proskribierten verhaftet, vom Revolutionsgericht zum Tode verurteilt und am 31. Oktober 1793 an derselben Stelle guillotiniert wie Ludwig XVI., unter ihnen Brissot und Vergniaud; 76 weitere Girondisten, die gegen jene Proskription protestieren, werden ebenfalls aus dem Konvent ausgeschlossen und, soweit sie nicht fliehen können, inhaftiert.

Mit dem Kampftag des 2. Juni 1793 trat die Revolution in ein neues Stadium. Wie am 10. August des Vorjahres hatte die städtische Volksbewegung dem Parlament ihr radikales Programm aufgezwungen, dieses bestand nun aber nicht mehr primär in einem Verfassungsziel, sondern in der Säuberung des Parlaments selbst, in einer antiparlamentarischen Aktion, betrieben von der »Linken« im Konvent. Erstmals fiel eine als nicht mehr »zeitgemäß« angesehene Führungsgruppe von Revolutionären ihren radikaleren Konkurrenten zum Opfer, wie Vergniaud vorhergesagt hatte: »Die Revolution frißt wie Saturn ihre Kinder.«[77] Zugleich gewann die Volksrevolution erstmals die Oberhand über die Verfassungsrevolution; und da sich die revolutionären Hauptkräfte nach Ausmerzung der Girondisten praktisch auf den – nunmehr jakobinisch dominierten – Konvent und die von der *Commune* unterstützte demokratische Volksbewegung reduziert und sich einander programmatisch angenähert hatten, hing der Fortgang des Revolutionsprozesses zu einem wesentlichen Teil davon ab, ob diese beiden Kräftepaare nun – ohne gemeinsamen Gegner – ihr Bündnis fortsetzen oder sich gegeneinander wenden würden.

Sansculotten und Jakobiner: Von der Basisdemokratie zur legalen *Terreur* (Juni 1793 bis Juli 1794)

Die nächsten Monate standen im Zeichen einer revolutionären Einigkeit, die Merkmale eines Burgfriedens trug. Andauernde Bauernerhebungen in der Vendée, die Ablehnung der Vorgänge des 2. Juni durch zwei Drittel der Departements, föderalistische Revolten in der Normandie und in Bordeaux (7. Juni 1793), die Ermordung Marats am 13. Juli und drei Tage darauf die Hinrichtung des radikalen Revolutionärs Chalier in Lyon, ferner die royalistische Auslieferung Toulons an die Engländer (27. August), die Kapitulation von Mainz vor den Preußen und von Valenciennes vor den Österreichern (23. und 28. Juli) – schon diese wenigen Daten zeigen an, daß die Republik im Sommer 1793 ernsthaft in ihrer Existenz bedroht und nur durch äußerste Anspannung aller revolutionären Kräfte zu retten war. Der Konvent dekretierte denn auch am 23. August mit der *levée en masse* die Heeresdienstpflicht für alle Franzosen, bis alle Feinde vom Gebiet der Republik vertrieben sein würden: Während die jungen Männer ins Feld zogen und die verheirateten Waffen schmiedeten, sollten die Frauen Zelte und Uniformen nähen und die Kinder aus altem Leinenzeug Mullbinden zupfen. Zugleich beschloß der Konvent eine Reihe sozialer Maßnahmen zugunsten des »Volkes«, das die Hauptlast des Zweifrontenkrieges zu tragen hatte; sie reichten von der Aufteilung der Emigrantengüter unter landarme Bauern (3. Juni) über die Abschaffung der dinglichen Feudalrechte (17. Juli) bis zur Androhung der Todesstrafe für Kaufleute, die Waren horteten (26. Juli), und zur Einrichtung öffentlicher Getreidespeicher und Backstuben in den Departements (9. August).

Unter diesen Rahmenbedingungen erlangte die in den Pariser Sektionen und Volksgesellschaften organisierte demokratische Volksbewegung ihre höchste Entfaltung. Es war die große Zeit der *Sans-culottes*, jener »Plebejer« der Vorstädte, der eigentlichen Träger der *journées révolutionnaires*. Ihre Hauptkennzeichen waren: äußerlich eine den Kniehosen und Seidenstrümpfen der Oberschichten bewußt entgegengesetzte einfache Arbeitskleidung, dazu die rote Freiheitsmütze, patriotische Anstecker und die Pike, Zeichen des wehrhaften Bürgers; sozial die gemischte Herkunft vorwiegend aus dem Kleinbürgermilieu der Handwerker, Krämer und Schankwirte, aber auch aus dem »Arbeitermilieu« der Gesellen und Tagelöhner sowie aus einer lokalen Elite kleiner Juristen, Verwaltungsbeamter und radikaler Intellektueller; sozio-ökonomisch ein Programm der »moralischen Wirtschaft«, der »gerechten« Lebensmittelpreise, des vorrangigen Existenzrechts der Armen, des Kampfes gegen die Reichen sowie einer egalitären Gesellschaft selbständiger Kleinproduzenten; politisch-ideologisch die solidarische Organisation in den Sektionen und Klubs, ein militanter Patriotismus und Republikanismus gegen »Gemäßigte« und »Laue« sowie der Anspruch, selbst unmittelbar Träger der Volkssouveränität zu sein; soziokulturell eine von Nachbarschaft, abendlichen Palavern, gemeinschaftlichen Banketten und Festen der Stadtviertel geprägte plebejische Eigenkultur, eine damals überdurchschnittliche Lesefähigkeit (80–100 %) und ein scharfer Antiklerikalismus, gepaart mit einem neuen religionsartigen Kult um Revolutionsheilige. Für die Zeitgenossen verkörperten die Sansculotten das so vielbeschworene revolutionäre Volk: »*Reichtum* und *Sansculotten*, diese beiden Ausdrücke sind unvereinbar [...]. Der Sansculotte ist tatkräftig, fleißig, sparsam, zugleich aber alles andere als egoistisch [...]. Sieht man nicht seit Beginn der Revolution zahlreiche Sansculotten in den Sektionsversammlungen ausharren und sich mit einem eingesteckten Stück Brot begnügen? [...] sie haben von einem Augenblick zum andern den Schritt vom dumpfen Aberglauben zum reinen Vernunftglauben vollzogen [...]. Diese plötzliche und schöne Revolution der religiösen Ideen entspringt aus dem Gefühl der eigenen Würde, von dem das sansculottische Volk durchdrungen ist, seitdem es die Menschenrechte erklärt hat. [...] Die Sansculotten haben keinen Führer an ihrer Spitze. Sie brauchen keinen und hüten sich davor. [...] Letzten Endes sind sie nichts anderes als das freie Volk, das seine Rechte erkämpft hat [...]. Mit einem Wort, alles, was nicht sansculottisch ist, ist illegal, vorläufig und augenblickbezogen. [...] Die Faktionen, Parteien und Sekten vergehen, aber das sansculottische Volk bleibt bestehen wie die Natur.«[78]

Gleichzeitig mit der Sansculotterie entfalteten im Sommer 1793 auch die *Enragés* ihre größte Wirksamkeit: eine lose Gruppe radikalrevolutionärer Aktivisten und plebejischer Intellektueller in der Sektion Gravilliers um Jacques Roux, ferner die Postbediensteten Jean Varlet und Jean-Théophile Leclerc, die Schauspielerin Claire Lacombe und die Schokoladenverkäuferin Pauline Léon, außer Roux alle unter 30 Jahre. Dazu kamen als Hébertisten der Drucker Antoine-François Momoro sowie aus dem Kriegsministerium Charles-Philippe Ronsin und François-Nicolas Vincent. Fast alle waren sie Mitglieder der Cordeliers, teilweise auch der *Jacobins* und der *Commune*. Ohne selbst Sansculotten zu sein, fungierten sie doch als deren authentische Interpreten, indem sie klarmachten, daß die sozialen Zugeständnisse des Konvents weithin deklaratorisch blieben und dem »Volk« nicht weit genug gingen: Verwirklichung des Maximums für Lebensmittel, die Todesstrafe für

Hamsterer, Verhaftung aller Verdächtigen – so lauteten die Kernforderungen, die sie in ihren Zeitungen, Flugschriften und Adressen von Juni bis August 1793 beständig wiederholten. So forderte Jacques Roux im Namen der Sektionen Gravilliers und Bonne-Nouvelle sowie der Cordeliers am 25. Juni im Konvent, die revolutionären Freiheits- und Gleichheitsversprechen einzulösen und endlich die materielle Not der kleinen Leute zu lindern: »Abgeordnete des französischen Volkes! [...] Die Freiheit ist ein leerer Wahn, solange eine Menschenklasse die andere ungestraft aushungern kann. Die Gleichheit ist ein leerer Wahn, solange der Reiche mit dem Monopol das Recht über Leben und Tod seiner Mitmenschen ausübt. [...] Seit vier Jahren ziehen allein die Reichen Nutzen aus der Revolution.« Und der anschließenden Forderung nach Höchstpreisen verlieh Jacques Roux Nachdruck mit dem Appell an die Abgeordneten: »Noch einmal also, erklärt euch! Die Sansculotten mit ihren Piken werden eure Beschlüsse ausführen. [...] Das Volk, das seine wahren Freunde kennt, das Volk, das schon so lange leidet, wird sehen, daß euch sein Los bewegt und daß ihr seine Leiden ernstlich heilen wollt.«[79] Dieser Anspruch, die wahren Interessen der Sansculotten und des »Volkes« authentischer zu vertreten als die gewählten Volksvertreter im Konvent, traf dessen Legitimationsgrundlage in einem so empfindlichen Punkt, daß Robespierre Jacques Roux kurz darauf als angeblichen »Volksfeind« und Komplizen Österreichs denunzierte und – über den Jakobinerklub – seinen Ausschluß aus den Cordeliers durchsetzte (28. und 30. Juni).

Die hier sichtbaren Risse in der »Volksfront« von jakobinischem Konvent und Sansculotterie vertieften sich in dem Maße, wie die in Permanenz tagenden Vollversammlungen der Sektionen angesichts wachsender Versorgungsprobleme und immer längerer Schlangen vor Bäckerläden ihre sozialrevolutionären Forderungen Ende August verschärften. Alle ehemaligen Adeligen aus ihren Ämtern und militärischen Funktionen zu jagen, Industrie- und Handelsgewinne zu beschränken, eine Obergrenze der Vermögen festzulegen und die Größe der verpachteten Güter zu begrenzen, so lauteten beispielsweise die Kernforderungen einer Adresse, welche die Sektion Sans-Culottes am 2. September an die »Abgeordneten des Volkes« richtete. Ihren Höhepunkt erreichte diese Kampagne, als zwei

Tage darauf 2000 Männer und Frauen, angeführt von Bau- und Rüstungsarbeitern, mit dem Ruf nach Brot zum Grève-Platz vor das Rathaus zogen, um nach dem Vorbild des 2. Juni erneut eine Massendemonstration vor dem Konvent in Gang zu setzen.

Am 5. September 1793, dem letzten großen Kampftag der sich radikalisierenden Revolution, umzingeln wieder Tausende bewaffneter Sansculotten das Parlament, aber diesmal sind sie nicht unter sich, sondern werden begleitet sowohl von Vertretern der *Commune* als auch von zahlreichen Mitgliedern der *Jacobins*, welche die Sektionäre nach außen verstärken, intern aber bewußt unter Kontrolle halten. Da mit der Abordnung der Demonstranten Hunderte von Sansculotten in den Konventssaal strömen, vollziehen sich die Überbringung und die Diskussion ihrer Forderungen unter den Augen und Ohren des »Volkes«. Dieses erscheint denn auch als oberste Legitimationsinstanz der ganzen Veranstaltung. Als Sprecher der Demonstranten beruft sich erstens der Prokurator der *Commune*, Chaumette, auf die »Souveränität« des Volkes, wenn er an die *Montagne* appelliert: »seid der Sinaï der Franzosen; schleudert mit Blitz und Donner ewige Gesetze der Gerechtigkeit und des Volkswillens. [...] Heiliger Berg, werde ein Vulkan.« Und mit drohendem Unterton weist Chaumette auf die anwesenden Sansculotten: »Herkules steht bereit; gebt die Keule in seine kraftvollen Hände, und bald [...] wird die Verpflegung des Volkes gesichert sein. [...] Das Heil des Volkes ist zu lange vertagt worden; es ist an der Zeit, seine Feinde zu vernichten.«[80] Im gleichen Sinne verlangt zweitens eine Abordnung der *Jacobins* und der 48 *sections* Notstandsmaßnahmen: »Vertreter des Volkes, das Vaterland ist in höchster Gefahr [...]. Setzt die *Terreur* auf die Tagesordnung.« Und drittens unterstreicht eine Petition der Sektion Unité ihre Forderung nach Hinrichtung der Girondisten mit den Worten: »Das Volk fordert diese Gerechtigkeit, das Volk ist etwas ungeduldig, daß die Gerechtigkeit seinem Wunsch nicht unmittelbar entspricht. [...] Gesetzgeber, hört diese Stimme des Volkes!« Während die Mehrheit der Abgeordneten zu diesen Appellen betreten schweigt, macht Robespierre als amtierender Konventspräsident von Mal zu Mal eine tiefere rhetorische Verbeugung vor dem »Volk«. Versichert er der ersten Abordnung nur knapp: »Die Fürsorge des Konvents erstreckt sich auf alle Sorgen des Volkes«, so würdigt er die zweite schon ausführlicher, wobei er allerdings das Wort *Terreur* sorgsam vermeidet: »Bürger, das Volk hat die Revolution gemacht; an euch ist es nun, die Ausführung der Sofortmaßnahmen, die das Vaterland retten sollen, zu sichern [...]. Jawohl, Mut und Gerechtigkeit stehen auf der Tagesordnung.« Auf die Mahnung der Sektion Unité schließlich meint Robespierre noch deutlicher eingehen zu müssen: »Dieses Volk, das so majestätisch die Sprache der Vernunft und der Wahrheit spricht, wird frei sein; [...] denn der Genius der Freiheit leitet sein Handeln. [...] Der Nationalkonvent muß sich eines solchen Volkes würdig erweisen; er wird es tun.« Während nun die Jakobiner Danton und Billaud-Varenne das Wort ergreifen, um ihrerseits dem »erhabenen Elan« und der »Energie des Volkes« Tribut zu zollen und erste Vermittlungsvorschläge zur Abstimmung zu bringen, arbeitet der Wohlfahrtsausschuß, dem seit einem guten Monat auch Robespierre angehört, in aller Eile eine Gesetzesvorlage aus, die der Konvent sogleich beschließt: Um den Warenschiebern das Handwerk zu legen und für die Hauptstadt ausreichend Getreide und Mehl zu beschaffen, wird aus der Sansculotterie eine »Revolutionsarmee« (*Armée révolutionnaire*) von 6000 Mann zu Fuß und 1200 Kanonieren gebildet; bedürftige Teilnehmer der Sektionsversammlungen erhalten für entgangenen Verdienst täglich 40 Sous, allerdings werden diese Versammlungen auf zwei Tage pro Woche begrenzt; weitere Maßnahmen zur Sicherung der »öffentlichen Wohlfahrt« stellt der Konvent in Aussicht.

Hébert feierte die *journée* des 5. September als Sieg der Sansculotten: »Fürchtet euch, ihr Herren Schufte, die ihr das Volk in Ketten schlagen wolltet! Das Volk hält die Keule in seiner Hand und wird euch damit zermalmen.«[81] Tatsächlich machte der Konvent der Volksbewegung anschließend weitere Zugeständnisse, indem er auch für die Provinzen die Bildung von Revolutionsarmeen dekretierte (9. September), ein »allgemeines Maximum« mit Höchstpreisen für alle wichtigen Verbrauchsgüter und Löhne erließ (29. September) und mit dem Gesetz zur Ermittlung und Verhaftung der »Verdächtigen« (*suspects*) durch die Überwachungsausschüsse (17. September) praktisch die revolutionäre *Terreur* auf die Tagesordnung setzte. Er entschloß sich also zum gesetzlichen Terror, um neue Ausbrüche ungesetzlicher popularer Lynchjustiz wie im September 1792 zu verhindern. Doch indem der Konvent und sein Wohlfahrtsausschuß die radikalrevolutionäre Volksbewegung derart vereinnahmten, brachen sie ihr zugleich die Spitze. Und wenn sie am selben 5. September, an dem sie den Forderungen der Sansculotten scheinbar nachgaben, mit Jacques Roux einen ihrer Wortführer verhaften ließen, so war dies ein erstes Anzeichen dafür, daß die letzte *journée révolutionnaire* in Wirklichkeit ein Pyrrhussieg war, der eine Wende im Prozeß der Revolution einleitete.

Und zwar eine Wende von der Vorherrschaft der Sansculotten zur Jakobinerdiktatur, von der spontanen *Terreur* des Volkes zur institutionalisierten *Terreur* der *Montagnards*, wie sie Saint-Just im Namen des Wohlfahrtsausschusses am 10. Oktober im Konvent begründete. Geschickt berief sich der Redner auf das notleidende Volk als politische Legitimationsinstanz: »Jeder, der sich dem Volk entgegenstellt, zählt nicht mehr zum Souverän, und jeder, der nicht mehr zum Souverän gerechnet wird, ist ein Feind.« Im Kern aber betrieb er unter Berufung auf die akute Bedrohung der Republik durch Angriffe von außen und Verschwörungen im Innern, die bereits 100000 Patrioten das Leben gekostet hätten, die Entmachtung der wenig effizienten Ministerien, zumal des den Sansculotten nahestehenden Kriegsministeriums, die Konzentration der Regierung im *Comité de salut public* und die Erhebung des revolutionären Schreckens zum Regierungsprinzip: »Das Schwert des Gesetzes muß allerorts mit reißender Geschwindigkeit dazwischenfahren, und eure Macht muß allgegenwärtig sein, um den Verbrechen Einhalt zu gebieten.«[82] Das daraus folgende Konventsdekret, welches »die provisorische Regierung Frankreichs bis zum Frieden für revolutionär« erklärte, bedeutete, daß die neue Verfassung vom Juni 1793 vorerst außer Kraft blieb, die Minister und Generäle der Kontrolle des Wohlfahrtsausschusses unterstellt wurden und das Revolutionstribunal erweitert wurde. Ihren vorläufigen Abschluß erreichte diese Zentralisierung in dem ergänzenden Gesetz über die »Revolutionsregierung« (*Gouvernement révolutionnaire*) vom 4. Dezember; im Verbund mit dem *Comité de sûreté génerale*, das für die »Verdächtigen« zuständig war, kontrollierte der zwölfköpfige Wohlfahrtsausschuß fortan nicht nur die übrigen Konventsausschüsse (er allein schlug ihre Mitglieder vor), sondern – gestützt auf Kommissare (*agents nationaux*) in den Distrikten, die ihm alle zehn Tage berichten mußten – auch die Departements; seinerseits wurde er unabsetzbar, weil die bisherige monatliche Neuwahl beziehungsweise Bestätigung seiner Mitglieder durch den Konvent entfiel. Robespierre, nun immer eindeutiger die führende Figur im Wohlfahrtsausschuß, rechtfertigte die Revolutionsregierung in seiner Konventsrede vom 25. Dezember als zum »Wohl des Volkes« notwendigen »Krieg der Freiheit gegen ihre Feinde«, obwohl zu diesem Zeitpunkt im Innern die abtrünnigen Städte Lyon und Toulon zurückerobert (9. Oktober/19. Dezember) und die Vendéer vernichtend geschlagen (17. Oktober /12. Dezember) waren und nach außen die Revolutionsheere bei Hondschoote (6. September) und Wattignies (19. Oktober) längst entscheidende Siege errungen hatten. Doch war der Wohlfahrtsausschuß inzwischen so stark von einer republikanischen »Festungsmentalität« durchdrungen, daß er der *Terreur* ihren Lauf ließ.

Angesichts dieser Diktatur im Namen des »Gemeinwohls« und der »Tugend« drifteten die revolutionären Kräfte erneut auseinander. Auf der einen Seite sammelte sich im Konvent um Danton und Camille Desmoulins eine Gruppe von Kritikern einer übersteigerten *Terreur*, auch *Citras* oder *Indulgents* genannt. Als sie Ende 1793 – nach den revolutionären Massenexekutionen in Lyon und der Guillotinierung der Girondisten – für eine Begrenzung des »Blutregimes« und für die Freilassung von 200000 Verdächtigen plädierten, wurden sie vom Wohlfahrtsausschuß als *tribuns sans peuple* und als Schädlinge des revolutionären Elans denunziert und so lange verfolgt, bis sie am 5. April 1794 unter der Guillotine endeten. Auf der anderen Seite entfremdete sich die Revolutionsregierung die demokratische Volksbewegung, indem sie Zug um Zug die Frauenklubs verbot (30. Oktober 1793), die Anhänger Jacques Roux' in der Sektion Gravilliers verhaften ließ (28. November 1794), zuerst die provinzialen Revolutionsarmeen (4. Dezember 1793), dann auch die Pariser *Armée révolutionnaire* (27. März 1794) auflöste und ganz besonders die, wie Robespierre am 5. Februar 1795 formulierte, »ultra-revolutionären« Wortführer der Sansculotten bei den Cordeliers bekämpfte. Als diese eine neue

Massendemonstration vor dem Konvent vorbereiteten, ohne sich der Gefolgschaft anderer Sektionen zu versichern, ließ der Wohlfahrtsausschuß die Hébertisten in der Nacht vom 13. auf den 14. März 1794 festnehmen. Verzweifelt traten die Cordeliers beim Konvent am 16. März für ihre verhafteten Mitglieder ein und beschworen deren revolutionäre Geradlinigkeit: »Sie sind es, die die Revolution aus der Taufe gehoben haben. Vor den Mauern der Bastille die ersten, sind sie bis heute unverdrossen und furchtlos ihren Weg gegangen. [...] Ein System von Verfolgungen wurde gegen die Patrioten aufgerichtet, wir haben unsere Stimme erhoben [...]. Das sind unsere Taten: Wählt zwischen unseren Verleumdern und uns: das Volk, der Souverän, über den niemand Macht haben kann, wartet schweigend.«[83] Doch unter den neuen Machtverhältnissen verhallten solche Appelle an die »Volksvertreter« wirkungslos; acht Tage darauf verurteilte das Revolutionsgericht auch die Hébertisten zum Tod durch das Fallbeil. Die materielle Not der kleinen Leute suchte die Revolutionsregierung zwar zu lindern, indem sie im Februar 1794 für Bedürftige zehn Millionen Livres zur Verfügung stellte und die Verteilung der Güter der Verdächtigen unter bedürftige Patrioten verfügte (Ventôse-Dekrete), aber die basisdemokratische, in ihren Augen »anarchische« Bewegung von unten empfand sie innerhalb ihres geschlossenen Systems zunehmend als störend. Nur über die Jakobinerklubs, die um die Jahreswende 1793/94 ihre größte Mitgliederzahl und Ausbreitung erreichten, stand sie noch mit der breiteren Bevölkerung in Verbindung.

Die politische Isolierung der Revolutionsregierung zwischen den in Ungnade gefallenen Sektionen, die ihre regelmäßigen Versammlungen im Frühjahr 1794 eine nach der anderen einstellten, und dem Konvent, welcher der ständigen Kommandos allmählich überdrüssig wurde, nahm weiter zu, als Robespierre am 23. Mai nur knapp einem Attentat entging und darauf das Prairial-Gesetz vom 10. Juni 1794 in die Wege leitete. Ohne länger eine Beweisaufnahme führen und eine Verteidigung berücksichtigen zu müssen, verdoppelte das Pariser Revolutionstribunal in den folgenden drei Wochen seine Todesurteile gegen des »Aristokratenkomplotts« Verdächtigte, so daß die Guillotine, um weniger Anstoß zu erregen, vom Zentrum an den Stadtrand verlegt wurde. Damit hatte die Revolutionsregierung den Terror überspannt. Allein in Paris über 4000 politische Häftlinge und 1376 Hinrichtungen nur von Juni bis Juli 1794, landesweit insgesamt 16594 Opfer der legalen *Terreur*, davon drei Viertel wegen bewaffneten Aufruhrs – dieser Blutzoll erschien auch den Anhängern der Revolution in dem Maße zu hoch, wie sie selbst bedroht wurden und wie sich die außenpolitische Krisenlage durch französische Siege sowohl im Roussillon (28. Mai) als auch bei Tourcoing (18. Mai) und bei Fleurus (26. Juni) entspannte. Und so wagte der Konvent am 9. Thermidor, dem 27. Juli 1794, den Aufstand gegen seinen »Tyrannen« Robespierre. Die *Commune* läutete zwar die Sturmglocke und brachte 30000 Milizionäre aus 16 Sektionen auf die Beine, aber die der Revolutionsregierung entfremdeten und in ihrer Organisation geschwächten Sansculotten kamen Robespierre nicht zu Hilfe. Im größten Hinrichtungsschub (*fournée*) der Revolution in Paris wurde er am 28. Juli zusammen mit 105 seiner engsten Anhänger guillotiniert.

Die Verbürgerlichung der Revolution (August 1794 bis November 1799)

Die nach dem 9. Thermidor verbliebenen Konventsabgeordneten (Thermidorianer) und ihre Nachfolger unter dem Direktorium interpretierten ihr Regime als Rückkehr zur liberalen Verfassungsrevolution von 1789. Sie konnten sich dabei auf einen ansehnlichen Maßnahmenkatalog berufen: Freilassung der politischen Gefangenen, Schauprozesse gegen berüchtigte »Terroristen« wie Carrier, den »Schlächter von Nantes«, und Fouquier-Tinville, den Öffentlichen Ankläger am Pariser Revolutionstribunal; Einschränkung des Revolutionstribunals und Auflösung der Revolutionsausschüsse; ferner Wiederaufnahme der ausgestoßenen Girondisten in den Konvent und Stärkung des Parlaments auf Kosten der Regierungsausschüsse; schließlich die Verabschiedung einer neuen Verfassung (22. August 1795), die mit dem Rat der 500 (*Conseil des Cinq-Cents*) und dem Rat der Alten (*Conseil des Anciens*) ein parlamentarisches Zweikammersystem einführte und die Regierung einem fünfköpfigen Direktorium übertrug. Doch hatte diese in Festen und Proklamationen gefeierte Konsolidierung etwas Deklaratorisches, weil die von der legalen *Terreur* geschwächte demokratische Basiskultur nicht einfach wieder erstarkte. Ganz im Gegenteil: Die Thermidorianer und die zunächst fortbestehende – nun antijakobinische – Revolutionsregierung führten gegenüber der Volksbewegung die Disziplinierungs- und Unterdrückungspolitik der *Terreur* fort, indem sie nach dem Verbot der Pariser *Jacobins* (12. November 1794) das Maximum abschafften (24. Dezember 1794) und die Sektionen durch die Einschleusung gemäßigter Bürger unterwanderten, wobei sie von jugendlichen Schlägertrupps, der *jeunesse dorée* unter dem ehemaligen Terroristen Fréron, tatkräftig unterstützt wurden.

Die Pariser Sektionen und die Revolutionsklubs in der Provinz wehren sich mit Flugblättern, Plakaten, illegalen Generalversammlungen und einer Welle von Protestadressen an den Konvent. Nach einem langen Hungerwinter erreicht ihr Widerstand in den *journées* vom Germinal und Prairial des Jahres III seinen Höhepunkt. Wird ein erster, schlecht organisierter Demonstrationszug von Sansculotten der Pariser Vorstädte am 1. April 1795 durch regierungstreue Bataillone mühelos vom Konvent vertrieben, so meldet sich das Volk in den Unruhen vom 20. bis zum 23. Mai 1795 nachdrücklicher zu Wort. Ein letztes Mal umzingeln bewaffnete Sansculotten, 20000 an der Zahl, das Parlament, um es zur Annahme ihrer zugleich ökonomischen und politischen Forderungen zu nötigen, zusammengefaßt in der Losung: »Brot und die Verfassung von 93«. Sie stürmen den Konvent, üben Lynchjustiz an dem Abgeordneten Féraud, der sie aufhalten will, und pflanzen seinen Kopf auf eine Pike. Ihr zuvor plakatierter Aufruf, den der Schuhmacher Duval aus der Sektion Arsenal am 20. Mai im Konvent vorträgt, gibt sich als unmittelbare Äußerung des souveränen Volkswillens in Gesetzesform: »In Erwägung der Tatsache, daß die Regierung das Volk auf unmenschliche Weise Hungers sterben läßt [...], daß sich die Regierung anmaßend, ungerecht und tyrannisch verhält, wenn sie willkürlich Festnahmen veranlaßt [...], daß eine widerrechtliche und tyrannische Regierung ihre schurkischen Absichten und ihre Macht nur auf die Schwäche, die Unwissenheit und das Elend des Volkes gründet [...], beschließt das Volk, [...] massenhaft zum Nationalkonvent zu ziehen, um von ihm zu fordern: 1. Brot; 2. die Absetzung der Revolutionsregierung [...]; 3. die sofortige Verkündigung und Inkraftsetzung der demokratischen Verfassung von 1793 [...]; 5. die unverzügliche Freilassung der Bürger, die gefangengehalten werden, weil sie Brot gefordert und freimütig ihre Meinung kundgetan haben; 6. die Einberufung der Urwählerversammlungen zum kommenden 25. Prairial zwecks Erneuerung aller Behörden«.[84] Doch ohne ihren Forderungen den nötigen Nachdruck zu verleihen, lassen sich die Sansculotten mit scheinbaren Zugeständnissen des Konvents abspeisen, bis sie von mobilisierten Armee-Einheiten und Bataillonen regierungstreuer Sektionen eingekesselt und entwaffnet werden. So können sie nicht mehr hören, was ihnen der Abgeordnete François-Louis Bourdon von der Tribüne des Konvents ebenso beschwichtigend wie beschönigend nachruft: »Volk, ich beschwöre dich im Namen der Freiheit, die du erobert hast, entehre nicht den Ruhm eines so großen Werkes. [...] Kannst du es ablehnen, der Freiheit zuliebe, für die du schon so viel getan hast, noch einige schwere Augenblicke zu ertragen?« Und unter dem Beifall des Hauses schließt der Redner mit dem Ausruf: »Das Volk hat gehört, und die Freiheit ist gerettet.«[85] Die Handlungen von Regierung und Konvent waren diesen Worten entgegengesetzt; sie bestanden unter anderem darin, mit Hilfe eines Militärausschusses 36 Aufständische zum Tode verurteilen zu lassen, 1200 Sansculotten zu verhaften, arme Bürger von der Nationalgarde auszuschließen und die letzten Volksgesellschaften aufzulösen. Äußerlich also war damit das Verhältnis von Parlament und städtischer Volksrevolution auf den Stand vom September 1791 zurückgeschraubt.

Doch »das Volk« war im Laufe von sechs Revolutionsjahren zu demokratiebewußt geworden, um nun sogleich in politische Passivität zurückzusinken. Der neojakobinische »Club du Panthéon«, den René-François Lebois, Sektionsaktivist und Fortsetzer von Marats »Ami du Peuple«, Mitte November 1795 gründete, sammelte so schnell an die 1000 Mitglieder, daß das Direktorium ihn am 28. Februar 1796 schließen ließ. Derart in den Untergrund gedrängt, griff ein Kern standhafter Sozialrevolutionäre um Babeuf, den Wortführer der Steuerrebellion der Picardie von 1790, der sich nun »Gracchus« nannte, zur Verschwörung als dem letzten Mittel, um seine politischen Ziele, ein in Ansätzen kommunistisches Programm, zu verfolgen. Ausgehend von etwa 350 Sympathisanten in Paris und 240 Anhängern in den Departements, die mit den Abonnenten von Babeufs Untergrundzeitung »Le Tribun du Peuple« zusammenfielen, und unter der Leitung eines »Geheimen Wohlfahrtsdirektoriums« (*Directoire secret de Salut public*), sollten die Sansculotten und Teile der Armee für einen Aufstand aller Demokraten gegen das Direktorium gewonnen werden und eine provisorische Revolutionsregierung an die Macht bringen, die mit ehemaligen Jakobinern eine egalitäre Gesellschaft begründen würde. Aber bevor die Verschwörer ihren Plan ausführen konnten, wurden sie verraten und am 10. Mai 1796 verhaftet; Babeuf wurde am Ende eines dreimonatigen, Aufsehen erregenden Prozesses am 26. Mai 1797 zum Tode verurteilt. Mit Bedacht verlegte die Direktorialregierung den Prozeß und die Hinrichtung Babeufs nach Vendôme im Departement Loir-et-Cher, denn in der Hauptstadt lebte die revolutionäre Basiskultur trotz aller Unterdrückung verdeckt weiter, wie neben Spitzelberichten auch die Existenz des Klubs der »Freunde der Gleichheit und Freiheit« zeigt, der am 18. Juli 1799 von Babeufs Kampfgefährten Jean-Baptiste Drouet gegründet, sechs Wochen darauf allerdings wieder verboten wurde.

Die bürgerlichen Führungseliten der Direktorialzeit erstickten die demokratische Kultur, die sie an die Macht gebracht hatte, nicht nur an der Basis, sondern höhlten sie auch auf der parlamentarischen und der Regierungsebene aus. Obwohl die Abgeordneten das von der Revolutionsregierung ausgesetzte Wahlprinzip wieder zur politischen Legitimationsgrundlage erklärt hatten, schränkten sie es ein, sobald sie befürchten mußten, durch Mehrheitsentscheidungen abgelöst zu werden. Um ihre Position zu stabilisieren, dekretierten die Thermidorianer zwar am 22. August 1795, daß die Zensuswähler die Deputierten jeweils nur zu einem Drittel neu bestimmen durften, aber auch damit konnten sie weder den Schwund ihrer Macht noch Wechselbäder von »rechten« und »linken« Mehrheiten verhindern. Wurden zunächst sowohl im Oktober

1795 wie im März 1797 fast alle zur Wiederwahl kandidierenden Abgeordneten des alten Konvents (oft ehemalige *Montagnards*) im Rat der 500 durch revolutionsfeindliche Männer abgelöst, so ging aus den folgenden Wahlen vom Mai 1798 und vom April 1799 – trotz massiver Wahlbeeinflussung der Konservativen – wiederum die »Linke« gestärkt hervor. Außerdem trug auch das Direktorium durch mehrfache »Wahlkorrekturen« zur Aushöhlung der demokratischen Spielregeln bei. Das eine Mal, angesichts des Rechtsrucks von 1795/96 und zusätzlich alarmiert durch royalistische Staatsstreichversuche, verbannten die führenden Direktoren Barras, Reubell und La Révellière-Lépeaux 53 reaktionäre Abgeordnete und zwei Direktoren nach Französisch-Guyana (4. September 1797); das andere Mal annullierten sie die Wahl zahlreicher »jakobinischer« Abgeordneter und entsandten statt ihrer Regierungskandidaten in den Rat der 500 (11. Mai 1798). Als das jahrelang von Regierung und Militärs eingeschüchterte Parlament, durch Neuwahlen auf der Linken gestärkt, sich schließlich mit der Absetzung von drei konservativen Direktoren revanchierte (18. Juni 1799) und eine republikanische Schlußphase der Direktorialzeit einleitete, kam diese Rückkehr zum Mittelweg der Revolution zu spät.

Denn ihrer Organisationen, ihrer Publizistik und ihrer demokratischen Basis weitgehend beraubt, hatten die revolutionären Kräfte inzwischen restaurativen Gegenbewegungen weichen müssen, die ihrerseits »terroristische« Kampfmittel einsetzten. Letztlich außerstande, der *Terreur* und ihren Nachwirkungen zu entkommen und Frankreich innenpolitisch zu befrieden, beschränkte sich das Direktorialregime gegen Ende der 1790er Jahre zunehmend darauf, das Land notdürftig zu verwalten. Schließlich wurde es nur noch notdürftig aufrechterhalten von bürgerlichen Wirtschafts- und Machtinteressen, von der Furcht vor einer Gegenrevolution und von dem immer erfolgreicheren äußeren Krieg, der von nationaler Verteidigung über revolutionäre Missionierung zur Eroberung und Ausbeutung mutiert war. Es sollte denn auch der erfolgreichste Revolutionsgeneral sein, Napoleon Bonaparte, der mit Hilfe führender Thermidorianer um Sieyès und unter dem Vorwand, ein jakobinisches Komplott zerschlagen zu müssen, im Staatsstreich vom 18. Brumaire (9. November 1799) die Nachfolge des abgewirtschafteten Direktorialregimes antrat und im Schlußsatz seiner lapidaren Proklamation »An die Franzosen« am 15. Dezember 1799 erklärte: »*Citoyens*, die Revolution ist fest den Prinzipien verbunden, von denen sie ihren Ausgang genommen hat. Sie ist beendet.«[86] Wie sich die Proklamation nicht mehr an das »Volk«, sondern an die Staats- und Besitzbürger wendet, so nennt sie als erstes der »heiligen Rechte«, die es zu schützen gelte, das Eigentum – erst danach die Gleichheit und Freiheit. In der Tat war die von Bonaparte verkündete Rückkehr zu den Prinzipien von 1789 sehr unvollständig; denn der »starke Mann« rettete zwar die bürgerrechtlichen Errungenschaften der Revolution, aber um den Preis einer konservativen Sozialpolitik, eines elitären Scheinparlamentarismus und eines zentralistischen Polizeistaats, der die *Terreur* an Effizienz übertraf – freilich ohne auf lange Sicht verhindern zu können, daß die unterirdisch fortlebende demokratische Kultur der Revolution in Frankreich und darüber hinaus zur treibenden Kraft der republikanischen Bewegung von 1830 bis 1871 wurde.

Praxisfelder der revolutionären Kultur in Frankreich

Wenn die Französische Revolution, wie die vorstehenden Kapitel zu zeigen versuchen, weniger im Umbruch der Wirtschafts- und Sozialstruktur bestand, als vielmehr ein unerhörter Prozeß war, der neue politische und rechtliche Rahmenbedingungen mit demokratischer Tendenz schuf, so heißt das nicht, daß ihr eine soziale Dimension gefehlt hätte; ganz im Gegenteil: Ohne eine solche Dimension hätte sie weder die Durchsetzungskraft noch die Breiten- und Fernwirkung erreicht, die sie zur »Leitrevolution der Moderne« gemacht haben. Nur lag das »Soziale« dieser Revolution hauptsächlich nicht im Bereich des Materiellen (»Klassenkampf«, Entstehung des »Kapitalismus«), sondern auf der Ebene der Kultur und der kollektiven Mentalitäten. Ja, die These erscheint nicht zu gewagt, daß die Französische Revolution in ihrem Kern ganz wesentlich ein sozio-kultureller Umbruch, eine Revolution des politisch-sozialen Bewußtseins war. Wie sich das in den Klubs und Volksgesellschaften, in missionarischen Märschen und Demonstrationen, in Petitionen und Pamphleten äußerte, haben verstreute Beispiele oben in einem mehr ereignisgeschichtlichen Zusammenhang angedeutet. Versuchen wir, einige von ihnen aufzugreifen, etwas weiter zu verfolgen und ihren systematisch-funktionalen Zusammenhang zu ergründen.

Die Französische Revolution erwies ihre neuartige »Totalität« nicht zuletzt darin, daß sie auch und gerade alle Bereiche der Kultur ergriff. Religion und Erziehung, Sprache und Literatur, Wissenschaft und Bibliothekswesen, Oper und Theater, Malerei und Architektur, Kleidermode und Fayencen – alles beanspruchten ihre Protagonisten zu politisieren, zu demokratisieren und massendidaktisch in revolutionärem Sinne einzusetzen. Allerdings werden diese Bereiche nicht nacheinander aufgesucht, um so an Beispielen zu zeigen, wie die Dialekte zur Angleichung an die nationale Hochsprache gezwungen wurden, wie die Theater gratis revolutionäre

Stücke für das einfache Volk spielten, wie sich eine Diskussion um den »revolutionären Vandalismus« entspann oder wie der hoffnungsvolle Aufbau eines egalitären Grundschulwesens an politischen und finanziellen Zwängen scheiterte.[87] Statt dessen wollen wir uns im folgenden auf einige kulturelle Praxisfelder konzentrieren, die jene »fachlichen« Einteilungen übergreifen und gerade deshalb besonders deutlich illustrieren, daß die neue politische Kultur ein Spiegel, zugleich aber auch eine treibende Kraft der Revolution war.

Die revolutionäre Frauenbewegung

»Frau, wache auf! Die Sturmglocke der Vernunft erschallt über den ganzen Erdkreis. Erkenne deine Rechte. [...] Die Fackel der Wahrheit hat alle finsteren Wolken der Dummheit und der Gewaltanmaßung vertrieben. Um seine Ketten zu sprengen, mußte der Mann nicht nur seine eigenen Kräfte anspannen, sondern war auch auf die Hilfe deiner Kräfte angewiesen. Nun aber, da er frei ist, behandelt er seine Gefährtin ungerecht. Oh ihr Frauen! Wann werdet ihr euere Blindheit ablegen? Welche Vorteile hat euch die Revolution eigentlich gebracht?«[88]

Dieser Aufruf aus der nachgestellten Präambel der »Droits de la Femme«, die Marie Olympe de Gouges im Herbst 1791 als Pendant der »Droits de l'homme« veröffentlichte, steht nicht allein. Er verweist auf eine regelrechte politisch-soziale Frauenbewegung als integrierendem Bestandteil der Revolution.[89] Weit über die bloße Beteiligung an der revolutionären Bewegung hinaus – etwa an der Pariser Marsfelddemonstration vom Juli 1791 oder an der *journée* des 20. Juni 1792 – entwickelten nicht wenige Frauen sowohl in der Provinz wie in Paris ein eigenes emanzipatorisches Bewußtsein und Aktionsformen, die wesentlich zur sozialen Reichweite der Revolution beitrugen.

Aufbauend auf elitären, primär literarischen Selbständigkeitsbestrebungen einzelner Frauenzeitschriften und Salons der Aufklärungszeit, begannen engagierte Frauen ihre rechtliche Gleichstellung mit den Männern zunächst auf theoretischer Ebene und publizistisch einzufordern. Schon während der Wahlen zu den Generalständen von 1789 klagte zum Beispiel eine Autorin aus der Normandie die Männergesellschaft an, die Frauen zum »Dritten Stand des *Tiers État*« zu erniedrigen und nach der Devise zu behandeln: »arbeitet, gehorcht und schweigt«.[90] In der Folgezeit, mit ihrer wichtigen Rolle bei den Pariser *journées révolutionnaires* vom Juli und Oktober 1789 politisch selbstbewußter geworden, gingen die Sprecherinnen der entstehenden Frauenbewegung von grundsätzlichen Beschwerden zu konkreten Forderungen über. So warfen sie der Nationalversammlung vor, bei all ihren Reformen »den ältesten und allgemeinsten Mißbrauch«, nämlich den Ausschluß der Frauen von allen Ämtern und Würden, beizubehalten. »Ach, werte Herren«, wandten sie sich an die Abgeordneten, »sind allein wir von der glänzenden Wiedergeburt ausgeschlossen, die Frankreichs Antlitz erneuert [...]? Sie haben das Szepter des Despotismus zerbrochen [...], und doch dulden Sie täglich, daß dreizehn Millionen Sklavinnen das schändliche Joch von dreizehn Millionen Despoten tragen! Sie haben richtig die Rechtsgleichheit dekretiert, und doch nehmen Sie dieses Recht willkürlich der liebenswertesten und reizendsten Hälfte der Nation!« Folgerichtig schloß die Eingabe mit einem Gesetzesantrag: Verfügte gleich der erste seiner zehn Artikel, daß »alle Privilegien des männlichen Geschlechts restlos und unwiderruflich abgeschafft« seien, so zog Artikel V die symbolisch wichtige Konsequenz, daß »die Hose nicht mehr allein dem männlichen Geschlecht vorbehalten« sei.[91] Lexikalischen Ausdruck fanden solche Forderungen nach Gleichberechtigung in der neuen Wortprägung *citoyenne*, einem Konzept, das gesellschaftspolitisches Engagement ebenso einschloß wie den Anspruch auf Bildung und Berufsausbildung. Ihren theoretischen Höhepunkt erreichte die Frauenbewegung bereits mit den eingangs zitierten »Droits de la Femme« der Schriftstellerin Olympe de Gouges; sie stellten – analog zur Menschenrechtserklärung vom August 1789 – einen systematischen Katalog der Grundrechte auf (»Die Frau wird frei geboren und bleibt dem Mann rechtlich gleich«, stellt Artikel I lapidar fest), verknüpften sie aber konsequenter als die offizielle Deklaration mit den Pflichten, wie Artikel X andeutet: »Niemand darf wegen seiner Meinung behelligt werden [...]; die Frau hat das Recht, das Schafott zu besteigen; also hat sie auch das Recht, die Rednertribüne zu besteigen.«[92]

Die praktischen, unmittelbaren Folgen dieser frauenrechtlichen Forderungen der ersten Revolutionsjahre blieben allerdings gering. Den revolutionären Parlamenten waren die traditionellen Vorstellungen der Hausvätergesellschaft, daß der Mann der »natürliche Vertreter« seiner Ehefrau sei und daß diese in der politischen Öffentlichkeit nichts zu suchen habe, noch weithin selbstverständlich. Revolutionäre Politiker, die wie Condorcet das Frauenwahlrecht propagierten,[93] oder Zeitungen, die sich wie »La Bouche de Fer« oder der »Mercure national« des Journalistenehepaars Louise und François Robert für die Frauenemanzipation einsetzten, waren zu isoliert, als daß sie die Nationalversammlung daran hindern konnten, grundrechtliche Eingaben und Petitionen von Frauen höflich zu den Akten zu legen. Allenfalls das Scheidungsgesetz vom 20. September 1792, in dessen Folge von 1793 bis 1795 allein in Paris an die 6000 Ehen geschieden wurden – meistens auf Antrag der Frau –, können als frauenpolitischer Erfolg gelten.

Größere und vielfältigere Wirkungen hatte die revolutionäre Frauenbewegung jedoch vor allem in zwei Bereichen der politischen Kultur. Zum einen organisierte sie sich in eigenen Klubs. Zwar erreichten die etwa 60 revolutionären Frauenklubs, die zwischen 1789 und 1793 im ganzen Land entstanden, weder die Dichte des Netzes der von Männern dominierten Jakobinerklubs, noch mobilisierten sie ebenso viele Mitglieder (die 700 bis 800 Frauen des Klubs von Bordeaux waren eine Ausnahme), aber angesichts der vorherrschenden Skepsis gegenüber der politischen Aktivität von Frauen zeigen doch auch sie die »Fundamentalpolitisierung« einer signifikanten Minderheit an. Außerdem handelt es sich primär um ein provinziales Phänomen, denn die meisten Frauenklubs entstanden in den städtischen Zentren Ost- und Südwestfrankreichs während der Vorbereitungen der Föderationsfeiern von 1790. Zunächst oft nur zu Fahnenweihen oder Umzügen zusammengekommen, hielten die Frauen zunehmend reguläre Versammlungen ab und gingen dabei von Spendensammlungen und Handarbeiten nach der Tradition der religiösen Bruderschaften zur gemeinschaftlichen Lektüre und Diskussion der Menschenrechtserklärung, verschiedener Zeitungen und der Gesetze der Nationalversammlung über. Da ihre führenden Mitglieder oft Ehefrauen von Aktivisten der lokalen Jakobinerklubs waren, hielten sie zu diesen enge Verbindungen, korrespondierten aber auch untereinander; so tauschte sich 1791 der Frauenklub der Kleinstadt Ruffec im Departement Charente mit den »Amies de la Constitution« von Bordeaux aus, und die Frauenklubs im Umland von Dijon affilierten sich mit den 400 »Verfassungsfreundinnen« der burgundischen Metropole, wo 1792 sogar der Plan aufkam, eine »Confédération nationale des femmes françaises patriotes« zu bilden.

Dagegen faßten Frauenklubs in Paris, wo die im Laufe des Jahres 1790 gegründeten *sociétés fraternelles* Frauen ein gewisses Betätigungsfeld boten, nur zögernd Fuß. Dabei erhielt beispielsweise die Redaktion der radikalen Wochenzeitung »Révolutions de Paris« so viele empörte Leserbriefe von der Revolution enttäuschter Frauen, daß sich die Redaktion Anfang Februar 1791 genötigt sah, eine Zusammenfassung zu veröffentlichen: »In vielen Briefen weisen sie uns darauf hin, daß es seit zwei Jahren so scheint, als gäbe es in Frankreich nur noch ein Geschlecht. Weder in den Primärversammlungen noch in den Sektionen, noch in den Klubs und so weiter ist noch von den Frauen die Rede, so als würden sie nicht existieren. Man räumt ihnen zwar gnädig einige Seitenbänke ein, damit sie den Sitzungen der Nationalversammlung beiwohnen, zwei- oder dreimal sind Frauen an den Schranken des Parlaments erschienen, aber man hat sie nur kurz angehört und ist schnell zur Tagesordnung übergegangen.«[94] Als kurz darauf, im März 1791, die holländische Wahlpariserin Etta Palm d'Aelders die »Société Patriotique et de Bienfaisance des Amis de la Vérité« gründete, konnte sie jene Unzufriedenheit nicht auffangen, weil sich der Klub weder vom organisatorischen Dach des »Cercle Social« lösen konnte noch unmittelbar der Politik zuwandte.

Das änderte sich erst, als militante Frauen der demokratischen Volksbewegung in Paris am 10. Mai 1793 den Klub der »Citoyennes Républicaines Révolutionnaires« gründeten, um gegen »den inneren Feind« zu kämpfen: 170 meist junge (zwei Drittel unter

30 Jahren) und zu zwei Dritteln alphabetisierte Handwerkerfrauen, Modistinnen und Dienstmädchen; Männer waren nicht zugelassen. Bei ihren regelmäßigen Sitzungen im Barfüßerkloster der Rue Saint-Honoré, gerade neben den *Jacobins*, praktizierten die »Revolutionären Republikanerinnen« von der monatlichen Wahl einer Vorsitzenden und zweier Zensoren über die Presselektüre bis zur Bildung eines Korrespondenzausschusses alle Elemente der neuen Klubdemokratie. Dies dürfte zwar selbst bei prorevolutionären Männern auf ähnliches Mißtrauen gestoßen sein wie kurz zuvor entsprechende Aktivitäten des Lyoner Frauenklubs: »Wozu geben sie sich eine Präsidentin? Wozu halten sie reguläre Sitzungen ab? Wozu führen sie ein Protokoll dieser Sitzungen? [...] Walten sie denn nicht zu Hause, unter der Schirmherrschaft des Hausherrn?«[95] Aber für die *Montagnards* waren die »Revolutionären Republikanerinnen« ein zu wichtiger Bündnispartner im innenpolitischen Machtkampf des Frühjahrs 1793, um sie sogleich vor den Kopf zu stoßen. Ihre Aktivistinnen wie die Pariser Kaufmannstochter Pauline Léon und die sich gern als »Amazone« kleidende Schauspielerin Claire Lacombe demonstrierten denn auch gemeinsam mit den Cordeliers, beteiligten sich an einer Petition von 300 *citoyennes* gegen die Wucherer, bevölkerten zeitweise die Tribünen der *Législative*, fielen den Rednern der *Girondins* ins Wort und halfen, den Massenaufmarsch vom 2. Juni 1793 zu mobilisieren.

In diesem patriotischen Engagement über ihre Klubs hinaus besteht der andere spezifische Beitrag der Frauenwegung zur Revolutionskultur; an ihm ist zugleich abzulesen, daß die Frauenbewegung sich im Frühjahr und Sommer 1793 von Emanzipationsbestrebungen einzelner gebildeter Frauen zu einer den Sansculotten nahestehenden Grundströmung verbreiterte. Wenn nun Blumenhändlerinnen in der Pariser Sektion Beaurepaire das Stimmrecht in den Sektionsversammlungen forderten, wenn die *citoyenne* Flagel in der Sektion »Amies de la Patrie« eine von ihr verfaßte Hymne zu Ehren der Revolutionshelden in 3000 Exemplaren drucken ließ, wenn die Buchdruckerwitwe Madame Ferrand ein eigenes revolutionäres Liederbuch herausbrachte oder wenn die Frauenklubs von Le Mans, Clermont-Ferrand und Nancy ein »Frauenreferendum« der jakobinischen Verfassung durchführten, so kam hier ein in dieser Schärfe und Breite neuartiges Bewußtsein von der politischen Würde und Eigenständigkeit der Frauen zum Ausdruck. Ganz besonders insistierten die *citoyennes* auf einer Forderung, die heute befremdlich erscheinen mag, aber im Zeitalter des entstehenden Nationalismus große symbolische Bedeutung hatte, weil sie auf den höchstmöglichen Einsatz für das »Vaterland« und damit zugleich auf ein zentrales männliches Vorrecht zielte: die Forderung gleichberechtigter Teilnahme am Kriegsdienst.

Schon am 6. März 1791 hatte Pauline Léon im Namen der *citoyennes* von Paris in der Nationalversammlung eine Petition zur Bewaffnung der Frauen vorgetragen: »Gesetzgeber, patriotische Frauen treten vor Sie, um das Recht jedes Einzelnen einzufordern, für die Verteidigung seines Lebens und seiner Freiheit zu sorgen. [...] Ja, meine Herren, wir brauchen Waffen; [...] dieses Recht, das die Natur uns gibt, kann die Gesellschaft uns nicht nehmen; es sei denn, man würde behaupten, die ›Déclaration des droits‹ sei auf die Frauen nicht anwendbar.« Und Pauline Léon schlug vor, den wehrwilligen Frauen Piken, Pistolen, Säbel und Flinten zur Verfügung zu stellen und sie an Sonn- und Feiertagen auf dem Marsfeld von ehemaligen Offizieren der *Gardes françaises* ausbilden zu lassen.[96] Stieß diese Eingabe in der Nationalversammlung auf die gleiche Ablehnung wie in der *Législative*, vor der sie am 27. Februar 1792 erneut vorgebracht wurde, so gewann die Frage des Wehrdienstes von Frauen vor dem Hintergrund des Krieges an Aktualität. Am 6. März wurde Pauline Léon erneut bei der *Législative* vorstellig mit einer von 319 *citoyennes* unterzeichneten Petition, die Bildung einer Nationalgarde von Frauen zu genehmigen. Und einen Monat vor der französischen Kriegserklärung an Österreich, am 25. März 1792, nutzte die populäre Aktivistin Anne-Josèphe Théroigne de Méricourt eine Sitzung der »Société fraternelle des Minimes« zu einem flammenden Aufruf an Bürgerinnen des Faubourg Saint-Antoine: »*Citoyennes*, obgleich wir Siege errungen haben [...], sind wir noch immer in Gefahr. [...] Bewaffnen wir uns; die Natur und selbst das Gesetz geben uns das Recht dazu; [...] es ist an der Zeit, daß die Frauen aus der Bedeutungslosigkeit heraustreten, in der sie durch die Unwissenheit, den Dünkel und die Ungerechtigkeit der Männer gehalten werden [...]. Auch wir wollen eine Bürgerkrone erwerben und ehrenvoll für die Freiheit sterben.« Théroigne de Méricourts anschließende Forderung, »eine Liste der Französischen Amazonen« zu öffnen,[97] verschärften Pariser Patriotinnen dann im Sommer 1792 – unter dem Eindruck der *levée en masse* – zu einem konkreten Antrag an die *Législative*. Unter Hinweis auf das Beispiel der Schwestern Ferning, Adjutantinnen bei Dumouriez' Nordarmee, und auf 900 *citoyennes*, die bereits als Soldaten verkleidet mit den Männern an der Front kämpften, klagten sie ihr Recht zum Wehrdienst ein: »Vertreter der Republik, [...] Sie können uns die Erlaubnis nicht verweigern ... Haben wir nicht wie Sie geschworen, frei zu leben oder zu sterben?« Und sie stellten einen Plan auf zur Bildung einer Streitmacht von 10000 *citoyennes*, gegliedert in fünf »Legionen« mit je vier Bataillonen zu 500 Frauen; bis ins einzelne beschreibt der Plan die Waffen, die Uniformen sowie den kurzen Haarschnitt dieser Legionen und selbst die Wahlsprüche auf ihren Fahnen: unter anderem »Femmes libres«, »Vivre libre ou mourir« und »Ça ira«.[98]

Da die Abgeordneten auch auf diesen Antrag nicht eingingen, griffen Aktivistinnen aus dem Umkreis der »Revolutionären Republikanerinnen« vom Frühjahr bis zum Herbst 1793 eigenmächtig zu symbolischen Ersatzhandlungen, indem sie sich das Recht nahmen, öffentlich Kokarden und Freiheitsmützen, schließlich auch Hosen und Waffen zu tragen. Welche Provokation das für die meisten Zeitgenossen bedeutete, zeigt sich darin, daß diese militanten *citoyennes* gelegentlich bei den *Jacobins* als »konterrevolutionäre Bacchantinnen« beschimpft, in der *Commune* mit dem Ruf »Mützen runter!« empfangen und von den Fischweibern auf dem Markt verprügelt wurden; denn auch unter dem weiblichen Teil der Bevölkerung bildeten die revolutionären Aktivistinnen eine Minderheit. Einer jener Konflikte, der »Kokarden- und Mützenkrieg« vom September 1793, bot dem Konvent denn auch die willkommene Gelegenheit, den Frauen nicht nur das öffentliche Tragen jener Revolutionssymbole zu untersagen, sondern auch alle Frauenklubs zu verbieten (13. Oktober 1793). Die Männerwelt nahm dies mit Genugtuung auf.

Nachdem der prorevolutionäre Journalist Louis-Marie Prudhomme zunächst berichtet hatte, wie eine Gruppe »sogenannter

Revolutionärinnen« sich Hosen anzog, Pistolen in die Gürtel steckte, rote Mützen aufsetzte und in der Sektion Contrat-Social andere Frauen anhielt, es ihnen nachzutun, zeigte er sich zufrieden, daß solchen »Skandalen« nun vorgebeugt sei: »Es ist den Frauen nicht länger erlaubt, sich als beratender Klub zu organisieren; nur als schweigende und bescheidene Beobachterinnen sind sie noch in den Volksgesellschaften geduldet; tatsächlich haben die Frauen keine Neuigkeiten außerhalb von zu Hause zu suchen, sondern nur aus dem Munde ihrer Vater oder Kinder, ihrer Brüder oder Männer sollen sie sie erwarten und entgegennehmen. Citoyennes, seid wohlerzogene und fleißige Töchter, zärtliche und keusche Gattinnen und weise Mütter – dann seid ihr auch gute Patriotinnen. Der wahre Patriotismus einer Frau besteht darin, daß sie ihre Pflichten erfüllt und nur die Rechte ausübt, die ihr nach Geschlecht und Alter zustehen, anstatt die Mütze, die Pike, die Pistole und Hosen zu tragen. Überlaßt das den Männern, damit sie euch schützen und glücklich machen.«[99]

Daß die Revolutionsregierung mit der Unterdrückung der Frauenbewegung nicht sogleich auch das politische Engagement der *citoyennes* brechen konnte, zeigte sich bei den Pariser Volksaufständen des Frühjahrs 1795. Die Aktivistinnen der Sektionen warfen den männlichen Sansculotten nicht nur Feigheit vor und trieben sie aus ihren Häusern auf die Straße zum Demonstrieren, sie riefen auch selbst auf Flugblättern zur Erhebung auf, stürmten am 20. April – mit Piken, Säbeln und Flinten bewaffnet – den Konvent und wehrten sich anschließend »wie Furien« gegen die Entwaffnung der Vorstädte. Nicht zufällig befanden sich unter den 148 Frauen, die nach dem Germinal-Aufstand verhaftet wurden, weniger solche, die sich – nach alter Tradition – an Brotunruhen beteiligt hatten, als vielmehr politische Aktivistinnen aus dem Handwerk und der Arbeiterschaft. Wenn zeitgenössische Beobachter im Sommer 1795 wiederholt bemerkten, daß die Frauen schwiegen und ihre durchdringenden Stimmen verloren hätten, so diagnostizierten sie damit das vorläufige Ende einer Bewegung, die zwar den meisten Zeitgenossen befremdlich erschien, aber enger mit der demokratischen Volksbewegung zusammenhing, als ihnen bewußt war.

Das Wahlprinzip und seine paradoxen Auswirkungen

Die verhinderte Wahldemokratie

Es ist eine geläufige Aussage, daß die Französische Revolution eine demokratische Kultur begründet habe; und in der Regel verknüpft man diese Aussage mit der stillschweigenden Annahme, die Wahlen hätten mit der Revolution die gleiche zentrale Legitimationsfunktion politischer Herrschaft gewonnen, die uns heute selbstverständlich ist: die Funktion, die Abgeordneten und das politische Führungspersonal in freien und gleichen Mehrheitsentscheidungen der Bürger zu berufen und abzuberufen – ein Verfahren, das die Vertrauensbindung zwischen Wählern und Gewählten herstellt, die Beziehungen zwischen der Gesellschaft und der politischen Macht reguliert.

In der Tat entspricht die Revolution solchen modellartigen Vorstellungen in mehrfacher Hinsicht. War es doch ein Grundanliegen der Revolutionäre, die von alters her auf Erbrecht, Standesprivilegien, Ämterkäuflichkeit und Patronage beruhenden politischen Machtpositionen zu zerschlagen und durch jedermann zugängliche Ämter zu ersetzen. Und da sie im Wahlprinzip das Symbol der Volkssouveränität und die Konsequenz der Herrschaft des »Gesetzes« sahen, unterwarfen sie ihm die Besetzung fast aller öffentlichen Funktionen – von den Richtern über die Polizeikommissare bis zu den Postmeistern – und setzten so kurze Amtsperioden an, daß von 1790 bis 1799 nicht weniger als 20 landesweite Wahlen stattfanden. Auch erhielt ein wesentlich größerer Teil der Bevölkerung Zugang zu den Wahlen als im zeitgenössischen Großbritannien und selbst in den Vereinigten Staaten von Amerika. Im Vergleich zu dem bereits sehr liberalen königlichen Wahlreglement vom 24. Januar 1789 brachte zwar die Verfassung von 1791 eine gewisse Einschränkung, indem sie zwischen aktivem und passivem Wahlrecht (also dem Recht zu wählen beziehungsweise gewählt zu werden) unterschied und letzteres an einen viel höheren Zensus band; aber das Wahlgesetz vom 11. August 1792 hob diese Unterscheidung auf und erteilte das Wahlrecht allen Männern über 21

Jahren, die einen festen Wohnsitz hatten und Steuern zahlten; die Direktorialverfassung von 1795 behielt diese Errungenschaft im wesentlichen bei. Dementsprechend hätte die Zahl der Wahlberechtigten von 4,3 Millionen Aktivwählern oder 61,5 % der Männer über 25 Jahre (das passive Wahlrecht besaßen 2,5 Millionen) im Jahre 1791 theoretisch um fast 40 % auf über sechs Millionen im Jahre 1792 steigen müssen. Tatsächlich aber stieg sie »nur« auf etwa fünf Millionen, weil man in der Eile meist nur vereinzelt neue Wählerlisten aufstellen konnte.

Dieser letzte Befund verweist auf die Grenzen der Demokratisierung bei den Wahlen der Revolutionszeit. Es handelt sich einmal um zeitbedingte konzeptuelle Grenzen: Daß von ihrer Herrschaft abhängige Diener und Knechte als Wähler nicht in Frage kamen, war den allermeisten Revolutionären ebenso selbstverständlich wie der grundsätzliche Ausschluß aller Frauen und die Voraussetzung eines gewissen Besitzes als Indikator von Bildung, Unabhängigkeit und »Interesse« am Gemeinwesen. Dazu kamen politische Hindernisse der Demokratisierung, besonders in der radikalen Revolutionsphase: Nicht nur, daß die *Montagnards* ausgerechnet ihre eigene Verfassung vom Juni 1793, welche die freiesten Wahlbestimmungen der Zeit enthielt, unter Berufung auf den Notstand der Republik gar nicht erst praktizierten; sie setzten auch ab Herbst 1793 alle Wahlen praktisch zwei Jahre lang aus, so daß Konvent und Revolutionsregierung strenggenommen nur zu Beginn ihrer Tätigkeit demokratisch legitimiert waren. Außerdem war die Wahlbeteiligung, soweit die lückenhafte Dokumentation allgemeine Rückschlüsse erlaubt, aus heutiger Sicht gering und mit der Zeit überdies stark rückläufig. Sank die Wählerquote sogar bei den direkten und wegen ihrer lokalen Bedeutung von den Wählern besonders beachteten Gemeinderatswahlen von 50 % im Frühjahr 1790 auf 24 % im November 1790, so verminderte sie sich bei den Wahlen zum nationalen Parlament in dem durchschnittlichen Departement Haute-Vienne von 23 % im Juni 1791 (*Législative*) auf nur 15 % im September 1792 (Konvent).

Doch am stärksten wurde der Demokratisierungseffekt der Wahlen durch das Wahlverfahren selbst relativiert, das ganz darauf abgestellt war, kollektive Phänomene sowohl der alten korporativen Gesellschaft als auch der »Massendemokratie« zu vermeiden. Um die ständischen und kommunitären Solidaritäten und Abhängigkeiten des Ancien régime aufzubrechen, zielten alle revolutionären Wahlgesetze auf die Isolierung des einzelnen Wahlbürgers – ein extremer demokratischer Individualismus, der sich schon nach der Erklärung des Dritten Standes zur Nationalversammlung (17. Juni 1789) abzeichnete: Waren die Deputierten für die Generalstände in offener Abstimmung als korporative Interessenvertreter gewählt und mit imperativen Mandaten ausgestattet worden, so verwandelten sie sich mit jener Deklaration in gleiche Individuen, die nur der »Nation« verpflichtet waren, frei berieten und geheim abstimmten. Zugleich lag den revolutionären Wahlgesetzen eine latente Furcht vor allzu großen und »tumultuarischen« Wahlversammlungen, vor der Bildung neuer, parteiartiger Wählerverbindungen und vor interessegeleiteten Entscheidungen zugrunde: Es galt, trotz der großen Zahl der Wähler mit Hilfe verfahrenstechnischer Maßnahmen Wahlentscheidungen herbeizuführen, die allein der Vernunft verpflichtet wären. Diese doppelte Sorge der Verfassungsväter hatte drei wesentliche Einschränkungen der Wahldemokratie zur Folge:

Erstens ein Wahlverfahren, in dem sich die Kandidaten weder persönlich profilieren noch in der Öffentlichkeit politische Programme entwickeln konnten. Die Primärversammlungen hatten ohne Debatte unter nicht deklarierten Kandidaten zu wählen. Das entsprach dem allgemein verbreiteten Ideal, wonach man sich für öffentliche Ämter nicht bewerben durfte, sondern sich bitten lassen mußte. Wie vereinzelte Versuche in der Revolutionszeit zeigen, waren öffentliche Kandidaturen so verpönt, daß sie für den, der dies ungeschriebene Gesetz mißachtete, die sichere Wahlniederlage bedeuteten. Wie sehr die Wahlen dadurch an politischer Bedeutung verloren, war einem erfahrenen Publizisten wie Jean-Baptiste Brissot durchaus bewußt. »Wann wird man den Mut haben«, schrieb er schon im April 1789 bei den Wahlen zu den Generalständen, »Kandidaten zuzulassen, die Liste ihrer Namen bekanntzumachen, in allen Zeitungen zu veröffentlichen und sie offen zu vertreten? Dadurch wird man [...] geheime Intrigen ersticken, und der Gemeingeist [*l'esprit public*] wird einen großen Schritt vorwärts tun.«[100] Und Ende 1790 wiederholte Brissot: »Worum geht es eigentlich? Darum, den Besten kennenzulernen, zu wählen und ihm zum Erfolg zu verhelfen. Doch um ihn zu wählen, muß man ihn kennen, und um ihn kennenzulernen, ist es unbedingt nötig, die verschiedenen Kandidaten bei einer öffentlichen Diskussion miteinander zu vergleichen.«[101] Brissot und seine politischen Freunde, die späteren Girondisten, versuchten, diese Erkenntnisse in die Praxis umzusetzen. So gründeten sie in Paris eine »Gesellschaft patriotischer Wähler«, die mit Unterstützung lokaler Jakobiner 1791 bis 1792 in einigen Departements nachgeahmt wurde und zur Wahl Brissots in die *Législative* am 14. September 1791 beitrug. Eine etwas breitere Programm- und Kandidatendiskussion fand im Zusammenhang mit den Konventswahlen im Herbst 1792 statt, als die Jakobinerklubs in einer Reihe von Städten entsprechende Sondersitzungen veranstalteten und Innenminister Roland über Namenslisten in der Zeitung »La Sentinelle« mit einigem Erfolg gemäßigt revolutionäre Politiker empfahl. Aber diese Ansätze zu einer größeren Transparenz der Wahlen und zu ihrer Integration in die öffentliche politische Meinungsbildung konnten sich nicht weiterentwickeln, schon gar nicht unter den Bedingungen der Revolutionsregierung.

Zweitens die Zweistufigkeit aller Wahlen (mit Ausnahme der Gemeinderäte und Friedensrichter) und die Verlegung der Primärwahlen in die künstliche Gebietseinheit der 1790 geschaffenen 4660 »Kantone« (*cantons*). Obwohl sie weder auf Distrikts- noch auf Departementsebene irgendeine politische, gerichtsorganisatorische oder administrative Bedeutung hatten, bildeten die Kantone während der ganzen Revolution die Grundeinheit für die Ausübung des Bürgerrechts. Da aber die Primärwahlen in den Kantonsstädten, zu denen die meisten wahlberechtigten Bürger umständlich anreisen mußten, gleichsam in einem programmatischen und personellen Vakuum stattfanden, blieben sie Vorwahlen ohne politische Konsistenz und beschränkten sich darauf, die Wahlmänner für die eigentlichen Wahlversammlungen auf Distriktebene zu selektieren.

Bei diesen Wahlmännerversammlungen kam als dritter politisch hemmender Faktor die Umständlichkeit und Langwierigkeit des

Wahlverfahrens zum Tragen. Mangels vorheriger öffentlicher Diskussion gewannen die Wahlprozeduren eine so entscheidende Bedeutung, daß sie in der Regel mit heftigen Auseinandersetzungen um den Vorsitz und die Beisitzer der Versammlung begannen. Um von der anfänglichen Stimmenzersplitterung zu deutlichen Mehrheiten zu kommen, waren drei Wahlgänge vorgeschrieben, in deren Verlauf sich bevorzugte Kandidaten profilieren konnten. Dies war ein äußerst zeitraubendes Verfahren, für einen einzigen Wahlgang dauerte es bei 300 Stimmberechtigten fünf Stunden – mit der Folge, daß viele Wähler, zumal Bauern und Handwerker, die Versammlung vorzeitig verließen. Condorcet zum Beispiel trat nacheinander gegen vier Konkurrenten an und mußte insgesamt elf Wahlgänge über sich ergehen lassen, bis er von 698 Wahlmännern mit knapper absoluter Mehrheit als Abgeordneter von Paris in die *Législative* gewählt war; und da jede einzelne dieser Abstimmungen zehn Arbeitsschritte erforderte, zog sich die ganze Prozedur ununterbrochen über sechs Tage hin, vom 21. bis zum 26. September 1791. Nicht zuletzt dieses Verfahren machte das Demokratisierungspotential des 1792 erklärten allgemeinen und gleichen Wahlrechts weitgehend zunichte und schreckte die Wähler zunehmend ab. Daß dagegen direktere, auf bloße Stimmabgabe vereinfachte und durch öffentliche Diskussion vorbereitete Wahlen sehr viel mehr Bürger mobilisieren konnten, zeigen die Verfassungsreferenden, an denen im Juli 1793 fast zwei Millionen Wähler, also regional 30 bis 52 % der Wahlberechtigten, und 1795 immerhin 1,3 Millionen Wähler teilnahmen.

Das Wahlprinzip war also zwar grundsätzlich aufgewertet, wurde aber so verklausuliert angewendet, daß es sich geradezu paradox auswirkte. Einerseits wurde die Auslese des politischen Führungspersonals durch die Trennung von Beratung und Wahl sowie durch das Zweistufensystem von der Öffentlichkeit abgeschottet und dem unmittelbaren Einfluß des Volkes entzogen. Dies hatte zur Folge, daß die breite Bevölkerung ständig ein latentes Mißtrauen gegenüber Regierung und Parlament hegte und daß im Gegenzug mit den Klubs, der Presse und der Sansculotterie außerparlamentarische Kräfte der Meinungsbildung oft größeren politischen Einfluß hatten als die Abgeordneten und die gewählten

Amtsträger. Vor diesem Hintergrund verwundert es nicht, daß keine der Wahlen der Revolutionszeit einen Wendepunkt oder einen Machtwechsel herbeiführte und daß keine Regierung eine Wahl jemals wirklich »verlor« oder »gewann«. Politisch hatte das Wahlprinzip wegen seiner halbherzigen Einführung also verhältnismäßig geringe praktische Auswirkungen.

Um so größer waren andererseits seine sozialen und administrativen Folgen. Diese bestanden nicht nur in einer Elitenrepräsentation, in der beherrschenden Rolle der Wohlhabenden und der Notabeln, sondern auch und besonders in der schnellen Herausbildung einer homogenen »politischen Klasse«. Beginnend mit den Gemeinderatswahlen vom Frühjahr 1790, stürzte sich alles, was Ehrgeiz hatte, auf die nicht weniger als 1,2 Millionen Posten, die nach den neuen Gesetzen durch Wahl zu besetzen und so zahlreich waren, daß jeder zweite Wahlberechtigte theoretisch mit einem Wahlamt rechnen konnte. Da bei den häufigen Neuwahlen ein Großteil der Wähler aus Mandatsträgern bestand, trugen die Funktionäre die Wahlen weithin unter sich aus; die Wahlen hatten sozusagen einen internen Charakter und bewirkten mithin nur die Rotation der Amtsträger in einem geschlossenen Kreis. Das gilt insbesondere für die lokale und die departementale Ebene, es gilt aber auch für die nationalen Parlamente: Die Mitglieder der *Législative* waren nur zu 13 % *homines novi*; und von 480 Abgeordneten des Dritten Standes in den Generalständen von 1789, deren Aktivitäten nach 1791 zu ermitteln sind, setzten 354 (74 %) ihre Verwaltungskarrieren fort; 215 waren noch nach 1800 aktiv.

Jacques Chérest oder: Die Instrumentalisierung der Wahlen in der Provinz

Welche Bedeutung die Wahlen für die Erneuerung der Eliten vor Ort hatten, wie sie sich in die lokalen Machtkämpfe und in den Prozeß der politischen Akkulturation einordnen, illustriert ein Beispiel aus dem westlichen Burgund.[102] Begeben wir uns nach Tonnerre, einer vor allem von Winzern und Handwerkern geprägten Kleinstadt von 3500 Einwohnern, zugleich Kantonshauptstadt im

Departement Yonne mit 810 Aktivbürgern nach dem Wahlrecht von 1791.

Dort ermöglicht die Revolution den Aufstieg des wohlhabenden Anwalts Jacques Chérest, Zentralfigur innerhalb eines Netzes von Verwandten, Freunden und Getreuen. Vor 1789 fungierte Chérest zwar als Richter in mehreren Grundherrschaften und als Rechtsvertreter der Gemeinde Tonnerre, stand aber im Schatten seines Dienstherrn, des lokalen Grundherren de Chasnes. Obwohl er keineswegs über ebenbürtige familiäre, kulturelle und geistige Voraussetzungen verfügt, gelingt es Chérest, getrieben von außergewöhnlichem Ehrgeiz, de Chasnes und andere Notabeln auszustechen und Macht und Einfluß zu erlangen.

Die Wahlen zu den Generalständen bieten ihm einen ersten Ansatzpunkt. Obwohl seine Gegner, alteingesessene lokale Notabeln, den Stadtrat beherrschen, bestellt ihn die Primärversammlung von Tonnerre zum Elektor (Mitglied der Wahlmännerversammlung, die ihrerseits die eigentlichen Abgeordneten bestellt) im Hauptwahlkreis Sens. Von solchem Erfolg beflügelt, fordert er die Anwendung des Wahlprinzips auf den oligarchischen Gemeinderat von Tonnerre und stürmt, als letzterer nur einige Kooptationen vornimmt, mit 100 bewaffneten Anhängern das Rathaus, um Wahlen zu erzwingen. Dabei versucht er, den Edelmann Chamon, gegen den er gerade einen Prozeß verloren hat, ermorden zu lassen. Zunächst muß Chérest deshalb vor gerichtlicher Verfolgung fliehen. Im Februar 1790 kehrt er zu den Stadtratswahlen nach Tonnerre zurück. Er und seine Anhänger erobern alle wesentlichen Wahlämter, da ihre Vorgänger sich als geborene Amtsträger betrachten und nicht bereit sind, sich einer Wahl zu stellen. Derart lokal installiert, wird Chérest im Mai 1790 erneut von der Primärversammlung des Kantons Tonnerre als Wahlmann des Departements nach Sens entsandt: Er kehrt als neu gewählter Behördenchef (*procureur-syndic*) des Distrikts Tonnerre zurück und besetzt die Distriktverwaltung mit seinen Getreuen. Ein Jahr lang beherrscht der Chérest-Clan nun alle lokalen Gewalten.

In dieser Situation überwirft sich Chérest aus unbekannten Gründen mit einem seiner Freunde, dem ehemaligen Kanoniker Jean Percheron. Dieser baut eine Gegenpartei auf und untergräbt alle Positionen Chérests systematisch. Nachdem Percheron und seine Anhänger den Chérest-Clan bei den Kommunalwahlen im November 1791 aus dem Rathaus von Tonnerre verdrängt haben, liefern sich die beiden Clans im Frühjahr 1792 einen regelrechten Verwaltungskrieg. Während Chérest über den Distrikt, den er noch in der Hand hat, die Initiativen des Stadtrats nach Kräften blokkiert, strengt dieser dagegen einen Prozeß nach dem anderen an. In der Primärversammlung zu den Konventswahlen am 26. August 1792 prallen die rivalisierenden Gruppen dann unmittelbar aufeinander. Da Chérest seinen Gegnern öffentlich massive Beeinflussung schreibunkundiger Wähler nachweist, obsiegt er und wird als Wahlmann nach Sens entsandt. Doch seine Gewißheit, damit bereits die Wahl in den Konvent in der Tasche zu haben, ist voreilig. Seine Gegner diskreditieren ihn mit Erfolg, indem sie in der Wahlmännerversammlung Chérests »gemäßigte« Vergangenheit bekanntmachen. Sie zaubern eine monarchistische Ergebenheitsadresse an die *Législative* hervor, mit der Chérest im Namen des Distrikts auf die Pariser *journée* des 20. Juni 1792 reagiert hatte, während der Stadtrat von Tonnerre abgewartet und sich nach dem 10. August gegenteilig geäußert hatte: Durch übergroße Eilfertigkeit hatte Chérest die Anpassung an die politische Konjunktur zum richtigen Zeitpunkt verfehlt. Dieser Fehler in der Vergangenheit sorgt nun dafür, daß er in der Distriktverwaltung zunehmend isoliert wird.

Dennoch gibt Chérest sich nicht geschlagen. Für diesmal haben die Wahlen seinen Geltungsdrang gebremst, also greift er zu anderen – zeitgemäßeren – Machtmitteln. Erstens gründet er am 20. Januar 1793 im Ursulinenkloster von Tonnerre einen »Club politique« und läßt ihn durch die Pariser *Jacobins* als Bruderklub anerkennen. Zweitens sucht er Anschluß an die *Montagnards*. Sobald die Konventsbevollmächtigten Turreau und Garnier in das Departement Yonne entsandt werden, wirkt Chérest dermaßen hartnäckig auf sie ein, daß sie im April 1793 der Bildung eines Überwachungsausschusses unter seiner Führung zustimmen, den Stadtrat von Tonnerre absetzen und Neuwahlen anordnen. Darauf gründet der Percheron-Clan eine Gegenvereinigung, den »Club de l'Hôpital«. Derart organisiert, führen die beiden rivalisierenden

Gruppen, die auf jeder Seite 150 bis 200 enge Anhänger zählen und darüber hinaus die Hälfte der Einwohner von Tonnerre in ihre Auseinandersetzungen hineinziehen, im Laufe des Jahres 1793 einen permanenten Machtkampf. Da die Wahlen ausgesetzt sind, suchen sie die Macht der radikalrevolutionären Symbole für sich zu mobilisieren. So nennen sich die Chérestanhänger »Sans-culottes« und ihre Gegner »Montagnards«, obwohl zu beiden Seiten eine Reihe von Edelleuten gehört. Die gegnerischen Klubs überbieten sich in jakobinischer Demagogik; beide veranstalten unabhängig voneinander Sammlungen für den Krieg, Trauerfeiern für Marat, Feuerwerke zum Verfassungsreferendum und Feste zur Einweihung der Büsten der Freiheitsmärtyrer. Während der »Club de l'Hôpital« Chérest als verkappten Monarchisten denunziert, prangert dieser seine Gegner als »Föderalisten« an. Am 15. September 1793 läßt Chérest ein Bataillon von Freiwilligen, das unter dem Befehl seines Sohnes steht, vor seinen Widersachern so herausfordernd paradieren, daß einige Freiwillige angegriffen werden und Messerstiche davontragen: Er erstattet dem Konventsbevollmächtigten Garnier schleunigst Meldung mit dem Erfolg, daß Garnier den »Club de l'Hôpital« schließen läßt und Chérest Vollmacht erteilt, seine Gegner als »Verdächtige« zu verhaften. Als Chérest allerdings Anstalten macht, diese Häftlinge dem Pariser Revolutionsgericht auszuliefern, greift die Departementsverwaltung ein; Garnier wird abgelöst, Vater und Sohn Chérest wandern am 13. November 1793 ihrerseits ins Gefängnis.

Nach dem 9. Thermidor freigelassen, wird Chérest im Mai 1795 von seinen Gegnern fast gelyncht; er flüchtet zeitweise nach Auxerre in Schutzhaft, kehrt aber im Herbst 1795 zu den Wahlen zurück und wird, obwohl seine Gegner das Rathaus beherrschen, zum Wahlmann und zum Friedensrichter gewählt. Schließlich setzt der 18. Brumaire seiner politischen Karriere ein Ende: Einer seiner ehemaligen Komplizen, den er 1793 wegen seiner adeligen Vergangenheit fallengelassen hatte, erobert 1800 das Rathaus und verbündet sich mit Roze-Feuillebois, einem weiteren von Chérests Erzfeinden, der die Distriktregierung leitet.

So verhilft das von der Revolution eingeführte Wahlprinzip einem ehrgeizigen Amtsbürger, der sich vor 1789 durch geborene

Notabeln in seinem weiteren sozialen Aufstieg gehindert sieht, über die neuen Verwaltungsämter zeitweise zu beherrschendem Einfluß. Daß Chérest dabei gleichwohl eine Reihe von Karrierebrüchen in Kauf nehmen muß, liegt teils an seinen Rivalen, teils aber auch daran, daß er sich nicht immer an die neuen demokratischen Spielregeln hält und zur Gewalt greift. Doch er lernt rasch, die Möglichkeiten der revolutionären Institutionen von der Wahl über die Petition bis zur Verwaltungsklage für seine Zwecke einzusetzen. Das bedeutet zwar nicht, daß er die neuen rechtsstaatlichen und demokratischen Grundsätze sogleich verinnerlicht hätte; er benutzt sie vielmehr als Machtmittel und mahnt sie bei seinen Gegnern ständig an (gegen fast jede Wahl zu seinen Ungunsten klagt er vor Gericht), um sich seinerseits bei Bedarf über sie hinwegzusetzen. Aber indem er sich von brachialer Gewalt zunehmend auf den Rechtsweg verlegt und seinen Aufstieg immer wieder über die Wahlen betreibt, trägt er letztlich doch zur kollektiven Einübung demokratischer Praktiken in der Provinz bei.

Die Revolutionspublizistik: Auge und Stimme des Volkes

Die Französische Revolution war ein Umbruch der sozialen und politischen Kultur. Insofern ist ihre Geschichte zu einem guten Teil auch eine Geschichte der Medien. Es waren die medialen Zeichensysteme, die – wissenssoziologisch formuliert – den neuen gesellschaftlichen »Sinn« artikulierten, einprägten und institutionalisierten. Da sie außerdem die Funktion erfüllten, neues »Wissen« mit möglichst großer sozialer Breitenwirkung öffentlich zu machen, ist die Geschichte der Französischen Revolution ebenso Teil einer Geschichte der Kommunikation. Heute stellen die Medien jener Zeit – in erster Linie die Printmedien – eine wesentliche Quelle dar, aus der dieser geschichtliche Prozeß ablesbar und rekonstruierbar ist. In letzter Konsequenz war daher die Revolution ein Medienereignis, das geschichtlich nur durch die überlieferten Medien seiner Zeit existiert.

Daß sie eine treibende Kraft der Revolution bilden, zeigt schon ein erster Blick auf ihre mittelfristige Konjunktur. Vorbereitet durch die »Politpornographie« der späten Aufklärung, schwillt die Welle politischer Flugschriften seit Februar 1787 mit dem Zusammentritt der ersten Notabelnversammlung rasch an, verstärkt durch den Meinungswettbewerb um die Generalstände. Daran schließt sich 1789 bis 1791 eine publizistische Explosion unter dem beherrschenden Vorzeichen eines nationalen Freiheitsenthusiasmus an, die alle bisherigen Maßstäbe sprengt. Parallel zum Radikalisierungsprozeß der Revolution geht dann im Sommer 1792 dem Tuileriensturm vom 10. August eine steigende Flut von Publikationen voraus, vor allem republikanischer Adressen, die aus dem ganzen Lande an die Nationalversammlung gerichtet werden. Anschließend – vom Frühjahr bis zum Herbst 1793 – bringt die Vorherrschaft der Sansculottenbewegung die Entfaltung einer spontanen, volksnahen und radikalrevolutionären Text-, Bild- und Liedpublizistik mit sich. Die Revolutionsregierung von 1793/94 beschneidet diesen »Wildwuchs«, zensiert extreme Veröffentlichungen auf beiden Seiten des politischen Spektrums und drängt auf jakobinische Orthodoxie: Aus freier Revolutionspublizistik wird tendenziell zentralistische Propaganda. Daß sich der Revolutionsprozeß dann nach dem 9. Thermidor unter dem Direktorium zu einer rückläufigen Bewegung verkehrt, ist auch daran zu erkennen, daß die Publizistik, obwohl zeitweise wieder größere Meinungsfreiheit herrscht, ihre frühere Spontaneität und Intensität nicht wiedererlangt. Napoleon schließlich beendet die Revolution nicht zuletzt dadurch, daß er die Publizistik einer bis dahin einzigartigen Kontrolle unterwirft, die Zeitungen auf ein Minimum reduziert, Kneipen, Cafés und Theater mit einem Spitzelsystem überwachen läßt; nicht von ungefähr ist Joseph Fouché, der »gelernte Terrorist«, anfangs einer seiner wichtigsten Minister.

Typisch für die Revolution waren die volksnahen Printmedien, die einen wesentlichen Faktor der neuartigen politischen Öffentlichkeit bildeten und angesichts der Beschränkungen des Wahlprinzips eine wesentliche demokratische Kontrollfunktion ausübten. Sahen doch schon die Revolutionäre selbst in der publizistisch artikulierten »öffentlichen Meinung« eine vierte Gewalt, die gegenüber der Legislative und der Exekutive unmittelbar die Interessen der Basis vertrat: Die Hauptaufgabe der Presse bestehe darin, »der Stimme des Volkes ihre volle Kraft zu verleihen, damit das Volk sein Zensurrecht [*son droit de censure*], in dessen Genuß es bisher nicht gekommen ist, voll und ganz ausüben kann. Diese Gewalt allein bildet die stets richtige und allmächtige allgemeine Meinung; sie allein kann das Volk zu seinem Nutzen selbst ausüben.«[103]

Flugschriften und Zeitungen: »ein einziger Kurs in Moral und Politik«

Die Revolution hat innerhalb eines Jahrzehnts wahrscheinlich mehr Druckschriften hervorgebracht als das Jahrhundert, das ihr vorausging. Allein der einschlägige Bestandskatalog der Bibliothèque Nationale umfaßt 33 985 Schriften einzelner Autoren, ferner 18 159 anonyme Drucke und schließlich 1705 Periodika und Almanache. Diese Quellenflut, zu der umfangreiche provinziale Funde hinzukommen, ist so gewaltig, daß es bis heute keinen auch nur halbwegs umfassenden Überblick gibt – weder über ihre chronologische und räumliche Verteilung noch über die Anteile, die einzelne politische Gruppierungen und Themen an ihr hatten. Dennoch ist eine Reihe allgemeiner Beobachtungen und Feststellungen möglich.

Die revolutionäre Druckfreiheit für eine erweiterte, demokratisierte politische Öffentlichkeit bedeutet den Zusammenbruch des alten Privilegiensystems im Buch- und Verlagswesen und damit den Konkurs traditioneller Firmen. An ihre Stelle tritt eine Vielzahl kleiner Produzenten, bestehend aus zugewanderten Druckern und aus Pariser Gesellen, die sich selbständig machen. Statt dickleibiger, wertvoller Bücher für die kulturellen Eliten drucken sie fast nur noch preiswerte Kleinschriften für ein breiteres Publikum. Als Verfasser vieler dieser meist achtseitigen broschierten Flugschriften treten kleine Leute auf, Handwerker, lokale Aktivisten politischer Klubs und Verwaltungen: Indikatoren einer »plebejischen Wortergreifung« völlig neuer Art. Soweit sie sich sowohl in ihrer Darbietungsform wie sprachlich um Volksnähe bemühen – und das ist oft der Fall –, bedienen sich diese Texte vor allem zweier Mittel:

Erstens greifen sie auf altvertraute Formen religiöser Unterweisung und katholischer Liturgie zurück, um sie für politische Zwecke umzufunktionieren. So nennen sie sich schon im Titel »Litanies du Tiers Etat«, »Le gloria in excelsis du peuple«, »Le Confiteor de l'Aristocratie«, »Le Pater des sans culottes« oder »Evangile de la Liberté«. Ein gewisser Collignon Dumont, vom Pariser Jakobinerklub anerkannter *lecteur public des sans-culottes*, läßt im Jahre II ein »Te Deum républicain« als Plakat drucken, das er nicht nur in den Straßen anschlägt, sondern auch auf den öffentlichen Plätzen vorträgt. Besonders eng an didaktische Formen des Katholizismus hält sich daneben eine lange Reihe politischer Katechismen – von Bürgerbrevieren über die neue Verfassung von 1791 bis hin zu Lesefibeln für die Kinder der Sansculotterie. So treffen sich Delegierte von zwölf Jakobinerklubs des Departements Puy-de-Dôme im Mai 1791 in Clermont-Ferrand, um einen Katechismus über die revolutionären Verfassungsgrundsätze auszuarbeiten, drucken zu lassen und in einer Art Landmission bei den Bauern zu verbreiten.[104] Der Revolutionsaktivist Poitevin aus dem Pariser Faubourg Saint-Antoine widmet seiner Sektion Montreuil am 8. Dezember 1793 einen »Catéchisme républicain«, der die sieben Sakramente revolutionär ummünzt – unter anderem die Taufe zum Vierzehnten Juli und die Ehe zum Gesellschaftsvertrag. Und der Konventsabgeordnete Charles Desgrouas, Grundbesitzer und gewählter Gemeindevorsteher des Landstädtchens Mortagne in der südlichen Normandie, richtet 1794 an seine Mitbürger eine pamphletartige »Katechese«, die in fast klassenkämpferischem Ton zum Vorgehen gegen die »haute bourgeoisie« und die »aristocratie bourgeoise«, gegen die »modérés« und die »honnêtes gens« auffordert, um die politische Revolution durch eine soziale Revolution der »égalité« und der »fraternité« zu vollenden.[105]

Zweitens suchen die revolutionären Flugschriften sich dem Volk zu nähern, indem sie die Stilmittel des *genre poissard* einsetzen, also die Sprache der Pariser Markthallen und die derben Szenen des Jahrmarktstheaters mit seinen populären Typen, allen voran der schnauzbärtige Père Duchesne, seines Zeichens Ofensetzer und selbstbewußter Pfeifenraucher. Allein von Anfang 1789 bis Mitte August 1792 sind mindestens 300 monographische Drucke und

60 Periodika dieses Genres zu verzeichnen, darunter nicht nur pro-, sondern auch gegenrevolutionäre Pamphlete. Wie die politischen »Liturgien« bedienen sie sich bewußt altvertrauter Formen, um darin die neuen Anschauungen und Werte leichter unter die Leute zu bringen. Und diese Verbreitung vollzieht sich nicht zuletzt im Milieu der plebejischen Kommunikationskultur der Kneipen und Weinschenken, wie ein Revolutionskritiker in Paris ebenso scharfsichtig wie befremdet beobachtet: »Bei Anbruch des Abends schwärmen die Straßenhändler in die Weinschenken [*cabarets*] aus, wo sich das Volk trifft. Sie fangen nun an, ihre Blätter auszurufen; während die meisten Gäste sich scheinbar gleichgültig verhalten, kaufen ihnen einige Neugierige etwas ab. Einer von ihnen liest ein oder zwei Sätze des Pamphlets vor, und schon rücken die Zuhörer näher; man spendet ihnen einige Glas Wein, die vom Vorleser oder seinen Bekannten bezahlt werden. Dieses einfache Mittel läßt die Gruppe anschwellen: Eine allgemeine Diskussion entwickelt sich, und die jakobinischen Grundsätze werden den übrigen Leuten leicht eingeflößt.«[106]

Aus der Masse der Revolutionsbroschüren und nicht zuletzt einer Flut von Gesetzen und Verordnungen, in welcher die Lokalverwaltungen fast ertrinken, sind noch zwei besonders wirksame Textsorten hervorzuheben: zum einen Reden, die über den Druck ein anderes, sehr viel größeres Publikum erreichen als das der Nationalversammlung und der Klubs; zum anderen Plakate, welche die wichtigsten Beschlüsse und Proklamationen besonders der lokalen und departementalen Amtsgewalten öffentlich bekanntmachen: so in Toulouse Anfang 1793 das Verfahren zum Schmieden von Piken, in Lyon die Entlassung der Freiwilligen im Oktober 1793 oder in Dieppe die revolutionäre Umbenennung der Straßen und Plätze im Juni 1794, die Ankündigung von Festen allüberall. Als der deutsche Pädagoge Joachim Heinrich Campe im August 1789 nach Paris kommt, erkennt er gleich, was für eine große massendidaktische Bedeutung die Wandanschläge, die spontane Soziabilität der Straße, die mündliche und visuelle Kommunikation für die politische Akkulturation der kleinen Leute gewonnen haben: »Das erste, was uns außer der hin und her wallenden Volksmenge auffällt, sind die vielen, dicht ineinandergeschobenen Menschengruppen, welche wir [...] vor allen denjenigen Häusern erblicken, deren Mauern mit Affichen beklebt sind. [...] Vor jedem, mit dergleichen Zetteln, die in großen Bogen mit großer Schrift gedruckt bestehn, beklebten Hause, sieht man ein unendlich buntes und vermischtes Publikum von Lastträgern und feinen Herren, von Fischweibern und artigen Damen, von Soldaten und Priestern, in dicken, aber immer friedlichen und fast vertraulichen Haufen versammelt, alle mit emporgerichteten Häuptern, alle mit gierigen Blicken den Inhalt der Zettel verschlingend, bald leise, bald mit lauter Stimme lesend, darüber urteilend und debattierend.«[107] Der Publizist und Parisbeobachter Louis-Sébastien Mercier bestätigt nachträglich: »In den Stürmen der Revolution treten die Affichen an die Stelle der Sturmglocken; sie bewirken tumultuarische Versammlungen parteiischer Gruppen, sie entflammen die Meinungen und geben allen Plakat-Schriftstellern ein heißes Eisen an die Hand. Früher teilten die Affichen der Öffentlichkeit höchstens den Verkauf von Landhäusern mit [...]: heute sind sie ein einziger Kurs in Moral, Politik und Literatur.«[108]

Wohl das wirksamste und prägendste Textmedium der Revolution ist jedoch die Presse, die besonders von 1789 bis 1792 geradezu explodiert. Das gilt nicht nur für die – noch immer unterschätzte – schiere Menge der Zeitungen, die allein in Paris schlagartig von einer einzigen auf über 300 anschwillt, sondern auch für ihren Charakter: Die Blätter sind aktueller als im Ancien régime, sie erscheinen nicht länger monatlich, sondern in der Regel wöchentlich bis täglich. Zugleich sind sie politischer; Meinungsjournalismus wird von der Ausnahme zur Regel. Die Auflagenhöhe vervielfacht sich von den 3000 bis 5000 Exemplaren des »Mercure de France« im späten 18. Jahrhundert auf mindestens 15 000 Stück etwa bei den »Révolutions de Paris«; Héberts »Père Duchesne«, von dem die Regierung zeitweise 20 000 Exemplare zusätzlich bestellt, um sie zur moralischen Aufrüstung unter den Revolutionstruppen zu verteilen, wird von Marat mit dem Blick des Konkurrenten gar auf mehr als 200 000 Exemplare geschätzt. Den steigenden Auflagen entsprechen sinkende Preise und eine leichtere Zugänglichkeit; denn die Zeitungen sind nicht länger nur im Abonnement, sondern zunehmend auch im Straßenverkauf erhältlich.

Schon im August 1789 beobachtet der Braunschweiger Freiheitspilger Campe in Paris, wie »die fliegenden Blätter und Broschüren des Tages [...] von vielen hundert Kolporteurs durch alle Straßen der Stadt, nicht bloß dem Titel, sondern oft auch dem Hauptinhalte nach, ausgeschrien werden«.[109] Zu diesem Zweck fassen beispielsweise Marat und Hébert die Inhalte ihrer Zeitungsnummern auf den Titelseiten jeweils in größer gesetzten Schlagzeilen zusammen, die sich gut ausrufen lassen. Tatsächlich wird 1791 beispielsweise das »Journal du soir« von Etienne Feuillant von 180 ambulanten Straßenverkäufern ausgetragen und -gesungen, wie man damals sagte.[110]

Eine wirkungsvolle Variante dieser neuen Presseöffentlichkeit sind Plakatzeitungen. Die »Affiches de la Commune de Paris«, die von Mitte Juni 1793 bis Ende März 1794 täglich in der ganzen Stadt angeschlagen sowie an die Sektionen und Volksgesellschaften verteilt werden, sind nur das berühmteste Beispiel. Vergleichbare radikalrevolutionäre Öffentlichkeitsarbeit betreiben der »Ami des citoyens« von Jean-Lambert Tallien, die »Sentinelle« von Jean-Baptiste Louvet de Couvray, der »Sans-culotte observateur« des Cordeliersklubs, ferner ein provinziales Blatt wie die »Sentinelle d'Autun«, aber auch ein gegenrevolutionäres Organ wie der »Chant du Coq«. Das zitierte Wort Merciers, wonach die Affichen eine Art fortgesetzte Bürgerkunde seien, gilt für diese Wandzeitungen in hervorragendem Maße.

Hinzu kommt, daß die neue aktualisierte, politisierte und demokratisierte Presse – wie die Pamphlete – auch in ihrer Sprache und Darstellungsweise »dem Volk aufs Maul schaut«. Héberts berühmter »Père Duchesne« zum Beispiel geht raffiniert auf die Volkskultur ein, indem er populäre Gestalten als Masken benutzt, die Sansculotten unverblümt in ihrer derben Sprache anredet und sein sozialrevolutionäres Programm nach Art des *genre poissard* in sinnfälligen Dialogen, Bildern und theatralischen Szenen darbietet. Noch deutlicher wird die außerparlamentarische Wächterrolle der volksnahen Revolutionspresse bei Marats Wochenzeitung, die oft ihren Namen wechselt, den Zeitgenossen aber als »Ami du Peuple« ein Begriff ist. Mit ihrem emphatischen Stil prägt sie das Muster der bald liebevollen, bald besorgten, bald schroff ermahnenden

Zwiesprache des väterlichen Journalisten mit dem »Volk« im vertrauten Du. Auch inszeniert sich der Journalist Marat, der sein Blatt von 1789 bis 1793 durchweg im Alleingang verfaßt, besonders wirkungsvoll als politische Leitfigur, als stets wachsames »Auge des Volkes«,[111] das alle Komplottversuche mit untrüglichem Scharfblick erkennt und mit unnachsichtiger Härte verfolgt. Nach den Gefängnismassakern vom September 1792 faßt er sein Programm bündig zusammen: »die Verschwörungen enthüllen, die Verräter entlarven, für die Rechte des Volkes eintreten, über die Arbeit des Konvents berichten, seinen Weg verfolgen, die Mitglieder, die sich davon entfernen sollten, an seine Prinzipien erinnern, meine Einsicht der neuen Verfassung, die Frankreich bekommen soll, widmen. Das ist der Gegenstand dieser Zeitung.«[112] Wenden sich diese Blätter, die auch von vielen provinzialen Revolutionsklubs laufend bezogen werden, hauptsächlich an das städtische »Volk«, zumal an die Sansculotten, so zielen einige andere auf die Landbevölkerung – am nachhaltigsten und aufklärerischsten die »Feuille villageoise«. Von dem ehemaligen Jesuiten Joseph-Antoine-Joachim Cérutti im September 1792 begründet, zeitweise in 15 000 Exemplaren gedruckt und bis August 1795 wöchentlich erscheinend, setzt sie angesichts der geringen Lesefähigkeit der Bauern und Landarbeiter auf die kulturelle Mittlerfunktion der lokalen Gebildeten: des Pfarrers, des Schulmeisters und des Grundherrn, die ihren »Kindern« die Dorfzeitung vorlesen sollen. Tatsächlich abonniert etwa der Revolutionsklub des Marktfleckens Aigues-Vives bei Nîmes (Departement Gard) ein zusätzliches Exemplar der »Dorfzeitung«, damit es ein Klubist sonntags auf dem Marktplatz verliest und anschließend an den Lehrer weitergibt.

Die prägende Wirkung der Presse ist auch deshalb besonders hoch zu veranschlagen, weil die Zeitungsinformation aufgrund eines stillschweigenden »Leserpakts« zwischen Redaktion und Publikum auf Wiederholung und Dauer angelegt ist und in besonderem Maße mit einer neuen demokratischen Soziabilität, mit der Praxis der kollektiven Lektüre und des Vorlesens zusammenhängt. Dies gilt nicht nur für die oben am Beispiel der »Verfassungsfreunde« von Tulle vorgestellten revolutionären Klubs, sondern ebenso für informelle nachbarschaftliche Lesezirkel. Wie etwa in der Provinzhauptstadt Caen der Krämer Jean-Michel Barbot täglich vor seinem Tabakladen aus dem »Courrier des Départements« von Antoine-Joseph Gorsas vorliest, so treffen sich in Paris die Bewohner des Mietshauses Nr. 255 der Straße Fossés-L'Auxerrois (Sektion Gardes-Françaises) 1793 allabendlich beim Pförtner, um dessen lauter Lektüre der neuesten Zeitungen zu lauschen.[113] Daß Zeitungen nicht nur im Milieu der revolutionären Soziabilität rezipiert werden, sondern umgekehrt auch aus ihr hervorgehen konnten, zeigen das elitäre »Journal de la Société de 1789« von 1790 und das berühmte »Journal de la Montagne«, Organ des Pariser Jakobinerklubs (1793–1794) sowie besonders der »Bouche de Fer« des »Cercle Social«, einer freien Bürgervereinigung, die der Abbé Claude Fauchet, Prediger der Bastillestürmer, und der Schriftsteller Nicolas Bonneville am 13. Oktober 1790 in Anwesenheit von über 4000 Interessierten gründen. Als Versammlungsort dient der Cirque National, ein überdachtes Hippodrom mitten im Garten des Palais-Royal; mit seinen riesigen Ausmaßen von 112 m Länge und 32 m Breite, seinen Tribünen und seiner eigens errichteten resonanzstarken Rednertribüne bildet es eine Art politische Kathedrale, wo unter anderen der ehemalige Hofprediger Fauchet als »Tribun du Peuple« auftritt und das versammelte Volk – über 8000 Zuhörer zählt man beim zweiten Mal – in 17 Vorträgen über die drei ersten Bücher von Rousseaus »Contrat social« aufklärt. Zutritt zu den Versammlungen, die zweimal wöchentlich stattfinden, haben alle Mitglieder der *Jacobins* und der *sociétés fraternelles* in Paris sowie alle Abonnenten der »Bouche de Fer« (neun Livres im Vierteljahr) – Männer wie Frauen, nur daß sie auf getrennten Tribünen Platz nehmen müssen und die Frauen nicht das Wort ergreifen dürfen. Im Vergleich zu anderen Revolutionsklubs besteht das Besondere des »Cercle Social« darin, daß Vorträge über theoretische und grundsätzliche Fragen von Politik und Gesellschaft den Mittelpunkt der Versammlungen bilden, daß sich vom plebejischen Sektionsaktivisten bis zu einem Philosophen wie Condorcet jedermann als Redner voranmelden kann (über 130 »große Namen« finden sich bis Juli 1791 in der Rednerliste) und daß die Reden in der »Bouche de Fer« veröffentlicht werden. Der Name dieser dreimal wöchentlich erscheinenden Zeitung erklärt sich zwar aus dem

Briefkasten der Redaktion, doch im Titelemblem des Blattes (Abbildung 1) wird er mit Hilfe eines Spruches von Vergil als Bild der »ehernen Stimme des Volkes« und des sprachpolitischen Programms des »Cercle Social« gedeutet: »Bedenke Gallier, daß du die Völker durch die Beredsamkeit regierst.«[114] Mit der »Bouche de Fer« spricht so der politisch aufgeklärte Teil des Volkes zum übrigen Volk, um es ebenfalls aufzuklären.

Die Bildpublizistik: »gesprochene Schriftstücke« der Revolution

Mit der Presserevolution geht eine nicht minder grundlegende Revolution in der Bildpublizistik einher; sie hat die gleichen aktualisierenden, politisierenden und demokratisierenden Tendenzen. Eine neue Generation kleiner Stecher und Bildverleger, meist aus der Provinz in die Hauptstadt zugewandert, nutzt den Wegfall von Privilegien und Zensur, um das revolutionäre Tagesgeschehen in der neuen, schnelleren Technik der Radierung (die den traditionellen Kupferstich an den Rand drängt) festzuhalten, zu kommentieren, ja agitatorisch voranzutreiben. Ohne hohen künstlerischen Anspruch in aller Eile auf den Markt geworfen, verdrängen unmittelbar sinnfällige, oft kolorierte politische Bildflugblätter in Auflagen bis zu 2000 Stück zu niedrigen Preisen die »gelehrten«, nur in 500 bis 1000 Stück aufgelegten und vergleichsweise teuren Genre- und Landschaftsstiche des Ancien régime. Der Straßenverkauf, früher nur für religiöse Andachtsblätter und populäre Bilderbögen verbreitet, wird vor dem Ladenverkauf zur vorherrschenden Vertriebsform. Die Pariser Boulevards, die Promenaden an der Seine und das Palais-Royal gleichen in den ersten Revolutionsjahren einer permanenten Karikaturenausstellung, in der die Passanten die Bilder rezipieren können, ohne sie gleich zu kaufen. Als Campe im August 1789 auf dem Quai de Conti zur belebtesten Seinebrücke, dem Pont-Neuf, geht, fällt ihm auf, daß »alle die großen Gebäude stromauf- und unterwärts, soweit das Auge reicht, besonders die große und prächtige Münze, mit Kupferstichen behangen [sind], welche größtenteils die dermalige Revolution betreffen«[115].

Abb. 1. Der Mund des Volkes. Immer wiederkehrender anonymer Titelholzschnitt der Zeitung »La Bouche de Fer«, 1790. Zeichnung 4 x 9 cm.

Mit Hilfe von Bildern die gar nicht oder nur wenig lese- und schreibkundigen einfachen Leute aus dem Volk anzusprechen und für die neuen politisch-sozialen Werte zu begeistern, ist ein massendidaktisches Mittel, das die Revolutionäre ganz bewußt zur Mobilisierung einer möglichst großen Gefolgschaft einsetzen. So wird der »Almanach du Père Gérard« von Collot d'Herbois, der ein Preisausschreiben der *Jacobins* für den besten revolutionären Volksalmanach gewonnen hat, auf Vorschlag des Klubisten Joseph-Marie Lequinio vom 27. November 1791 mit Illustrationen versehen; denn, so Léquinio, es gelte, die Pfaffen mit ihren eigenen Waffen zu schlagen, das heißt, »dem Fanatismus mit Bildern im Sinne der Revolution entgegenzuwirken«.[116] Die Radierungen in einigen Auflagen von Collot d'Herbois' überaus erfolgreichem Bürgerbrevier zeigen denn auch, wie – den Lehrdialogen des Almanachs entsprechend – der von der Konstituante in sein bretonisches Dorf heimgekehrte Abgeordnete Gérard die Bauern in der neuen Verfassung unterweist. Derselbe Lequinio übergibt dem Konvent am 11. Oktober 1792 ein Blatt des Stechers François Bonneville (Bruder von Nicolas Bonneville), das in der Druckerei des »Cercle Social« vervielfältigt worden ist und an der deutschen Grenze plakatiert werden soll, um preußische und österreichische Soldaten mit finanziellen Versprechungen zum Überlaufen zur Republik zu bewegen: »Es stellt das Dekret dar, welches den Soldaten des Despotismus, die ihre Fahnen verlassen, um den Fahnen der französischen Gleichheit und Freiheit zu folgen, eine Rente von 100 Livres bietet. Bürger, die scheinheiligen Tyrannen [...] haben sich dieses Mittels mit großem Erfolg bedient, um Sklaverei und Aberglauben zu verbreiten; wenn ihr so zu den Augen der unwissenden Landleute redet, ist das eins der wirksamsten Mittel, um den Dörfern Bildung zu bringen und einzupflanzen.«[117] Auch der Wohlfahrtsausschuß setzt Bilder als politisches Propagandamittel ein, indem er insbesondere den Maler Jacques-Louis David beauftragt, »alle ihm zu Gebote stehenden Fähigkeiten und Mittel zur Herstellung zahlreicher Stiche und Karikaturen einzusetzen, die geeignet sind, in der Öffentlichkeit den Gemeingeist zu beleben und vor Augen zu führen, wie grausam und lächerlich die Feinde der Freiheit und der Republik sind«[118]. Tatsächlich erhält der Wohlfahrtsausschuß

1793/94 von einem Dutzend Stechern mindestens 18 solche Auftragskarikaturen, die vor allem die Fürsten der alteuropäischen Mächte und ihr Militär verspotten.

Was die hervorragende Rolle der gedruckten Bildflugblätter innerhalb der revolutionären Kommunikation kulturell und medienpolitisch bedeutet, hat schon der konservative Publizist Jacques-Marie Boyer-Brun scharfsichtig erkannt, wenn er im Frühjahr 1792 bedauernd feststellt: »Die Karikaturen sind von jeher ein Hauptmittel gewesen, um dem Volk Dinge nahezubringen, die es – wenn sie nur geschrieben gewesen wären – nicht genug beeindruckt hätten. Indem die Karikaturen dem Volke, noch bevor es lesen und schreiben konnte, verschiedene mitteilenswerte Dinge darstellten, waren sie für es das, was sie noch heute sind: gesprochene Schriftstücke [*écriture parlée*]. Wie man gesehen hat, haben die Karikaturen bei allen Revolutionen dazu gedient, das Volk in Bewegung zu setzen, und es ist wohl nicht zu leugnen, daß die Hinterhältigkeit dieses Verfahrens seinen schnellen und schrecklichen Folgen entspricht. [...] Wenn aber die Karikaturen das Thermometer sind, das die Temperatur der öffentlichen Meinung anzeigt, dann gilt ebenso, daß diejenigen, welche die Schwankungen dieses Thermometers zu regeln wissen, auch die öffentliche Meinung beherrschen können.«[119] In der Tat bezeichnet der ingeniöse, vom Autor hervorgehobene Ausdruck »gesprochene Schrift« treffend die Mittelstellung, welche die Bildpublizistik zwischen Schrift- und Oralkultur einnimmt. Das wird in einem Straßburger Blatt vom Frühjahr 1791 (Abbildung 2) besonders sinnfällig: Außer der Karikatur – in diesem Fall eine Bildergeschichte in vier Feldern – stellt das Blatt zugleich die moritatenhafte öffentliche Inszenierung der Geschichte in der damals verbreiteten Form dar. Die Bildergeschichte über einen mißlungenen gegenrevolutionären Aufstand in Straßburg im Januar 1791 wird in der Legende schriftlich, von dem Straßenmusikanten aber zugleich mündlich erklärt und dargestellt – und zwar in doppelter Weise: zum einen als gesprochener Kommentar, bei dem der Geigenbogen als Zeigestock dient; zum anderen als Chanson auf die Melodie »Vas t'en voir s'ils viennent Jean«, dessen Text der Geiger und Sänger den Betrachtern und Zuhörern in Form eines Liedflugblatts feilbietet.

Abb. 2. »Die kleine Gegenrevolution, eine Komödie in 4 Akten, aufgeführt zu Straßburg am 3., 15., 16. und 17. Januar 1791.« Anonyme Radierung 1791. 22 x 16,1 cm.

Unter den Tausenden gedruckter Bildflugblätter der Revolution erscheinen soziokulturell diejenigen besonders wichtig, die über Nachstiche und Raubkopien Gesamtauflagen von 10 000 und mehr Exemplaren erreichen; denn weil die meisten revolutionären Karikaturen primär eine Ware und erst in zweiter Linie eine ideologische Waffe sind, zeigen Nachdruck und Kopie an, welche von ihnen am meisten nachgefragt und rezipiert werden. Eine besonders aufschlußreiche Form der »Kopie« sind populäre Bilderbogen, die sich aus vereinfachenden Miniaturen der erfolgreichsten Karikaturen zusammensetzen (Abbildung 3) – gleichsam revolutionäre Bildergalerien für den kleinen Geldbeutel. Auf ihnen sieht man weniger Darstellungen von Personen und Ereignissen (obwohl es natürlich Ereignis- und Porträtstiche in großer Menge gibt) als vielmehr politische Allegorien, die ebenso prägnant wie witzig gesellschaftliche Wahrnehmungsweisen und Attitüden, Ängste und Hoffnungen visualisieren. Exemplarisch seien vier zentrale Funktions- und Themenbereiche genannt:

Da ist zunächst die überwältigende Erfahrung der Zeitgenossen, daß die Revolution eine epochale Zeitenwende bedeutet. Dieses Zäsurbewußtsein bringen einander paarweise zugeordnete Doppelkarikaturen zum Ausdruck, indem sie dieselbe Sache einmal unter dem Ancien régime und dann in ihrem veränderten, neuen Zustand unter dem Nouveau régime darstellen. So visualisieren sie die Entmachtung des Klerus, die Emanzipation des gleich einem Kind eingepferchten Untertanen zum wehrhaften *citoyen* (S. 204, links oben), die Abschaffung der Steuerprivilegien und der Ständehierarchie. Berühmt ist das auch in Abbildung 3 übernommene Bildpaar mit dem Bauern, der früher unter der Last von Adel und Klerus schier zusammenbrach und nun triumphierend auf seinen ehemaligen Unterdrückern reitet (Seite 205, oben) – eine Bildsa-tire, die laut einer Pariser Zeitungsmeldung vom 28. August 1789 höchst populär ist: »Bei all unseren Bildermachern, sowohl bei denen des Palais-Royal wie in den Läden der Bilderhändler, sieht man Kupferstiche, an denen der Pöbel das allergrößte Vergnügen hat und die ihn in seinem Haß gegen die Aristokratie bestärken; es sind Spottbilder oder symbolische Karikaturen, aber voller Ausdruckskraft. Ein Stich zeigt, wie ein alter Bauer gebückt auf allen vieren

Abb. 3. *Mehrfelderblatt bestehend aus Kopien der beliebtesten Revolutionskarikaturen. Anonyme kolorierte Radierung, 1789. 33 x 21,9 cm. (Für diese Abbildung*

wurden die Kopien umgruppiert. Das Original besteht aus 4 Reihen mit jeweils 4 Kopien.)

läuft und auf seinem Rücken einen Edelmann und einen Bischof trägt, was am unteren Rand der Karikatur mit den Worten kommentiert wird: ›Soll das immer so weitergehn?‹ Der andere Stich zeigt denselben Bauern, wie er auf einem Edelmann sitzt und einen Priester wie ein Reitpferd sanft lenkt; dabei hat er einen Stock geschultert, an dem ein Hase aufgehängt ist, und ruft aus: ›Es ist Zeit, daß das aufhört.‹«[120]

Zum zweiten entwickelt sich im Medium der Bilder ein klassenkämpferisches Bewußtsein, das der sozio-ökonomischen Realität der Zeit vorauseilt. So wird das Konzept der »Aristokratie«, im 18. Jahrhundert eine sachliche Bezeichnung für den alten Adel, zu einem überständischen Schlagwort politisiert und ideologisiert. Die »Aristokratie« im neuen Sinn erscheint als mehrköpfiges Ungeheuer (Abbildung 4), in dem Episkopat, Adel und Richterschaft sich körperlich vereint haben, um gemeinsam »das Volk« bei lebendigem Leibe bis auf die Knochen abzunagen – geradezu die Visualisierung eines revolutionären Pamphlettextes: »Die ARISTOKRATIE [...] hat die Klauen einer Harpyie, die Zunge eines Blutsaugers, die Seele eines Prokurators, das Herz eines Financiers, die Füße eines Bocks, die Gefräßigkeit eines Geiers, die Grausamkeit eines Tigers, den Dünkel eines Löwen, die Geilheit eines Mönchs und die Dummheit eines Amtsrichters; mehr als ein Jahrhundert hat man erlebt, wie sie den Menschen das Blut ausgesaugt, die Ernten und Hoffnungen des Landmannes in sich hineingefressen, das Volk verschlungen und in Frankreich die größten Verwüstungen angerichtet hat.«[121] Von dieser bildlichen Anklage an den alten »Feudalabsolutismus« über die kurze Hoffnung auf soziale Harmonie im Sommer 1789, wie sie etwa die verbreiteten Allegorien des gemeinsamen Schmiedens der Verfassung (Seite 204, Mitte) und der »Drei Köpfe unter einem Hut« ausdrücken (Seite 205, Mitte links), bis hin zur Aristokratenfratze, die aus jedem Blickwinkel eine andere Heimtücke verrät, zeichnet sich die Verschmelzung der Pfaffen, Edelleute, Amtsadeligen und Reichen zum stigmatisierten Idealtyp des Volks- und Revolutionsfeindes ab.

Zum dritten visualisieren die Bilder abstrakte politische Begriffe und machen sie so für schlichte Gemüter nicht nur konkreter und begreifbarer, sondern verleihen ihnen zudem einen emo-

Abb. 4. »Ein dreiköpfiges Ungeheuer, das die drei Erscheinungsformen der Aristokratie verkörpert und gerade die letzten Reste vom Leichnam des Volkes verschlingt ...« Anonyme kolorierte Radierung, 1789. 22,7 x 35 cm.

tionalen Appellcharakter. Um beispielsweise den Artikel 3 der Menschen- und Bürgerrechtserklärung von 1793, wonach »alle Menschen von Natur und vor dem Gesetz gleich sind«, zu erläutern, begnügt sich ein republikanischer Sansculottenkatechismus nicht mit schriftlichen Hinweisen auf die Natur als Mutter aller Lebewesen, auf das Naturrecht und den rechtlichen Charakter der Gleichheit, sondern illustriert seine Auslegung außerdem mit einem Emblem, das er wiederum mit einem Begleittext erklärt: »Die Gleichheit ist in Gestalt einer Frau dargestellt, die das Richtscheit in der Hand hält. Dazu führt sie noch andere Attribute, die sie kennzeichnen und die zugleich die Einfachheit und die Einigkeit ausdrücken. Daher sitzt sie auf einem Stein. Auf ihrem Kopfschmuck trägt sie miteinander verbundene Ringe und in der Linken ein Waffenbündel. Sie zertritt den Kopf der Hydra der Tyrannei. Die Frau an ihrer Seite stellt die Natur dar, als Zeichen ihrer Fruchtbarkeit hat sie sechs Brüste.«[122] Daß der darunter im Zeichen des freimaurerischen Dreiecks geschlossene Bruderbund eines Nationalgardisten, eines Sansculotten und eines Bürgers die politisch-sozialen Konsequenzen des Gleichheitsgrundsatzes versinnbildlicht, wird nicht erklärt, weil die Szene offenbar als unmittelbar verständlich gilt.

Zum vierten verarbeitet und deutet die Druckgraphik symbolträchtige Schlüsselereignisse der Revolution. So interpretiert die auf dem Umschlag des vorliegenden Bandes abgebildete Radierung »Zerstörung der Bastille nach dem Sieg über die Feinde der Freiheit am 14. Juli 1789« diesen Vorgang gleich dreifach: konkret als Schleifung des verhaßten Staatsgefängnisses unter dem Beifall des Volkes, allegorisch als Freiheitssieg des Dritten Standes über die in der Bastille aufgestöberte Hydra des Despotismus, politisch als Entmachtung der Privilegierten durch das Volk. Die beiden Figuren, die links aus der Szene flüchten, sind für den damaligen Betrachter nicht so bedeutungslos, wie ihre geringe Körpergröße suggeriert; denn es sind dieselben Vertreter der beiden oberen Stände, die in der korrespondierenden Allegorie vor dem »Erwachen des Dritten Standes« zurückschrecken (Abbildung 5). Erst die vergleichende Betrachtung dieses Bildpaares läßt erkennen, wie sehr die Zeitgenossen den Vierzehnten Juli als Verkehrung der politisch-so-

Abb. 5. »Das Erwachen des Dritten Standes.« Anonyme, kolorierte Radierung, 1789. 14,4 x 9,1 cm

zialen Größen- und Machtverhältnisse, als notwendiges Blutvergießen im Freiheitskampf erleben.

Liedpublizistik oder: Die gesungene Revolution

Als der Magdeburger Pastor Heinrich Zschokke im April 1796 Frankreich bereiste, war er fasziniert von der – modern formuliert – vielseitigen und plurimedialen Kommunikation in den Straßen der Haupstadt: »Büsten, Kupferstiche, Gemählde, Bibliotheken, Possenreisser, Marionettenspieler, Taschenspieler u.s.f. zeigen sich in allen Stadtgegenden, und haben einen größern oder kleinern Schwarm von Bewunderern und Tadlern um sich versammelt. Selbst Melodien werden verkauft, und dem Ohre der Käufer eingezeigt. An der Straßenecke steht ein zerlumpter Virtuose mit der Violine, neben ihm ein Weib oder Mädchen; beyde singen, ohne von dem Geräusch der Wagen, Reuter und Schreyer irre gemacht zu werden, die sangbarsten Arietten aus den neuesten Opern mit republikanischen Texten.«[123]

Diese Beschreibung, die an das Straßburger Bildflugblatt von 1791 erinnert (Abbildung S. 202), skizziert zutreffend die hervorragende Rolle der Chansons in der Medienvielfalt der plebejischen Öffentlichkeit. In der Tat prägen sich die Volksnähe und der semiorale Charakter der Revolutionskultur vielleicht in keinem Medium unmittelbarer aus als in den über 3000 erhaltenen Liedern, die vor allem in den Jahren 1789 bis 1794 entstehen.[124] Im Gegensatz zu den Chansons des Ancien régime handelt es sich nicht um mündlich oder handschriftlich tradierte Gesellschaftslieder, sondern um hochpolitische, tagesaktuelle Chansons, gedruckt und öffentlich gesungen von Klubaktivisten und darüber hinaus von Hunderten kleiner Liedermacher, die so einen bescheidenen Broterwerb suchen. Das gewaltige Anschwellen dieser neuen Lied- und Musikkultur bis zum Jahre 1794 beruht vor allem auf drei historischen Faktoren, die für sein Verständnis wesentlich sind: erstens auf der Tradition satirischer, meist nur mündlich überlieferter Straßenlieder und auf der Sangesfreudigkeit des durchschnittlichen Parisers, der an die 300 Melodien auswendig kennt; zweitens auf der

Beliebtheit der Parodie, das heißt des Unterlegens eines neuen Textes unter eine alte Melodie, wobei die Kenntnis des ursprünglich unterlegten Textes vorausgesetzt wird und Anlaß zu pikanten Anspielungen gibt; drittens auf der Popularität und Renaissance des Vaudeville-Theaters und der Opéra comique mit ihren aktuellen Liedeinlagen in den 1780er Jahren. In diesem Milieu entstehen die meisten Melodien der Revolutionslieder.

Solche Voraussetzungen machen das Chanson zum idealen Medium, um die neuen Grundwerte der Revolution in der breiten Bevölkerung zu verinnerlichen; denn neue Texte und Leitsprüche prägen sich fester ein und lassen sich – ohne Lesen – leichter memorieren, wenn sie auf bekannte Melodien gemeinschaftlich gesungen und beim Wechsel von Vorsänger und Chor im Refrain wiederholt werden. Wie wirkungsvoll die Revolutionäre Chansons einsetzen, beschreibt etwa der deutsche Beobachter einer Versammlung von 600 Bürgern, die noch im Herbst 1798 im Dekadentempel von Auxerre zusammenkommen, um der »sonntäglichen« Ansprache des lokalen Vizepräsidenten Fontaine, Lehrer an der *École centrale*, zu lauschen. Jedesmal wenn Fontaine »auf ganz neue Ereignisse der Republik« zu sprechen kommt, unterbricht er seine Rede mit kommentierenden Liedeinlagen. »Er ganz allein und ohne Begleitung eines Instruments sang sie in einem angenehmen Tenor. Die zwey Schlußverse jeder Strophe wiederholte die ganze Versammlung als Chor. Dieses Vorsingen, und das Wiederholenlassen des Refrains ist sehr politisch; und thut bey den Gesang-liebenden [...] Franzosen nicht zu berechnende Wirkung zur Aufrechterhaltung und Verstärkung ihres republikanischen Eifers. Fontaine's eigene Gesänge athmeten Humanität. Aber er schloß seine Anrede mit dem Ausrufe, nun möge auch die Versammlung ein Lied zur Befestigung in ihren patriotischen Gesinnungen anstimmen. Und siehe! sie sang, zur Erweckung der Andacht bey dieser Feyer des *neuen* Sonntags, gleichfalls ohne ein Instrument, wild und höchst mißtönend einige der stärksten Strophen aus der blutgierigen Marseiller Hymne.«[125]

Daß eine provinziale Festversammlung noch 1798 spontan ausgerechnet in diesen Kriegsgesang ausbricht, ist kein Zufall, sondern hängt mit einer musikalischen Neuerung zusammen, die viele

Revolutionslieder gemeinsam haben. Die Melodie der Marseillaise, die im Sommer 1792 mit dem Freiwilligenbataillon der provenzalischen Metropole durch das Land gewandert ist und von mehr als 250 Chansons der Revolutionszeit benutzt wird, ist überaus beliebt, weil sie besonders ausgeprägt ist und als eine der ersten diese musikalische Struktur enthält. Die Melodie durchläuft im Mittelteil eine Molltrübung, nach welcher der an den Schluß verlegte musikalische Höhepunkt, der mit dem Refrain zusammenfällt, nur um so befreiender, triumphaler und mitreißender wirkt. Der populäre Vaudeville-Komponist und Liedermacher Antoine de Piis ist sich der massendidaktischen Möglichkeiten, welche diese musikalische Aufwertung des Refrains eröffnet, sehr wohl bewußt, wenn er die erste Strophe eines »Republikanischen Vaudeville« auf die Melodie der Marseillaise mit den Worten enden läßt: »Durch meine Refrains wächst die Freiheit.«[126] Selbst ein gewisser Parent, Dorfpfarrer bei Melun im Departement Seine-et-Marne, erfaßt die mobilisierende Kraft der Marseillaise intuitiv und setzt sie geschickt zur Rekrutierung von Freiwilligen ein, wie er den Redakteuren der »Feuille villageoise« im April 1793 berichtet: »Ich meine, daß man das Volk zum Singen bringen muß. Setzen wir dem alten Muff verlogener Trauergesänge und abergläubischer Litaneien [...] verständige, vernünftige und patriotische Lieder entgegen. Ich habe das beherzigt, als Sie in der Nr. 3 die Marseillaise mit Musik veröffentlichten. Obwohl ich keine Noten lesen kann, habe ich sie mit Hilfe des Gesangs entziffert und sie zwei Sonntage nacheinander an der Spitze meiner Mitbürger gesungen, die sich mit Waffen am Fuß des Freiheitsbaums versammelt hatten. [...] Sobald ich auf ein gutes Lied stoße, bringe ich es zur Schule, wo man es vorliest, abschreibt und singt.«[127] Parent ist für die »Dorfzeitung« der ideale kulturelle Mittler.

Als Printmedium stehen die revolutionären Hymnen und noch mehr die kaum überschaubaren einzelnen Straßenlieder den Pamphleten und Karikaturen sehr nahe. In der Regel als kleine Broschüren oder auf fliegenden Blättern gedruckt, werden sie von Kolporteuren ausgerufen, auch von den Sängern selbst nach der Darbietung an interessierte Zuhörer verkauft. Dazu kommen wenigstens 50 unter anderem für revolutionäre Klubs und für Dekadenfeiern bestimmte Chansonsammlungen, darunter thematisch zusammenhängende Potpourris, die sich zu theatralischen Inszenierungen eignen. Das gilt insbesondere für einen regelrechten Sängerkrieg um die Verfassungen von 1791 und 1793, an dem sich auch Revolutionskritiker wie der Liedermacher Marchant beteiligen. Raffiniert nutzt Marchant zum Beispiel die musikalischen Reduplikationen im Refrain der Melodie »Le saint craignant de pécher«, um einen Verfassungsentwurf von Condorcet durch die Zerstückelung des Schlüsselwortes »Republik« absurd und lächerlich erscheinen zu lassen:

»Que rien ne vaut mieux, ma foi,
Qu'une ré ré ré
Qu'une pu pu pu
Qu'une ré
Qu'une pu
Qu'une république
Bien démocratique.«[128]

Die Revolutionsanhänger sind betroffen, diesen »aristokratischen Lieder-Almanach der Gosse« in den Taschen von Frauen zu finden, die bei einem royalistischen Fest aufgegriffen werden: »Zur Schande der Revolution verkauft sich diese Verfassung in Form von Vaudevilles fast ebenso gut wie der Almanach des Père Gérard.«[129]

Die Chansons der revolutionären Liederbücher ihrerseits gelten zum einen den neuen Grundwerten wie Gleichheit und Brüderlichkeit, den Kulten der Vernunft und des Höchsten Wesens sowie ganz besonders den Revolutionshelden und Freiheitsmärtyrern. Zum anderen besingen sie militant die Kampftage der Revolution, den Machtverlust der katholischen Kirche, den Untergang des französischen Königtums, den vaterländischen Krieg und die großen Siege der republikanischen Armeen. So appelliert das auf die Melodie der Marseillaise gesungene anonyme Lied »Insurrection du Peuple Français contre les tyrans« im Herbst 1793 an alle Republikaner, in ihrem Entscheidungskampf gegen die alteuropäischen Mächte durchzuhalten:

»Du haut de la sainte montagne, Qu'au loin s'élancent des volcans, Qui d'Italie et d'Allemagne, Brûlent les trônes chancelans; qu'ils pulvérisent les despotes De Londres, Madrid et Berlin; Que le monde pour souverain N'ait qu'un peuple de *Sans-Culottes*. Debout, républicains, allons tous à-la-fois, / Allons exterminer jusqu'au dernier des rois.«[130]	»Vom Gipfel des heiligen Berges sollen / Vulkane ausbrechen und weithin ihr Feuer / schleudern, das die wankenden Throne / Italiens und Deutschlands verbrennt; Sie sollen die Despoten von London, Madrid / und Berlin zermalmen; Auf daß die Welt nur einen Souverän habe: ein Volk von *Sansculotten*. Republikaner, steht auf! Laßt uns alle gemeinsam ausziehen / und auch den letzten / König ausmerzen.«

Doch auch das sozio-ökonomische Programm der Sansculotten findet seinen Ausdruck im Lied. Der Volkssänger Ladré beispielsweise verfaßt im Herbst 1793 ein siebenstrophiges Chanson »Über das Maximum«, das die Getreiderequirierungen und die spontane Terreur der plebejischen »Revolutionsarmeen« beschreibt:

»On verra sur tous les chemins La troupe révolutionnaire Qui rangera tous les mutins, En les obligeant à bien faire. La guillotine la suivra; Les magasins on fouillera Celui qui se mutinera, On fera sa fête, En coupant sa tête. Il vaut beaucoup mieux obéir Que de se faire raccourcir.«[131]	»Auf allen Wegen wird man sehen, Wie die Revolutionsarmee / Die Rebellen zur Vernunft bringt Und zwingt, sich ordentlich zu verhalten. / Die Guillotine wird der Truppe folgen; / Man wird die Vorratsspeicher durchsuchen / und dem, der aufmuckt, / Ein Fest bereiten, / Indem man ihm den Kopf abschlägt. / Es ist besser zu gehorchen, als sich einen Kopf kürzer machen zu lassen.«

In der kulturellen Praxis der Revolution bestanden die vorgestellten Printmedien nicht getrennt nebeneinander, sondern wirkten zusammen, um alle Sinne des Publikums anzusprechen. Wie Druckschriften einzelne Bilder und Lieder kommentierten und wie im Gegenzug Bilder bestimmte Texte visualisierten, ist bereits angedeutet worden. Hinzu kommt, daß nicht selten revolutionäre Liederbücher republikanische Gebete und symbolträchtige Illustrationen enthielten, während politische Katechismen mit einem Liederanhang und »Heiligenbildern« der Revolutionsmärtyrer angereichert waren. Eine Reihe von Druckerzeugnissen betrieb solche medialen Verknüpfungen systematisch und konsequent. Veröffentlichten zum Beispiel die täglich plakatierten »Affiches de la Commune« regelmäßig neue Lieder, so illustrierten die radikalrevolutionären Wochenzeitungen von Louis-Marie Prudhomme (»Révolutions de Paris«) und Camille Desmoulins (»Révolutions de France et de Brabant«) fast jede ihrer Nummern mit einer Radierung. Und einige Kupferstecher gaben Fortsetzungswerke zur Revolutionsgeschichte heraus, die jedes Bild mit einem mehrseitigen Erzähltext verbinden: Nach den »Gravures historiques« von Jean-François Janinet (1790–91) waren es vor allem die »Tableaux historiques de la Révolution française« (1791–96) eines Konsortiums von Stechern, welche die Französische Revolution auf diese Weise nachträglich als zusammenhängende Kette von Medienereignissen inszenierten.

Besonders unmittelbar hat sich der plurimediale und semiorale Charakter der Revolutionspublizistik in einer bestimmten Gattung von illustrierten Flugblättern zu einzelnen sensationellen Ereignissen niedergeschlagen, den *Canards*. Diese großformatigen populären »Gelegenheitszeitungen« kombinieren die bildliche Darstellung des Ereignisses jeweils gleichberechtigt sowohl mit einer Textreportage im unteren Teil des Einblattdrucks als auch mit kommentierenden Liedern an den Seiten des Blattes. Nicht zufällig waren solche *Canards* in der Revolutionszeit viel häufiger und politischer als früher, und nicht selten hingen sie »intertextuell« mit der übrigen Publizistik zusammen, wie ein kolorierter Holzschnitt des Provinzverlegers Jean-Baptiste Letourmi von Ende Juli 1789 zeigt (Abbildung 6). Die bewußt im Stil der populären Bilderbogen gehaltene graphische Darstellung ist ein originales Werk des unbekannten Holzschneiders, den Letourmi beauftragte. Dagegen stammen die umrahmenden Texte aus Flugschriften, die kurz zuvor in Paris erschienen waren: Wie die »Erzählung der denkwürdigen Belagerung der Bastille« unter dem Bild Kernsätze aus dem anonymen Pamphlet »Les Lauriers du Fauxbourg Saint-Antoine, ou Le Prix de la Bastille renversée« wiederholt, so übernehmen seitlich die »der Nation gewidmeten Liedstrophen« neue Verse des Liedermachers Déduit, der sich auf Flugblättern stolz *auteur patriote* nannte.[132] Die Tatsache, daß eine so raffinierte »plurimediale Print-Collage« in Orléans hergestellt und von 100 Auslieferungsstellen in ganz Frankreich vertrieben wurde, belegt einmal mehr, wie weit auch die Kulturrevolution über Paris hinausgriff.

Revolutionäre Zeichensysteme: Sprache, Symbole und Kulte

Die Umwertung der Werte oder: Die sprachliche Dimension der Revolution

Um die Jahreswende 1791/92 bieten Kolporteure in Straßburg, Paris und anderswo mehrere Versionen eines illustrierten Flugblatts feil, das in allen Fällen aus einer ovalen, schneckenförmig von außen nach innen laufenden Kette von 83 beschrifteten Feldern besteht. Es handelt sich um revolutionäre Gesellschaftsspiele in der volkstümlichen Tradition des Gänsespiels, bei denen die Teilnehmer würfeln, wer als erster das Ziel im Zentrum des Blattes erreicht. Während die aufwendigeren Versionen dieses Revolutionsspiels von einer allgemeinen Erklärung sowie den Spielregeln eingerahmt werden und zum Teil außerdem reich illustriert sind,[133] reduziert die einfachste Ausführung (Abbildung 7) das Ganze auf seinen Kern: eine Folge von Wörtern, die sowohl historische Personen und Ereignisse als auch politisch-soziale Kräfte und Konzepte be-

Abb. 6. »Die Einnahme der Bastille.« Kolorierter Holzschnitt mit Letternumdruck, verlegt von Jean-Baptiste Letourmi, Orléans 1789. 266,2 x 35,5 cm.

zeichnen. Wir haben es mit einer regelrechten Begriffsgeschichte zu tun, denn die Spielfeldwörter stellen die Geschichte Frankreichs von den Anfängen bis zur Verfassung vom Herbst 1791 dar, und dabei stehen sie nicht unverbunden nebeneinander, sondern werden durch die Spielregeln auf zweifache Weise miteinander verknüpft.

Die eine – chronologische – Verknüpfungsart ist in der Verkettung der Wörter vorgegeben und suggeriert mit ihrer zeitlichen Abfolge zugleich einen kausalen Zusammenhang. Nach der Vertreibung aus dem Paradies der »Gleichheit« im Naturzustand (Spielfeld 1) entwickelt sich die Geschichte Frankreichs in sechs Epochen. Während des Mittelalters bis zu den Religionskriegen von »Sklaverei«, »Unwissen«, »Aberglauben« und »Anarchie« beherrscht (Felder 2–8), genießt das Land unter König Heinrich IV. für kurze Zeit die Anerkennung des »Gesetzes« und des »Gemeinwohls« (Felder 9–16), um anschließend durch die Schuld von »Klerus«, »Adel«, »Ministern« und »Generalsteuerpächtern« in »Eroberungssucht«, »Intrigen« und »Bankrott«, in das »Elend« des »Dritten Standes«, in den »Despotismus« der »Lettres de cachet« und der »Bastille« zurückzufallen (Felder 17–34). Die Wende zum Besseren wird eingeleitet von den Aufklärern »Montesquieu«, »Voltaire« und »J. J. Rousseau« und den von ihnen vertretenen Prinzipien der »Philosophie«, der »Toleranz« und der »Menschenrechte« (Felder 35–42). Damit geht die politische Aufklärung bruchlos in die »Revolution« über – eine neue Zeit der Gewaltenteilung und des »Patriotismus«, der sich am »Föderationsfest« und am »Vaterlandsaltar« manifestiert (Felder 43–67). Da aber trotz Annahme der Verfassung durch Ludwig XVI. »Mönche«, »Aristokraten« und »Gegenrevolutionäre« weiterhin »Zwietracht« säen, muß die nationale »Regeneration« fortgesetzt werden, damit Frankreich künftig in den vollen Genuß der »Freiheit« und der »Verfassung« kommt (Felder 68–83).

Die andere Verknüpfungsart ist systematisch und besteht darin, daß besonders wichtige Wörter durch Pflichtzüge zusätzlich bewertet und miteinander verbunden werden. Der Spieler, der beispielsweise auf die Felder »Despotismus« oder »Bankrott« trifft, wird an den Anfang zurückgeworfen oder muß Geld an die Kasse

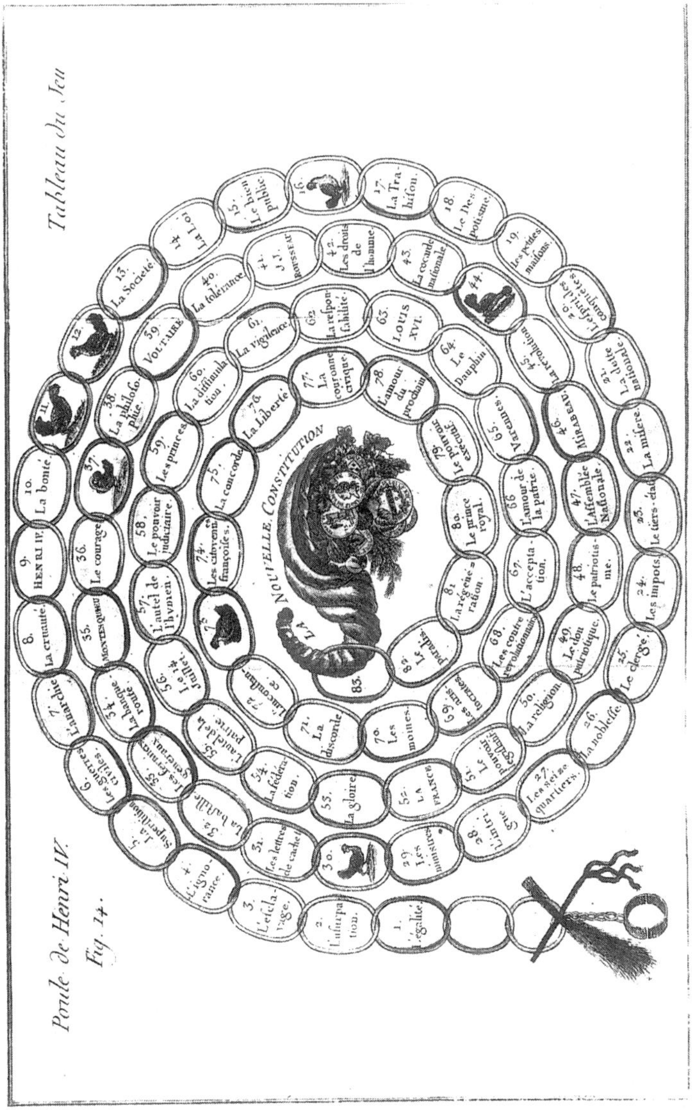

Abb. 7. »Das Huhn Heinrichs IV. im Topf.« Die Geschichte Frankreichs als Wörter-Spiel. Anonyme kolorierte Radierung, 1791. 22,2 x 30,1 cm.

zahlen; erreicht er dagegen etwa die Felder »Voltaire« oder »Revolution«, rückt er mit einem Sprung auf die zielnahen Positionen »Bürgerkrone« beziehungsweise »Regeneration« vor.

Dieses ebenso überlegt wie raffiniert angelegte prorevolutionäre Spiel ist eine hervorragende Quelle für die historische Semantik, weil es bei genauerer Betrachtung zeigt, welch große Bedeutung seine Autoren bestimmten Schlagwörtern beimaßen, wie sie diese Wörter in einem politischen Sinngefüge vernetzten und wie scharf sie dabei positiv und negativ bewertete Wörter miteinander konfrontierten. Damit erweist sich das Spiel als symptomatisch für das ausgeprägte Sprachbewußtsein der Revolutionäre und ihr Grundanliegen, die politische Revolution von Verfassung und Recht durch eine moralisch-kulturelle Revolution der Sprache und damit auch des Denkens zu vollenden. Um die Bedeutung alter Wörter in ihrem Sinn festzulegen, um »aristokratische« Wörter auszumerzen und um neue Wörter einzubürgern, führten sie eine regelrechte *logomachie*, einen Wörterkrieg.[134]

Fest davon überzeugt, daß die Mißstände des Ancien régime nicht zuletzt von falschen Wortbedeutungen herrührten, erhoben sie den Anspruch, die eigentliche und »wahre« Bedeutung der Wörter wiederherzustellen, und forderten für die »Sprache der Freiheit« ein eigenes Wörterbuch. In seiner Eröffnungsrede vor der neugegründeten »Société des amateurs de la langue française« rief der Grammatiker Urbain Domergue am 31. Oktober 1791 aus: »Der Tag der Freiheit hat sein Licht verbreitet; alle Irrtümer werden sich auflösen [...]. Doch unter den verschiedenen Irrtümern, die das Unglück der Menschen verursachen, ist vielleicht keines verderblicher als der Mißbrauch der Wörter, der uns über die Sachen täuscht.«[135] Daher warnte der Journalist Loustalot die Leser und Hörer seiner erfolgreichen Zeitung: »Der Mißbrauch der Wörter ist seit je her eins der wirksamsten Mittel gewesen, um die Völker zu knechten. [...] Unsere Könige ließen zu, daß sich unsere Gerichtshöfe *parlements* nannten, obwohl dieser Name nur der Versammlung der Nation gebührt. [...] Hüten wir uns also, Bürger, uns durch Wörter täuschen zu lassen.«[136] Und die Zeitung des »Cercle Social« fügte hinzu: »Wenn wir das Volk durch Wörter in die Irre führen, werden wir mit ihm die ersten

Opfer unserer Irrtümer sein. Definieren wir also als erstes die Termini.«[137]

Eben dies unternahm eine ganze Reihe von Pamphletwörterbüchern, unter ihnen auch der »Dictionnaire national et anecdotique« des Lehrers Pierre-Nicolas Chantreau, eines aktiven Mitglieds der Pariser Sektion Théâtre-Français. Auf der einen Seite verzeichnete Chantreau 165 Termini des Ancien régime, welche durch die Revolution zum Aussterben verurteilt seien. Bei den so für tot erklärten Ausdrücken handelt es sich vor allem um Termini der katholischen Kirche sowie des alten Rechts-, Steuer- und Feudalwesens; die Liste reicht von *annates* und *bénéfice* über *gabelle* und *prérogative* bis zu *servage* und *vénalité*. Auf der anderen Seite erklärte Chantreau ausführlich 140 Wörter, die infolge der Revolution einen neuen Sinn erhalten hätten. Dies sind zum Beispiel Ausdrücke der neuen demokratischen Kultur wie *assemblée*: »Im Ancien régime wollte die Regierung keine Versammlungen. [...] Heute ist alles Versammlung, und jede Versammlung ist rechtmäßig [...].« Ferner Ausdrücke der revolutionären Justiz wie *lanterne* und seine neue Ableitung *lanterner*: »Seit der Revolution, und zwar am selben Tag, an dem sie sich ereignete, hat dieses Wort eine Bedeutung angenommen, die unsere Vorfahren nie für möglich gehalten hätten; [...] man braucht es heute in Redewendungen wie *an die Laterne hängen*, *der Laterne würdig sein*, *die Laterne fliehen*.« Nicht zuletzt beschreibt Chantreau normative Leitbegriffe der politischen Ethik und Moral wie *patrie*: Dieses Wort hatte unter dem Ancien régime »einen hohlen Klang; denn wo es Höflinge und Nutznießer königlicher Pensionen gibt, ist kein Vaterland; wo Bastillen sind, ist kein Vaterland [...]. Aber heutzutage, da unsere Höflinge wie unsere Tauben ausgeflogen und die Bastillen verschwunden sind, [...] wird es ein Vaterland geben; es wird alles für uns sein, und wir werden alles für es sein.«[138]

Neben den Pamphletwörterbüchern betreiben ganz besonders die politischen Katechismen eine gezielte Sprachpolitik, bestehen ihre Lehrdialoge doch oft aus einer Kette von Definitionen der revolutionären Schlüsselbegriffe. Auf die Ausgangsfrage, was die Republik Frankreich sei, gibt beispielsweise ein radikaler Katechismus vom Sommer 1793 die Antwort: »Eine rein demokratische Regierung« – und löst damit eine semantische Kettenreaktion aus: »Was verstehen Sie unter einer demokratischen Regierung? A. Eine Regierung, in der das Volk sich selbst die Gesetze gibt und durch von ihm gewählte Abgeordnete ausführen läßt. [...] F. Auf welcher Grundlage wird die Republik Frankreich errichtet? A. Auf drei Tugenden, der Freiheit, der Gleichheit und der Brüderlichkeit, so daß die Republik eine unteilbare Trinität bildet. F. Aber ich sehe, daß wir nur für zwei dieser drei Tugenden kämpfen. A. Das ist richtig, denn die Freiheit und die Gleichheit werden erkämpft werden, und die Brüderlichkeit wird wie eine Gnade von selbst aus ihnen erwachsen.«[139] Die enge wechselseitige Verknüpfung der revolutionären Grundwerte wird hier ebenso deutlich wie die stiefschwesterliche Rolle, auf welche auch die Jakobiner die *Fraternité* in der Revolutionsdevise beschränken.

Solche zeitgenössischen Beobachtungen werden durch breiter angelegte historisch-semantische Untersuchungen bestätigt. Gerade im Vokabular erweist sich die Französische Revolution als eine umfassende Umwertung der Werte, als Umtauschplatz versprachlichter Leitbilder und Prinzipien. Wie sich etwa der *honnête homme* vom Ideal des gebildeten Edelmanns in den Vertreter der Gegenrevolutionäre (*honnêtes gens*) verkehrte, so trat der neue Straftatbestand der Beleidigung der Nation (*lèse-nation*) an die Stelle der alten Majestätsbeleidigung (*lèse majesté*). Während traditionell neutrale Termini wie *aristocrate* zu ideologischen Parteibegriffen aufgeladen wurden und zur Polarisierung des gesellschaftlichen Bewußtseins beitrugen, hatten wertbejahende, normative Fahnenwörter mehr eine legitimierende Funktion. Das gilt insbesondere für die aufgewerteten und semantisch erweiterten Leitbegriffe *nation* und *liberté*; ihre beherrschende Schlüsselstellung in der neuen politischen Kultur ist schon daran zu erkennen, daß sie die meisten neuen Wortbildungen hervorbrachten (jeweils über 50). Es gilt jedoch ebenso für den Begriff des *peuple*, der beim verbalen Machtkampf der revolutionären Führungsgruppen eine so zentrale Rolle spielte. Ein Antijakobiner prangerte die taktische Verwendung dieses Zauberworts scharfsichtig an: »Robespierre [...] erkannte schnell, daß das sicherste Mittel, um in der Revolution eine Rolle zu spielen, darin bestand, dauernd dem *Volk* zu schmeicheln, dauernd seine *Interessen* und seine *Rechte* im Munde zu führen; aber das Volk, das er meinte, war nicht die Vereinigung aller Staatsbürger. [...] Vielmehr bezeichnete er mit diesem Wort jede beliebige Parteiung und Versammlung. Die Tribünen der Konstituante waren das *Volk*; die der Jakobiner waren das *Volk*; der kleinste Auflauf bei den Tuilerien oder auf den öffentlichen Plätzen war das *Volk* [...]. Er sah das Volk überall, nur nicht dort, wo es wirklich war.«[140] Tatsächlich ging Robespierre in seiner erfolgreichen Selbststilisierung zum unbestechlichen und selbstlosen Fürsprecher des Volkes noch weiter, wenn er am 27. April 1792 im Jakobinerklub erklärte: »Ich bin weder ein Höfling noch ein Mann der Mäßigung, weder der Tribun noch der Verteidiger des Volkes, sondern ich bin selbst das Volk.«[141]

Die zitierten Vorwürfe gegen den Sprachgebrauch Robespierres gehörten zu einer konservativen publizistischen Kampagne der Direktorialzeit gegen den »Fanatismus in der Revolutionssprache«, wie der Titel einer aufsehenerregenden Streitschrift La Harpes von 1797 lautete. Noch grundsätzlicher erklärte ein anderes Mitglied des neugegründeten elitären Instituts, der Abbé Sicard, die ganze Revolution aus der Invasion einer Horde barbarischer Schlagwörter unter Führung von vier Leitbegriffen: der *Liberté*, in deren Namen willkürlich gemordet worden sei; der *Égalité*, die der »Kanaille« und den »despotischen Sansculotten« als trojanisches Pferd gedient habe; der *Fraternité*, die auf den Spruch hinausgelaufen sei: »und willst du nicht mein Bruder sein, so schlag ich dir den Schädel ein«; und des *Révolutionnaire*, der bluttriefenden Personifizierung des *Terrorisme*.[142] Doch solche verbalen Abrechnungen mit der radikalen Revolution konnten deren sprachliche Wirkungen zwar mäßigen, aber nicht zurückdrehen. Denn welchen Sinn die gegnerischen Gruppen auch jeweils einem Wort beilegten – gerade im Kampf um seine Bedeutung gewann das betreffende Wort an politischem Stellenwert; und letztlich sind Kernelemente der politischen Kultur des modernen Frankreich wie die Konzepte der »Nation« und der »Republik« siegreich aus der revolutionären *logomachie* hervorgegangen.

»Beginnen wir die Nationale Erziehung«, schrieb der Friedensrichter Jacques Boileau aus der burgundischen Kleinstadt Avallon 1791 in einem Leserbrief an die Zeitung des »Cercle Social«; »gebrauchen wir und vervollkommnen wir die Sprache der ›Zeichen‹, diese beredte Zeichensprache, die zunächst nur die Sinne anspricht, diese aber so erregt, daß der Eindruck weitergeleitet wird bis hin zum Zentrum der Gedanken; ein solcher Sinneseindruck ist gleichsam ein natürlicher, elektrischer Impuls, der das Herz neu belebt, mit einem heiligen Feuer erfüllt, das – wenn es erst einmal brennt – nicht wieder erlischt.«[143] Diese Äußerung eines kleinen Wahlbeamten aus der Provinz, der zahlreiche ähnliche Aussagen an die Seite zu stellen wären, weist darauf hin, daß die beobachtete Sprache der Bilder und der Wörter integrierender Bestandteil einer umfassenden revolutionären Semiotik war – einer symbolträchtigen Zeichensprache, deren Elemente zwar vielfach spontan entstanden, aber in massendidaktischer Absicht sehr bald miteinander verknüpft wurden. Versucht man die Fülle der revolutionären Zeichen und Symbole zu überblicken, lassen sich wenigstens fünf Hauptbereiche unterscheiden.

Als eine Sonderform der sprachlichen Umwertung kann die revolutionäre Namensgebung gelten. Sie ist in vielen Einzelfällen zu beobachten, sei es als diktierte *damnatio memoriae* wie bei der rebellischen Stadt Lyon, die von der Revolutionsregierung Ende 1793 den Namen »Ville Affranchie« verordnet bekam, sei es als freiwilliger Bekenntnisakt wie bei den Pariser Sektionen. Ein allgemeineres, landesweites Phänomen, das sich auf die Jahre 1793/94 konzentrierte, war die republikanisierende und säkularisierende Umbenennung von Orten und Straßen, deren traditionelle Namen an die Monarchie oder an katholische Heilige erinnerten. Lagen solchen Umbenennungen in der Regel kollektive Entscheidungen von Klubs und Ortsverwaltungen zugrunde, so zeigten die revolutionären Personennamen persönliche Überzeugungen an. Als neue Taufnamen dienten vor allem die revolutionären Grundwerte wie *Liberté* und *La Vertu*, die Namen der »Märtyrer« der Revolution und die Monatsnamen des Republikanischen Kalenders. Bei den

1,3 Millionen Taufen, die während des Jahres II in Frankreich registriert wurden, erhielten rund 150000 Neugeborene revolutionäre Vornamen; dabei schwankte die regionale Verteilung etwa in der Ile-de-France zwischen 15 und 33 % der Täuflinge. Die Stärke des hier ablesbaren revolutionären Symbolbewußtseins entspricht ziemlich genau dem Politisierungsgrad, den wir an der Mitgliedschaft der Jakobinerklubs und Volksgesellschaften abgelesen haben.

Einen ungleich tieferen Eingriff in den gesellschaftlichen »Symbolhaushalt« als die neuen Namen bedeutete die neue Zeitrechnung der Revolution. Sogleich nach dem Bastillesturm begannen patriotische Publizisten ihre Schriften nach »Jahren der Freiheit« zu datieren, und Camille Desmoulins schlug sogar vor, das Jahr künftig mit dem 14. Juli beginnen zu lassen. Doch die eigentliche Zäsur brachten erst die Beschlüsse des Konvents vom 5. Oktober und 24. November 1793. Rückwirkend von der Proklamation der Republik an (22. September 1792) ersetzten sie die christliche Zeitrechnung durch den Republikanischen Kalender, den der Unterrichtsausschuß unter Federführung der *Montagnards* Gilbert Romme und Fabre d'Eglantine ausgearbeitet hatte. Ausgehend von neuen astronomischen Berechnungen nach dem Dezimalsystem, schaffte das Kalendergesetz die Woche ab und führte statt ihrer die Dekade ein in der Annahme, damit vom christlichen Wochenrhythmus des Gregorianischen Kalenders zum wahren Lebensrhythmus der »Natur« zurückzukehren. Zugleich tilgte es alle altgewohnten Heiligennamen und Kirchenfeste aus dem Kalender. Wohl in keinem anderen Akt der Revolution kamen das Bewußtsein und der letztlich heilsgeschichtliche Anspruch ihrer Protagonisten, eine neue – säkulare – Zeit menschlicher Selbsterlösung zu eröffnen, deutlicher und umfassender zum Ausdruck. Nicht nur die Arbeit der öffentlichen Verwaltungen, sondern auch das Leben jedes einzelnen bis in den Alltag hinein einem neuen Rhythmus zu unterwerfen – dieser Ansatz zu einer Revolution der kollektiven Mentalitäten begründete bis zur Wiedereinführung des Gregorianischen Kalenders unter Napoleon nicht selten neue Gewohnheiten und Terminsysteme, wenn auch der *décadi* den Sonntag nicht verdrängen konnte.[144]

Betrieb der Republikanische Kalender den Wandel der mentalen Infrastruktur auf einer ebenso grundsätzlichen wie abstrakten Ebene, so sprachen die gegenständlichen Zeichen und Symbole der Revolution viel direkter und konkreter die Sinne gerade auch der kleinen Leute an. Einige dieser Symbole wie die Piken, die Bastille und die blau-weiß-roten Nationalkokarden entstanden unmittelbar im Verlauf der Pariser *journées* vom Juli 1789; besonders die dreifarbigen Anstecker waren so ideale politische Bekenntniszeichen, daß der Konvent ihr Tragen am 3. April 1793 allen Franzosen zur Pflicht machte. Andere Wahrzeichen wie besonders die Freiheitsbäume, die wir 1790 bei den aufständischen Bauern der Corrèze angetroffen haben und von denen es im Frühjahr 1792 landesweit über 20000 gegeben haben soll, entstammten der ländlichen Volkskultur und bildeten einen Beitrag der Provinz zur Zeichensprache der Revolution. Dagegen wurden die Symbole des heiligen Berges, der Gesetzestafeln, des dreieckigen Richtlots und des Auges aus der christlichen Emblematik, teilweise auch aus der freimaurerischen Ikonographie entlehnt; das Auge ließ sich besonders subtil und ambivalent einsetzen, weil es sich mit dem Dreieck verbinden und sowohl göttliche Vorsehung wie gottgegebene Erleuchtung, sowohl Vernunft wie Wachsamkeit ausdrücken konnte. Als Verehrer der altrömischen Republik, die ihnen als historischer Spiegel für ihr eigenes Werk diente, griffen die Protagonisten der Revolution nicht zuletzt auf die antike Tradition zurück, und zwar vor allem auf vier Symbole. Nach dem Vorbild der römischen Ara Pacis Augustae errichteten sie auf dem Pariser Marsfeld einen Vaterlandsaltar (*autel de la patrie*), vor dem Erzbischof Talleyrand bei den Föderationsfeiern vom 14. Juli 1790 den nationalen Brudereid sprach und entgegennahm; die *Législative* sah darin ein so wirksames Zeichen patriotischer Einigkeit und Treue, daß sie am 26. Juni 1792 jeder Gemeinde auftrug, ihrerseits einen Vaterlandsaltar zu errichten, auf seine Seiten die Menschen- und Bürgerrechtserklärung zu gravieren und den Leitspruch hinzuzufügen: »Der *Citoyen* lebt und stirbt für sein Vaterland«. Aus der altrömischen Phrygenmütze, dem Zeichen der freigelassenen Sklaven, wurde die rote Freiheitskappe (*bonnet rouge*); obwohl ikonographisch seit jeher ein Attribut der *Liberté*, setzte sie sich als konkrete Kopfbedeckung der engagierten Revolutionäre und Sansculotten erst im Frühjahr 1792 durch. Dazu kamen schließlich das Rutenbündel (*fascos*) als Zeichen republikanischer Einigkeit und Strafgewalt sowie die Figur des keulenbewehrten Herkules, die traditionell dem König vorbehalten war, mit dem Sturz Ludwigs XVI. aber auf das Volk übertragen wurde. Welcher Herkunft und wie unterschiedlich diese Symbole auch waren – abgesehen von der Kokarde und dem Vaterlandsaltar hatten sie sämtlich weniger einen kontemplativen als vielmehr einen aktivistischen, anspornenden Charakter: Die Pflanzung des Freiheitsbaums ist ein kollektiver Protest- oder Festakt, die Gesetzestafeln und der Berg senden Blitz und Donner aus, das Auge verfolgt die Verdächtigen, das Rutenbündel umschließt das Beil der Todesstrafe, die rote Mütze kennzeichnet den militanten Sektionär, die Keule des herkulischen Volkes zermalmt die Gegenrevolutionäre. Diese oft miteinander kombinierten Revolutionssymbole waren auf Bildflugblättern und Plakaten, auf Verordnungen und Briefköpfen der Administration, in Klub- und Verwaltungsräumen, bei Umzügen und öffentlichen Festen so allgegenwärtig, daß sie trotz ihrer teils »gelehrten« Herkunft weithin verstanden wurden.

Neben die allegorische Figur des Herkules traten außerdem zeitgenössische Symbolfiguren in Gestalt der »Freiheitsmärtyrer« Le Peletier, Chalier, Marat, Bara und Viala – fünf Revolutionsaktivisten, die alle innerhalb eines Jahres, zur Zeit der größten Bedrohung der Republik, eines gewaltsamen Todes starben. Um sie entwickelte sich spontan ein populärer Heiligenkult. Als der jakobinische Abgeordnete Louis-Michel Le Peletier de Saint-Fargeau, kaum daß er im Konvent für die Hinrichtung Ludwigs XVI. gestimmt hatte, am 20. Januar 1793 von der Hand eines Royalisten starb, münzten die Revolutionäre diesen Tod sogleich in Unsterblichkeit um: Auf der ehemaligen Place Vendôme, kurz zuvor in Place des Piques umbenannt, errichtete Jacques-Louis David auf dem Sockel der gestürzten Reiterstatue des Sonnenkönigs einen antikisierenden Katafalk zur feierlichen Aufbahrung des Ermordeten, damit ganz Paris in einem langen Défilé von ihm Abschied nehme. Und eine der führenden radikalen Zeitungen brachte nicht nur ein Bild dieser Zeremonie, sondern auch einen Text, der die Umwidmung des Denkmalsockels nachvollzog: »Am Montag, dem 21. dieses Monats, haben wir gesehen, wie der Kadaver des Königs Capet in einen Korb geworfen wurde [...]. Am Donnerstag, dem 24. desselben Monats, bot Paris ein ganz anderes Schauspiel; der Körper des *Citoyen* Michel Le Pelletier wurde gleichsam im Triumph zum Pantheon getragen.«[145] Die Beisetzung im nationalen Ruhmestempel des Pantheon, mit der das Vaterland seinen »großen Männern« Unsterblichkeit verlieh, dekretierte der Konvent auch für die beiden revolutionsbegeisterten Knaben Agricol Joseph Viala und Joseph Bara, von denen der eine am 8. Juli 1793 im Kampf gegen die »Föderalisten« von Marseille, der andere am 6. Januar 1794 bei der heldenmütigen Verteidigung der Kleinstadt Jallais gegen die Vendéer gefallen war. Mit Marie-Joseph Chalier, dem Führer der Sansculotten von Lyon, der von der föderalistischen Gegenbewegung angeklagt und am 16. Juli 1793 enthauptet worden war, erhielt außerdem ein Revolutionär der Provinz Zutritt zum Kreis der Freiheitsmärtyrer, wenn auch nicht zum Pantheon. Schließlich wurde noch der Caesarenmörder Brutus unter sie aufgenommen, nachdem Aufführungen des gleichnamigen Dramas von Voltaire 1791/92 aktualitätsbedingt landesweit begeisterte Zustimmung gefunden hatten.

Doch keiner der Freiheitsmärtyrer war populärer und wurde mehr verehrt als Jean-Paul Marat.[146] Die Beisetzung des am 13. Juli 1793 von Charlotte Corday mitten bei der Redaktionsarbeit erdolchten »Volksfreundes« glich einer Heiligenprozession, sein Grab im Garten der Cordeliers wurde zur Wallfahrtsstätte der Sansculotten, sein einbalsamiertes Herz wurde wie das Herz Jesu angebetet, die für ihn veranstalteten »Trauergottesdienste« nahmen kein Ende. Zum Beispiel trat am 6. August 1793 eine Abordnung der Pariser Sektion Contrat Social im Konvent auf, um die Einladung zu einem feierlichen Totenamt zu verlesen: »die Zeremonie wird kommenden Donnerstag um acht Uhr abends in der Kirche Saint-Eustache, dem Sitzungsraum der Sektion, stattfinden, und während des ganzen Tages können die Bürger die getreue Nachbildung [*simulacre*] dieses Volksvertreters auf seinem Totenbett besichtigen. Kommt herbei, Brüder der Departements, kommt und seht dieses erschütternde Schauspiel des Schmerzes; kommt und seht die Todeswunde, die das verbrecherische Messer gerissen hat; kommt und bekundet mit uns euere Empörung; kommt und gießt euere Herzen aus, kommt und hört die Lebensbeschreibung dieses unglücklichen Märtyrers der Freiheit – und ihr werdet erschauern, ihr werdet in Tränen ausbrechen und mit uns in Marat den unsterblichen Menschen erkennen, den die Nachwelt mit Ruhm krönen wird.«[147] Bei diesem Marat-Kult stand die Provinz der Hauptstadt nicht nach. Dutzendfach überschütteten lokale Revolutionsklubs den Konvent mit Marat-Adressen und Trauerreden im Stil christlicher Heiligenviten. So beschrieb eine Marat-Apotheose aus Tonnerre (der Stadt von Jacques Chérest), das Leben des »Volksfreundes« als Verwirklichung zweier komplementärer Tugenden – »einer maßlosen Liebe für die Elenden« und »eines unnachsichtigen Hasses gegen ihre Unterdrücker« –, als Martyrium einer verfolgten Unschuld, als Abglanz einer neuartigen Heiligkeit (»ihn umgab eine ungeheuere Popularität«) und als leuchtendes Beispiel für die Nachfolge der »Gläubigen«.[148] Tatsächlich ersetzten die Büsten Marats und anderer Freiheitsmärtyrer verschiedentlich kirchliche Heiligenstatuen und wurden zum fast obligatorischen Schmuck revolutionärer Klub- und Sitzungsräume, wie wir bei den »Verfassungsfreunden« von Tulle beobachten konnten.

Soweit sie zu Heiligen überhöht wurden, verweisen die Freiheitsmärtyrer auf einen parareligiösen Strang der Revolutionssymbolik, der sich am deutlichsten im Kult der Vernunft ausprägte. In Zentralfrankreich von dem Konventskommissar Joseph Fouché mit der Einweihung einer Brutusbüste in der Kathedrale von Nevers im September 1793 eingeleitet, wurde dieser Kult von Chaumette nach Paris übertragen. Im Anschluß an die spektakuläre Abdankung des konstitutionellen Bischofs von Paris, Jean-Baptiste Gobel, der im Konvent seine Priesterurkunde niedergelegt und die rote Mütze aufgesetzt hatte (7. November 1793), veranstaltete der Generalrat der Pariser *Commune* auf Initiative seines Generalprokurators am 20. November 1793 ein »Fest der Freiheit und der Vernunft«. Schauplatz war die Kathedrale Notre-Dame (Abbildung 8). Da Tücher die christlichen Bildwerke verbargen, konzentrierte sich der Blick auf den heiligen Berg in der Mitte des Kirchenschiffs sowie auf den ihn krönenden Tempel der »Philosophie« und die vor ihm brennende Flamme der »Vernunft«. Während weißgewandete Frauen (Schauspielerinnen der Opéra) zum Tempel schritten, um den ihn umgebenden Büsten der Philosophen und der Flamme ihre Ehrfurcht zu erweisen, und eine »Liberté« in blauem Überwurf – auf dem Haupt eine rote Mütze und in der Rechten eine Pike – bei der Flamme Platz nahm, sang ein Chor die »Hymne à la Liberté« von François-Joseph Gossec mit den Versen von Marie-Joseph Chénier: »Oh Freiheit, Tochter der Natur, steige herab. Das Volk hat seine unsterbliche Macht zurückerobert. Auf den pompösen Trümmern des alten Aberglaubens errichten seine Hände deinen Altar.«[149] Kurze Reden und weitere Hymnen beendeten die Zeremonie. Anschließend zog die neue »Gemeinde« mit ihrer Freiheitsgöttin zum Konvent und erwirkte den Beschluß, Notre-Dame zum »Tempel der Vernunft« zu weihen. Ausgehend von diesem Beispiel, gewann der Vernunftkult eine gewisse Popularität, verband sich teilweise mit der Verehrung der Revolutionsmärtyrer und breitete sich bis zum Frühjahr 1794 über das Nivernais bis in die Provence aus.

Der darauf von Robespierre propagierte Gegenkult des Höchsten Wesens (*Etre suprême*) verzichtete zwar auf »Heilige« wie Marat und blieb abstrakt genug, um die christliche Religion nicht direkt zu verletzen, lief aber in seiner deistischen Tendenz ebenfalls auf eine Entchristlichung hinaus: Nicht zufällig fand die Pariser Gründungsfeier vom 8. Juni 1794 an einem Pfingsttag statt. Das neue »Evangelium«, wie es offiziöse Flugblätter zum Beispiel in der mit Gewalt zur Republik »bekehrten« Stadt Lyon verkündeten, verband militante außenpolitische Parolen mit einer nebulösen Trinität, bestehend aus der Freiheit, dem Licht der Natur und einem verborgenen göttlichen Wesen: »Oh Vater des Lichts! Ewige Macht, du läßt die Sonne der Freiheit voranschreiten, damit sie deren erhabenes Werk erleuchte! [...] Du verbirgst Dich wohl hinter den Zügen der Freiheit, denn sie ist die Quelle aller Tugenden, auf sie allein richten die Republikaner künftig ihre Wünsche und ihre Liebe; du hast diese Liebe unseren Herzen eingepflanzt. [...] Der Ewige und die Freiheit haben ihre Wohnung gewiß am himmlischen Firmament, von dem aus der Stern des Lichts die Natur be-

Abb. 8. »Oh Freiheit, Tochter der Natur, steige herab.« Anonyme Radierung, 1793. 8,7 x 5,7 cm. Frontispiz des Liederbuchs: Chansonnier de la Montagne ..., 2. Aufl., Paris 1793/94. (Der zitierte Titel findet sich in der ersten Auflage des Liederbuchs.)

lebt. Ja, das ist die wahre Dreieinigkeit [*Trinité*], gerechter Gott! [...] Wer du auch immer bist, wir sind dein Werk, denn wir sind frei und anerkennen keinen anderen Herrn als dich!« Das zugehörige Glaubensbekenntnis legte der *Montagne* göttliche und den Sansculotten messianische Qualitäten bei: »Ich glaube an die neue Französische Republik, die eins und unteilbar ist, an ihre Gesetze und an die heiligen Rechte des Menschen; die hat das Volk empfangen vom heiligen Berg des Konvents, der sie geschaffen hat. [...] Ich glaube, daß die Sansculotten, die für das Vaterland und die heiligen Rechte des Menschen gestorben sind, zur Rechten des Vaters aller Wesen sitzen [...]. Ich glaube, daß der heilige Berg der Franzosen sich von allen Verrätern gereinigt hat. Ich glaube, daß die Gesetzgeber des Französischen Volkes nicht aufhören werden, den Blitz gegen Europa zu schleudern, bis die Tyrannen, die uns mit Krieg überziehen, zermalmt sind.«[150] Noch deutlicher als der Vernunftkult entwarf der Kult des Höchsten Wesens ein rationalistisches Gegenmodell zu den kultischen Handlungen und der Heiligenverehrung des Katholizismus, ohne sich allerdings von dessen gedanklicher Struktur ganz lösen zu können und ohne eine breitere »Gemeinde« zu finden. Mehr soziale Reichweite hatten synkretistische kultähnliche Symbolhandlungen, die katholische Riten wie Prozessionen, Trauerfeiern und Gottesdienste formal mehr oder weniger beibehielten, ihnen aber einen neuen Inhalt und Sinn beilegten: so etwa die Feiern für die Revolutionsmärtyrer oder die Einweihungszeremonien von Nachbildungen der Bastille, von denen gleich die Rede sein wird.

Die inszenierte Revolution: Revolutionäre Patrioten und öffentliche Feste

Die Grundelemente der revolutionären Publizistik und Symbolik sind schon ihrer Fülle und Dichte und ihrer häufigen Volksnähe wegen bemerkenswert. Darüber hinaus aber erreichten sie ihre mobilisierende Kraft, ihre bewußtseins- und meinungsbildende

Wirkung in der Regel nicht einzeln, sondern gemeinsam, in wechselnden Kombinationen. Um einen Eindruck von dieser »ganzheitlichen« kulturellen Praxis der Revolution zu gewinnen, sollen zum Schluß zwei Phänomene umrissen werden, die sich komplementär zueinander verhielten. Zunächst wird, als anthropologischer Zugang zur Revolutionskultur, das Beispiel einer Person geschildert, die in ihrer revolutionären Aktivität viele der genannten Elemente miteinander verbindet. Anschließend werden, in einem kulturhistorischen Ansatz, die Revolutionsfeste untersucht, die besonders facettenreiche Ereignisse der revolutionären Kultur darstellen.

»Palloy der Patriot« oder: Die plebejische Revolutionskultur in Person

Am 9. August 1792 feierten die streitbaren, »mit Piken bewehrten« *citoyennes* von Avallon mit dem örtlichen Jakobinerklub die Einweihung einer Mirabeau-Büste, die fortan den Klubsaal schmükken sollte. Nachdem die Sprecherin der Frauenabordnung, die Bürgerin Peutat, in ihrer Festansprache den revolutionären Volksredner Mirabeau als leuchtendes Vorbild eines neuen freiheitlichen Patriotismus gepriesen hatte, fügte sie im Namen ihrer »Schwestern« abschließend hinzu: »Wir hoffen, von dem großmütigen Patrioten Palloy ein Denkmal des schrecklichen Despotismus, einen Stein der Bastille zu erhalten, an dem ein Glied der Ketten, die so viel Unglück bewirkt haben, befestigt sein soll. Dieses Denkmal wird als Pendant zu der Büste Mirabeaus dienen, um durch ihren Kontrast eine entsprechende Wirkung herbeizuführen.«[151] Wer war jener Palloy, dem die *citoyennes* der burgundischen Kleinstadt ein gedrucktes Exemplar dieser Rede mit Begleitbrief nach Sceaux schickten, der aber den gängigen Revolutionsgeschichten unbekannt ist?

Es handelt sich um einen erfolgreichen Wirtschaftsbürger, den die Revolution vom Weg des Frühkapitalismus abbrachte. Bis 1789 erscheint die Existenz des 1755 in Paris geborenen Pierre-François Palloy idealtypisch für die Aufstiegsmöglichkeiten des Kleinbürgertums im späten Ancien régime. Der strebsame Maurergeselle arbeitet sich zum Polier hoch, heiratet 1775 in ein mittelständisches Bauunternehmen ein und entwickelt dieses innerhalb von zehn Jahren zu einer führenden Großfirma. In der hitzigen Baukonjunktur der 1780er Jahre, in der er unter anderem für den neureichen Theaterschriftsteller Beaumarchais ein Herrenhaus gegenüber der Bastille errichtet, beschäftigt er bis zu 800 Arbeiter und häuft ein Vermögen von über 500 000 Livres an. Er übertrifft damit so manchen Edelmann bei Hofe. Als er dann am 14. Juli 1789 den Sturm auf die Bastille hautnah miterlebt, wird er »bekehrt«. Nicht länger wirtschaftliches Kalkül, sondern begeisterte Einsatzbereitschaft für das Freiheits- und Gleichheitsprogramm der Revolution bestimmt nun sein Leben. Wie ein Neugeborener nennt er sich fortan »Patriote Palloy« oder »Palloy, patriote pour la vie« – eine stolze Unterschrift, mit der er allen von ihm abgezeichneten Schriftstücken und Dokumenten seinen Stempel aufdrückt. Noch am 14. Juli stürmt er mit seinen Arbeitern auf die Zinnen der Bastille und beginnt spontan mit dem Abbruch des verhaßten Staatskerkers. Im Anschluß an diese eigenmächtige Aktion von der Stadtregierung offiziell mit der Schleifung der Bastille beauftragt, führt er den Abriß bis 1792 zu Ende. Seine Rechnungen und Aufstellungen über die dabei angefallenen Ausgaben und Lohnkosten, die er aus eigener Tasche vorstreckt und vom Staat nie vollständig zurückerhält, füllen mehrere Kartons im Archiv.

Als habe ihn der Bastillesturm von Sprachlosigkeit befreit, entfaltet Palloy nun eine fieberhafte publizistische Aktivität. Er, der 25 Jahre nichts veröffentlicht hat, schöpft auf einmal bravourös alle Möglichkeiten der Printmedien aus. Innerhalb weniger Jahre läßt er nicht nur über 100 eigene Rundschreiben, Rechenschaftsberichte, Reden, republikanische Gebete und Lieder tausendfach vervielfältigen, sondern überdies selbstentworfene Gedenkmedaillen prägen, Bildflugblätter radieren, ja sogar revolutionäre Texte anderer, die ihn besonders begeistern, nachdrucken und verteilen. Weil er die mit der Revolution enorm gewachsene Bedeutung der Öffentlichkeit erkennt, aber auch, weil für ihn als Autodidakt alles Geschriebene und Gedruckte eine Art Fetisch bleibt, ist er von dem Bedürfnis besessen, jeder seiner Äußerungen Öffentlichkeit und

Dauerhaftigkeit zu verleihen. Dieser patriotischen Überzeugungsarbeit opfert Palloy sein Vermögen, 1832 stirbt er als armer Mann. Politisch hatte die Revolution ihn zum selbstbewußten *citoyen* erweckt, wirtschaftlich aber hatte sie ihn ruiniert.

Seit 1789 weiht Palloy also der »Bastille« sein weiteres Leben; ist ihm doch diese alte »Zwingburg tyrannischer Herrschaft« und ihre Einnahme durch das aufständische Volk so bedeutungsvoll und lehrreich, daß er diese »frohe Botschaft« überall verkünden und ihre Erinnerung für immer bewahren will. Er wird zum Schöpfer von Freiheitsreliquien und zum Organisator politischer Prozessionen. Wie er in seinen Rundschreiben an Abgeordnete, Departementsräte, Distrikte und Magistrate immer wieder betont, begnügt er sich nicht mit dem Triumph, den »Koloß des Despotismus niederzureißen«, sondern verspürt darüber hinaus den Auftrag, »dessen Überreste landesweit zu verbreiten«. So läßt er in der Bastille gefundene Ketten, Fußeisen, Ringe und Schlösser einschmelzen – oder wie er sich ausdrückte: »im Feuer läutern« – und aus ihnen Gedenkmünzen prägen – auch solche mit seinem eigenen Bildnis (Abbildung 9) –, um sie den Abgeordneten und Amtsträgern sowie Patrioten und politischen Freunden bei festlichen Anlässen zu schenken. Vor allem aber nutzt Palloy die Steine der Bastille: nicht nur etwa zu einem Dominospiel für den Dauphin und für sein Haus im Pariser Vorort Sceaux, sondern vor allem für »Votivbilder der Freiheit« (*ex-votos de la liberté*) für ganz Frankreich. Unter dem Eindruck der begeisterten Feiern zum ersten Jahrestag des Bastillesturms stellt er mit seinen Steinmetzen aus Quadern der Bastille 83 detailgenaue Nachbildungen derselben her, für jedes Departement eine. In einem Rundschreiben an die Empfänger kündigt er seine patriotischen Gaben pathetisch an: »Aus einer Bastille habe ich 83 Bastillen gemacht, die ich jedem Departement schenke, damit ihre Ruinen sich sozusagen über ganz Frankreich ausdehnen und den tugendhaften Bürgern auf ewige Zeiten die Grausamkeit unserer Despoten in Erinnerung rufen. Aus den Steinen der Kerker selbst habe ich eine Nachbildung dieses Grabes der Lebendigen neu gefertigt, und die Bodenplatten, auf denen so viele unschuldige Opfer umgekommen sind, werde ich mit dem Bildnis des Königs, der erlauchten Stütze unserer Verfassung, versehen.«[152]

Abb. 9. »P. F. Palloy, genannt Der Patriot.« Anonyme Eisenmedaille aus Ketten der Bastille, mit einem Kupferring eingefaßt, 1789. Durchmesser 3,7 cm. Vorderumschrift: »Kgl. Bauunternehmer. Am 16. Juli 1789 von der Pariser Kommune mit der Schleifung der Bastille beauftragt.« Rückinschrift: »Ehrengabe der Pariser Kommune an die Helden des 14. Juli 1789.«

Um diese Revolutionsreliquien zu den Amtssitzen der Departements zu schaffen und dort feierlich einzuweihen, gründet Palloy eigens eine patriotische Bruderschaft von 60 »Aposteln der Freiheit«, welche die Provinz revolutionär missionieren sollen. In Tulle, dem Verwaltungssitz des Departements Corrèze, sind wir bereits einem solchen Bastillemodell begegnet. Einige jener Apostel, die mit Palloy regelrechte Verträge schließen und ihre Unkosten von ihm im voraus erhalten, haben in Briefen oder Reisejournalen so genau über ihre Mission Rechenschaft abgelegt, daß man ihrem Weg Tag für Tag folgen kann. So berichtet Titon-Bergeras von einem begeisterten Empfang seiner »Mitbringsel« durch die Amtsträger und den Jakobinerklub in Orléans am 15. Oktober 1790 und von einer erhebenden Einweihungszeremonie am 29. Dezember 1790 am Verwaltungssitz des Departements Gironde (Bordeaux).

Die Apostel überbringen mit jenen Bastillemodellen jeweils zehn weitere Reliquien: eine von der Bastille stammende Steinplatte als Unterlage für das Modell; eine zweite Platte, in die ein Portrait Ludwigs XVI. eingelassen ist; ein Protokoll der Übergabe des ersten Bastillemodells an die Nationalversammlung; zwei offizielle Berichte über den Bastillesturm; die Memoiren des zum Nationalhelden stilisierten ehemaligen Bastillehäftlings Latude, deren erste Auflage Palloy aufgekauft hat; schließlich mehrere eigene Bildflugblätter Palloys zur Bastillethematik. Die öffentliche Übergabe all dieser Objekte, die jeweils zwei schwere Kisten füllen, vollzieht sich als politische Prozession. Im Beisein der neuen Wahlbeamten, des Magistrats, der Nationalgarde, des örtlichen Revolutionsklubs und einfacher Zuschauer aus dem Volk beginnt sie mit pathetischen Gedenkreden über die Schrecken der alten Bastille und die Freiheitsbotschaft des 14. Juli, setzt sich fort in einem Umzug, bei dem in den Farben der Trikolore gekleidete Patrioten das Bastillemodell unter den Klängen des »Ça ira« durch die Hauptstraßen des Ortes tragen, und gipfelt in der kirchlichen Weihe des Modells durch den Pfarrer, um mit einem Festessen und Tanz auszuklingen. Ein Protokoll über die ganze Veranstaltung, auf dessen Druck und Übersendung Palloy hartnäckig besteht, hat sich in vielen Fällen erhalten. Damit nicht genug, läßt Palloy in einer zweiten Großaktion plattenartige Bastillesteine mit Inschriften und einer kolorierten Radierung schmücken, die den Grundriß der Festung zeigt, und verteilt diese Wahrzeichen ab 1790 an alle 544 Distrikte. Es war ein solcher Stein, um den sich die *citoyennes* von Avallon bemühten.

Wie sich bei jenen Prozessionen andeutet, begnügt sich Palloy nicht damit, die Trümmer der Bastille in bearbeiteter Form zu verbreiten, sondern sucht außerdem ihren Sinn durch öffentliche Kollektivhandlungen festzulegen und einzuprägen. Als selbsternannter Impresario der Revolution organisiert er unermüdlich volkstümliche Revolutionsfeste, die oft im Gegensatz zu den offiziellen staatlichen Feiern stehen. Während am 14. Juli 1790 Nationalversammlung, königliche Familie, Amtsträger und Nationalgarde auf dem Marsfeld das erste Föderationsfest begehen, lädt er die kleinen Leute der Vorstädte zu einem Ball auf den Trümmern der schon weitgehend abgerissenen Bastille. Dort hat er auf eigene Faust einen Tanzboden aufgeschlagen, ihn mit Lauben aus frischem Grün und Lampions geschmückt, in seiner Mitte eine Fahne mit der Aufschrift »Liberté« gepflanzt und etwas abseits eine jener vielberedeten Folterkammern der Bastille als Gruselkabinett für Neugierige hergerichtet. Das Motto des illustrierten Einladungsplakats – »Hier wird getanzt« – macht deutlich, daß ein wesentlicher Reiz dieser Volksbelustigung darin bestand, genau dort das Tanzbein zu schwingen, wo bis vor kurzem Opfer des Despotismus in Kerkern geschmachtet hatten. Palloys Tanz- und Lichterfest findet solchen Zulauf, daß es drei Tage lang dauert und in den folgenden Jahren wiederholt wird.

Abgesehen von anderen Pariser Revolutionsfesten, an denen er »nur« beteiligt ist, prägt Palloy – mit der Hinrichtung Ludwigs XVI. immer radikaler werdend – außerdem eine Reihe militant antikatholischer und antiroyalistischer Feiern, die er vor den Toren der Hauptstadt in seinem Wohnort Sceaux veranstaltet. Dort verfügt er als Gründer und Vorsitzender der örtlichen Volksgesellschaft über alle personellen und räumlichen Möglichkeiten, um im November 1793 eine Feier für die neu ernannte »Göttin der Vernunft« und am 29. Mai 1794 im Rahmen des »Festes der Tugend« Gedenkfeiern für den republikanischen Knabenhelden Bara auszurichten. Dabei bildet jedesmal ein Bastillestein den kultischen Mittelpunkt; und an der Einweihung der Büste von Bara beteiligen sich mit klingendem Spiel zahlreiche junge Republikaner aus den Dörfern um Sceaux sowie die Abordnungen mehrerer Volksgesellschaften. Auch macht Palloy es sich ab 1794 zur Gewohnheit, zum Jahrestag der Enthauptung Ludwigs am 21. Januar ein Bankett zu veranstalten und mit seinen Gästen unter derben Späßen einen gefüllten Schweinskopf zu verspeisen – eine Umsetzung der zahlreichen antiroyalistischen Schweinskarikaturen der Vorjahre.

Mehr noch: Als »Architekt«, wie er sich stolz tituliert, entwirft und plant Palloy öffentliche Bauten im Geist der Revolution. Ganz besonders ist er darauf bedacht, den mit der Schleifung der Bastille frei werdenden Platz gebührend und sinnfällig auszufüllen. Daher schlägt er der *Législative* in einer illustrierten Broschüre vor, auf einem Sockel aus Steinen der Bastille, welcher deren Gestalt nachbildet, eine Siegessäule mit einer Freiheitsstatue zu errichten, und prägt, als das Parlament tatsächlich einen entsprechenden Beschluß faßt, sogleich eine Medaille mit dem Bild seines Denkmalsentwurfs. Im Beisein des Königs und der Abgeordneten legt er am 17. Juli 1792 auf dem Bastilleplatz den Grundstein für eine Freiheitssäule, die zwar erst 1840 in abgewandelter Form verwirklicht werden wird, in ihrem Grundkonzept aber mit auf unseren Patrioten zurückgeht.

Palloy kann als symptomatische Erscheinung einer neuen politischen Kultur gelten. Nicht, daß er ein durchdachtes Konzept oder besondere Originalität entwickelt hätte, ganz im Gegenteil: Sein ebenso wortreicher wie trivialer Bekenntnis- und Missionseifer, sein theatralisches Pathos und seine Selbststilisierung berührten revolutionäre Intellektuelle wie Robespierre peinlich und ließen noch Michelet über diesen »lächerlichen Architekten« die Nase rümpfen. Doch gerade durch diese Eigenschaften wie durch seine Direktheit und seinen ausgeprägten Sinn für Symbolik und Bildlichkeit blieb Palloy dem Milieu der kleinen Leute nahe, aus dem er aufgestiegen war. Sein Vertrauen in die Materialität und Formbarkeit politischer Kräfte, sein fast zwanghaftes Bestreben, Überbleibsel des Ancien régime durch Symbolhandlungen gleichsam in ihrer Substanz umzuwerten und zu verwandeln – Steine der Bastille in Wahrzeichen der Revolution, Gefängnisketten in Freiheitsmedaillen, den Ort des Despotismus in einen Tanzplatz freier Bürger –, wurzelten in geradezu magischen Vorstellungen. Die große Reichweite und Tiefenwirkung seiner Popularisierung der Bastillesymbolik beruhte zugleich darauf, daß er seine Botschaft »plurimedial« verbreitete: Indem er sich fast nie auf die Schrift allein verließ, sondern sie verband mit dem gesprochenen Wort, mit Liedern, Bildern und konkreten Handlungen, folgte er den Traditionen einer Volkskultur, in welcher die Kommunikation mehr über das Hören, Sehen und Fühlen lief als über das Lesen. Daher sind Palloys Bastillereliquien kein »Revolutionskitsch«, wie man geschmäcklerisch gemeint hat, sondern Vergegenständlichungen einer durch die Revolution wiedererstarkten und politisierten semioralen Volkskultur.

Öffentliche Feste oder: Der Diskurs der Revolution über sich selbst

Am 13. Oktober 1797 übergab der ehemalige Jakobiner Louis-Marie La Revellière-Lépeaux, Mitglied des Direktoriums und Mitorganisator des antiroyalistischen Staatsstreichs vom Vormonat, dem Rat der 500 eine Schrift mit einem detaillierten Plan, die Bürger durch öffentliche, unter freiem Himmel veranstaltete Massenfeste emotional an das Vaterland und an die republikanische Freiheit und Gleichheit zu binden. In Paris sollte ein steinernes Amphitheater für 300 000 Zuschauer mit einem kolossalen Vaterlandsaltar errichtet werden. Mehrmals im Jahr sollten hier – gleichzeitig mit entsprechenden Veranstaltungen im übrigen Land – ganztägige Feste stattfinden, jeweils gegliedert in patriotische Feierlichkeiten am Morgen, Spiele und Wettkämpfe am Nachmittag. Um eine enge Kommunikation zwischen Akteuren und Publikum zu erreichen, sollte das Amphitheater in überschaubare Bereiche mit eigenen Rednern, Orchestern und Chören aufgeteilt werden. Der Musik wurde eine besondere Bedeutung zugewiesen: »Ich kann mir in der Welt nichts Erhabeneres vorstellen als einen Chor mit drei- bis vierhunderttausend Stimmen, gesungen von Menschen, die alle von einem Gefühl durchdrungen sind.« Und den politischen Nutzen solcher Feste begründete La Revellière-Lépeaux ganz ähnlich wie andere Revolutionäre den Einsatz von Bildern – als Umfunktionierung erprobter Mittel der katholischen Kirche für weltliche Zwecke: »Die Priester haben von jeher ein großes Geschick darin bewiesen, überall dieselben Kultformen zu verwenden und die Menschen dadurch an ihre Herrschaft zu binden. Der philosophische Gesetzgeber muß sich desselben Mittels bedienen, um die Menschen fest an die Freiheit und an die Sitten [*mœurs*] zu binden, welche die Stütze der Freiheit sind; er muß alles daransetzen, die Bürger im gemeinschaftlichen Gefühl ihrer Rechte und Pflichten zu einen.«[153]

Diese Aussagen eines gemäßigten Vertreters der bürgerlichen Republik, der auch einen überaus erfolgreichen gereimten Bürgerkatechismus verfaßte, verweisen speziell auf den gezielt propagandistischen Einsatz der Feste unter dem Direktorium und darüber hinaus auf die große Bedeutung der Feste in der Revolution überhaupt. Das Direktorium institutionalisierte 1795 einen Jahreszyklus mit einem guten Dutzend Staatsfeiern; sie reichten von »moralischen Festen« für die Ehegatten, die Jugend und das Alter über die politischen Gedenktage des 21. Januar, 14. Juli, 9. Thermidor und 10. August bis hin zu Trauerfeiern für Hoche und andere Revolutionsgeneräle. Während diese späten und »von oben« verordneten Feste der Direktorialzeit sich zunehmend zu Pflichtübungen versteiften und durch die wachsende Rolle militärischer Paraden den Kontakt zur breiten Bevölkerung verloren, zeichneten sich die Feste der Jahre 1790 bis 1793/94 durch größere Spontaneität und Popularität aus; das nationale Föderationsfest von 1790 – wohl das erfolgreichste Fest der Revolution überhaupt – erwuchs aus Verbrüderungsfeiern provinzialer Nationalgarden und wurde erst zuletzt zentral geplant. Die landesweiten Festaktivitäten sind in ihrer Fülle kaum zu überblicken. Auch wenn man unter anderem Marat- und Dekadenfeiern sowie gemeinschaftliche Gastmähler auf Boulevards und öffentlichen Plätzen außer acht läßt, zählt man selbst in einer Provinzstadt wie Angers von 1793 bis 1799 wenigstens 46 öffentliche Revolutionsfeste. Drei Pariser Beispiele – sämtlich einmalige Feiern zu besonderen Gelegenheiten – mögen eine Vorstellung von der Zeichensprache solcher Feste vermitteln; ohne in jeder Hinsicht repräsentativ zu sein, veranschaulichen sie in ihrem Facettenreichtum doch die Spannweite der Revolutionsfeiern und das Zusammenwirken der revolutionären Medien und Symbole.

Nicht mehr durch königliche Gunst, sondern durch Parlamentsbeschluß die »großen Männer« der Nation zu bestimmen, ihre sterblichen Überreste mit einem Staatsakt in der zum Ruhmestempel umfunktionierten Stiftskirche Sainte-Geneviève – dem Pantheon – beizusetzen, ihnen damit eine »politische Himmelfahrt« zu verordnen und Unsterblichkeit zuzusprechen – mit diesem doppelten Anspruch, den christlichen Auferstehungsgedanken zu säkularisieren und zugleich die königlichen Leichengepränge zu ersetzen, zählen die Pantheonisierungen gewiß zu den anspielungsreichsten und ehrgeizigsten Revolutionsfesten. Bereits die Pantheonisierung Mirabeaus am 4. April 1791, die erste Feier dieser Art, suchte ausdrücklich den Pomp der alten Monarchie zu übertreffen. »Nein«, schrieb ein anonymer Beobachter, »auch der Leichenzug des mächtigsten Despoten hat dem erstaunten Europa kein so majestätisches Schauspiel geboten wie das letzte Geleit des großen Mannes, den Frankreich soeben verloren hat.«[154] Dies gilt noch mehr für Voltaires Pantheonisierung am 11. Juli 1791; sie verzichtete nicht nur völlig auf christliche Zeremonien, die bei Mirabeau noch eine gewisse Rolle gespielt hatten, sondern bildete mit ihrem Prunk bewußt einen extremen Kontrast zu dem »Schandzug«, der kaum 20 Tage zuvor Ludwig XVI. von seinem Fluchtversuch nach Paris zurückgebracht hatte.[155]

Daß Voltaire 13 Jahre nach seinem Tod eine solche Apotheose zuteil wurde, hatte einen sehr profanen Anlaß: die Verstaatlichung und den Verkauf der Abteikirche von Sellières in der Champagne, wo Freunde seinen Leichnam 1778 in einer Nacht- und Nebelaktion verscharrt hatten, weil die Amtskirche dem antiklerikalen Spötter ein Begräbnis verweigert hatte. Doch erst grundsätzlichere Motive machten aus der nötigen Umbettung von Voltaires Gebeinen einen feierlichen Staatsakt: der Wille, die schändliche Verdrängung von 1778 wiedergutzumachen, und das Bedürfnis der Revolutionäre, sich selbst als Erben des Philosophen und die Revolution als Erfüllung der aufklärerischen Verheißung darzustellen. Beide Motive verbanden sich in der öffentlichen Debatte, die den Feiern vorausging. So beantragte der Abgeordnete Pierre-François Gossin im Namen des Verfassungsausschusses der Nationalversammlung am 30. März 1791 die versöhnende Heimholung des »Libérateur de la pensée« in die Hauptstadt, und als sich in den Sektionen Protest gegen eine übertriebene Ehrung des »Volksverächters« Voltaire regte, erwiderte der Schriftsteller Paul-Philippe Gudin de La Brenellerie: »Voltaire ist der erste Philosoph, der die Vorurteile, den Aberglauben, den Fanatismus, die Feudalität und jederlei Tyrannei mutig und direkt angegriffen hat [...]. Er hat das gleiche getan wie das französische Volk: Er hat die Bastille erobert, bevor er die Grundlagen der Verfassung gelegt hat.« Voltaire verdiene daher den Namen des »Vaters der Denkfreiheit« und des »siegreichen Herkules«.[156] Diese letztere Position setzte sich durch – allerdings, wie sich gleich zeigen wird, mit Zugeständnissen an die plebejische Revolutionskultur.

Das feierliche Geleit des toten Voltaire durch berittene Nationalgardisten von Sellières bis an die Pariser Stadtgrenze und sein triumphaler Einzug in die Hauptstadt am 10. Juli 1791 sind eine Gegeninszenierung zu den königlichen Entrées des Ancien régime. In Erinnerung an die zweimalige – allerdings sehr harmlose – Haft des Philosophen in der Bastille, wird der purpurgeschmückte Tote abends auf der Place de la Bastille aufgebahrt, und zwar auf den Grundmauern des Turms »Liberté«. Eine Inschrift verkündet: »Oh Voltaire, empfange an diesem Ort, wo der Despotismus dich in Ketten schlug, die Huldigung eines freien Volkes.« 1200 Anhänger Voltaires halten die Nachtwache. Hier beginnt am nächsten Morgen der spektakuläre Triumphzug. Während seine erste Hälfte sowohl durch die soziale Herkunft und einfache Kleidung der Teilnehmer wie auch durch die Zeichen des revolutionären Aktivismus, die sie mit sich führen, plebejisch geprägt ist, dominiert in der zweiten Hälfte mit den kulturellen und politischen Eliten der Kult der Literatur, der Antike und der Amtswürde.

Angekündigt von Trommlern und berittenen Trompetern, marschieren die sprichwörtlichen »starken Männer der Markthallen« sowie Abordnungen der departementalen Nationalgarden und der Pariser Revolutionsklubs an der Spitze des Zuges; die hauptsächlich aus Frauen bestehende Abteilung der »Société fraternelle des Halles« bekennt sich auf einem Schild zu dem Wahlspruch: »Die Sterblichen sind gleich; nicht durch Geburt, sondern allein durch Tugend können sie sich auszeichnen.« Der von Palloy organisierte und angeführte Mittelteil des Zuges steht ganz im Zeichen der Bastillesymbolik. Hinter einem »Pikenweib«, das seine Waffe auf einer Schrifttafel zum »letzten Mittel des Volkes« erklärt, marschiert zunächst eine »Kompanie« mit dem Abriß der Bastille beschäftigter Arbeiter, gefolgt von 200 bis 300 mit Piken bewaffneten Bastillesiegern, viele an ihren Wollmützen als Sansculotten kenntlich. Anschließend präsentieren sechs Soldaten der *Gardes Françaises* das 83. Bastillemodell, das Palloy dem Departement Paris gestiftet hat, und sechs Witwen von gefallenen Bastillestürmern umringen eine für Voltaire bestimmte Mauerkrone, begleitet von einer Standarte mit dem Bild der alten Festung und einer beim Bastillesturm eroberten Fahne; auf den Piken dieser Frauen ist unter anderem zu lesen: »Dieses Eisen schuf die Freiheit«, »Märtyrer der Freiheit« und »Für das Vaterland gefallen«. Schließlich tragen Bürger aus dem Faubourg Saint-Antoine, unter denen eine »Amazone« in der Kleidung der Nationalgarde besonderes Aufsehen erregt, auf zwei Bastillesteinen zum einen den zweibändigen gedruckten Rechenschaftsbericht der Wahlmänner von 1789 und Dusaulx' Bericht über den Bastillesturm, zum anderen bei der Schleifung der Bastille entdeckte Schleifkugeln und »Zwangsjacken« aus Eisen; außerdem führen sie eine Mirabeau-Büste und Standarten mit sich, welche die Portraits von Rousseau, Franklin, Mirabeau und Désilles zeigen.

Erst danach eröffnet ein »großes Musikkorps«, bestehend aus Sängern und Bläsern, deren Instrumente teilweise denen auf der Trajanssäule nachgebildet sind, den Voltaire gewidmeten und von David geplanten »offiziellen« Teil des Zuges. Die Musiker wiederholen mehrfach Gossecs Trauermarsch und seinen mehrstimmigen Chor aus der Oper »Samson« mit dem neuen Refrain: »Volk, erwache, zerbrich deine Fesseln! Richte dich zu deiner ursprünglichen Größe auf! Die Freiheit ruft dich.« Gleichsam als Schirmherr dieser Appelle folgt der lorbeerbekränzte Philosoph in Gestalt der lebensgroßen Statue von Houdon; auf einem Tragsessel thronend, überragt er weit sichtbar die in antikische Gewänder gehüllten Schülerinnen und Schüler der Theater und der Kunstakademie, die ihn geleiten und auf Wimpeln die Titel seiner Werke anzeigen. Diese werden anschließend von Schriftstellern und Literaten in einem vergoldeten Schrein wie eine Reliquie vorgeführt. Den Höhepunkt bildet der von David nach antiken Vorbildern entworfene vergoldete und blau drapierte Triumphwagen mit dem Marmorsarkophag des Dichterfürsten; er wird von zwölf reichgeschmückten Schimmeln aus dem Reitstall Marie-Antoinettes gezogen. Auf dem Sarkophag mit Voltaires Gebeinen liegt auf einer Prunkbahre eine Wachsfigur seines Leichnams und empfängt von einer Fama die Dichterkrone, während Inschriften auf den Sarkophagseiten an Voltaires aufklärerische Verdienste erinnern: »Er rächte Calas, La Barre, Sirven und Montbailly. Als Dichter, Philosoph und Historiker hat er einen großen Aufschwung des menschlichen Geistes bewirkt und uns für die Freiheit vorbereitet.« Hinter dem Triumphwagen schreiten die offiziellen Repräsentanten und Amtsträger der Revolution, von den Wahlmännern von 1789 und 1790 über die Abgeordneten der Nationalversammlung und des Pariser Stadtrats bis zu den Distriktbeamten und Friedensrichtern.

Auf seinem langen Weg von »der Bastille« über die nördlichen Boulevards, die Place Louis XV, die Tuilerien, den Pont-Royal und den Quai Voltaire bis zum Pantheon wird der Festzug trotz heftigen Regens aus den Fenstern der angrenzenden Häuser und von der Volksmenge auf den Straßen bejubelt, wie der Korrespondent der bevorzugten Zeitung der Jakobinerklubs berichtet: »Die Bürger, die zu Hunderttausenden zusammengeströmt waren und die Ehrenbezeugungen für diesen großen Mann beobachteten, brachen in die Rufe aus: Der Fanatismus erlischt! Endlich haben wir ein Vaterland! Für seine Verteidigung setzen wir unser Leben ein!« Und der Beobachter fügt hinzu: »Dieses Bürgerfest konnte sich mit allem messen, was die berühmten Völker der Antike bei gleichen Anlässen veranstaltet haben; es wird im ganzen Reich beschrieben und bekanntgemacht werden: die Presse wird es veröffentlichen und allen Franzosen, die nicht unmittelbare Zeugen sein konnten, vergegenwärtigen.«[157] In der Tat zeugt eine ungewöhnlich reiche Text-, Bild- und Liedpublizistik von der überragenden, europaweiten Resonanz dieser Pantheonisierung.[158]

Drückt sich in dem postumen Triumphzug Voltaires das Selbstverständnis der Revolutionäre aus, die Vollender der Aufklärung zu sein, so inszeniert und verherrlicht das Pariser Einheits- und Verbrüderungsfest vom 10. August 1793 die heroische Geschichte der Revolution. Es feiert hauptsächlich die neue – jakobinische – Verfassung, der die Bevölkerung soeben in einem Referendum zugestimmt hat, erinnert aber auch an den Tuileriensturm vom Vorjahr sowie an den Vierzehnten Juli, den man diesmal nicht besonders begeht. Während der Maler und Abgeordnete David im Auftrag des Konvents und seines Unterrichtsausschusses bei dem Verfassungsfest die künstlerische Regie führt,[159] fungiert der amtierende Konventspräsident Marie-Jean Hérault de Séchelles, einer der Väter der Verfassung, gleichsam als Hoherpriester, indem er bei den einzelnen Stationen des Umzugs »heilige Handlungen« vollzieht und kurze Ansprachen hält.[160] Denn wie bei einer Prozession verweilt der Festzug an sechs Stationen, die durch eine aufwendige Festarchitektur nach Plänen Davids als symbolische Erinnerungsorte der Revolution markiert sind (Abbildung 10).

Den Anfang macht der Bastilleplatz, der »Geburtsort der Revolution«, wo sich die Festteilnehmer bei Sonnenaufgang versammeln (Abbildung 10 oben links). Herumliegende Steinquader gemahnen mit eigens angebrachten Aufschriften an die Schrecken der alten Bastille: »Ein Greis netzte diesen Stein mit seinen Tränen«, ist da etwa zu lesen oder auch: »Dieser Stein ist niemals aufgeklärt worden.« Doch nun hat sich der ehemalige Hort des Todes in einen Quell des Lebens verwandelt; erhebt sich doch auf den Fundamenten der geschleiften Festung ein »Brunnen der Wiedergeburt« (*Fontaine de la Régénération*) mit einer Naturgöttin in Gestalt einer sitzenden Isis, die aus ihren Brüsten lebendiges Wasser preßt. Unter den Klängen der »Hymne à la Nature« von Gossec steigt Hérault de Séchelles, geschmückt mit einem ausladenden Federhut und breiter dreifarbiger Schärpe, als erster die Stufen zum Brunnen

Abb. 10. »Ansicht der sechs verschiedenen Stationen des Festes der Einheit und Unteilbarkeit der Republik.« Aquatintaradierung von Villeneuve, 1793. 14,8 x 16,6 cm.

empor, um das Wasser mit einem Achatpokal aufzufangen, aus diesem »Kelch der Freiheit und Gleichheit« zu trinken und ihn dann an die Vertreter der 86 Departements weiterzureichen. Jeder neue Schluck wird von Trompeten, einem Trommelwirbel und einer Gewehrsalve begrüßt. Das gemeinsame Singen der Marseillaise und Bruderküsse schließen die republikanische Taufzeremonie ab. Insgesamt wird hier bewußt eine sakramentale Kollektivhandlung inszeniert, die genau dem Dialog eines gleichzeitigen republikanischen Katechismus entspricht: Die Antwort auf die Frage, was denn »die Taufe« sei, lautet: »Die Regeneration des Franzosen«, die am 14. Juli 1789 begonnen hat.[161]

Nun formiert sich der Festzug, angeführt von den »massenhaft versammelten« Mitgliedern der Volksgesellschaften; auf der Fahne an der Spitze ihrer Abteilung führen sie als Emblem »das Auge der Wachsamkeit«, Hinweis auf die Wächterfunktion der Klubaktivisten. Ihnen folgen die Abgeordneten des Konvents, die Väter der Menschenrechtserklärung und der neuen Verfassung, wie die von ihnen mitgetragenen »Gesetzestafeln« anzeigen. Zum Zeichen ihrer Eintracht und ihrer Abhängigkeit von den Wählern wird diese in einheitliches Grau gekleidete Gruppe der Abgeordneten außerdem von einem Band in den Farben der Trikolore umschlungen, das mit Piken und Olivenzweigen ausgerüstete Wahlmänner der Departements halten. Daran schließt sich als beherrschende Abteilung des Zuges »die ganze achtbare Masse des Souveräns« in buntem Gemisch: »hier gibt es keine Körperschaften mehr, alle nützlichen Individuen der Gesellschaft gehen ohne Rangordnung nebeneinander, mögen sie auch entsprechende Zeichen tragen; man sieht etwa den Vorsitzenden des Exekutivrates neben dem Schmied, den Bürgermeister mit seiner Schärpe neben dem Köhler und dem Maurer«. Hinter dem »Volk« marschieren Soldaten, sie führen auf einem von acht Schimmeln gezogenen Prunkwagen in Urnen die Asche der »ruhmreich für das Vaterland gefallenen Helden« mit sich. Den Schluß bilden Einheiten der Infanterie und der Kavallerie mit Karren voller Szepter, Kronen, Wappen und Adelsurkunden sowie der Aufschrift: »Volk, siehe, davon rührt das Elend der menschlichen Gesellschaft.« Der ganze Zug – von David diesmal nicht nur zur Hälfte, sondern von Anfang bis Ende geplant

– läßt die wichtigsten Kräfte der Revolution zwar geordneter aufmarschieren als der Triumphzug für Voltaire gut zwei Jahre zuvor; doch was er an »Systematik« und visueller Rhetorik gewinnt, verliert er an Volksnähe: Die plebejischen Aktivisten aus der Umgebung von Palloy und die Frauengruppen sind zwar nicht völlig verschwunden, doch im bunten Gemisch der *citoyens* kaum noch sichtbar. Sie spielen keine eigenständige Rolle mehr.

Dennoch sucht das Verfassungsfest Volksnähe zu inszenieren, wie besonders die zweite Station des Zuges auf dem Boulevard Poissonnière zeigt: ein Triumphbogen zu Ehren »der Heldinnen des 5. und 6. Oktober 1789« (Abb. 10 oben rechts). Während oben auf dem Bogen Frauenfiguren dargestellt sind, die Kanonen ziehen, sitzen leibhaftige Frauen auf echten Kanonen, die vor dem Bogen hergezogen werden. Doch selbst jetzt, auf dem Höhepunkt der Frauenbewegung, bedeutet das keine Anerkennung weiblichen Waffendienstes, sondern Hérault de Séchelles ruft den *citoyennes* zu: »Oh ihr Frauen! Die von den Tyrannen angegriffene Freiheit braucht zu ihrer Verteidigung ein Volk von Helden: Es ist an euch, es zu gebären. Mögen mit der Muttermilch alle Tugenden des Krieges und des Großmuts die Herzen der Säuglinge Frankreichs stärken.«

Die nächste Station ist der dritten großen *journée révolutionnaire* gewidmet – dem Sturz des Königtums am 10. August 1792 – und befindet sich genau am Ort des anschließenden Denkmalsturzes: auf dem Revolutionsplatz, ehemals Place Louis XV (Abb. 10 Mitte links). Auf dem Sockel der eingeschmolzenen Reiterstatue Ludwigs XV. thront nun eine Liberté-Figur mit Pike und Freiheitsmütze, umgeben von Pappeln (*peupliers*). Während die Zweige dieser »Volksbäume« sich bald unter dem Schmuck der roten Mützen, Liedblätter, Bilder, Schrifttafeln, Trikolorebänder und anderer mitgebrachter Weihegaben biegen, werden zu Füßen der Gottheit die Insignien von Königtum und Adel auf einem Scheiterhaufen verbrannt. Und der Festredner deutet dieses »Sühneopfer« als rituellen Übergang von der »absolutistischen« zur republikanischen Bildwelt: »Wie hier die Schärfe des Gesetzes den Tyrannen getroffen hat, so sollen auch diese Zeichen einer schändlichen Knechtschaft vergehen, welche die Despoten in allen Variationen vor unseren Augen auszubreiten beliebten. Die Flamme verschlinge sie! [...] Freie Männer, Volk von Gleichen, von Freunden und Brüdern, möge eure Größe keine anderen Bilder haben als die Attribute eurer Arbeit, eurer Talente und eurer Tugenden! Möge die Republik hinfort keinen anderen Schmuck kennen als die Pike und die Freiheitsmütze, den Pflug und die Korngarbe.« 3000 Tauben, die aus den nun geöffneten Käfigen unter dem Scheiterhaufen auffliegen, nehmen diese »Wandlung« symbolisch vorweg: »Wir sind frei! Ahmt uns nach!« verkünden Schriftröllchen an ihren Hälsen.

Auf diese symbolische Vernichtung des Königtums im Namen der Freiheit folgt am Invalidendom, der vierten Station des Festzuges, die Huldigung an den neuen Souverän (Abbildung 10 Mitte rechts). »Französisches Volk«, ruft Hérault de Séchelles aus und weist auf einen riesigen Volks-Herkules, der auf einem »Heiligen Berg« eine Hydra in den Staub tritt, »in diesem lehrreichen Emblem siehst du dich selbst. Dieser Riese, der mit mächtiger Hand die Departements, die seine Größe und Stärke ausmachen, zu einem Bündel vereinigt, das bist du. Und dieses Ungeheuer, dessen verbrecherische Hand das Bündel zerbrechen und auseinanderreißen will, was die Natur vereint hat, das ist der Föderalismus. Volk, das du den Despoten ewigen Haß geschworen hast, bewahre deine ganze Größe zur Verteidigung der Freiheit.«

Vom Invalidendom begibt sich der Festzug zum Marsfeld (Abbildung 10 unten links). Unterwegs kreuzt er einen gewaltigen »Gleichheitsbalken« (*niveau national*): »Hochmütige, neigt das Haupt!« lautet seine Inschrift. Auf dem Marsfeld begleiten zwei Organisten einen Chor von Gossec, während der Konventspräsident die mitgeführte »Bundeslade« sowie die Protokolle des Verfassungsreferendums zum Vaterlandsaltar emporträgt und die Annahme der neuen Verfassung verkündet: »Franzosen, eure Beauftragten haben euch in 87 Departements über eure Meinung zur Verfassungsakte [...] befragt; 87 Departements haben die Verfassungsakte angenommen. Noch nie hat ein einhelligerer Wille eine größere und volksnähere Republik geschaffen.« Diese Worte und der anschließend von allen Anwesenden gesprochene Eid auf die Verfassung werden außerdem szenisch dargestellt: Von jedem Departement bringt ein Vertreter seine Pike zum Altar, und Hérault de Séchelles bindet alle Piken mit dem erwähnten Trikoloreband zum Bündel der »einen und unteilbaren Republik« zusammen.

Bleiben noch die mitgeführten Urnen zu ehren. Für sie hat man – ebenfalls auf dem Marsfeld – einen antikisierenden Rundtempel errichtet (Abbildung 10 unten rechts), auf dessen Stufen Hérault de Séchelles das Vermächtnis der »für das Vaterland gefallenen Krieger« beschwört: »Furchtlose Männer! Ich grüße voller Hochachtung eure liebe und kostbare Asche! Auf die Urnen, die eure Reste umschließen, lege ich diesen Lorbeerkranz, den der Nationalkonvent und das Vaterland euch verehren. [...] Ach wie glücklich seid ihr! Ihr seid für das Vaterland gestorben.«

Das Fest endet mit einem »Brudermahl« (*banquet de réunion*). Auf dem Marsfeld aufgeschlagene Zelte laden alle Bürger ohne Unterschied zur Teilnahme an einem Gemeinschaftsessen, das die Zeitungen zuvor angekündigt haben: »Jeder soll seine Mahlzeit mitbringen, wenn er kann. Wer nichts vorbereitet hat, soll mit seinem Nachbarn teilen. Alle Gerichte sollen so verteilt und vermischt werden, daß jeder nicht seines, sonders das seines Bruders ißt. Schlag zwölf setzen sich alle Sansculotten zu Tisch und bringen einen ersten Toast auf die Gleichheit und die Brüderlichkeit aus. Alle Mitbürger sollen sich den Bruderkuß geben, ohne Unterschied des Rangs, des Reichtums oder der Begabung. [...] Dieses wahrhaft brüderliche Mahl wird mit Rundtänzen ausklingen.«[162]

Eine solche zusammenfassende Feier der großen Kampftage der Revolution, wie sie auf dem Höhepunkt der demokratischen Volksbewegung inszeniert wurde, war unter der Jakobinerdiktatur und erst recht in der Direktorialzeit nicht mehr möglich. Statt revolutionärer Bewegungen und innenpolitischer Errungenschaften wurden ab 1795, von Ausnahmen wie dem Vierzehnten Juli abgesehen, vor allem bürgerliche Tugenden und Siege der republikanischen Armeen im Ausland gefeiert. Ein herausragendes Beispiel für diese Verdrängung der revolutionären Programmatik durch eine imperiale Tendenz sind die *Fêtes de la Liberté* von 1798 zum Jahrestag von Robespierres Sturz. Dabei handelte es sich um eine triumphale Zurschaustellung der vom Revolutionsgeneral Napoleon Bonaparte beim Italienfeldzug requirierten »Beutekunst« für das

1793 gegründete nationale Kunstmuseum im Louvre, das die glänzendsten Werke der Völker den »Tyrannen« entreißen, in einer »Universalgalerie« auf dem »Boden der Freiheit« sammeln und so Paris zur Hauptstadt der Künste in Europa machen sollte.[163]

Hatte zu diesem Zweck – um den historischen Hintergrund anzudeuten – schon 1794/95 die Nordarmee in den Niederlanden Kunstkonvois organisiert, so ging Bonaparte in Italien noch systematischer vor. Ab Mai 1796 begleiteten die Italienarmee zwei Dutzend namhafte Kommissare, unter ihnen der Mathematiker und Physiker Gaspard Monge, der Bibliothekar und Abgeordnete François Daunou, der Maler Antoine Gros und der Bildhauer Jean-Guillaume Moitte. Sie legten Listen aller wichtigen Kunstkabinette und Galerien im nördlichen Italien an, wählten Hunderte berühmter Werke vor allem des klassischen Altertums und der italienischen Renaissance aus und ließen sie durch den Armeelieferanten Vidal über Marseille, die Rhône und die Saône nach Paris transportieren. Und Bonaparte – in vollem Bewußtsein des großen Prestige- und Propagandawertes, den die Künste und Wissenschaften für die noch nicht voll anerkannte Republik hatten – nahm die Abtretung der ausgewählten Kunstwerke erstmals in die Waffenstillstandsverträge mit den einzelnen Teilstaaten Italiens auf. Dem zwischenzeitlich nach Paris zurückgekehrten strahlenden Sieger des Italienfeldzugs gab das Direktorium am 10. Dezember 1797 ein Bankett mit 700 geladenen Gästen, und zwar in der Grande Galerie des Louvre, wo ein Großteil der erbeuteten Gemälde erstmals öffentlich ausgestellt war. Als dann als zweiter großer Schub auch die Kunstwerke aus Venedig und Rom eintrafen – eine Überführung der Trajanssäule erwies sich aufgrund ihres enormen Gewichts als unmöglich –, ging die Direktorialregierung noch weiter und ließ den Italienkommissar André Thouin, einen Mitarbeiter des Festorganisators David, zweitägige Staatsfeiern ausrichten. Obwohl diese ohne Bonaparte stattfanden, der sich bereits im Mai für seine Ägyptenexpedition eingeschifft hatte, wiesen sie bereits voraus auf das »Musée Napoléon« des Empire.

Und so halten die erbeuteten *Monuments des Sciences et des Arts* Italiens vor den Augen der Pariser am 27. Juli 1798 auf 45 rollenden Plattformen, die mit Girlanden und Inschriften geschmückt sind und von Pferden gezogen werden, ihren »triumphalen Einzug« in die Kulturmetropole der Revolution, das »Neue Rom«.[164] Angeführt von einer Abteilung Kavallerie, einem Musikkorps sowie den beiden Kolossalstatuen des »Nil« und des »Tiber« aus dem Vatikan, zieht die Kolonne vom Botanischen Garten über die südlichen Quais der Seine zum Marsfeld und von da zum Louvre. Von großen Truppenkontingenten durchsetzt, ist sie in drei Hauptabteilungen gegliedert. Die erste Gruppe von zehn »Festwagen« gilt dem naturwissenschaftlichen Teil der Kriegsbeute, der für das »Musée d'Histoire naturelle« bestimmt ist und von dessen Personal begleitet wird. Er reicht von wertvollen Mineraliensammlungen und Versteinerungen aus Verona über Pflanzensamen und ausländische Gewächse wie Kokos-, Bananen- und Palmbäume bis zu mehreren Löwen, Kamelen, Dromedaren und einem Berner Bären, die dem Schauzug ein exotisches, publikumswirksames Gepräge verleihen.

Wie ein vorausgetragenes Spruchband verkündet, führt die zweite Hauptgruppe des Festzuges die erbeuteten Handschriften, Bücher, Medaillen, Noten und Lettern für den Buchdruck in orientalischen Sprachen mit sich. Die auf sechs Wagen präsentierten Kisten, die unter dem Klang patriotischer Hymnen von Künstlern, Buchdruckern, Bibliothekaren, Professoren des Collège de France und einer Büste Homers begleitet werden, enthalten unter anderem 134 Manuskripte und 84 Inkunabeln aus der Kapitelbibliothek von Cremona, 70 Medaillen und 23 Erstdrucke der venezianischen Aldus-Presse aus Verona sowie Tausende illuminierter Handschriften und Frühdrucke aus den Bibliotheken des Vatikans. Der Leitspruch dieser ganzen Abteilung – »Die Wissenschaften und Künste unterstützen und verschönern die Freiheit« – könnte der gesamten Veranstaltung als Motto dienen.

Den Höhepunkt des Festzugs bildet die dritte, weitaus umfangreichste und imposanteste Hauptgruppe. Sie ist vor allem den berühmtesten »Monumenten der antiken Bildhauerkunst« gewidmet und steht unter einem anspruchsvollen Motto, das die Hauptstadt der Republik als neuen Ruhepol der Kulturgeschichte ausgibt: »Griechenland hat sie abgetreten, Rom hat sie verloren; ihr Schicksal hat zweimal gewechselt, nun wird es nicht mehr wechseln.« Im Gefolge eines Chores junger Musiker, der Preisträger der Kunstwettbewerbe, der Museumsdirektoren sowie der Professoren und Studenten der Schulen für bildende Kunst stellen 27 rollende Plattformen die spektakulärsten erbeuteten Skulpturen zur Schau, allen voran die von Bonaparte persönlich angeforderten vergoldeten Bronzepferde von der Fassade des Markusdoms; denn angesichts ihrer früheren Odyssee erscheint ihre endgültige Überführung besonders geeignet, Paris als Nachfolgerin der antiken Kulturzentren auszuweisen: »Pferde, die von Korinth nach Rom, von Rom nach Konstantinopel, von Konstantinopel nach Venedig und von Venedig nach Frankreich gebracht wurden. Endlich sind sie auf freiem Boden«, lautet die zugehörige Monumentalinschrift. Unter den folgenden Skulpturen dominieren die vielbewunderten Antiken aus den Vatikanischen und Kapitolinischen Galerien, insbesondere die »Venus pudicitia«, der bronzene »Dornauszieher«, der »sterbende Gallier«, eine Kopie von Phidias' verwundeter Amazone, der »Laokoon« sowie der Apoll und der Torso von Belvedere. Auch zwei Büsten der »Revolutionsheiligen« Marcus und Junius Brutus sind dabei und werden durch Inschriften als Vorläufer einer republikanischen Freiheit gedeutet, die 1798 längst wieder in Gefahr ist: »Er traf den Tyrannen, aber nicht die Tyrannei«, heißt es zum Caesarmörder Marcus; »Rom wurde zuerst von Königen regiert, Junius Brutus gab Rom die Freiheit und die Republik«, lautet der Kommentar zu der anderen Büste. Damit stellt der Zug allerdings nur wenige Beispiele der erbeuteten Skulpturen vor, denn allein in Rom hatte der bevollmächtigte Kommissar Daunou unter anderem sechs Kolossalstatuen, 170 Einzelfiguren und Gruppen in Marmor, 36 Büsten sowie 180 Hermen und kleinere Büsten beschlagnahmt. Von den erbeuteten Gemälden, die sich ohnehin für eine »Freiluftausstellung« kaum eignen, ist noch weniger zu sehen. Doch zwei »Festwagen« präsentieren immerhin einige Altäre und Madonnenbilder Raffaels aus Cremona, Bologna, Perugia und Foligno, dazu aus Venedig drei große Heiligenbilder und den »Raub der Europa« des Paolo Veronese sowie einige Altargemälde Tizians.

Bevor all diese Schätze am nächsten Tag in den Louvre einziehen, werden sie auf dem Marsfeld vor einer halbkreisförmigen Festarchitektur mit Tribünen und thronender »Liberté« zur Schau gestellt. Um den Vaterlandsaltar als Zentrum finden auf Halbsäulen die Büsten des Marcus Brutus und der Musen Platz, während die Festwagen sich in der Arena zu drei Kolonnen ordnen. Zur feierlichen Übergabe der Kriegsbeute an den Innenminister François de Neufchâteau führt das Konservatorium eine von Lebrun gedichtete und von Lesueur vertonte Ode auf, die einmal mehr Paris als das »Neue Rom« besingt:

»Jadis ces merveilles divines	»Einst hat Rom diese göttlichen
Rome les enlevait aux Grecs	Schätze den geschäftigen Griechen
industrieux;	abgenommen;
Et dans la ville aux sept collines	in der Stadt der sieben Hügel hat
Notre Mars enleva ces larcins	dann unser Mars dieses ruhmreiche
glorieux.	Diebesgut errungen.
Riche des dépouilles du Tibre,	Derart bereichert, bietet die freie und
La Seine triomphante et libre	siegreiche Seinestadt die Beute vom
Pour jamais les offre à nos yeux.«[165]	Tiber auf ewig unseren Augen dar.«

Anschließend leitet eine Salve der Artillerie zum geselligen Teil des Festes über; bis in die Nacht hinein spielen auf dem beleuchteten Marsfeld mehrere Orchester zum Tanz auf.

Die »Beutekunst« bleibt aufgebaut, um am zweiten Festtag, dem 10. Thermidor, den eigens geladenen diplomatischen Vertretern der ausländischen Staaten sowie den Ministern und hohen Militärs vorgeführt und dem Direktorium übergeben zu werden. Die aus Italien zurückgekehrten Kunstkommissare erhalten nun in Anerkennung ihrer Verdienste jeder eine Medaille mit der Allegorie der Francia und der Inschrift: »Die Wissenschaften und Künste erstatten ihren Dank.« Die feierliche Zeremonie wird begleitet von patriotischen Melodien wie dem antirobespierristischen Triumphlied »Chant du neuf Thermidor«, ferner von Militärparaden und dem Aufstieg eines mit Kunstattributen geschmückten Fesselballons; es klingt aus mit dem »Chant du départ«, der die Marseillaise als führendes Kriegslied abgelöst hat.

Vergleicht man rückblickend den postumen Triumphzug für Voltaire, der zur Hälfte von den Trägern der Volksrevolution selbst geprägt ist (1791), mit der inhaltlich radikalen, formal aber stark allegorisierten Feier des Revolutionsprozesses von 1793 und der Inszenierung des staatlichen Anspruchs auf die Kulturhegemonie von 1798, zeichnet sich eine Entwicklung ab: eine schrittweise Distanzierung von den plebejischen Kräften der Revolution (»Möge das Volk unseren Konzerten schweigend lauschen«, heißt es in einem der Festlieder von 1798), zunehmende Präsenz und Auftritte des Militärs, Zurückdrängung innenpolitischer zugunsten außenpolitischer Themen – diese Tendenzen kennzeichnen nicht nur die Geschichte der Revolutionsfeste, sondern auch die der Revolutionskultur in Frankreich überhaupt. Als sorgfältig geplante, europaweit beachtete »Gesamtkunstwerke«, bei denen Reden und gedruckte Texte, Gesänge und Instrumentalmusik, Bilder und Skulpturen, Symbole und Allegorien, Architektur und Feuerwerkskunst, Amtsträger, Militärs und »Volk« zusammenwirken, sind die Revolutionsfeste nicht nur medien- und kulturhistorisch besonders »dichte« und sinnfällige Ereignisse, sondern enthalten auch authentische Selbstinterpretationen der Revolution. Soweit sie oben exemplarisch beschrieben worden sind, inszenierten sie nacheinander den Erbanspruch der Revolution gegenüber der Aufklärung und den Patriotismus plebejischer Revolutionsaktivisten, das revolutionäre Traditionsbewußtsein und zugleich den Disziplinierungswillen der *Montagnards*, die imperialen Tendenzen des späten Direktoriums und seine Neigung, die Revolution zu beenden und ihre Freiheitsdynamik durch nationalen Ruhm zu ersetzen.

Die Revolution als Katalysator der politischen Kulturen in Europa

»Krieg den Palästen, Friede den Hütten«: Eine europäische Revolution?

Am 26. August 1792, in einer der letzten Sitzungen der *Législative*, stellte ein Abgeordneter, der Girondist Marguerite-Elie Guadet, den Antrag, 18 Ausländern den Ehrentitel eines *citoyen français* zu verleihen, weil sie sich als »Freunde der Freiheit und der universalen Brüderlichkeit« erwiesen und »die Befreiung der Völker vorbereitet« hätten. Der französischen Nation sei an dieser Auszeichnung um so mehr gelegen, als sie selbst »ihren Verzicht auf jede Eroberung und ihren Wunsch zur Verbrüderung mit allen Völkern erklärt« habe. Die Erwählten, deren Ehrung die *Législative* spontan zustimmte, ohne sie in jedem Fall zu kennen,[166] waren sieben englische Freiheitsdenker, Reformer und Gegner des Sklavenhandels (Joseph Priestley, Thomas Paine, Jeremy Bentham, William Wilberforce, Thomas Clarkson, James Mackintosh und David William), drei Gründungs- und Verfassungsväter der Vereinigten Staaten von Nordamerika (George Washington, Alexander Hamilton und James Madison), drei deutsche Schriftsteller (Joachim Heinrich Campe, Friedrich Gottlieb Klopstock und Friedrich Schiller), zwei holländische Intellektuelle (Anacharsis Cloots, Cornelius Pauw), ferner der schweizerische Reformpädagoge Johann Heinrich Pestalozzi, der italienische Jakobinerfreund Giuseppe Gorani und der polnische General Tadeusz Kosciuszko. In seiner gemäßigten Ausrichtung und nationalen Verteilung kennzeichnet dieser ausgewählte Personenkreis den eurozentrischen Kosmopolitismus der damals führenden französischen Revolutionäre und ihre Neigung, im Ausland eher intellektuelle Sympathisanten als politische Umstürzler zu fördern. Denn abgesehen von Thomas Paine und Anacharsis Cloots, die aber zum Zeitpunkt ihrer Ehrung längst in Frankreich lebten, waren jene *citoyens* (einschließlich des damals erst als Heerführer des nordamerikanischen Unabhängigkeitskrieges bekannten Kosciuszko) sämtlich keine radikalen Revolutionäre, sondern liberale Verfechter geistiger und politischer Unabhängigkeit, welche die inzwischen eingetretene Radikalisierung der Französischen Revolution teilweise sogar ablehnten.

Diese offizielle Auszeichnung europäischer Revolutionsfreunde, zum Zeitpunkt von Guadets Initiative ein isolierter Akt, erweist sich im nachhinein als Vorspiel zu einer Folge parlamentarischer Debatten und Beschlüsse über die Außenpolitik des revolutionären Frankreich. Denn mittelbar appellierte sie in ähnlicher Weise – wenn auch auf der Ebene der Eliten – an das revolutionäre Potential in Frankreichs Nachbarstaaten wie etwa Außenminister Pierre Lebrun: Er stellte in seiner Grundsatzrede vom 26. September 1792 der Revolutionsfeindschaft der Regierenden den Freiheitswillen der Regierten gegenüber, der sich auch durch die blutigen Ereignisse des Tuileriensturms vom 10. August nicht beirren lasse: »Unter den Völkern haben wir überall warme Anhänger. In allen Ländern gibt es vernünftige Männer, die wissen, daß die Zerstörung eines Thrones nicht ohne Lärm und Erschütterung abgeht; in allen Ländern gibt es gerechte Männer, welche die Begleiterscheinungen dieser Volksrache mit ihren Ursachen vergleichen [...] und einsehen, daß einige vorübergehende Wirren und einige Fälle persönlichen Unglücks die Wohltaten der Freiheit und Gleichheit, die früher oder später alle Völker der Erde mit dem französischen Volk teilen werden, bei weitem aufwiegen.«[167]

In der Tat gewann die Frage nach dem Verhältnis des revolutionären Frankreich zu den Staaten und Völkern Alteuropas im Herbst 1792 zunehmende Aktualität, weil nach der französischen Kriegserklärung an Österreich (20. April 1792), dem Manifest des Herzogs von Braunschweig vom folgenden Juli und anfänglichen Siegen der preußisch-österreichischen Invasionstruppen die Franzosen nun – im Anschluß an die Kanonade von Valmy (20. September) – an den Rhein und in die habsburgischen Niederlande vordrangen. Die revolutionäre Außenpolitik deutete dies als »gerechten Krieg«, der Frankreich von den gegenrevolutionären Fürsten aufgezwungen worden sei, und zugleich als Befreiungsangebot an deren Untertanen; dies um so mehr, als »die meisten Völker, deren Land unsere Armeen heute besetzt halten, vom Himmel und der Republik Frankreich seit langem ihre Befreiung erfleht haben«.[168] In seinem Dekret vom 19. November 1792 sagte der Konvent denn auch »allen Völkern, die ihre Freiheit zurückerlangen wollen, im Namen der französischen Nation Brüderlichkeit und Hilfe« zu – gemäß dem Motto »Krieg den Palästen, Friede den Hütten« (*Guerre aux châteaux, paix aux chaumières*). Allerdings: Als der *Montagnard* Pierre-Joseph Cambon diese Losung, welche die siegreichen Revolutionstruppen an ihre Fahnen hefteten, am 15. Dezember 1792 ausgab,[169] da leitete er im Namen der Konventsausschüsse für Finanzen, Krieg und Diplomatie bereits die Neufassung des Befreiungsdekrets vom Vormonat ein; statt freier Selbstbestimmung hatten Frankreichs Nachbarn im Fall ihrer Besetzung nun eine republikanische Verfassung nach französischem Vorbild und die Finanzierung der Kriegskosten zu erwarten.

Ist also schon auf der offiziellen Ebene der französischen Außenpolitik eine gewisse Spannung zwischen dem missionarischen Freiheitspathos der Revolutionäre und ihrer Gesetzespraxis zu beobachten, so bleibt zu fragen, wie sich der kosmopolitische Anspruch der Französischen Revolution im politischen Alltag auswirkte, wie die französischen Revolutionäre mit ihren europäischen Nachbarn verfuhren, wie diese darauf reagierten und ob es insgesamt gar zu einer »europäischen Revolution« kam.

Eine erste Antwort enthält die Biographie des erwähnten französischen Ehrenbürgers Anacharsis Cloots,[170] der sich wie kein anderer Zeitgenosse mit dem universalen Geltungsanspruch der revolutionären Freiheitsbotschaft identifizierte. Durch den Reichtum seiner Familie und durch Besitzungen beim niederrheinischen Kleve aller materiellen Sorgen enthoben, war der Sohn eines holländisch-flämischen Adelsgeschlechts und Zögling der Berliner Militärakademie 1780 nach Paris gezogen, um sich zunächst der aufklärerischen Religionskritik sowie politischen Reformschriften zu widmen und dann – 1789 – der französischen Revolutionspublizistik zu verschreiben. Als revolutionsbegeisterter Intellektueller, der für 450000 Livres französische Nationalgüter kaufte, und als selbsternannter »Redner des Menschengeschlechts«, wie er im März 1791 eine seiner zahlreichen Schriften betitelte, sah Cloots in der Französischen Revolution die Vorstufe der erlösenden Weltrevolution und in der französischen Republik die Vorbereitung einer »Universalrepublik« im Zeichen weltbürgerlicher Brüderlichkeit. Sein praktisches Engagement ging so weit, daß er der *Législative* am 12. August 1792, zwei Tage nach dem Tuileriensturm, eine preußische Freiwilligenlegion anbot, um die militärische »Missionsarbeit« der Revolution zu unterstützen: »Die Raserei der Tyrannen zwingt uns, die Aufklärung mit bewaffneter Hand zu verbreiten.«[171] Die erwähnte Ehrung Cloots' kam also nicht von ungefähr – und sie ebnete ihm den Weg in die aktive Politik. Im September 1792 vom Departement Oise zum Abgeordneten gewählt, bearbeitete er Einbürgerungsanträge von Ausländern, rechtfertigte die Eroberung des Mittelrheins durch das »Volk der Befreier« (*peuple libérateur*[172]) und trat als Vorsitzender des Diplomatischen Ausschusses erfolgreich für die Annexion Savoyens ein (27. November 1792). Ja, für zwei Dekaden wurde er vom Pariser Jakobinerklub sogar zu dessen Vorsitzendem gewählt (11.–29. November 1793). Doch je mehr die *Montagnards* in der französischen Republik eine von außen belagerte und von innen unterminierte Festung sahen, desto mehr geriet Cloots – seines radikalrevolutionären Aktivismus ungeachtet – im Sommer und Herbst 1793 in den Verdacht eines Komplotteurs, so daß der Konvent ihm die Ehrenbürgerwürde aberkannte (26. Dezember 1793), Saint-Just ihn im Auftrag Robespierres am 13. März 1794 öffentlich als Aristokraten und »ausländischen Schädling« denunzierte (*l'étranger corrompt tout*) und das Revolutionsgericht ihn elf Tage später auf dem Pariser Revolutionsplatz guillotinieren ließ. – Der revolutionsbegeisterte Weltbürger war das Opfer der *Terreur* und ihres Ausländerhasses geworden. Anderen europäischen Jakobinern wie dem Deutschen Eulogius Schneider und dem Italiener Filippo Buonarroti, die das revolutionäre Frankreich ebenfalls zu ihrer politischen Heimat erwählten, erging es ähnlich.

Nicht nur im Innern Frankreichs, sondern ebenso nach außen hatte der revolutionäre Kosmopolitismus der Franzosen seine Grenzen. Im Norden beispielsweise gingen die revolutionären Anstöße von holländischen und belgischen Patrioten aus, ohne von den Franzosen wirklich befördert zu werden. Aufständische Handelsbürger aus den Vereinigten Niederlanden, die 1787 vor der Repression des Erbstatthalters Wilhelm V. und der ihn unterstützenden englisch-preußischen Truppen geflohen waren, Emigranten aus den habsburgischen Niederlanden (dem heutigen Belgien), die 1789 vergeblich versucht hatten, den aristokratischen Widerstand gegen die josephinischen Reformen zur Beseitigung der Privilegien und zur Wahl einer Nationalversammlung zu nutzen, und Demokraten aus der Enklave Lüttich, deren Erhebung gegen ihren Fürstbischof 1791 ebenfalls von kaiserlichen Soldaten niedergeschlagen worden war, bildeten in Paris und Nordwestfrankreich Gruppen von zusammen über 5000 »batavischen Patrioten« mit dem Ziel, die abgebrochenen Revolutionen in ihren Heimatländern mit französischer Hilfe fortzusetzen. Ihre »batavischen Klubs« führten eine rege Geheimkorrespondenz mit Gleichgesinnten in der Heimat und förderten dort den Aufbau eines Netzes republikanischer Sozietäten unter dem Decknamen von »Lesegesellschaften«, die etwa in Amsterdam 1793 über 5000 Mitglieder zählten. Bei französischen Revolutionspolitikern warben sie für ihre Idee einer holländischen beziehungsweise einer belgischen Republik, so in dem »Manifeste des Belges et Liégeois unis« (1792). Nachdem sie im Mai 1791 eine Delegation zum Pariser Jakobinerklub entsandt und im folgenden Dezember bei französischen Abgeordneten für die Aufstellung einer »Batavischen Legion« geworben hatten, ohne konkrete Ergebnisse zu erhalten, erreichten die Exilrevolutionäre immerhin, daß die *Législative* im April 1792 ein *Comité batave* bildete (im Oktober in *Comité révolutionnaire batave* umbenannt), welches die Gründung eines holländischen Einheitsstaates vorbereiten sollte, und zu seinem Sekretär den Franzosen und früheren Redakteur der »Gazette de Leyde«, P.–A. Dumont-Pigalle, bestellte.

Und wirklich schien mit dem siegreichen Vormarsch der französischen Nordarmee im Herbst 1792 die Stunde der Exilpatrioten gekommen. General Dumouriez schärfte seinen Soldaten am 27. Oktober in Valenciennes ein, »als Freunde und Befreier« in die habsburgischen Niederlande einzurücken, und richtete an »das Volk Belgiens« ein flammendes Manifest: »Tapfere belgische Nation, du hast früher als wir die Fahne der Freiheit erhoben [...]. Wir betreten in Kürze dein Territorium. Wir wollen dir helfen, den Freiheitsbaum zu pflanzen, ohne uns im geringsten darum zu kümmern, was für eine Verfassung du wählst. Wenn du die Volkssouveränität in Kraft setzt und darauf verzichtest, unter irgendwelchen Despoten zu leben, sind wir deine Brüder, deine Freunde und deine Helfer.«[173] Aber Dumouriez' Plan, in Belgien eine unabhängige Republik zu errichten, scheiterte sowohl an der autoritären Wende der revolutionären Außenpolitik vom 15. Dezember, deren Durchsetzung in Belgien von dem Konventskommissar Danton überwacht wurde, als auch an der Niederlage der Nordarmee gegen die Österreicher bei Neerwinden am 18. März 1793. Als die Franzosen Belgien dann im Juni 1794 erneut besetzten, behandelten sie es als erobertes, finanzstarkes Land und dekretierten schließlich seine Annexion (1. Oktober 1795), ohne auf die Exilpatrioten Rücksicht zu nehmen. Inzwischen hatten sie auch die Vereinigten Niederlande eingenommen, den Erbstatthalter vertrieben und die »Batavische Republik« proklamiert (16. Mai 1795); anstatt jedoch den holländischen »Patrioten« eine demokratische Verfassung nach deren Vorstellungen zu genehmigen, nötigten sie ihnen eine Variante ihres eigenen Direktorialsystems auf, belegten das Land mit hohen Kontributionen und requirierten systematisch die wertvollsten Kunstwerke.

Dieser um die Jahreswende 1792/93 vollzogene Übergang von kosmopolitischem Sendungsbewußtsein und Missionseifer zu expansivem Hegemonialstreben und wirtschaftlicher Ausbeutung kennzeichnet die gesamte Außenpolitik der Französischen Revolution. Er hatte sich bereits in den von Reunionsadressen begleiteten Annexionen der Grafschaft Venaissin, Avignons (14. September 1791) und Savoyens (27. November 1791), die dem »Eroberungsverzicht« der Nationalversammlung vom 22. Mai 1790 widersprachen, angekündigt. Er war somit nicht allein eine Folge des Krieges und seines wachsenden Finanzbedarfs, sondern lag auch in der Tradition der ludowizianischen Reunionen, die nun in Forderungen nach »natürlichen Grenzen« für die Republik Frankreich wiederauflebte und in der neuen Vorstellung eines Schutzwalls von »Schwesterrepubliken« an der französischen Nord- und Ostgrenze ihre Fortsetzung fand. Chronologisch und geographisch mit der »Batavischen Republik« beginnend, reichte die Kette dieser *républiques sœurs* bis zu den italienischen Republiken des »Triennio« (die Phase des von der Französischen Revolution ausgehenden Republikanismus auf der Apenninenhalbinsel 1796–1799), auf die wir weiter unten zurückkommen. Dazwischen lagen zwei weitere französische Republikanisierungen, die bestätigen, daß es auch der Direktorialregierung und ihren führenden Militärs außenpolitisch nicht eigentlich auf revolutionäre Befreiung der »Brudervölker«, sondern entscheidend auf die Vormachtstellung der *grande nation* ankam. Im linksrheinischen Deutschland zwischen Kleve und Speyer, wo sich im Frühjahr 1797 spontan über 20 »konstitutionelle Zirkel« bildeten, die von der französischen Besatzung die Einführung einer demokratischen Selbstregierung der Region erwarteten, brach das Direktorium das Experiment einer »Cisrhenanischen Republik« schon nach wenigen Wochen im September 1797 ab, weil es mit Österreich übereingekommen war, diese Gebiete ebenfalls Frankreich einzuverleiben. Und die 1798 gegründete »Helvetische Republik«? Obwohl unter anderem die zeitweise radikalrevolutionäre Republikanisierung des Genfer Stadtregiments seit 1792 zeigte, daß auch in der Schweiz egalitäre Bestrebungen zunahmen, und obwohl die Exilpatrioten des »Helvetischen Klubs« in Paris immer wieder um französische Unterstützung gebeten hatten, bewogen erst militärstrategische Motive die Franzosen (genauer: Bonaparte und den Directeur Reubell), im Frühjahr 1798 eine Freiheitsbewegung im Waadtland zum Einmarsch zu nutzen und mit Hilfe zurückgekehrter gemäßigter Patrioten wie des Baslers Peter Ochs und des Wallisers Frédéric César de La Harpe einen republikanischen schweizerischen Einheitsstaat unter französischer Kontrolle zu errichten.

Abgesehen vom Herbst 1792, als die siegreichen Revolutionstruppen – wie etwa in Mainz – sich bemühten, die missionarischen Erklärungen der Pariser Revolutionäre in die Praxis umzusetzen, unternahmen die führenden Revolutionspolitiker also keinen ernsthaften Versuch, ihre Revolution zu »exportieren«. Im Gegenteil: Spontanen Hilferufen europäischer Revolutionsfreunde und Reunionswünschen ausländischer Gebiete leisteten sie nur Folge, wenn diese zugleich französischen Machtinteressen entsprachen. Als beispielsweise der französische Ehrenbürger Tadeusz Kosciuszko im Frühjahr 1794 den Wohlfahrtsausschuß in Paris dringend ersuchte, seiner aufständischen Revolutionsregierung, die er in Warschau nach französischem Vorbild organisiert hatte, gegen die Russen zu Hilfe zu eilen, da blieb der Konvent untätig, nicht zuletzt aus Rücksicht auf Rußland und Preußen. In den annektierten Grenzgebieten und in den Schwesterrepubliken lösten die Franzosen zwar einen folgenreichen Strukturwandel aus, indem sie einerseits Feudalrechte, Standesprivilegien und Zünfte abschafften, regionale und lokale Partikularismen aufbrachen, andererseits Rechtsgleichheit, Wirtschaftsfreiheit und eine einheitliche Verwaltung einführten; aber eigenständige revolutionäre Bewegungen förderten sie nicht, sondern unterdrückten sie eher.

Wenn somit eine »europäische Revolution« weder von den französischen Revolutionären beabsichtigt wurde (der Pariser »Propagandaklub« zur Verbreitung der Revolution im Ausland war ein Hirngespinst konservativer Publizisten) noch im Bereich des historisch Möglichen lag (in keinem anderen Land bestand eine ähnlich explosive vorrevolutionäre Situation wie 1788 in Frankreich) – kann man dann nicht umgekehrt von einer »europäischen Gegenrevolution« sprechen? Die Koalitionskriege, welche ein Teil der alteuropäischen Mächte gegen das revolutionäre Frankreich führte, legen diese Hypothese ebenso nahe wie der überragende publizistische Erfolg von Edmund Burkes »Reflections on the Revolution in France« (1790). Propagierte diese sogleich in alle europäischen Sprachen übersetzte Streitschrift doch einen europäischen Vernichtungskrieg, einen internationalen Kreuzzug gegen einen revolutionären Universalismus, der auf eine »Totalrevolution« des politischen und gesellschaftlichen Systems von Europa ziele. Diese ideologische Blockbildung entsprach den Auffassungen und Wünschen der zahlreichen französischen Emigranten in London, Koblenz und Rom, aber sie blieb weitgehend verbal.

Denn ihre konkrete Frankreichpolitik richteten die Regierungen der europäischen Staaten weniger nach solchen grundsätzlichen Überzeugungen als vielmehr nach innenpolitischen Kalkulationen, ökonomischen Interessen und machtpolitischen Ambitionen. Anfänglich begrüßten sie die Französische Revolution sogar in der Annahme, sie werde den Rivalen Frankreich schwächen. Aus ähnlichen Erwägungen zog zum Beispiel Preußen im Frühjahr 1790 seine Interventionstruppen vom Niederrhein zurück, um den habsburgischen Konkurrenten mit den revolutionären Erhebungen in den habsburgischen Niederlanden allein zu lassen. Als sich dann zeigte, daß die Französische Revolution mehr war als eine traditionelle Rebellion, trafen die alteuropäischen Mächte zwar energische Maßnahmen gegen ein Übergreifen der »Freiheitsseuche« auf ihre Territorien, aber den gemeinsamen Kampf gegen die Revolution in Frankreich selbst nahmen sie weniger wichtig als die Verfolgung ihrer eigenen politischen Interessen. So gab England seiner Kolonialpolitik Vorrang und trat erst im Herbst 1792 in die gegenrevolutionäre Koalition ein, und zwar nicht etwa auf Drängen französischer Royalisten, mit denen es intensive Geheimverhandlungen führte, sondern deswegen, weil die Besetzung Belgiens durch französische Truppen Englands Anspruch auf maßgeblichen Einfluß an der Kanalküste verletzte und damit gegen eine Grundregel des europäischen Mächtegleichgewichts verstieß.[174] Preußen wiederum zog sich 1795 mit dem Friedensschluß von Basel aus der gegenrevolutionären Koalition zurück, um ungestörter an der dritten polnischen Teilung partizipieren zu können. Und Kurfürst Karl Theodor von Pfalz-Bayern wahrte gegenüber dem revolutionären Frankreich mehr als fünf Jahre lang (1792–1797) wohlwollende Neutralität, weil die Revolutionskriege ihm die Möglichkeit boten, die Rivalitäten zwischen Österreich und Bayern für seine Territorialpolitik auszunutzen.

Blieb die Revolution also letztlich eine innerfranzösische Angelegenheit? Entbehrt die bei den Zeitgenossen so verbreitete Überzeugung von der Zäsurwirkung der Französischen Revolution für Europa der historischen Grundlage? Diese Fragen wären zu bejahen, würde man sich auf die Ebene der Haupt- und Staatsaktionen beschränken. Sie sind zu verneinen, wenn man sich der weniger spektakulären politisch-kulturellen Ebene und den sozialen Bewegungen in Frankreichs Nachbarländern selbst zuwendet. Wie stark dabei die Vermittlung und Verarbeitung revolutionären Denkens und Handelns variierte und welch ähnliche Ergebnisse diese unterschiedlichen »Kulturrevolutionen« gleichwohl hervorbrachten, soll exemplarisch für Deutschland, England und Italien skizziert werden.

»Freimüthigkeit, doch kein Sans-Cülotismus«: Einflüsse der Revolution im Alten Reich

Ende 1789 veröffentlichte der Schriftsteller Friedrich Christian Boie in seiner Zeitschrift »Neues Deutsches Museum« einen Aufsatz, der eine erste Einschätzung der politisch-kulturellen Wirkungen der Französischen Revolution auf Deutschland versuchte. Ausgehend von Voltaires Diagnosen einer »Revolution der Geister«, die er rückblickend als »Vorhersagung der französischen Revoluzion« interpretierte, betonte Boie zunächst die aufklärerischen Ursprünge dieses neuen Revolutionskonzepts, um anschließend dessen Politisierung und Konkretisierung durch den Unabhängigkeitskrieg der englischen Kolonien in Nordamerika hervorzuheben, zugleich aber seine Bedeutung für Deutschland zu relativieren: »Die Revoluzion in Amerika, an der unser Vaterland so vielen Antheil hatte, erweckte eine gewisse Theilnahme, die aber nicht über das Wünschen ging.« Ganz anders die Revolution in Frankreich: »Wie ein elektrischer Schlag, der von Paris ausging, wirkte sie auf die Nazionen [...]. Auf kein Land wirkte sie aber stärker, als auf unser Deutschland.« Einerseits beklagte Boie nun zwar, daß »Deutschland mit Schriften darüber bis zum Eckel überschwemmt« werde; andererseits aber anerkannte er zögernd, daß in der publizistischen Vermittlung neuer politisch-kultureller Werte und Aktionsformen ein emanzipatorisches Potential stecke: »Ist es Gallomanie? Ist der Deutsche dazu bestimmt, der Nachbeter der Franzosen zu sein? Ist die deutsche Nazion weiter gekommen? Lernt sie die Rechte freier Menschen kennen? [...] Bis in die kleinsten deutschen Dörfer drang dieser Schlag [...]. Wenige deutsche Staaten werden es gewesen sein, in denen nicht Gährungen entstanden sind.«[175]

War diese bemerkenswerte Einschätzung übertrieben oder zutreffend, und läßt sie sich für die 1790er Jahre verallgemeinern? Angesichts der territorialen Zersplitterung des Alten Reiches und einer von Region zu Region sehr unterschiedlichen Quellen- und Forschungslage sind diese Fragen nicht ohne weiteres unmittelbar und allgemeingültig zu beantworten. Erproben wir daher einen anderen Weg, indem wir – ähnlich wie bei Frankreich – in einer Reihe sich konzentrisch erweiternder Fallstudien vom Speziellen (einer Person) ausgehen und dann eine Region betrachten, um schließlich zu einem allgemeinen Quellenkorpus und damit zu einer »gesamtdeutschen« Perspektive vorzustoßen.

Vom Aufklärer zum Jakobiner: Der Fall Georg Forster

Als Georg Forster im Oktober 1788 sein neues Amt als Bibliothekar der Mainzer Universität antritt, deutet kaum etwas darauf hin, daß er in Deutschland fünf Jahre später wie ein Aussätziger behandelt, mit der Reichsacht belegt und als »Vaterlandsverräter« abgestempelt werden wird. Im Gegenteil, der vielbestaunte Kosmopolit, der berühmte »Weltumsegler« und Berichterstatter der Cookschen Südsee-Expedition, der namhafte Biologe mit Lehrerfahrung aus Kassel und Wilna, der sprachgewandte Übersetzer vor allem englischsprachiger Reiseberichte, der glänzende Essayist deutscher Aufklärungszeitschriften ist in den 1780er Jahren ein Liebling der Salons und ein angesehenes Mitglied der »Gelehrtenrepublik« im deutschen Kulturraum.[176] Dieser »complette Schriftsteller des achtzehnten Jahrhunderts«, wie er sich einmal treffend nennt,[177] erweist sich allerdings von Anfang an als kritischer und freiheitsbewußter Geist, wenn er zum Beispiel 1776 die Eigenart der Eingeborenen der Südsee gegen europäische Vorwürfe der »Barbarei« verteidigt und den Soldatenhandel des hessischen Landgrafen verurteilt, wenn er 1782 den »neuentstandenen Freystaat« der USA als Vorbild einer »freyen Verfassung« für die alteuropäischen Staaten begrüßt[178] und sich bei dem Redakteur Boie am 5. Juli 1789 für ein freies Zeitschriftenwesen als wichtigstes »Vehikel der allgemeinen Aufklärung« ausspricht.

Auf die ersten Revolutionsnachrichten aus Frankreich, die er als

Mitglied der Mainzer Lesegesellschaft über die lokale französische Buchhandlung Le Roux und von durchreisenden Paristouristen wie Wilhelm von Humboldt oder Joachim Heinrich Campe sehr prompt erhält, reagiert er wie andere deutsche Intellektuelle seiner Zeit mit Bewunderung »der parisischen [...] Freiheit« und mit lebhaftem Interesse an dem dort ausgetragenen neuartigen »Strauß des Despotismus mit der Demokratie« (an Jacobi am 21. September 1789 und 8. Dezember 1790). Doch wirklich »unter die Haut« geht ihm die Revolution erst, als er mit Alexander von Humboldt zum Abschluß ihrer sorgfältig geplanten »Rheinreise« Anfang Juli 1790 auf dem Pariser Marsfeld unmittelbar miterlebt, wie Bürgerinnen und Bürger aller sozialen Gruppen und Schichten, ohne die Schranken und Regeln der alten Ständegesellschaft zu beachten, sich zu Tausenden verbrüdern, um voller Patriotismus mit vereinten Kräften die schweren Erdarbeiten zur Vorbereitung der Föderationsfeiern zu erledigen. Dieser »Anblick des Enthusiasmus im Volke«, von dem er Christian Gottlob Heyne am 13. Juli 1790 begeistert berichtet, wird Forster zum politischen Erweckungserlebnis. Aus ihm erwächst zum einen sein mit ebenso großem Engagement wie finanziellem Aufwand betriebenes Projekt eines illustrierten historischen Kalenders zum Revolutionsjahr 1790, dessen Vorarbeiten und Fragmente die »Geburt« des geistigen Revolutionärs Forster markieren;[179] die Aussage seines philosophischen Freundes Friedrich Heinrich Jacobi vom 12. November 1789: »Die französischen Händel haben mich ganz in das politische Fach geworfen; ich lese fast nichts anderes«, sie gilt nun – gesteigert – auch für Forster selbst. Zum anderen geht seine aktive Beteiligung an der praktischen Revolutionspolitik ebenfalls auf das »Marsfelderlebnis« zurück; denn als die französische Rheinarmee unter General Custine die bei Valmy gescheiterte Invasion der preußisch-österreichischen Angreifer am 21. Oktober 1791 mit der Besetzung von Mainz beantwortet, da sind es seine Bewunderung des unwiderstehlichen »Enthusiasmus' der Freiheitseiferer« (an Voß am 21. November 1792) und seine Hoffnung, diesen demokratischen Patriotismus nach Mainz und vielleicht sogar nach Deutschland übertragen zu helfen, die Forster zum Eintritt in den neu gegründeten Mainzer Jakobinerklub und zur Übernahme politischer Ämter bewegen. Die fieberhafte Tätigkeit, die er von November 1792 bis März 1793 in der Mainzer Republik entfaltet, erstreckt sich auf wenigstens fünf Politikfelder.

Da ist zunächst der Klubist Georg Forster. In der fast 500köpfigen Mainzer Gesellschaft der »Freunde der Freiheit und Gleichheit« stößt er sogleich zu jener Gruppe von Intellektuellen, welche die Debatten prägt. In seiner Jungfernrede »Ueber das Verhältnis der Mainzer gegen die Franken« ruft er die Mainzer am 11. November 1792 dazu auf, das »lügenhafte Gespenst« der alten Reichsverfassung, das sich »für den Geist der deutschen Freiheit« ausgebe, in Wirklichkeit aber »der Teufel der feudalischen Knechtschaft« sei, in die »Polterkammer« der Geschichte zu verbannen und statt dessen auf das Bündnisangebot der französischen Revolutionäre einzugehen: »ein Mainzer erfand die Buchdruckerkunst; und warum nicht ein Franke die Freiheit des achtzehnten Jahrhunderts?« Visionär fügt er hinzu: »Franken und Mainzer verschmelzen zu einem Volk!« Und um die zögernden Zuhörer auf den Tribünen mitzureißen, beschwört er die revolutionäre Begeisterung der französischen »Brüder«, den »Enthusiasmus von fünf und zwanzig Millionen freier Menschen, die [...] durch die Freiheit unüberwindlich sind«.[180] Obwohl dieser emphatische Aufruf nach Auskunft konservativer Kritiker nicht ohne Wirkung bleibt und große publizistische Verbreitung findet, haben mitreißendere Redner wie Metternich und Hofmann mehr Einfluß im Klub. Doch als zeitweiliger Präsident und vor allem als selbstloser Arbeiter im Hintergrund, der nach dem Muster der Straßburger Jakobiner ein Klubstatut entwirft, der sich im Unterrichtsausschuß engagiert und als Vorsitzender des Korrespondenzausschusses den Schriftverkehr mit mehr als zwei Dutzend rheinischen und französischen Bruderklubs abwickelt, nimmt Forster eine Schlüsselstellung im Mainzer Jakobinerklub ein.

Zugleich wirkt er als Vizepräsident der Allgemeinen Administration für die besetzten Gebiete am Mittelrhein maßgeblich daran mit, die Verwaltungsarbeit der französischen Besatzer mit den Klubaktivitäten zu koordinieren. Dies bedeutet nicht nur, daß er eine ausgedehnte Korrespondenz mit den Lokalverwaltungen zu erledigen hat, daß er zahlreiche Beschwerden und Petitionen Einheimischer bearbeiten und die zweisprachige Plakatierung zahlreicher Verordnungen organisieren muß; es bedeutet auch, daß er sich im Frühjahr 1793 führend an der Vorbereitung und Durchführung der Munizipalitätswahlen und der Deputiertenwahlen zum Rheinisch-Deutschen Nationalkonvent, den ersten ansatzweise demokratischen Wahlen in Deutschland, beteiligt. Er verfaßt die Wahlinstruktion, die allen Ortsverwaltungen im französischbesetzten Gebiet zugestellt wird, und schwärmt mit den übrigen Verwaltungsräten auf das Land aus, um die Wahlen zu betreiben und gelegentlich im jakobinischen Sinne zu beeinflussen. Aufsehen erregt besonders seine Aktion in Grünstadt, der Residenzstadt der Samtgrafschaft von Leiningen-Westerburg, wo er den Fürsten, der einen Privilegienverzicht ablehnt, festsetzen und die Wahlen unter dem »Schutz« französischer Truppen durchführen läßt: »So muß uns alles weichen, was der guten Sache widerstrebt«, lautet sein Kommentar (an Therese am 27. Februar 1793).

Georg Forsters politische Funktionen des Klubisten und des Administrators fließen zusammen bei der Organisation des großen Mainzer »Volksfestes für Freiheit und Gleichheit« am 13. Januar 1793, einem Sonntag. Er nutzt seine Ämter, um die Bevölkerung vorab mit gedruckten Plakaten und Handzetteln zur Teilnahme an diesem »politischen Tauffest« aufzurufen: »Nehmt Theil an den Empfindungen, an der Begeisterung, an der Freude Eurer Mitbürger, feiert den frohen Tag in Eintracht und Fröhlichkeit – er ist der erste Tag eures neuen Lebens.«[181] Die von ihm mitgeplanten Feierlichkeiten, die er als amtierender Klubpräsident am Morgen des 13. Januar in Gegenwart einer offiziellen Delegation aus Paris eröffnet, bieten eine reiche, von französischen Vorbildern geprägte Revolutionssymbolik auf. Bewußt auf jede Rangordnung verzichtend, führt der Festzug unter den Klängen der Marseillaise einerseits Reichsinsignien und als »Sklaven« verkleidete Klubisten, andererseits den über 70 Fuß langen Freiheitsbaum – wegen der Jahreszeit eine Tanne – mit sich. Der zentrale Festakt auf dem Marktplatz inszeniert dann die Umkehrung des alten politischen Systems vom Kurfürstentum des Alten Reichs zur Republik: Während ein Flammenopfer auf einer Art Vaterlandsaltar die alten Herrschaftszeichen vernichtet und die »Sklaven« in freie Bürger verwandelt, visualisieren der mit Trikolorebändern geschmückte Freiheitsbaum, die ihn flankierenden Piken (Aufschrift: »Paix aux peuples, Guerre aux tirans«) und die mehrfach sichtbaren roten Freiheitsmützen die neuen Werte *Freiheit*, *Nation* und *Republik*, wie der dreifache Hochruf lautet. Begleitende Reden verdeutlichen diese sinnfällige Didaktik ebenso wie ein eigens neu verfaßtes zwölfstrophiges Lied auf die beliebte Melodie »Preist Bürger mit erhobner Hand«, das ein Sänger unter allgemeinem Beifall vorträgt. Geschickt besingen die Liedverse den politischen Systemwechsel als Wiederherstellung einer gottgewollten, naturrechtlichen Ordnung: »Dir, der du alle Menschen gleich / An Rechten schufst in Deinem Reich; / Vor dem der Ahnen Wappen-Schild / Und fremde Tugend gar nichts gilt; / Dich, Ewigen! der Welten Herr! / Der Franken Gott! Allmächtiger! / Dich preißt, beglückt durch deinen Sohn, / die frey gewordene Nation!«[182] Die ganze Zeremonie lockt ein so zahlreiches Publikum an, daß über den Marktplatz und die Fenster der angrenzenden Häuser auch die Dächer des Doms mit Zuschauern besetzt sind. Zweierlei Volksbelustigungen beschließen den Festtag: Während auf dem Marktplatz junge Leute um den Freiheitsbaum die Carmagnole tanzen, besuchen über 300 Bürgerinnen und Bürger im Redoutenhaus den »Ball der Freyheit und Gleichheit«. Und damit auch die Kinder die wohltuende Wirkung der Republik verspüren, erhalten sie tags darauf schulfrei.

Mehr noch: Da Forster in der von dem Klubisten Georg Wilhelm Böhmer übernommenen und politisch umfunktionierten einzigen Mainzer Tageszeitung die jakobinische Solidarität vermißt, wird er Anfang 1793 mit der Gründung seiner »Neuen Mainzer Zeitung« außerdem zum Journalisten der jungen Republik, und zwar mit Erfolg, wie ein konservativer Kritiker irritiert vermerkt: »Forster, der sich ein Geschäft daraus machte, als Pamphletschreiber der Mainzer Revolution Böhmer an Unverschämtheit zu übertreffen, [...] erreichte seinen Zweck, übertraf das Muster und gab hierdurch zu erkennen, daß er einst bei Unserer Revolution den Deutschen Marat zu spielen, nicht unwürdig sey.«[183] In der Tat nennt Forster seine Tageszeitung im Untertitel bewußt »Volksfreund«; denn ähnlich wie der »Ami du Peuple« entwickelt er einen politischen Meinungsjournalismus von neuartiger Radikalität, einen Gestus der direkten und vertraulichen Zuwendung zu den kleinen Leuten: »Belehrung eines guten Volkes« im allgemeinen, Erziehung zu echtem »Republikanersinn« und zu redlichem »Streben nach dem allgemeinen Wohl« im besonderen, kurzum: Weckung und Verbreitung des »Enthusiasmus für die Beförderung des Glückes, der Freiheit und der Gleichheit an Rechten«, das sind die Prinzipien und Ziele, denen sich der Redakteur in der Startnummer vom 1. Januar 1793 verschreibt.[184] Konsequenter als die Zeitung des lokalen Konkurrenten Böhmer löst sich Forsters »Volksfreund« von der politischen Distanziertheit und der üblichen Hofberichterstattung der traditionellen Presse, indem er die politischen Nachrichten aus der Mainzer Republik und vom Konvent in Paris stets an den Anfang setzt, oft eigene Meinungsartikel beisteuert, Anekdoten aus dem Leben der Aristokratie vermeidet und statt dessen dreierlei Themen und Textsorten ebenso nachdrücklich wie regelmäßig herausstellt: zum ersten von ihm selbst übersetzte aktuelle französische Texte – etwa Proklamationen von General Custine, leidenschaftliche Aufrufe von Konventskommissaren zur Vollendung der Revolution oder Adressen des Pariser Konvents an die Franzosen, die sich ebenso als Appelle an die Mainzer Republikaner lesen lassen: »Das Volk ist stärker als alle Armeen. Alle Völker, die für die Freiheit fochten, waren Sieger« (N° 28 vom 5. März 1793). Zum zweiten bringt er eine bemerkenswert dichte und vehement antiroyalistische Serie von Dokumenten und Artikeln zum Prozeß und zur Guillotinierung von »Louis Capet«, in der Forster zum Beispiel am 25. Januar lapidar erklärt: »Man strafe den Verbrecher, auch wenn er König war, und man dulde keinen König mehr. [...] Der Streich, der Ludwigs Kopf von seinem Körper trennt, wird das Gewissen aller Tyrannen aus dem Todesschlummer wecken.« Zum dritten enthält der »Volksfreund« eine Fülle von Berichten über die französischen »Freiheitsmärtyrer«, über Musterfälle patriotischer Opferbereitschaft wie gemeinnützige Spenden französischer und deutscher Klubs und Munizipalitäten, ferner über revolutionäre Bewegungen und Äußerungen in ganz Europa wie Freiheitsbäume in der Schweiz, ein Manifest von 50000 Freiheitsfreunden in Edinburgh, einen »Weiberklub« in Lyon oder ein republikanisches Volksfest in Marseille. Forster stellt diese Nachrichten so zusammen, daß sie nicht nur Modellfunktion für die Mainzer Republik gewinnen, sondern zugleich den Eindruck einer republikanischen »Internationale« vermitteln, mit der man Solidarität üben und der man sich begeistert anschließen soll.

Auch erweist sich Forster als einer der führenden Abgeordneten des Rheinisch-Deutschen Nationalkonvents, dessen Zusammentritt er in seiner Zeitung emphatisch begrüßt (N° 33 vom 17. März 1793): »Zum erstenmal, seit einem Jahrtausend geht die Sonne auf über einer freien deutschen Volksversammlung, der das Schicksal vieler Tausend vom Joch der Tirannen losgebundener Menschen anvertraut ist! Mitbürger, dieser Tag ist der heiligste, den wir erlebten; denn ganze Nationen harrten sein, und sahen ihn nicht [...]. Hehr und herrlich steht der Genius deutscher Freiheit da; er schüttelt seine Flügel in jugendlicher Kraft, und schaut zürnend auf die Feinde umher [...]. Heil dem Tage, an welchem die Morgenröthe deutscher Freiheit anbricht! Heil den Völkern, und Hohn den Tirannen!« Am 24. Februar vom Wahlbezirk Liebfrauenkirche als Abgeordneter von Mainz in dieses erste demokratische Parlament auf deutschem Boden entsandt und von diesem zum Vizepräsidenten gewählt, erarbeitet Forster während der 19 Sitzungen des Konvents sowohl die Unabhängigkeitserklärung des »Landes von Landau bis Bingen zur souveränen Republik« (18. März 1793) als auch den Beschluß vom 21. März, »daß das rheinisch-deutsche Volk die Einverleibung in die französische Republik wolle«.[185] Am selben Tag berichtet er seiner Frau, welch »rasende Arbeit« und welche Anerkennung der Konvent für ihn bedeutet: »die Bauren haben mich freßlieb und lassen michs sehr naiv wissen, und die sogenannten gelehrten Mitglieder des Convents sagen, ich wäre die Seele drin. Ich bin über dieß aufs neue zum Präsidenten des Klubs gewählt worden, und Abends um 9 Uhr versammelt sich bei mir ein Ausschuß des Convents, dem wichtige Arbeiten aufgetragen sind. [...] Außerdem ist die allgemeine Administration noch provisorisch beibehalten [...]; kurz, von vier Uhr Morgens bis Mitternacht ist kein Augenblick unbesetzt, und ich werde mich wundern, wenn ichs lange aushalte.« Forster wird diesen »Revolutionsstreß« schneller und anders los, als er denkt; denn als er das Mainzer Anschlußbegehren am 30. März 1793 vor dem französischen Nationalkonvent mit allgemeiner Zustimmung vorträgt, hat die preußische Rückeroberung von Mainz bereits solche Fortschritte gemacht, daß die Vereinigung der Mainzer mit der französischen Republik nicht vollzogen werden kann und ihm selbst nur noch das politische Exil in Paris bleibt.

So wird Forster in seinem letzten Lebensjahr vom Politiker der Revolution zu einem ihrer hellsichtigsten Diagnostiker. Als Wahlfranzose identifiziert er sich mit dem jakobinischen Zentralismus: »Wir haben die Vendée nun ausgerottet, und so werden wir ausrotten, was sich uns widersetzt. [...] Die Lava der Revolution fließt majestätisch und scheut nichts mehr«, schreibt er triumphierend am 10. November 1793 an seine Frau Therese. Besonders in den Sansculotten sieht er das zukunftsträchtige Prinzip der republikanischen Freiheit verkörpert: »Sehen Sie nicht«, mahnt er Ludwig Ferdinand Huber fünf Tage darauf, »daß die Ohnehosenschaft wirklich herrschend im Geist der Menschen werden muß? [...] In dieser Revolution im Denken liegt die Kraft der Republik.« Obwohl der Machtkampf zwischen *Girondins* und *Montagnards* ihn ebenso anekelt wie der Justizterror des Revolutionsgerichts, bleibt er überzeugt, daß die Revolution »sich nicht nur ereignen mußte, sondern auch in den Köpfen, den Fähigkeiten eine andere Entwicklung, dem Ideengang eine andere Richtung geben wird« (an Therese am 10. Juni 1793). Denn bei der Menge konstatiert er zwar einerseits »rohe Kraft«, andererseits aber auch – bis hin zu zeitungslesenden Hökerinnen – die Verbreitung einer unauslöschlichen »Lichtmasse von Vernunft« und einer patriotischen Opferbereitschaft, eine Läuterung der politisch-sozialen Grundbegriffe, die er der »Allgewalt der Opinion« zuschreibt – »Werkzeug der Revolution, und zugleich ihre Seele«.[186] Und so kommt er, wie er Therese am 24. Juli 1793 schreibt, zu dem Schluß: »Wenn ich aus dem Chaos der Begebenheiten, welches von der Revolution unzertrennlich ist, das letzte Resultat absondere, so scheint es mir [...] kein anderes zu seyn, als daß die Freiheit, komme was will, in Frankreich unumgänglich ist.«

Aufgrund seiner konsequenten Radikalität und seiner Praxisnähe bildet Georg Forster unter den deutschen Anhängern der Revolution gewiß eine Ausnahme. Obwohl er eine unmittelbare Übertragung der Französischen Revolution nach Deutschland weder wünschte noch für möglich hielt, hat er die Beharrungskraft der politischen Mentalitäten und Machtstrukturen in Mainz und im Alten Reich ebenso unterschätzt wie einen aufkommenden deutschen Nationalismus, der seine Anlehnung an Frankreich als »Vaterlandsverrat« denunzierte. Sein Beispiel zeigt gleichwohl, wie vielfältig, konkret und prägend sich die Französische Revolution unter günstigen Bedingungen auf Deutschland auswirken konnte. Ähnliches ist – auf einer anderen Ebene – an Forsters Wirkungsstätte Mainz zu beobachten.

Republik und Franzosenzeit in Mainz: Ansätze zu einer demokratischen Kultur

»Heute abend um 6 Uhr wird eine ›Gesellschaft deutscher Freunde der Freiheit und Gleichheit‹ aus allen Ständen in dem großen Akademiesaale auf dem hiesigen Schlosse sich durch einen feierlichen Eid verbinden, ›frei zu leben oder zu sterben‹. Der Bürger General Custine hat ihr versprochen, diese Szene im Namen der Frankenrepublik durch seine Gegenwart zu verherrlichen. Der Zutritt steht jedem Deutschen frei, dem das Glück seines Vaterlandes und der an Sklavenketten seufzenden Menschheit ein heiliger Name ist. Nur bemerket man, daß niemand zugelassen werden kann, der nicht zur Gesellschaft gehört oder durch Ablegung des genannten Eides ihr beitreten will. Sämtliche Mitglieder unterzeichnen gleich nach dieser Feierlichkeit ihre Namen unter die Eidesformel in das Protokoll der Gesellschaft, welche sodann durch tägliche öffentliche Sitzungen die Freiheit und Gleichheit der Mainzer – und vielleicht, gebe es Gott! auch die des übrigen Teils der großen deutschen Nation vorbereiten wird.«

Mit diesen Worten kündigte die »Privilegierte Mainzer Zeitung« in ihrer Nummer 168 vom 23. Oktober 1792 den einzigen zeitgenössischen Versuch an, das französische Revolutionsmodell auf deutschem Boden anzuwenden – ein demokratisches Experiment unter dem Schutz und Befehl einer militärischen Besatzung und der von ihr aufgebauten Allgemeinen Administration, an dem sich deutsche Kräfte spontan und selbständig beteiligten. Ja, man kann von den Ansätzen einer demokratischen Akkulturation sprechen, die vor allem von drei Aktionsformen und Medien getragen wurde.[187]

Erstens entwickelte sich sehr schnell eine revolutionäre politische Sociabilität. Kurz nach der Flucht der alten Regierung unter Fürstbischof Karl Friedrich von Erthal und zwei Tage nach der Kapitulation von Mainz vor Adam-Philippe de Custine gründete eine Gruppe von Intellektuellen – die meisten von ihnen Mitglieder der örtlichen Illuminatenloge Epidamnus – einen Jakobinerklub nach französischem Vorbild. Er zählte binnen kurzem 492 Mitglieder. Obwohl sich damit nur 6 % der erwachsenen Bürger öffentlich für die Revolution erklärten, bedeutete selbst dies für die traditionsverhaftete Bischofsstadt Mainz mit ihren rund 25 000 Einwohnern eine unerhörte politische Neuerung. Und wenn auch einerseits Professoren und Lehrer (21 %) sowie Amtsbürger (11 %) weit überproportional zum Bevölkerungsdurchschnitt im Klub vertreten waren, andererseits Kaufleute (3 %) wie Bauern (2 %) sich von ihm fernhielten, so zeigt doch der hohe Anteil von Handwerkern (45 %) eine soziale Reichweite an, die erheblich über den Kreis der Gebildeten hinausging. Und gerade darauf kam es den »Freunden der Freiheit und Gleichheit« an. Breitenwirkung betrieben und erreichten sie nicht nur über die gutbesuchten Publikumstribünen in ihrem Sitzungssaal im städtischen Theater sowie durch ihre Publizistik und ihre Verbindungen zu anderen Klubs in der Region, sondern auch durch »Vorlesungen für das Volk«, die ihre vom Straßburger Bruderklub übernommenen Statuten ausdrücklich vorsahen. Und zwar sollten »die Bulletins der Nationalzusammenkunft von Frankreich und andere öffentliche Blätter in einem zweckmäßigen Auszuge, Adressen und Reden gedachter Nationalzusammenkunft [...] und unterrichtende Privatschriften vorgetragen und erläutert werden. Diese Vorlesungen werden abwechselnd von Gliedern der Gesellschaft gehalten, welche der Unterrichtsausschuß dazu ernennt, und dieser Ausschuß hat auch die Aufsicht darüber.«[188] Tatsächlich wurden bei den Klubsitzungen und im »Mainzer Intelligenzblatt« ab dem 25. Dezember 1792 sonntägliche »Volksbelehrungen« angekündigt, in denen insbesondere der Medizinprofessor Georg Christian Wedekind über Themen wie die Anwendbarkeit der republikanischen Verfassung auf Mainz, die Grundsätze der Demokratie und die Pflichten der vom Volk gewählten Beamten sprach.[189]

Zusätzliche Reichweite gewannen die Mainzer Klubisten dadurch, daß sie in Rheinhessen und der Pfalz auch unter der breiteren Bevölkerung zahlreiche Anhänger fanden. Denn im Gefolge der Custineschen Armee bildeten sich Ende 1792 rheinaufwärts von Oppenheim über Dürkheim bis nach Pirmasens auf einer Strecke von 100 km an die 70 »jakobinische« Vereinigungen, die sich spontan mit der »Französischen Freiheit« solidarisierten. Nicht weniger bemerkenswert als die regelrechten Klubs, die nicht nur in Städten wie Worms (60 Mitglieder), Speyer (15 Mitglieder) und Landau (200 Mitglieder), sondern auch in Dörfern wie Wöllstein und Kleinstädten wie Bergzabern[190] entstanden, sind dabei die vielen, meist um städtische Zentren gruppierten ländlichen Zirkel. Ohne förmlich organisiert zu sein und ohne über ein zahlreiches Publikum zu verfügen, weisen sie Anzeichen einer erstaunlich regelmäßigen und lebhaften Aktivität auf. Von Kirchheimbolanden zum Beispiel wurde der Polizei nachträglich hinterbracht, die »Patrioten« seien hier »täglich bei Herrn Ratsbürgermeister Kalbfus in die Klub gegangen [...] und [hätten] sich die Mainzer Schmähschriften und Zeitungen allda explizieren lassen«. In anderen Dörfern gründeten interessierte Einwohner im Winter 1792/93 Lesezirkel zur kollektiven Lektüre der Mainzer Zeitschriften, sei es reihum bei den einzelnen Mitgliedern, wie in Sprendlingen, sei es stets bei ein und demselben besonders aktiven Mitglied, wie dem Maurer Nicolaus Hauck in Kallstadt. Bei Zusammenkünften in der Wirtsstube des Dromersheimer Krämers und Kneipenwirts Johann Krebs, die »mit demokratischen Schriften gleichsam tapezieret« war, priesen die Gäste die Vorzüge der »Fränkischen Konstitution«, während Krebs selbst einwarf, »es sei gut, daß jetzt die Franzosen da wären, jetzt herrsche Freiheit und Gleichheit, die Regierung und die Beamten wären schlechte Kerls«.[191] Zählten diese Zirkel pro Dorf selten mehr als zehn Mitglieder und erwuchsen sie teilweise aus alten lokalen Konflikten, so trugen doch auch sie zur

Verbreitung der jakobinischen Publizistik und zur Politisierung der ländlichen Bevölkerung im Linksrheinischen bei.

Zweitens – darauf verweist eine Figur wie Johann Krebs – spielten Veranstalter einer volksnahen Soziabilität und kulturelle Mittler zwischen der Welt der Gebildeten und den kleinen Leuten eine Schlüsselrolle bei der Popularisierung der aus dem revolutionären Frankreich importierten politischen Grundwerte und Symbole. Nicht von ungefähr richtete der Mainzer Klub schon am 12. November 1792 eine von seinem Unterrichtsausschuß erarbeitete »Adresse an die Pfarrer und Schullehrer auf dem Land«, um sie zur Unterstützung seiner Bemühungen zur politischen Umerziehung aufzufordern;[192] denn niederer Klerus und Primarschullehrer standen den einfachen Leuten nicht nur beruflich besonders nahe, man sagte ihnen auch mehr als anderen obrigkeitskritische und freigeistige Neigungen nach. Auf die Mainzer Schullehrer Beck und Ignaz Meisenzahl – letzterer war Rektor an der Realschule und am Gymnasium – traf dies durchaus zu: Sie wollten sich, wie ein Revolutionsgegner bissig bemerkte, »um die Ausbreitung der Freyheitsschwärmerey [...] Verdienste sammeln, und pflanzten in ihren Schulen, um ja die Jugend bey Zeiten an die Schwärmerey zu gewöhnen, zur rechten Seite ihres Tisches einen kleinen Freyheitsbaum, gezieret mit der rothen Kappe, und mehreren Freyheitsbändern, und stellten zur linken Seite [...] eine Pike«.[193] Ähnlich verfuhr der junge Schullehrer Johannes Stellwagen im Dorf Bermersheim bei Alzey, indem er an seine Schüler zum Neujahrsfest 1793 dreifarbige Kokarden verteilte.[194] Noch wichtiger war, daß eine ganze Reihe von Priestern öffentlich die »frohe Botschaft« aus Frankreich verkündete. Längst bevor der Mainzer Jakobinerklub den Vorschlag diskutierte, daß »die Landpfarrer genötiget würden, von ebender Rednertribüne, von der sie das Volk bisher irregemacht hätten, dasselbe hierin [in der fränkischen Konstitution] belehren zu müssen«,[195] richteten wenigstens 20 Mitglieder des Pfarrklerus »Freiheitspredigten« an ihre Gemeinden. So stellte sich der aufklärungsfreundliche Pfarrer von Nackenheim, Karl Melchior Arand, schon im Oktober 1792 an die Spitze einer lokalen »Revolution«, indem er die französischen Soldaten als Befreier begrüßte und den Zug zur Pflanzung eines Freiheitsbaums anführte; im Februar 1793 bewog er seine Gemeinde dann zur Leistung des republikanischen Eides und zu einer hohen Wahlbeteiligung. Und im Mainzer Vorort Kastel kam der Kaplan Martin Arensberger dem Ideal des Freiheitspredigers am 18. November 1792 so nahe, daß ihm offizielle Anerkennung zuteil wurde: »Mit besonderem Vergnügen hat die allgemeine Administration vernommen, daß Sie am abgewichenen Sonntag in der öffentlichen geistlichen Rede ihre Mitbürger belehrten, daß die französische Konstitution mit der christlichen Religion vollkommen übereinstimme und jene nichts enthielte, was dem Gewissenszwang im geringsten entgegen seie. Diese Belehrung und Aufklärung verdient öffentliches Lob.«[196]

Drittens trug die jakobinische Publizistik erheblich zur Verbreitung der revolutionären Freiheits- und Gleichheitsbotschaft bei. Die »demokratischen Schriften«, auf die wir bei ländlichen Jakobinerzirkeln gestoßen sind, gehören zu insgesamt mehr als 400 Plakaten und Flugschriften der Mainzer Republik und der linksrheinischen Revolutionsbewegung von 1792/93. Von den sieben »jakobinischen« Periodika in Mainz bemühte sich neben Forsters »Volksfreund« und Georg Wedekinds Wochenschrift »Der Patriot«, den die Frau des Buchbinders und Druckers Jakob Veit Zech bei Bauern auf dem Wochenmarkt gegen Agrarprodukte eintauschte, besonders »Der Bürgerfreund« des Mathematikprofessors und stellvertretenden Klubpräsidenten Mathias Metternich erfolgreich um Volksnähe. Seine Startnummer wurde gratis verteilt und von dem Klubisten Johann Dominik Meuth – seinerseits Redakteur des »Fränkischen Republikaners« – am 26. Oktober 1792 in öffentlicher Klubsitzung wirkungsvoll präsentiert, wie ein Antijakobiner irritiert registrierte: »Nun betrat Meuth die Rednertribüne, und verlas eine von dem Professor Metternich verfertigte Wochenschrift, ›der Bürgerfreund‹ genannt. Diese Wochenschrift wurde während der gesellschaftlichen Versammlung jenen Stadtbewohnern zugeschikt, welche die Mainzer Zeitung hielten. Die Sprache darin, ist ganz populär, oder besser zu sagen, pöbelhaft, wie der Verfasser selbsten, und die Absicht derselben ist, bey den Bürgern einen Wohlgefallen an dem republikanischen Wesen zu erregen.«[197]

Von den Flugschriften der Mainzer Republik wurden wenigstens zwei Dutzend sehr bewußt in massendidaktischer Absicht abgefaßt und teils in großem Stil verbreitet. Ihr Textsortenspektrum reicht von Georg Wilhelm Böhmers »Epistel an die lieben Bauersleute zu Sarmsheim« (28. November 1792) und dem »Aristokraten-Katechismus« von Andreas Joseph Hofmann (1792) über das »Lied der freyen Wöllsteiner«, das der Klubist Friedrich Lehne im Frühjahr 1793 auf die Melodie der Marseillaise dichtete, bis hin zu Georg Christian Wedekinds Volksrede über »Die Rechte des Menschen und des Bürgers« (Ende Februar 1793) und mehreren Broschüren des bäuerlichen Klubmitglieds Isaak Maus. Auf Volksschriften geradezu spezialisiert war der eigens von Straßburg nach Mainz geholte Klubist Friedrich Christoph Cotta. Seinen für die »lieben Leute auf dem Lande« bestimmten leicht faßlichen Auszug »Von der Staatsverfassung in Frankreich« (25. November 1792) ließ die Allgemeine Administration bei der Druckerei des Mainzer Rochusspitals in fast 10000 Exemplaren vervielfältigen und kostenlos an alle Gemeinden der Bistümer Mainz, Speyer und Worms verteilen, und zwar sowohl in Form eines riesigen Plakats (5000 Stück) wie auch als 14seitiges Heftchen (4500 Stück); während das Plakat »an allen Stadtthoren und Ecken« angeschlagen wurde, waren die Heftchen zum Vorlesen von der Kanzel bestimmt, was etwa von Kaplan Arensberger in Kastel tatsächlich bezeugt ist.[198] Cottas anschließende »Volksbelehrung« – auch sie in 5000 Exemplaren gedruckt – erklärte dann die praktische Anwendung jener Verfassung auf deutschem Boden und stellte den Bauern die Abschaffung sowohl der »Leibeigenschaft« und der »herrschaftlichen Frohnden« als auch der Wildschäden und des Militärdienstes in Aussicht: »Sehet, liebe Leute zwischen dem Rhein und der Mosel, das sind etliche Hauptübel, welche Euch unterdessen schwer drückten, von welchen Ihr aber alsdann befreiet werdet, wenn Ihr die neue Einrichtung von Frankreich annehmet. Denn diese neue Einrichtung ist ganz zum Vortheil des ehemals so verachteten und nun in Frankreich wieder in seinen gehörigen Werth gesezten Bauern- und Handwerksstandes, oder der sonst so genannten gemeinen Leute gemacht.«[199]

Noch raffinierter ging Cottas »Handwerker- und Bauern-Kalender des alten Vaters Gerhard« vom Frühjahr 1793 vor, indem er auf die altvertraute Form des katechetischen Lehrdialogs zurückgriff und dabei den erfolgreichsten Volksalmanach der Französischen Revolution, den »Almanach du Père Gérard« von Jean-Marie Collot d'Herbois (Herbst 1791), zugrunde legte. Wie die französische Vorlage besteht die freie deutsche Übertragung großenteils aus einer sehr volksnahen und liberalen Erläuterung der Verfassung von 1791 und stellt Fragen der Gesetzgebung und die Lehre von der Gewaltenteilung in den Mittelpunkt. Doch zugleich verändert sie das Original in doppelter Hinsicht. Eine erste Reihe von Umformungen trägt der engen Beziehung der Mainzer Klubisten zum Straßburger Jakobinerklub Rechnung und ersetzt das französische durch ein pfälzisches Lokalkolorit: Aus dem bretonischen Bauern Gérard wird »ein alter ehrwürdiger Korbmacher und Feldbauer zu Freidorf an der Nahe«, der sich in Straßburg über die Revolution informiert hat; seine Gesprächspartner sind Pfälzer Landleute; während der Père Gérard aus seinem Antiklerikalismus keinen Hehl macht, wirbt der Vater Gerhard um die Unterstützung der im Mainzer Raum so einflußreichen katholischen Geistlichkeit. Die anderen Veränderungen passen die unter der konstitutionellen Monarchie entstandene Vorlage der inzwischen fortgeschrittenen Revolution an, indem sie das ursprüngliche Kapitel über die königliche Gewalt durch ein Gespräch »Von der Republik« ersetzen und den ganzen Text überhaupt egalitär und republikanisch akzentuieren.[200] Die Volksschrift der Mainzer Republik hat also den französischen Revolutionstext im demokratischen Sinne weiterentwickelt und radikalisiert.

Wie weit diese insgesamt beachtliche demokratische »Öffentlichkeitsarbeit« der Mainzer Jakobiner von der breiten Bevölkerung angenommen wurde und wie wirksam sie eigentlich war, läßt sich kaum mit letzter Gewißheit ermitteln. Es gibt jedoch eine Reihe von Indizien, die eine ungefähre Einschätzung erlaubt. Da sind zunächst die Pflanzungen von Freiheitsbäumen nach französischem Vorbild. Von ihnen vermittelt ein Brief des Mainzer Klubisten Franz Falciola an den Revolutionssympathisanten Friedrich Dumont vom 27. November 1792 eine konkrete Vorstellung:

»Sehr viele Dörfer um Mainz haben bereits den Baum der Freiheit aufgepflanzt; dergleich sind: Weisenau, Bretzenheim, Finthen, Gonsenheim, Mombach, Heidesheim, Hallgarten, Kostheim, Kastel, in welchem letztern Ort am vorigen Sonntag der Baum sehr solenn aufgepflanzt wurde, unter Abfeuern kleiner Kanonen und mit türkischer Musik. Auch ließ zu Kastel der französische Offizier, der da die Festungswerke um Kastel bauen läßt, 2 Freiheitsbäume am nämlichen Tage auf die neuaufgeworfenen Wälle errichten. Zu Kostheim ist die Geschichte folgende: Unser Freund Lux versammelte 3 Tage hintereinander die Gemeinde aufm Rathaus, den ersten Tag zeigte er ihnen die Vortrefflichkeit der fränkischen Konstitution und lud sie ein, den andern Tag ihre Zweifel vorzubringen; als er nun diese denen, die sich belehren ließen, aufgelöst, und jene, die starrköpfig auf ihrer Meinung verblieben, weggejagt hatte, sagte er den dritten Tag zur versammelten Gemeinde: also wollen wir nun morgen auch den Baum der Freiheit pflanzen, welches sie alle einstimmig annahmen. Den folgenden Tag mittags holten nun eine Deputation der Gemeinde mit der Kostheimer Musik begleitet in Lux seinem Hof eine Welle [einen jungen Baum], die sie unter beständigem ›Ça ira‹ und Rufen: ›Es lebe das National‹ mit der Wurzel ausgruben, und selben auf ihrem öffentlichen Platz zwischen die Bäume eingruben, wo er dann zur Freude der Jugend jährlich größer werden wird. Den folgenden Tag, nämlich vorigen Sonntag, bekam nun jeder Bürger aus der Gemeindekasse 1 Bouteille Wein und 14 Kreuzer mit einem Zettel: ›dies Geschenk macht dir das Vaterland als ein Andenken der Freiheit‹. Als der Baum eingepflanzt wurde, hielt Lux eine zweckmäßige Rede, legte dann auch ein rotes und schwarzes Buch aufm Rathause, wo sich dann die ganze Gemeinde beinahe, im roten Buch unterschrieb; dieses Buch wird, da sich die meisten unterschrieben haben, von Lux im Namen der Gemeinde ans provisorische Departement übergeben. Die Freiheitsbäume sind mit roten Freiheitskäppchen am Wipfel gezieret, und mit Nationalbändern an den Zweigen. Die meisten sind schlanke Fichten, wie sonst die Kirchweihbäume, bloß Kostheim hat bis jetzt einen lebendigen gepflanzt.«[201]

Das gleiche wiederholte sich dutzendfach in anderen Orten. Oft von Klubaktivisten und lokalen Amtsträgern angeregt und erst nach politischer Überzeugungsarbeit beschlossen, zugleich an den

Volksbrauch des *Maien* und an die Kirchweihfeste anknüpfend, feierliche Einweihung und anschließende Geselligkeit verbindend, hatten diese Freiheitsbaumpflanzungen zwar nicht ganz dieselbe rebellische Bedeutung wie jene der aufständischen Bauern des Bas-Limousin, waren aber gleichwohl nicht nur Volksbelustigungen, sondern bekenntnishafte revolutionäre Symbolhandlungen von Gewicht. Dies um so mehr, als die Teilnehmer dabei oft in dem sogenannten Roten Buch, das der Mainzer Klub aufgebracht hatte, geschlossen die Grundsätze der Freiheit und Gleichheit unterzeichneten (während das für die Ablehnung dieser Grundsätze gedachte Schwarze Buch – verständlicherweise – in der Regel leer blieb).[202] Die Tatsache, daß von Oktober 1792 bis Anfang 1793 in fast 50 linksrheinischen Orten solche Freiheitsbaumpflanzungen stattfanden,[203] ist ein erster Hinweis darauf, daß über den Kreis der Mainzer Jakobiner hinaus eine gewisse Revolutionssympathie um sich griff.

Ein zweites Indiz liefert die Verfassungsabstimmung, welche die Allgemeine Administration mit Unterstützung des Mainzer Klubs im Dezember 1792 organisierte. Alle über 21 Jahre alten Männer, nur Dienstboten und Knechte ausgenommen, waren danach aufgerufen, in freier Entscheidung eine vorgegebene Erklärung zu unterzeichnen, daß sie ihrer »zeitherigen drückenden Verfassung müde« seien und diese ganz abschaffen wollten, um sich statt dessen unter französischem Schutz der »Fränkischen Konstitution« anzuschließen.[204] Während die Mainzer – von den Klubisten abgesehen – ihre Zustimmung verweigerten, schlossen sich im nördlichen Rheinhessen von 40 befragten Landgemeinden 29 mehrheitlich jener Erklärung an: Von 3850 Abstimmungsberechtigten unterschrieben 2768, also mehr als zwei Drittel[205] – gewiß ein Erfolg auch der Cottaschen Volksschriften.

Beschränkte sich diese erste demokratische Volksabstimmung am Rhein nur auf etwa ein Fünftel der Orte, so erfaßte im Februar und März 1793 die mit den Munizipalitäts- und Konventswahlen verknüpfte Forderung des sogenannten Eides der Freiheit und Gleichheit über 70 % der rheinhessischen und pfälzischen Gemeinden.[206] Custines Erlaß vom 16. Februar 1793 schrieb die Eidformel vor: »Ich schwöre treu zu sein dem Volk und den Grundsätzen der

Freiheit und Gleichheit und entsage hierdurch feierlichst sowohl dem Kurfürsten [...] und seinem Anhang als auch allen meinen bisher genossenen Privilegien und Vorrechten.« Dieser von den französischen Wahlkommissaren und ihren deutschen Unterbeauftragten – zumeist Mitglieder von Jakobinerklubs – gezielt als Zustimmungsinstrument eingesetzte Eid stieß zwar auf breite Kritik, weil jeder, der wählen wollte, ihn geleistet haben mußte und weil er vielen so antiklerikal und religionsfeindlich erschien, daß eine Plakat- und Flugschriftenkampagne seine Vereinbarkeit mit dem Evangelium nachzuweisen suchte. Dennoch wurde er im Durchschnitt von 12 % der Wahlberechtigten geleistet, in einem Viertel der 140 beteiligten Landgemeinden sogar von über 50 % – eine Beteiligungsquote, die sich mit derjenigen der französischen Konventswahlen vom September 1792 (15 %) durchaus messen konnte.

Dementsprechend fielen auch die Wahlen selbst aus. Obwohl sie unter dem Druck der französischen Kommissare standen und obwohl die Bauern am Donnersberg sogar gegen sie rebellierten, bestätigten sie, daß sich gerade im Linksrheinischen eine aktive Minderheit der ländlichen Bevölkerung zunehmend demokratisch engagierte. Da das Männerwahlrecht – abgesehen von der Vorbedingung des Eides – ähnlich liberal war wie im zeitgenössischen Frankreich, das dortige Stufenwahlprinzip aber entfiel, konnten die Wähler am Rhein ihren Willen sogar unmittelbarer äußern als diejenigen der »Frankenrepublik«. Von den gut 130 Abgeordneten, die von 125 rheinhessischen und pfälzischen Gemeinden in den Rheinisch-deutschen Nationalkonvent gewählt wurden (ein Abgeordneter pro Landgemeinde, je zwei für Worms und Speyer, sieben für Mainz), waren denn auch 70 Bauern – mehr als in jedem Parlament der Französischen Revolution. Bei der Arbeit des Nationalkonvents traten diese bäuerlichen Abgeordneten freilich in den Hintergrund und überließen einer kleinen Gruppe von Intellektuellen aus dem Mainzer Klub den Löwenanteil der Wortmeldungen (80 %) und wichtige Sitze in den Ausschüssen (27 % »intellektuelle« gegen 14 % bäuerliche Mitglieder). Dennoch waren es die Bauern, die Wortführern wie Georg Forster ihren Einfluß verschafften und bei den Beschlüssen des Parlaments den Ausschlag gaben.[207]

Deutsche »Jakobiner ohne Volk«? Wie aus den obigen Beobachtungen hervorgeht, sollte diese These weder überspitzt noch verallgemeinert werden. In Mainz, Rheinhessen und der Pfalz jedenfalls begann unter französischem Einfluß binnen weniger Monate eine eigene demokratische Kultur zu entstehen, die – ganz ähnlich wie in Frankreich – hauptsächlich in einer neuen politischen Soziabilität, einer volksnahen Publizistik, in der Einführung eines tendenziell egalitären Wahlprinzips und nicht zuletzt einer republikanischen Freiheitssymbolik bestand. Wie tragfähig diese demokratischen Ansätze auf Dauer gewesen wären, konnten sie allerdings nicht erweisen; denn das demokratische Experiment, das schon während der Belagerung von Mainz in Bedrängnis geriet, wurde im Juli 1793 mit dem Einzug preußischer Truppen in die eroberte Stadt und der Rückkehr der kurfürstlichen Regierung gewaltsam abgebrochen.

Damit war die französische Revolutionskultur in Mainz freilich nicht völlig und für immer beseitigt; vielmehr erlangte sie offizielle, verstärkte Geltung, als Ende 1797 republikanische Truppen die Stadt erneut eroberten und als Verwaltungszentrum des neuen französischen Departements Donnersberg (Mont-Tonnerre) bis 1813 besetzt hielten.[208] Mit ihnen kehrten Kokarde und Trikolore, Freiheitsbaum und *bonnet rouge*, Faszienbündel und Vaterlandsaltar, Piken, Revolutionslieder und die ikonographische Gestalt der »Republik« an den Rhein zurück, doch dazu kamen nun unter anderem das neue französische Recht in deutschen Übersetzungen, eine französische Theatertruppe, der Republikanische Kalender mit dem Dekadenkult und nicht zuletzt der republikanische Festzyklus mit wenigstens sieben regulären »National-Festen« im Jahr. Ohne die Spontaneität und Popularität des »Festes der Freiheit und Gleichheit« vom 13. Januar 1793 zu erreichen, ließen diese offiziellen Feiern die Mainzer nicht völlig unbeeindruckt, wie zwei Beispiele zeigen.

Die Republikaner waren kaum in Mainz einmarschiert, da organisierten der französische Regierungskommissar François Rudler und die Munizipalität auch schon zum 21. Januar 1798 die obligatorische »Feier des Jahresgedächtnisses der gerechten Bestrafung des letzten Königs der Franzosen«. Bei dem Pressebericht über diese Veranstaltung ist zwar zu berücksichtigen, daß er französischer Kontrolle unterlag; gleichwohl enthält er Anzeichen dafür, daß zumindest der »vergnügliche Teil« der Feiern den Beifall des Mainzer Publikums fand:

»Die Generalität und die ganze Garnison zogen im größten Glanze auf. Der Zug war über alle Beschreibung einfach und malerisch. Jeder biedere Mainzer fühlte sein Herz vor Entzücken schlagen, wenn er Rudlern, den Vater des Volkes, und die edlen Munizipaloffizier in ihrem republikanischen Schmuck sah. Auf dem Markte war der Eid des Hasses des Königthums abgeleget. Eine feierliche Stille herrschte in den gedrängten Volkshaufen, keine Bewegung unter den paradirenden Kriegern. Eine hinreißende Rede, anpassend auf die großen Gegenstände, war dann mit so lautem Beifall aufgenommen, daß alle Straßen, alle Häuser vom Vivat die Nation! wiederhallten. Der Eid ward vom Militär und Civil mit Würde und Enthusiasm abgelegt. Am Abend war das Schauspielhaus erleuchtet. Eine kolossalische Freiheit im Hintergrunde hatte auf einer Seite den Rhein zu ihren Füßen, auf der andern die Göttin der Fülle. Das Marseiller Lied ward von der Bühne herab unter einem ländlichen Zug republikanischer Mädchen und Bürger gesungen. Bürger Gehlhaar und Bürgerin Hollmann sangen darauf republikanische Gesänge. Diese Töne aus dem reizenden Munde einer Hollmann, Kreß und Ernst erregten bis zum Wahnsinn kränzende Begeisterung. Da war kein Partheigeist, nur heiliger, unvertilgbarer Freiheitssinn. Eine geschmackvolle Illumination und ein glänzender Ball beschlossen diesen zauberischen Tag, den unsre Enkel noch nach Jahrhunderten segnen werden.«[209]

Zur Wiederholung dieses Gedenktages im folgenden Jahr legte die Munizipalität am 13. Januar 1799 in einer Sondersitzung die Ordnung des Festzugs mit 13 Abteilungen fest; Schüler mit ihren Lehrern, die Professorenschaft, die Mitglieder der neuen Verwaltungen und »Bürger, welche dem Fest beiwohnen wollen«, sollten von französischem Militär eingerahmt werden. »Der Zug wird durch die Schustergasse auf den großen Marktplatz gehen, wo er einen Kreis um den neugepflanzten Freiheitsbaum bilden wird. Die

Bürger werden die Marseiller Hymne singen, und die militärische Musik wird ihren Gesang begleiten.«[210] Wichtige Stationen des Umzuges waren der in »Waffenplatz« umbenannte Schloßplatz und die zum »Dekadentempel« umfunktionierte Peterskirche. Vor dem Hintergrund des Kurfürstlichen Schlosses interpretierte der offizielle Redner François-Valentin Mulot, Vertreter des Regierungskommissars, die antiroyalistische Totenfeier als republikanisches Gründungsfest: »Nein! wir kommen nicht in barbarischer Wuth, um im Haste das Blutgerüst wieder aufzurichten, auf dem das Haupt eines treulosen Königs fiel, und beim Klange der Instrumente um seine Leiche zu tanzen. [...] Nicht das Ende eines Königs, nein! das Ende des Königthums wird gefeiert [...]. Volk von Mainz! in deinen Mauern [...] wird unser Heer [...] den Eid der Anhänglichkeit an die Republik und die Konstitution, und den des Hasses gegen das Königthum und die Anarchie schwören! [...] hier am Fuße des Baums der Freiheit, den ihr selbst freiwillig gepflanzt habt, wird dieser Eid geschworen.« Und eine Fußnote zum nachträglich gedruckten Redetext bestätigte: »Der Wunsch des Redners wurde erfüllt. Die Stimmen der Mainzer mischten sich mit jenen der Franken, und brüderlich stimmte ihr Ruf ›Es lebe die Republik!‹ zusammen.«[211] In der Peterskirche, wo die«Hymne an das Höchste Wesen« aufgeführt wurde, kamen mit Georg Friedrich Rebmann und Georg Christian Wedekind auch deutsche Redner zu Wort. Besonders Wedekind, der Klubpräsident von 1792, knüpfte an die Tradition der Mainzer Republik an: »Voll Rührung gedenken die Patrioten des Rheinisch-deutschen mit der großen Republik vereinten Freistaates [...] jenes Mitgenusses der höchsten Volkssouveränität, als sie nämlich in den Urversammlungen bei den Berathschlagungen über die Annahme der neuen Konstitutionsakte auch ihre Stimme gaben [...]. Man feiert heute in ganz Frankreich die nahe Befreiung der Völker, den baldigen Umsturz der Throne. Die Jahrhunderte der Knechtschaft enden; enden wird die Unterdrückung der Völker; alle werden aufheben die herkulische Keule, werden rufen: ›Freiheit oder Tod!‹«[212]

Noch mehr Identifikationsmöglichkeiten boten deutschen Teilnehmern die Feiern zum Vierzehnten Juli. Hatte die »Privilegierte Mainzer Zeitung« doch schon im Juli 1789 voll Begeisterung vom

Bastillesturm berichtet und hatten Klubisten und Franzosen das Gründungsfest der Revolution 1793 trotz der Belagerung gefeiert, wenn auch in improvisierter Form. Um so aufwendiger wurde der Vierzehnte Juli 1798 inszeniert. Ein vierseitiges Programm der Kantonsverwaltung in französischer Sprache legte alle Einzelheiten fest. In 16 Abteilungen bot der Festzug alle üblichen Gruppen auf – von der Kavallerie mit Trompeten über die Schüler und Lehrer sowie Musikkorps und Offiziere bis hin zur Beamtenschaft. An symbolischen Gegenständen wurden eine Tafel der Menschen- und Bürgerrechte, Urnen zum Gedenken der gefallenen Bastillesieger, ferner Piken und – auf einem Triumphwagen – ein riesiges Faszienbündel mitgeführt.[213] Den einzelnen Abteilungen wurden auf Tafeln Leitsprüche vorausgetragen, welche die wichtigsten Elemente des Bastillemythos beschworen: »Den Siegern der Bastille – Der 14te Julius bleibe immer das lehrende Beispiel der Völker und der Schrecken der Tyrannen – Den Schatten der bei Einnahme der Bastille gefallenen Helden – Den Schatten der in den Kerkern der Bastille erblaßten Schuldlosen – [...] Möge die Volksrache jeden neuen Delauney, der eine neue Bastille verteidigen wollte, niederschmettern.«[214] Mit klingendem Spiel und einer Hymne von Johann Mattheson marschierte der Festzug zum alten Markt, nun in »Freiheitsplatz« umbenannt, wo neben einem Vaterlandsaltar Tribünen mit Blick auf die Peterskirche aufgebaut waren. Letztere war als »Bastille« drapiert und wurde in einem militärischen Freilichtschauspiel dramatisch belagert und schließlich im Sturm genommen. Die anschließende Festrede von Abraham Lembert, deutscher Verwaltungschef des Departements Donnersberg, deutete diesen »Erlösungstag der Menschheit« als Gleichnis auch der linksrheinischen Geschichte und aktueller republikanischer Bestrebungen von Kleve bis Speyer: »Ein verderbter, schwelgerischer Hof, welcher der starken Hand der Zeit widerstehen wollte; ein Schwarm niedriger Höflinge [...]; ein Haufen Gottes vergessener Priester [...]. Da erhub es [das Volk] sich fürchterlich in seiner Rache, und sie waren nicht mehr! [...] Umsonst hatten sie auf den Widerstand der Bastille gerechnet; was vermag einem für seine Freiheit zürnenden Volke zu widerstehen? [...] So hat er, der 14. Juli, mitten in der allgemeinen Finsterniß, der Unterdrückung und der Geistesschwächung der Völker, zuerst die Bahn gebrochen. [...] Diesen großen Tag segnen die Bataver und Cisrhenaner [...]. Und ihr, Freunde des Vaterlandes, in diesem neuen Departemente; [...] weil auch ihr bei der frohen Kunde vom 14ten Juli den festern Vorsaz faßtet, euer Vaterland frei zu machen, [...] Sieger seyd ihr nun.«[215] Patriotische Lieder, Kanonendonner, ein Feuerwerk und eine Theateraufführung schlossen den Festtag ab.

In diesen und zahlreichen weiteren Mainzer Revolutionsfeiern, die freilich nach 1801 versiegten und durch Feste zu Ehren von Napoleon Bonaparte ersetzt wurden, ist die gleiche Tendenz zu offizieller Regulierung und »Militarisierung« zu erkennen, die wir in Paris beobachtet haben: So authentisch wurde die – inzwischen formelhaft gewordene – französische Revolutionskultur an den Rhein übertragen.

Zusammengenommen zeugen die skizzierten Erscheinungen im Mainz der 1790er Jahre in ihrer Dichte und Intensität von einem erheblichen Einfluß der Französischen Revolution. Bei einer solchen Einschätzung sollte man nicht die Hauptstadt Paris – zu der es im Alten Reich kein Pendant gab – zum Maßstab setzen, sondern eine Mittelstadt der französischen Provinz, etwa zwischen Tulle und Marseille. So gesehen erscheinen Mainz und die Pfalz – allerdings unter den Bedingungen einer französischen Besatzung – nicht viel weniger »revolutionär« als zum Beispiel Dijon oder Grenoble. Trotz des militärischen Zwangs und der Kriegssteuern, die den Mainzer Alltag 1792/93 und von 1798 bis 1813 stärker prägten als die politische Symbolik, begründeten die revolutionären Einflüsse hier – ähnlich wie etwa in dem französischen Provinzstädtchen Tulle – eine langfristig wirksame politische Kultur mit demokratischer Tendenz. Soweit sie nicht im Juli 1793 von den preußischen Eroberern gelyncht worden oder anschließend in den Gefängnissen umgekommen waren, kehrten manche der ehemaligen Mainzer »Jakobiner« als standhafte Republikaner in Politik und Verwaltung zurück; und dieselben rheinhessischen und pfälzischen Dörfer, die im Frühjahr 1793 den Eid der Freiheit und Gleichheit geleistet hatten, wiederholten nach 1798 ihr Anschlußbegehren an die Republik Frankreich. So war es letztlich kein Zufall, daß das Hambacher Fest von 1832 – eine der wichtigsten Kundgebungen deutschen Freiheitsbewußtseins vor der Revolution von 1848/49 – in der Pfalz stattfand.[216]

Die deutsche »Revolutionsbibliothek«: Ein mentalitätsgeschichtlicher Indikator

Gewiß müssen Georg Forster und die Mainzer Republik, was ihre politische Radikalität und ihre Praxisnähe betrifft, im Rahmen des Alten Reiches als revolutionäre Ausnahmefälle gelten. Dennoch sind sie insofern typisch, als sie zeigen, daß die Wirkung der Französischen Revolution im deutschen Raum – ungeachtet aller konkreten Sozialkonflikte und gelegentlicher Nähe zur praktischen Politik – nicht in einem dauerhaften Machtwechsel, sondern hauptsächlich in der Grundlegung neuer Konzepte und Symbole, politischer Praktiken und kollektiver Einstellungen bestand. Es wäre daher im Rahmen des vorliegenden Essays übertrieben, unter anderem alle durch Nachrichten aus Frankreich ermutigten Bauernunruhen der Revolutionszeit von den kleinen Fürstentümern im Saar- und Moselraum (1789–1792) bis nach Kursachsen (1790) aufzulisten, ferner die sich in den 1790er Jahren deutlich verstärkenden Streik- und Protestbewegungen der Gesellen und Handwerker in den Reichs- und Hansestädten zu erfassen und dazu noch vom Altonaer Untergrundklub (1792/93) über die konstitutionellen Zirkel am Unter- und Mittelrhein (1797/98) bis nach Nürnberg (1794/95) weitere »jakobinische« Aktivitäten auf deutschem Boden zu addieren, um mit der Summe dieses Sozialprotests ein Gesamtbild von den Auswirkungen der Revolution auf Deutschland zu erhalten. Dabei würde sich nur bestätigen, daß die meisten dieser Bewegungen primär ebenso ältere wie lokale und regionale – also »deutsche« – Ursachen hatten, daß sie revolutionäre Schlagworte und Symbole – wenn überhaupt – oft nur zur Verfolgung traditioneller Ziele einsetzten, daß die Territorialherren, ohne je wirklich in ihrer Macht bedroht zu sein, die Konflikte auf dem Rechtsweg und durch Teilreformen meist geschickt zu entschärfen wußten und daß die »Jakobiner« in Deutschland eine Randerscheinung waren.[217] Anstatt diese überwiegend ereignisgeschichtlichen Wirkungen der Revolution zu verfolgen, soll versucht werden, ihren kulturellen und mentalen Einflüssen auf das zeitgenössische Deutschland auf die Spur zu kommen – und zwar über ein publizistisches Massenphänomen, das der Journalist Johann Wilhelm von Archenholz 1795 folgendermaßen vorstellt: »Die Begierde deutscher Schriftsteller und Buchhändler, ausländische Schriften zu verdeutschen, und dadurch einander den Rang abzulaufen, ist in Hinsicht Frankreichs jetzt aufs höchste gestiegen. Die dortigen großen und immer fortdauernden Ereignisse, die in Paris wieder auferstandene Preßfreyheit, und der Umstand, daß diese französischen litterarischen Producte nicht Bücher, sondern fast alle Broschüren und kleine Tageblätter sind, ermuntern manchen Verlagerüstigen Mann zu dieser Art Jagd, die er bey starken Büchern und Werken vielleicht unterlassen würde.«[218]

Der Redakteur der erfolgreichen politisch-historischen Monatsschrift »Minerva« sprach hier Mitte 1795 aus eigener Erfahrung, denn seit Anfang 1792 lebte er hauptsächlich – und zwar nicht schlecht – von deutschen Übersetzungen aktueller französischer Revolutionsbroschüren, die er vor allem in seiner Zeitschrift, aber auch in einer Reihe von Monographien veröffentlichte. Folgt man seinem Hinweis[219] und befragt andere Periodika der Zeit einschließlich großer Rezensionszeitschriften wie der »Allgemeinen Litteratur-Zeitung«, dann stößt man nach und nach (Österreich und die deutschsprachige Schweiz inbegriffen) auf nicht weniger als 6320 Verdeutschungen französischer Schriften, die von 1789 bis 1799 in Form von Aufsätzen und Büchern erschienen: Zu gut zwei Dritteln betrafen sie die Französische Revolution, damals das überragende Medienereignis im deutschen Kulturraum. Mehr noch: Wie ein Vergleich mit der vorausgehenden und der folgenden Zeit ergibt (Abbildung 11), bildeten jene Übersetzungen der Revolutionsdekade nicht nur die breite und überragende Gipfelzone einer langfristigen Konjunktur französisch-deutscher Übersetzungen. Sie waren zugleich das Medium eines Strukturwandels der Kulturbeziehungen, einer Aktualisierung und Politisierung der Frankreichinformationen in Deutschland während der Revolution und über sie hinaus. Letzteres zeigt sich daran, daß die 1788 massiv zuneh-

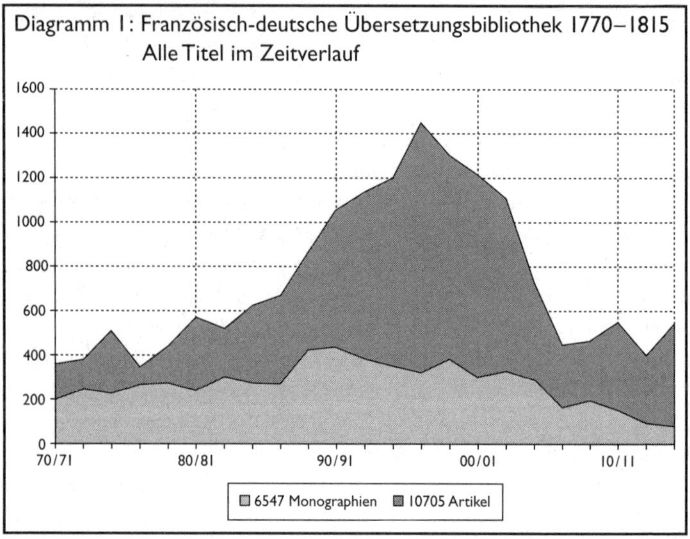

Abb. 11. Hochkonjunktur des deutschen Frankreichinteresses im Zeitalter der Revolution.

mende Schwerpunktverlagerung von Übersetzungen in Buchform zu solchen in Zeitschriften, von literarischen und philosophischen zu politischen Inhalten, auch nach 1800 zumindest teilweise fortdauerte.

Die »virtuelle Bibliothek« französischer Revolutionsschriften für deutsche Leser, die so innerhalb eines guten Jahrzehnts aufgebaut wurde, belegt also eine revolutionsbedingt sprunghaft zunehmende Vermittlung politischer Texte in den deutschen Sprachraum. Doch was bedeutet sie darüber hinaus für den Einfluß der Französischen Revolution in Deutschland? Um diese Frage zu beantworten, sind nacheinander der spezifische Quellenwert, der Warencharakter und das inhaltliche Profil der Revolutionsbibliothek zu betrachten.

Als Quellenkorpus besitzt die Revolutionsbibliothek gegenüber anderen Zeugnissen revolutionärer Einflüsse im deutschen Raum drei wesentliche Vorzüge. Sie übertrug, eindeutiger als die erwähnten Protestbewegungen und unmittelbarer als die mit Revolutionsnachrichten angefüllte Tagespresse im Alten Reich oder die Reflexionen deutscher Dichter und Denker über die Vorgänge in Frankreich,[220] authentische Äußerungen der französischen Revolutionspublizistik nach Deutschland: ein kultureller »Transfer«, bei dem das französische Original zwar oft durch Vorworte und Anmerkungen der Übersetzer, auch durch gelegentliche Kürzungen deutschen Bedürfnissen angepaßt wurde, in seinem Kern aber erhalten blieb. Da sie möglichst alle einschlägigen Übersetzungen aufnimmt, trifft unsere Revolutionsbibliothek überdies weder eine geographische noch eine ideologische Vorauswahl, sondern erfaßt flächendeckend das ganze politische Spektrum der Übersetzungen; zuverlässiger als ausschnitthafte Studien zeigt sie daher an, welche politischen Richtungen der Revolution in Deutschland »Aufnahme« fanden und welche »außen vor« blieben. Darüber hinaus schließlich bildet die Revolutionsbibliothek eine so umfangreiche und vergleichsweise homogene Quelle, daß ihre Interpretation statistisch kontrolliert werden kann.

Das hat auch damit zu tun, daß die Schriften der Revolutionsbibliothek in erster Linie eine Ware darstellten, obschon natürlich kein politisch neutrales Handelsgut. Doch Übersetzungen mit eindeutig propagandistischen Zielen, wie insbesondere einige Straßburger Produkte, die gratis in Südwestdeutschland vertrieben wurden,[221] waren die Ausnahme. Mehr ins Gewicht fielen schon Übertragungen, die politische und geschäftliche Absichten miteinander verbanden. So gab der Züricher Medizinprofessor Paul Usteri aus Begeisterung über die französischen Revolutionsbroschüren, mit denen ihn der deutsche Wahlpariser Konrad Engelbert Oelsner versorgte, die Redaktion seiner botanischen Fachzeitschriften auf, um eine aus Übersetzungen zu speisende »Bibliothek der freien Franken« zu gründen und mit ihr die revolutionäre Freiheitsbotschaft im deutschen Sprachgebiet zu verbreiten. Als er dabei mit der Zensur in Konflikt geriet, gründete er in Leipzig – unter dem Namen seines Geschäftsführers Peter Philipp Wolf – einen Spezialverlag für Verdeutschungen französischer Revolutionsschriften; zum Übersetzen und Redigieren engagierte er Ludwig Ferdinand Huber, der von Georg Forster im Übersetzen geschult worden war, sich aber mit dessen Frau Therese rechtzeitig aus dem republikanischen Mainz abgesetzt und im Schweizer Grenzdorf Bôle Zuflucht gefunden hatte. Mit seinen dort geradezu »fabrikmäßig« produzierten Übersetzungen füllte Huber bei den Verlegern Voß (Berlin) und Wolf neben- und nacheinander unter anderem fünf Zeitschriften: von den »Friedens-Präliminarien« (1793–1796) über die »Klio« und die »Beyträge zur Geschichte der französischen Revolution« (beide 1795/96) bis zu den »Humaniora« (1796/97) und zur »Neuen Klio« (1796–1798). Diese auf Verdeutschungen französischer Revolutionspublizistik spezialisierten Periodika verkauften sich zwar nicht so gut wie die »Minerva« von Archenholz, brachten aber doch so viel Gewinn, daß Wolf und die Familie Huber ein halbes Jahrzehnt lang von ihnen leben konnten.[222]

Ein so engagiertes Übersetzungsgeschäft in großem Stil war freilich nicht die Regel. Die meisten Verdeutschungen der Revolutionsschriften verteilten sich vielmehr auf mehr als 3000 Übersetzer (sie sind nur für ein Drittel der Texte namentlich zu ermitteln) – oft gebildete Frankreichfreunde, die gelegentlich und nebenberuflich französische Texte ins Deutsche übertrugen: etwa Johann Friedrich Menzel, Lehrer für Philosophie am Bayreuther Lyceum und Autor von insgesamt 13 französisch-deutschen Übersetzungen, unter anderem einer revolutionären Dokumentation über die Schrecken der alten Bastille, die er 1790 bei der Bayreuther Zeitungsdruckerei herausbrachte. Ähnlich verhält es sich, was die Übersetzungen in Buchform betrifft, mit den Verlegern. Soweit sie sich zu erkennen gaben, waren es über 700 Verleger in 235 Orten, die sich an dem Geschäft beteiligten und Revolutionsschriften aus Frankreich nicht selten zum festen Bestandteil ihres Programms machten, und zwar durchaus in unterschiedlicher Ausrichtung: Spezialisierte sich etwa Doll in Augsburg auf gegenrevolutionäre Schriften, so bevorzugte Johann Friedrich Cotta in Tübingen literarische und philosophische Texte, während Benjamin Gottlob Hoffmann in Hamburg sowohl revolutionäre Dokumente wie »Die Pariser Jacobiner in ihren Sitzungen« (1793) als auch konservative Gegendarstellungen wie Jean-Pierre Ramels Bericht über die Deportation von Revolutionsopfern (1799) verlegte. Zudem weisen die Erscheinungsorte dieser Buchübersetzungen nicht, wie man vermuten könnte, spezifische geographische Konzentrationen – etwa nahe der Grenze zu Frankreich – auf, sondern sie spiegeln in ihrer zahlenmäßigen Verteilung die allgemeine Verlagslandschaft des deutschen Kulturraums im 18. Jahrhundert wider: Nahezu die Hälfte aller Titel erschien in Sachsen und Thüringen mit dem absolut führenden Verlagszentrum Leipzig (zusammen 27,1 %) sowie in Norddeutschland mit dem Zentrum Hamburg/Altona (22,5 %), immerhin noch 15,8 % wurden in Süddeutschland und 9 % in Österreich verlegt, viel weniger dagegen in Hessen (7,4 %), in Westdeutschland (2,9 %), im Elsaß (3,3 %) und in der Schweiz (2,8 %).

Sowohl verlegerisch als auch hinsichtlich der beteiligten Übersetzer war die Revolutionsbibliothek insgesamt also keine Sondererscheinung, sondern ein Produkt des normalen Buchmarktes: Gerade dieser Warencharakter macht sie zu einer repräsentativen Quelle. Ihr kontinuierlicher Aufbau über ein Jahrzehnt hinweg, der 1795 seinen Höhepunkt erreichte, entsprach offenbar ebenso breiten wie anhaltenden Leserbedürfnissen im deutschen Sprachraum, und zwar vor allem bei zwei sozialen Schichten, wie ein Kenner der »Szene«, der Plöner Amtmann und aufklärerische Publizist August Hennings, Ende 1795 meinte: »Die vornehmere Classe von Lesern greift hauptsächlich nach denen [politischen Schriften], die in französischer Sprache erscheinen, und nach den ächt-aristokratischen Schriften, z. B. dem Revolutions-Almanach. Eine Guillotinenszene in Kupfer gestochen empfielt ein Buch dieser Art sehr. Auch der gemeine Mann kauft und ließt Skarteken, wie die rothe Freiheitskappe, Schandtaten Egalités, das Freiheits- und Gleichheitsbüchlein, sehr häufig aber gerade nicht aus dem Grunde, weil sie sonderlich mit seiner Denkungsart übereinstimmen, sondern weil sie wohlfeil sind, und meist recht gräßliche Mordauftritte schildern. Ich weiß nicht, ob diese Uebertreibungen in seynsollenden Volksschriften [...] eine gute Würkung auf den Volkscharakter äussern möchten. Der ganze Mittelstand hingegen kauft der Regel nach nichts lieber als demokratische Schriften, und je stärker und heftiger diese geschrieben sind, desto beträchtlicher ist auch ihr Absaz. Es ist sonderbar, daß gerade die Mittelstrasse hier nicht gefallen will.«[223]

Dieses »Leserprofil« mag in dem einen oder anderen Punkt überzeichnet sein, erscheint aber insgesamt zutreffend. Tatsächlich verfügten im deutschen Sprachraum Adelige und Gebildete damals über so gute Französischkenntnisse, daß sie – wie der Göttinger Historiker August Ludwig Schlözer – keiner Übersetzungen bedurften, sondern die von Spezialbuchhandlungen wie Fontaine in Mannheim importierten französischen Revolutionsschriften im Original lasen. Deren Übersetzungen zielten vielmehr in erster Linie auf das mittlere Bürgertum, und zwar mit einigem Erfolg, wie ihre Präsenz in den Katalogen zeitgenössischer Lesegesellschaften anzeigt; den »demokratischen« Charakter des bürgerlichen Leseinteresses allerdings dürfte Hennings, wie wir gleich sehen werden, überschätzt haben. Darüber hinaus fand die Revolutionsbibliothek – jedenfalls ihr Kleinschrifttum – auch beim »gemeinen Mann«, also bei unterbürgerlichen Gruppen, Zuspruch; freilich nicht allein aus Sensationslust, sondern ebenso aus politischem Interesse. Darauf deuten jedenfalls deutsche Übertragungen französischer Verfassungstexte hin, welche die Polizei zum Beispiel 1793/94 bei Pfälzer Bauern fand.

Wenn die Revolutionsbibliothek nun eine so beachtliche soziale Reichweite hatte und insgesamt einem breiten Leserinteresse entsprach, dann ist aus ihren vorherrschenden Inhalten abzulesen, welche Bestandteile der französischen Revolutionskultur in Deutschland die meiste Resonanz fanden; denn die Übersetzungen übertrugen die französische Publizistik der Revolutionszeit nicht in ihrem ganzen Umfang, sondern in einer bestimmten Auswahl. Stellen wir unsere Bibliothek also sozusagen grobsystematisch auf (Abbildung 12), prüfen wir stichprobenartig, aus welcher Art von Titeln ihre Hauptabteilungen bestehen, und achten wir dabei auf konkurrierende Übersetzungen desselben französischen Ausgangstextes, weil sie ein herausragendes Publikumsinteresse anzeigen.

Mit Abstand die meisten Titel der Revolutionsbibliothek (43,6 %) betreffen politische, ganz besonders innenpolitische Vorgänge und Diskussionen des zeitgenössischen Frankreich. Bevorzugen die Übersetzer von 1789 bis 1791 vergleichsweise radikale prorevolutionäre Pamphlete wie Jean-Louis Carras »Redner der Generalstände« oder die Dokumentation »La Bastille dévoilée«, die sie mindestens dreimal verdeutschen, so berücksichtigen sie seit dem Tuileriensturm vom 10. August 1792 verstärkt revolutionskritische bis gegenrevolutionäre Stimmen, indem sie beispielsweise zum Prozeß und Tod des Königs neben wichtigem Belastungsmaterial (»Geheime Staatspapiere im Pallast der Tuilerien gefunden«) zahlreiche Trauerschriften wie »Eine Blume auf das Grab Ludwigs XVI.« auswählen und zu der noch heftiger umstrittenen *Terreur* zwar die Rechtfertigungsreden von Robespierre und Saint-Just, in viel größerem Umfang aber Gegendarstellungen wie das »Tagebuch des Revolutionstribunals« oder – gleich viermal – die »Opfer der Blutmenschen« von dem ehemaligen Girondisten Jean-Baptiste Louvet bringen. Der gleiche Wandel von Revolutionsbegeisterung zu Revolutionsskepsis kennzeichnet die Abteilung der historischen Schriften (5 %); unter ihnen hat zunächst der zwischen 1791 und 1793 zu wenigstens drei deutschen Kalendern verarbeitete »Almanach« von Rabaut Saint-Etienne, welcher eine aufsteigende Fortschrittslinie von der Aufklärung über die Pariser Volkserhebungen zur ersten Verfassung zeichnet, überragenden Erfolg. In der Direktorialzeit dominieren die Revolutionsdarstellungen eines François-Xavier Pagès und Claude Lezay-Marnézia, die zwischen den freiheitlichen Errungenschaften und der »Schreckensherrschaft« abwägen. Im Themenbereich »Philoso-

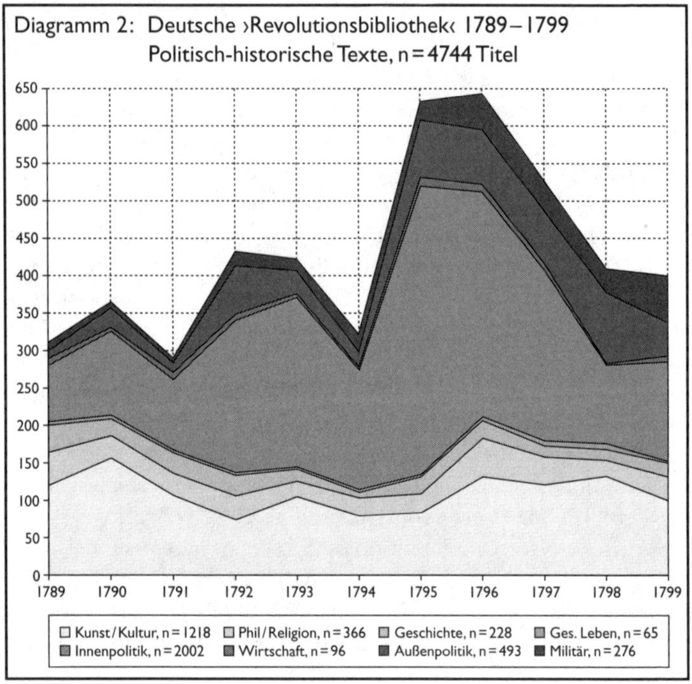

Abb. 12. Revolutionsschriften als »Renner« des französisch-deutschen Kulturtransfers.

phie/Religion« (7,2 %) favorisiert die Revolutionsbibliothek Aufklärerisches, wie aktualisierte Auszüge aus Voltaire und Rousseau, Reden über die Kultfreiheit von Sieyès, Talleyrand und Grégoire oder die Fortschrittstheorie von Condorcet, ohne allerdings Berichte über die Priesterverfolgung, wie die »Geschichte der Klerisey in Frankreich während der Revolution« von Augustin Barruel, völlig zu vernachlässigen. Bemerkenswert reichhaltig ist schließlich die Abteilung »Kunst und Kultur« (27 %): Neben einigen literarischen Erzeugnissen, etwa einer Sammlung »Revolutions-Romane« oder Dorvignys Lustspiel »Du und Sie«, sowie Übertragungen der »Marseillaise«, des »Réveil du Peuple« und anderer Revolutionslieder findet der Leser hier insbesondere nicht nur politische Sittenschilderungen wie »Das neue Paris« von Louis-Sébastien Mercier sowie Reden Robespierres, La Revellière-Lépeaux' und anderer zu den Revolutionsfesten, sondern auch – und zwar teils in mehreren Versionen – massendidaktische Texte von Collot d'Herbois' Volksalmanach (siehe oben) über einen »Republikanischen Katechism« bis hin zu zwei Übertragungen des »Recueil des actions héroïques et civiques« – einer Sammlung von Schilderungen republikanischer Heldentaten. Politisch entgegengesetzte Äußerungen wie La Harpes Pamphlet gegen den »Fanatismus in der Revolutionssprache« bleiben demgegenüber in der Minderheit.

Aus dieser kurzen »Führung« durch die Revolutionsbibliothek ergibt sich, daß es dem deutschen Lesepublikum weniger auf bloße Sensationsberichte aus Frankreich als vielmehr auf grundsätzliche – und zwar volksnah und kulturell orientierte – Zeugnisse der Revolution ankam und daß es dabei politisch gemäßigte Äußerungen bevorzugte. Dies bestätigen sowohl die Namen der meistübersetzten Autoren als auch die Titel der auszugsweise übersetzten französischen Periodika: Wie deutsche Interessenten zahlreiche Artikel aus dem konservativen »Journal de Paris« oder dem liberalen »Accusateur public«, aber keinen einzigen aus Marats »Ami du Peuple« oder Royous »Ami du Roi« lesen können, so erhalten sie zwar die gesammelten »Politischen Schriften« des Abbé Sieyès (1796) und sechs konkurrierende Übertragungen der Memoiren von Dumouriez, aber weder eine Ausgabe der konterrevolutionären Komplottheorie des Abbé Barruel noch sozialrevolutionäre Texte aus dem Umkreis der Sansculotten. Kurzum: »Freymüthigkeit, doch kein Sans-Cülotismus« – dieser Leitspruch eines Wochenblatts zum »Revolutionswesen unsrer Zeiten«[224] entsprach durchaus dem deutschen Interessenprofil und einer latenten Affinität des deutschen Kulturraums zur girondistischen oder »liberalen« Seite der Französischen Revolution.

Welche Auswirkungen dieser enorme Transfer französischer Revolutionspublizistik nach Deutschland längerfristig hatte, kann hier nur angedeutet werden. Im allgemeinen beschleunigte er eine durch die Aufklärung angebahnte »Fundamentalpolitisierung« vor allem bürgerlicher, aber auch unterbürgerlicher Schichten sowie die Entwicklung der politischen Öffentlichkeit, wie schon Archenholz beobachtete: »Eine von den vielen Folgen, die die französische Revolution für Deutschland gehabt hat, ist die große Menge neuentstandener politischer Schriftsteller, Blattschreiber, und Buchmacher, die aus Zeitungsblättern (sollten es auch die elendesten im südlichen Deutschlande seyn) ihre Kenntnisse schöpfen, und dann sogleich die Feder in die Hand nehmen, um ihre Urtheile über die großen Begebenheiten des Tages, der Welt mitzutheilen.« Die selektive Vermittlung und Rezeption der französischen Revolutionspublizistik in Deutschland förderte damit zugleich die Differenzierung der politischen Strömungen und insbesondere die Herausbildung neuer politischer Konzepte wie des Revolutionsbegriffs: War das Wort »Revolution« im deutschen Sprachgebrauch des 18. Jahrhunderts, wenn es überhaupt einmal gebraucht wurde, auf die neutralen bis negativen Bedeutungen »Umlauf der Gestirne«, »Aufruhr« und »Rebellion« beschränkt, so wandelte es sich von etwa 1780 bis 1800 hauptsächlich unter französischem Einfluß zu einem emphatischen Schlagwort für eine gewaltsame und legitime Freiheitsbewegung des Volkes, die Staat und Gesellschaft abrupt umstrukturiert und das Tor zum geschichtlichen Fortschritt aufstößt.[225] Welch katalysatorische Rolle dabei Übersetzungen spielten, soll ein Beispiel andeuten:

Als der konservative Publizist Jacques Mallet du Pan im Herbst 1793 seine »Considérations sur la nature de la Révolution en France« herausbrachte, trugen sogleich drei konkurrierende Verdeutschungen dem ungewöhnlichen Tiefsinn und der Formulierungskraft dieser Revolutionskritik Rechnung. Während nun die Übersetzung von Georg Schatz, welche der Leipziger Verlag Dyk 1794 veröffentlichte, die französische Vorlage korrekt ins Deutsche übertrug, ohne etwas hinzuzutun oder wegzunehmen, griffen die Übersetzungen von Ludwig Ferdinand Huber und Friedrich Gentz so stark und so gegensätzlich in das Original ein, daß sie als divergierende Lektüreangebote, ja als Beginn einer deutschen Diskussion anhand von Mallet du Pan zu verstehen sind. Hubers Übertragung nimmt einerseits eine Reihe von Kürzungen vor, andererseits schiebt sie Zwischenbemerkungen und Fußnoten ein – beides mit erheblichen inhaltlichen Konsequenzen. Die Auslassungen betreffen hauptsächlich Stellen, welche für die Charakterisierung der Revolution von Bedeutung sind: so eine karikierende Skizze der politischen Klubbewegung, eine Philippika gegen die radikalen Revolutionäre als die neuen »Barbaren«, ferner eine Passage, welche dieselben als »brüllende Tiger« und »Menschenfresser« beschreibt, und schließlich den Vergleich der Revolution mit Saturn, der seine eigenen Kinder frißt. Dieses Bemühen um Entschärfung von Mallet du Pans gegenrevolutionärer Polemik, um eine sachlichere, wertbejahende Deutung der Revolution, setzt sich in Hubers Anmerkungen fort. Wo Mallet du Pan beispielsweise die Verantwortung für die politische und militärische Radikalisierung der Revolution bis zum August 1793 wenigen Personen um Robespierre und Danton zuschreibt, verweist Huber auf die Tatsache, daß dieser Prozeß sich nach dem Wechsel der führenden Personen fortsetze. Als Mallet du Pan den überraschenden Sieg der französischen Revolutionstruppen bei Valmy psychologischen Fehlern der preußisch-österreichischen Koalition anlastet, geht Huber noch weiter, indem er dies Fehlverhalten als Symptom dafür wertet, daß die Durchsetzungskraft der politischen Prinzipien der Französischen Revolution im Alten Reich unterschätzt werde. Und wenn Mallet du Pan beklagt, daß die Revolution mit dem wachsenden Einfluß der Jakobiner »raubgierigen Wilden« zum Opfer falle, dann relativiert Huber solche personalisierte Polemik durch eine längerfristige Perspektive und positivere Deutung: »Es ist ein Unglück für die Franzosen, daß die Verfechtung ihrer Independenz, zu welcher die Revolution sie gezwungen hat, ebenfalls durch die Revolution immer ausschließlicher in die Hände der Jakobiner gefallen ist. An welchen Greueln aber ihre verzweifelte Lage sie aus diesem Grunde auch Theil zu nehmen zwingt, so ist ihr letztes Ziel doch zuverlässig nichts als Friede – und Freiheit.«[226] Dieses Fazit, das Mallet du Pans Verurteilung der Revolution nahezu entgegengesetzt ist, gründet in einem strukturorientierten Revolutionsbegriff, den Huber im Zuge seiner Übersetzung entwickelt, mit dem er seine Vorlage aber übertrifft.

Die konkurrierende Übersetzung des jungen Publizisten Friedrich Gentz, der sich eben damals zum konservativen Theoretiker in Deutschland entwickelt, verfolgt anhand desselben Ausgangstextes mit ähnlichen Mitteln ein völlig anderes Ziel. Nachdem er sich einleitend als »gegenrevolutionärer Aufklärer« ausgewiesen hat, setzt er seine Anmerkungen systematisch zur Verstärkung von Mallet du Pans Revolutionskritik ein. Schon dessen Vorbemerkung, Europa könne auf Dauer kein »Gouvernement révolutionnaire« dulden, erscheint Gentz angesichts der fortgesetzten Radikalisierung der Revolution offenbar zu milde. Er fügt hinzu: »Was revolutionistisch regieren heißt, ist durch die Begebenheiten unsrer Tage hinlänglich erklärt; die Welt weiß also im voraus, was sie, solange der Krieg fortdauert, von Frankreich zu erwarten hat.« Die von Huber ausgelassene Beschreibung des Konvents als »Saturnal reißender Tiger« und einer Rotte »cannibalische[r] Spaßmacher [, die] einander wechselseitig Gläser voll Blut zutrinken«, übersetzt Gentz nicht nur genüßlich in extenso, sondern fügt noch hinzu: »›Bringt für Couthon ein Glas Blut her‹, sagte neulich ein Mitglied der rechten Seite – ›Badet diese Herren in einer Tonne von Patrioten-Blut‹ – antwortete man auf der linken.« Sobald Mallet du Pan andererseits einen gewissen Respekt für die ungeahnten Kraftreserven der Revolution äußert, hakt Gentz ein: »Es sind revolutionistische Mittel. Sie sind in einem gewissen Sinne des Wortes unerschöpflich und demohnerachtet nicht bewunderungswürdig. Man kann sich ihren Umfang nie groß, ihren Ursprung nie verwerflich genug denken.« Und als Mallet du Pan etwas detaillierter auf »la contre-révolution« zu sprechen kommt, schiebt Gentz einen begriffsgeschichtlichen Exkurs ein und transformiert dabei den Ausdruck »Gegen-Revolution« schrittweise von einem revolutionären

Schimpfwort zu einem wertbejahenden konservativen »Befreiungsbegriff«, in den die Erfahrung der eigengesetzlichen Prozeßhaftigkeit der Revolution eingegangen ist.[227]

Hier die konservative »Lektüre« Mallet du Pans durch Gentz, dort das liberale Gegenangebot von Huber: Zwischen diesen Polen dürfte sich die Aneignung und Verarbeitung der französischen Revolutionskultur im deutschen Bürgertum bewegt haben – eine politische Eingrenzung, die sozialrevolutionäre und erzreaktionäre Positionen gleichermaßen ausschloß. Doch wie gegensätzlich die Lektüreangebote von Gentz und Huber auch waren, beide kreisten sie um die allgemeine und grundsätzliche Bedeutung der Revolution in Frankreich und bewirkten so letztlich das gleiche: Ihre spannungsreiche und kreative Übertragung der französischen Revolutionsdebatte in der Form von kommentierten Übersetzungen trug dazu bei, den Stellenwert und die Bedeutungsfülle des Revolutionsbegriffs im deutschen Sprachraum zu erhöhen und zu vergrößern. Die eingangs angeführte Einschätzung des Schriftstellers Boie über die große Wirkung der Französischen Revolution auf Deutschland war also in mentalitätshistorischer Hinsicht allgemein zutreffend, überschätzte allerdings die Stärke und Verbreitung der sozialen Proteste.

Die Entstehung eines plebejischen Radikalismus auf den Britischen Inseln

Am anderen Ufer des Ärmelkanals hatten die spektakulären Ereignisse der Französischen Revolution von Anfang an große Resonanz nicht nur in der Nachrichtenpresse, sondern in der gesamten Öffentlichkeit.[228] Zunächst lösten sie Freiheitsbegeisterung und Solidaritätsbekundungen aus. So spielte das Londoner Drury-Lane-Theater bereits im August 1789 mit großem Erfolg eine Pantomime über den Bastillesturm, und in Dublin feierte das vielbesuchte Theaterstück »Gallic Freedom, or the Destruction of the Bastille« im November 1789 den »glorreichen nationalen Freiheitskampf des Volkes von Paris«, wie eine Presseankündigung lautete. Um aufwendige öffentliche Feiern des Vierzehnten Juli in London zu finanzieren, organisierte Lord Stanhope wiederholt großangelegte Sammlungen, für die er 1790 wenigstens 1500, im Jahr darauf über 5000 Subskribenten zusammenbrachte, so daß er 1791 einen Umzug und ein »patriotisches Dinner« mit mehr als 700 geladenen Gästen veranstalten konnte. Während diese und ähnliche, aber kleinere Veranstaltungen in etwa 50 englischen Städten friedlich verliefen, endeten die Gedenkfeiern, die der aufklärerische Naturwissenschaftler Joseph Priestley zum 14. Juli 1791 in Birmingham organisierte, mit blutigen Auseinandersetzungen zwischen den »Freiheitsfreunden« und Revolutionsgegnern und veranlaßten das Militär zum Einschreiten. Die Siege der französischen Revolutionstruppen im Herbst 1792 riefen erneut eine solche Welle der Begeisterung hervor, daß es in vielen schottischen Städten zu Freiheitsbaumpflanzungen kam.

Über solche allgemeinen und verstreuten Bekundungen hinaus entfachte die Französische Revolution in England eine publizistische Verfassungs- und Grundrechtsdebatte, welche die zuvor vom Unabhängigkeitskrieg der nordamerikanischen Kolonien ausgelöste Diskussion an Breite, Grundsätzlichkeit und Heftigkeit weit übertraf.[229] Dabei ging es nicht eigentlich um die Revolution in Frankreich, sondern um die von ihr aktualisierte Streitfrage einer Parlamentsreform in England, einer Demokratisierung sowohl des elitären Wahlrechts wie der von Wählerbeeinflussung und Patronage geprägten Wahlpraxis. Je nachdem, ob sie in den revolutionären Prinzipien von 1789 mit dem Regierungslager und Premierminister William Pitt dem Jüngeren eine Gefährdung des oligarchischen Status quo oder aber mit der außerparlamentarischen Opposition und dem radikalen Flügel der Whigs unter Charles James Fox einen Reformanstoß sahen, zeichneten die Wortführer dieser politischen Lager diametral entgegengesetzte Bilder der Revolution: Der konservative Whig Edmund Burke verurteilte sie in seinen »Reflections on the Revolution in France« (Herbst 1790), die in 50 000 Exemplaren zirkulierten, als mutwillige Zerstörung einer ehrwürdigen organischen Ordnung durch abstrakte Prinzipien und den »Mob der Straße«. Der Reverend

Richard Price dagegen begrüßte die Revolution in Frankreich in seiner aufsehenerregenden »Rede über die Liebe zu unserem Vaterland« am 4. November 1789 als »Neuauflage« der Glorreichen Revolution von 1688/89 und damit als Bestätigung des Rechts des ganzen Volkes (nicht nur einer schmalen Oberschicht), seine Regierung zu wählen und sie bei Fehlverhalten zur Rechenschaft zu ziehen. Noch radikaler leiteten die in 100 000 Exemplaren vervielfältigten »Rights of Man« (Frühjahr 1791) von Thomas Paine, der kurz darauf mit seinem Freund Condorcet in Paris eine republikanische Zeitung herausgab, aus der Revolution den Wahlspruch »Rights! Equality! Constitution!« und eine naturrechtliche Verurteilung der britischen Erbmonarchie ab.

Vor allem jedoch führte die Französische Revolution zu einer Demokratisierung und Radikalisierung der englischen Reformgesellschaften.[230] Die »Society for Constitutional Information«, welche im vorausgehenden Jahrzehnt vergeblich für eine gemäßigte Parlamentsreform eingetreten war, erwies sich nun als eine »mittelständische« Organisation. Soziokulturell wie programmatisch wurde sie von neuartigen Massenvereinigungen überholt, die sich durch Symbole wie die rote Freiheitsmütze und durch Solidaritätsadressen an den Konvent in Paris offen für die französischen Jakobiner erklärten. Nach dem Vorbild der im Januar 1792 gegründeten »London Corresponding Society« entstanden binnen weniger Monate Hunderte provinzialer Reformgesellschaften, ganz besonders in den Handwerkerstädten Norwich und Sheffield. Für die Jahre 1792 bis 1794 waren sie ein dem Netz der französischen Jakobinerklubs äußerlich durchaus vergleichbares Massenphänomen. Die »London Corresponding Society«, mit Abstand die größte dieser Reformgesellschaften, zählte gegen Ende 1794 – auf dem Höhepunkt ihres Einflusses – zwischen 2000 und 3500 Mitglieder und registrierte bis 1796 insgesamt an die 10 000 Personen, die ihr wenigstens zeitweise angehörten. Anders als die vorrevolutionären Honoratiorenklubs, aber ähnlich wie die Pariser Sansculotten, wies sie eine plebejische Sozialstruktur auf. Sie rekrutierte sich in erster Linie aus Berufen des alten städtischen Handwerks, die in besonderem Maße vom Vordringen des Verlagssystems betroffen waren: selbständige Kleinmeister sowie deren Gesellen und

Lehrlinge aus Gewerben wie Möbeltischler, Schneider und Weber. Hinzu kamen deklassierte oder noch nicht arrivierte Angehörige der unteren Mittelschicht und Intellektuelle aus der Randzone der Londoner literarisch-publizistischen Szene. Führende Figuren der »London Corresponding Society«, wie ihr Gründer und Sekretär Thomas Hardy, der nacheinander als Eisenarbeiter, ungelernter Maurer und Gerber tätig war, oder der aus kleinen Verhältnissen stammende Literat John Thelwall, einer ihrer erfolgreichsten Redner, waren für beide Gruppen repräsentativ. Dieser plebejische Charakter der Gesellschaft verstärkte sich 1793/94 noch dadurch, daß die mittelständisch-bürgerlichen Reformanhänger sich angesichts der britischen Unterstützung der Gegenrevolution in Frankreich und angesichts der einsetzenden innenpolitischen Verfolgung von den neuen Klubs zurückzogen.

Revolutionär waren die Reformgesellschaften nach dem Muster der »London Corresponding Society« nun aber nicht nur, weil sie die kleinen Leute mobilisierten, sondern auch und vor allem deswegen, weil sie dabei eine Erziehungs- und Disziplinierungsstrategie verfolgten, die auf eine grundlegende Umstrukturierung der gesamten politischen Kultur des Landes hinauslief. Wie sich seit den 1760er Jahren immer wieder gezeigt hatte, konnten die kleinen Leute mit ihren traditionellen Strafandrohungsritualen wie der Katzenmusik (*rough music*), mit ihren Brot- und Lohnrevolten, ihren Festsetzungen »gerechter« Preise und Löhne und anderen tumultuarischen Protestformen zwar in wirtschaftlichen Krisenlagen punktuell paternalistische Zugeständnisse der Obrigkeit erzwingen, aber nie eine Anerkennung als politischer Partner erlangen. Solange sich der *common man* nicht dauerhaft organisierte und politisch eigenständig handelte, sondern in seiner plebejischen Eigenkultur verharrte und zum Beispiel die Unterhauswahlen zu Volksfesten auf Kosten der Kandidaten verkommen ließ, hatte er keine Aussicht, jemals zum mündigen Bürger zu werden. Deshalb waren die Organisations-, Kommunikations- und Aktionsformen der Reformgesellschaften ganz auf das doppelte Ziel ausgerichtet, eine disziplinierte Massenbewegung zur Durchsetzung verfassungsrechtlicher Forderungen aufzubauen und die breite Bevölkerung durch Einübung demokratischer Praktiken und Vermittlung politischen Wissens zur Politikfähigkeit zu erziehen. Was dies im einzelnen bedeutete, läßt sich am Beispiel der »London Corresponding Society« illustrieren.

Die »London Corresponding Society« 1792 bis 1798

Ihre Zellen – die Sektionen – versammeln sich zwar wie früher die Handwerker im Wirtshaus des Stadtviertels, das traditionell als Arbeitsvermittlungsstelle, Streiklokal, Büro der Hilfskasse und natürlich als Ort gemeinsamen Trinkens fungiert. Doch an die Stelle informeller Stammtischrunden einzelner lokaler Gewerbe tritt nun eine überregionale, übergewerbliche und permanente politische Organisation mit komplexer Struktur. Entsprechend der Forderung nach dem allgemeinen und gleichen Männerwahlrecht kann jeder erwachsene Mann Mitglied werden, der monatlich den symbolischen Mindestbeitrag von einem Penny entrichtet. Die Londoner Gesellschaft gliedert sich in bis zu 70 Sektionen mit jeweils etwa 40 Mitgliedern, die wöchentlich an einem Werktag abends von acht bis zehn oder elf Uhr tagen und Kontakt zu den Stadtvierteln halten. Teils in offener, teils in geheimer Abstimmung wählen sie für jeweils zwei Monate einen Präsidenten und dessen Stellvertreter, einen Sekretär und dessen Assistenten, schließlich einen Delegierten und einen Subdelegierten, welche die Sektion im »Parlament« der Gesellschaft – dem *General Committee* – vertreten. Als Zellen der Willensbildung binden die Sektionen ihre Delegierten an ein imperatives Mandat und können in Grundsatzfragen ein Referendum aller Mitglieder verlangen, wenn sie mit Beschlüssen des *General Committee* nicht einig sind. Über diese Basisdemokratie und diese Transparenz der Entscheidungsprozesse wachen sie so eifersüchtig, daß sie alle Bestrebungen des *General Committee* durchkreuzen, seine Effizienz durch die Bildung eines Führungsausschusses zu stärken.

Die Kommunikationsformen der Sektionen und der Gesellschaft dienen zugleich der Disziplinierung der organisationsinternen plebejischen Öffentlichkeit, der politischen Wissensvermittlung und der Ausbildung jakobinischer Propagandisten. Den Mitgliedern wird immer wieder eingeschärft, daß Aufruhr, Tumult und Gewalt als politische Mittel überholt und durch geordnete Diskussionen zu ersetzen sind. Der Präsident wacht über die Einhaltung einer Diskussionsdisziplin, die sich unter anderem an den Verfahrensregeln des britischen Unterhauses orientiert. Um die bürgerlichen Erkenntnismittel des Räsonnements und des vernünftigen Gesprächs im plebejischen Publikum zu verankern, sind während der Sitzungen Wortausbrüche und Durcheinanderreden, Beifalls- und Mißfallensäußerungen sowie Dauerreden einzelner ebenso untersagt wie Essen, Trinken und Rauchen. Ausdrücklich verpflichtet die Satzung jedes Mitglied, »sich mit den Prinzipien, der Verfassung und den Gesetzen des Klubs vertraut zu machen«, die Meinungsäußerungen anderer Mitglieder aufmerksam anzuhören, »seine eigenen Leidenschaften zu mäßigen«, stets »eine geordnete und ruhige Form des Räsonnements« zu pflegen und seine Kenntnisse nach Kräften zu verbreiten.[231] Erledigen die Sektionen im späteren Verlauf ihrer Versammlungen Aufnahmeanträge und andere organisatorische Geschäfte, so verwenden sie die erste Sitzungsstunde ganz auf das Vorlesen und Diskutieren ausgewählter politischer und historischer Texte. Dabei übernimmt die jakobinische Intelligenz die dreifache Funktion, eine demokratische Staats- und Gesellschaftstheorie zu konzipieren, sie für das plebejische Publikum in faßliche Formen zu gießen sowie die Aneignung dieser Theorie in den Sektionen zu lenken und zu überwachen. Um geeignetes »Unterrichtsmaterial« zu erhalten, sorgt die Gesellschaft nicht nur für billige Nachdrucke älterer und neuerer Schriften wie der »Rights of Man«, sondern greift auf selbst verfaßte Adressen und Flugblätter zurück, verlegt auf eigene Kosten die Manuskripte jakobinischer Intellektueller und gibt ein eigenes Journal, das »Moral and Political Magazine«, heraus. Ähnlich wie in der französischen Revolutionspublizistik werden dabei vom Glaubensbekenntnis, der Hymne und der Predigt über Pamphletwörterbücher, Dialoge und Fabeln bis hin zu Liedern und Karikaturen alle verfügbaren populären Textsorten und Medien propagandistisch eingesetzt. Um dieses Material zu verteilen, nutzt die Gesellschaft sowohl die engen Beziehungen der Sektionen untereinander als auch ihre Korrespondenz mit anderen Klubs.

Inhaltlich verknüpfen die jakobinischen »Volksaufklärer« die

Tradition des englischen politischen Humanismus, die sogenannte *Country*-Ideologie, mit naturrechtlichen Konzepten der Amerikanischen und der Französischen Revolution. Rhetorisch wirkungsvoll stellen sie das korrupte britische Repräsentationssystem, seinen Zusammenhang mit dem stehenden Heer und den Mißbrauch des Staates durch eine »parasitäre Oberschicht« an den Pranger und propagieren statt dessen ein nichtkaserniertes Volksheer, den Stopp der Eroberungskriege, Toleranz, Rede- und Pressefreiheit, allgemeine und gleiche Wahlen, eine Gesellschaft arbeitender Kleineigentümer, gelegentlich auch wohlfahrtsstaatliche Maßnahmen. Dabei können sie einerseits wichtige Bestandteile der *Country*-Ideologie politisieren und »modernisieren«. So lösen sie den traditionell vor allem auf Unabhängigkeit festgelegten Begriff der *Liberty* aus seiner Bindung an den plebejischen Lebenszusammenhang und an das paternalistisch-kommunitäre Gesellschaftsideal, um ihn verhaltensethisch und menschenrechtlich umzuwerten zum Ergebnis disziplinierter Bürgertugend (Freiheit von Leidenschaften) und zum Inbegriff der bürgerlichen Grundrechte. Andererseits aber bleiben sie in ihrem Denken der Argumentationstradition des englischen politischen Humanismus verhaftet und verstehen beispielsweise *Constitution* weiterhin im gewohnheitsrechtlichen Rahmen der traditionellen Wirtschafts- und Gesellschaftsordnung. Daher, und weil ihre gelegentlichen republikanischen Erörterungen theoretisch und abstrakt bleiben, können sie sich eine Reform nur als Erneuerung der bestehenden Verfassung, nicht als revolutionäre Neugründung vorstellen und kommen zu keinem klaren verfassungspolitischen Programm.

Charakter und Grenzen des politischen Radikalismus in England

Die konkrete Wirksamkeit dieser politischen Erziehungsbemühungen sollte nicht überschätzt werden. Grundsätzlich standen die Reformgesellschaften vor dem Dilemma, daß jeweils die eigene Organisation, wenn sie funktionieren sollte, bei ihren Mitgliedern ein Mindestmaß jener Disziplin, Aufgeklärtheit und Politikfähigkeit, die sie erst erzeugen sollte, bereits voraussetzte. Daß die Politisierung des plebejischen Publikums teilweise oberflächlich blieb und daß das neu vermittelte Wissen gelegentlich zweckentfremdet wurde, zeigte sich etwa 1793 bei Krawallen in Sunderland, Newcastle und Leicester, wo sich die Volksmenge unter den Schlagworten »Equality« und »Tom Paine and Liberty« für traditionelle Ziele erhob. Doch die Aktionsformen der Reformgesellschaften selbst hatten durchaus erzieherische Wirkung: Organisationsintern bewirkten sie eine Disziplinierung und Politisierung der Kommunikation, und die öffentlichen Veranstaltungen der Klubs unterschieden sich deutlich von den Formen der traditionellen plebejischen Kultur. Teils mischten sich dabei Elemente einer politischen Demonstration mit denen eines Kirchweihfestes wie Ende November 1792 in Sheffield, wo die »Society for Constitutional Information« zur Feier der französischen Siege von Valmy und Jemmapes einen Demonstrationszug organisierte, mit Fahnen, Spruchbändern, Transparenten und Parolen für Frankreich sowie Karikaturen gegen Edmund Burke, und anschließend das traditionelle Ochsenbraten veranstaltete. Teils gelangen den englischen Jakobinern aber auch rein politische Massenversammlungen wie das Solidaritätstreffen von bis zu 10000 Mitgliedern und Sympathisanten der »London Corresponding Society« am 14. April 1794 in Chalk Farm, das zur Verwunderung der eingeschleusten Spitzel so geordnet ablief, daß es der Polizei keinerlei Vorwand zum Einschreiten bot. In gewisser Weise wurde den Reformgesellschaften jedoch gerade dieser Erfolg zum Verhängnis: Angesichts der steigenden Welle jakobinischer Klubgründungen fürchtete die britische Regierung im Spätherbst 1792, das politische System des Landes sei ernsthaft bedroht, so daß sie energische Gegenmaßnahmen ergriff.

Getrieben von panischer Revolutionsangst, fiel es der Regierung und den mit ihr verbundenen Eliten nicht schwer, gegen den neuen Patriotismus Thomas Paines den alten Patriotismus John Bulls, der populären Karikaturgestalt des durchschnittlichen Engländers, zu mobilisieren. Ende November 1792 ließ sie John Reeves, einen durch Ämterkumulation reich gewordenen ehemaligen Oberrichter, einen Londoner Gegenklub gründen, der bereits durch seinen Namen geschickt sowohl an das Trauma der Cromwell-Zeit als auch an die akuten Ängste der Besitzbürger appellierte: »Association for the Preservation of Liberty and Property against Republicans and Levellers«. Nach diesem Vorbild formierte sich rasch eine konservative Gegenbewegung, die mit ihrem Netz loyalistischer Gesellschaften ebenfalls die Provinz überzog und bis zum Frühjahr 1793 bereits an die 1000 Klubs umfaßte.[232] Von der Mobilisierung der »Massen« durch die Jakobiner unter Druck gesetzt, konnten die Konservativen also nicht umhin, dieses »demokratische« Mittel ihrerseits anzuwenden. Unterdessen setzte die britische Regierung die Repression in Gang. Gegen Ende 1793 ließ sie den Edinburgher Konvent aller schottischen Reformanhänger zerschlagen, bevor er sich als Gegenparlament konstituieren konnte, und führende Mitglieder der »London Corresponding Society« festnehmen. Und als – nach deren Freilassung – die Gesellschaft 1795 einen neuen, noch größeren Aufschwung nahm und sich diszipliniert im Rahmen des geltenden Rechts hielt, veranlaßte die Regierung Sondergesetze, welche die Rede- und Versammlungsfreiheit einschränkten, die Tatbestandsmerkmale für Hochverrat erweiterten und es ihr erlaubten, im April 1797 die gesamte Führungsspitze der »London Corresponding Society« verhaften zu lassen. Infolgedessen zogen sich die meisten Mitglieder aus den Reformgesellschaften zurück; aus Massenorganisationen wurden ab 1798 Zirkel konspirativer Republikaner, die, wie die »United Englishmen«, isoliert im Untergrund agitierten, während die Loyalisten eine »Anti-Jacobin-Review« herausgaben.

Aus diesem äußeren Scheitern zu schließen, daß der englische »Jakobinismus« eine nebensächliche, völlig episodenhafte Erscheinung der Revolutionszeit gewesen sei, wäre allerdings verfehlt. Gewiß: Obwohl sie sich auf revolutionäre Vorbilder in Frankreich beriefen, waren die englischen Reformgesellschaften aufgrund ihrer Bindung an die *Country*-Ideologie und mangels politischer Verbindungen zu Parlament und Regierung gemäßigter und praxisferner als die französischen Jakobinerklubs. Anstatt sich zu einer Verfassungsrevolution zu entschließen, suchten sie (jedenfalls bis 1796) einen Kompromiß, der eine absolute Monarchie ebenso vermied wie eine Republik; statt sich ohne weitere Vorbereitung einfach in die politische Praxis einzuschalten (und einschalten zu können), konzentrierten sie sich auf die interne massendidaktische Aufklärungsarbeit. Darin zeigt sich freilich ein Grundelement der revolutionären Klubkultur überhaupt, das sich in Frankreich unter den drängenden Anforderungen des politischen Alltags lediglich weniger entfalten konnte. Im Rahmen der politischen Kultur Großbritanniens bedeutete diese eigenständige plebejische Assoziationsbewegung gleichwohl das erste überregionale Experiment einer politischen Organisation der englischen Unterschichten. Indem diese sich von ihrer traditionellen Subkultur distanzierten, um als eigenständiges Subjekt in die politische Öffentlichkeit einzutreten, leiteten sie einen fundamentalen Wandel des Politikverständnisses ein: »Politik wurde von einer angemessenen Beschäftigung in einer Republik von Gentlemen zu einem Anliegen und zu einem Recht der gesamten Nation.«[233] So haben die englischen »Jakobiner«, obwohl auch sie kurzfristig scheiterten, langfristig einen wichtigen Beitrag zur großen Parlamentsreform von 1832 und darüber hinaus zur demokratischen und sozialistischen Kultur Englands im späteren 19. Jahrhundert geliefert. Indem sie das Regierungslager dazu provozierten, seinerseits die Massen und die loyalistische Öffentlichkeit zu mobilisieren, haben sie andererseits ihren Gegnern ungewollt wirkungsvolle Propagandamittel in die Hand gegeben, welche die Konservativen in der Folgezeit immer wieder aktivieren sollten.

Die »United Irishmen«: Radikalisierung einer »jakobinischen« Massenorganisation 1791 bis 1798

Eine wesentlich radikalere und politisch brisantere Variante selektiver Aneignung und Instrumentalisierung der französischen Revolutionskultur ist in Irland mit seinen schärferen sozio-ökonomischen und konfessionellen Gegensätzen zu beobachten.[234] Dort wurde eine ältere Patriotenbewegung, die in den 1780er Jahren gegen die anglikanische Herrschaftselite britannischer Herkunft – die sogenannte *Ascendancy* – für eine Parlamentsreform, ein liberaleres Strafrecht sowie freien Zugang zu den öffentlichen Ämtern gestritten und mit Hilfe der bewaffneten Gruppen der *Volunteers* auch einige Zugeständnisse errungen hatte, durch das französische

Beispiel belebt und zugleich transformiert: Ab Herbst 1791 ging sie in einem Netz jakobinischer Klubs auf, das sich von Belfast und Dublin aus unter dem Sammelnamen »United Irishmen« rasch über die städtischen Zentren der Insel verbreitete. Bei ihrer organisationsinternen Meinungsbildung wie bei ihrer politischen Propaganda setzten die »United Irishmen« – ähnlich wie die »London Corresponding Society« – von ihrer Zeitung »Northern Star« bis hin zu volkstümlichen Bildflugblättern und Balladen alle verfügbaren Kommunikationsformen und Printmedien ein; doch mehr als ihre englischen »Brüder« folgten sie und ihr »Chefideologe« Theobald Wolfe Tone, ein junger anglikanischer Anwalt, den radikaldemokratischen Vorstellungen eines Thomas Paine. Überdies hatten sie etwas Verschwörerisches an sich, denn viele ihrer Mitglieder verbrüderten sich durch freimaurerische Eide und bildeten heimlich bewaffnete Kampfgruppen. Diese Klubbewegung entwickelte sich in zwei Hauptphasen.

Entsprechend der sozialen Herkunft ihrer meisten Mitglieder aus dem mittleren Bürgertum und dem städtischen Textilgewerbe betrieben die »United Irishmen« von 1791 bis 1793/94 eine konkrete Reformpolitik. Als ihr Dubliner »Nationalkonvent« im Dezember 1792 die Gleichberechtigung der Katholiken einklagte, gewährte ein spezielles Gesetz (Catholic Relief Act, 1793) den unterprivilegierten katholischen Iren zwar weder den geforderten Zugang zu Verwaltungsämtern noch das Recht, für das Parlament zu kandidieren, aber immerhin ein aktives Zensuswahlrecht. Derart ermutigt, forderten die »United Irishmen« auf ihrem nächsten »Nationalkonvent« im Februar 1793 in Dungannon nicht nur das allgemeine und gleiche Wahlrecht sowie eine Neugliederung der Wahlkreise ensprechend der Bevölkerungszahl, sondern auch jährliche Parlamentssitzungen und Abgeordnetendiäten. Dies ging der *Ascendancy* und der Regierung in London entschieden zu weit. Unterstützt durch eine parisfeindliche Stimmung, die mit den englischen Kontakten zur gegenrevolutionären Vendée um sich griff, gelang es ihnen, die »United Irishmen« durch Prozesse gegen ihre Führer, durch die Zwangsrekrutierung der Iren zur Miliz und durch das Verbot der *Volunteers* entscheidend zu schwächen. Und als sie im Mai 1794 William Jackson fassen konnten, den die »United Irishmen« in geheimer Mission zum Konvent nach Paris entsandt hatten, war für die Reformbewegung das Ende gekommen.

Nachdem die Regierung Pitt sich derart reformfeindlich gezeigt hatte, gingen die »United Irishmen« in den Untergrund. Fest entschlossen, »die irische Nation« notfalls mit Gewalt vom »englischen Joch« zu befreien, wie die Führungsgruppe um Wolfe Tone in Belfast feierlich gelobte, verbündeten sie sich mit den bäuerlichen Selbsthilfekommandos der *Defenders* und betrieben eine systematische Werbekampagne auf dem Lande. Das bedeutete eine dreifache Umstrukturierung der Bewegung: organisatorisch eine Stärkung des paramilitärischen Elements auf Kosten der Aufklärungsarbeit; ideologisch die Entwicklung eines radikalen Republikanismus; und soziokulturell den wachsenden Einfluß der bäuerlichen und katholischen Mitglieder. Denn während die Gemäßigten unter den früheren Mitgliedern – vor allem Protestanten aus dem mittleren Bürgertum – sich 1794 von den »United Irishmen« distanzierten, erhielten diese massenhaften Zulauf von verarmten Bauern, die hofften, ihr verlorenes Land zurückzugewinnen: Standen Ende 1796 immerhin 50000 dieser republikanischen Patrioten unter Waffen, so waren es Anfang 1798 nicht weniger als 280000, das heißt über die Hälfte der inzwischen auf eine halbe Million Mitglieder angewachsenen Bewegung. Die gleichzeitige Planung einer bewaffneten Erhebung und ein geheimes Kriegsbündnis mit dem Direktorium in Paris lagen in der Konsequenz dieser Entwicklung, führten aber nicht zum gewünschten Erfolg. Als der Aufstand im Mai 1798 ausbrach, wurde er von der britischen Armee blutig niedergeschlagen; von den »United Irishmen« kamen 30000 ums Leben, bevor französische Landungstruppen die verabredete Hilfe leisten konnten. Was blieb, waren zwei konkurrierende Mythen im kollektiven Gedächtnis der irischen Bevölkerung: einerseits der Traum einer Katholiken und Protestanten versöhnenden liberalen Republik, wie ihn Wolfe Tone zwischen 1791 und 1793 entwikkelte; andererseits der bäuerliche Traum von der Rückeroberung des Landes und der Neugründung einer katholischen irischen Nation.

In Irland wie in England hat die Französische Revolution somit ältere Reformbewegungen angeheizt, eine breite Politisierung klein- und unterbürgerlicher Schichten nach dem Vorbild der Jakobinerklubs in Gang gesetzt und die Polarisierung zwischen Konservativen und Radikalen beschleunigt. Dabei wurde das französische »Modell« nicht einfach übernommen, sondern den jeweiligen Traditionen und Bedürfnissen angepaßt. Seine mobilisierende und radikalisierende Wirkung wuchs mit den politischen, sozio-ökonomischen und kulturellen Spannungen, auf die es traf. Damit erwies sich die Französische Revolution auf den Britischen Inseln ebenso als Katalysator der politischen Kultur wie als Anzeiger der unterschiedlichen Zustände von Staat und Gesellschaft.

»Italien auf französische Art revolutionieren«?[235]

Für ein freies Italien »kann die Französische Revolution ein Beispiel sein, an das man sich anlehnt, das aber keine Regel ohne Ausnahme sein soll«. Als der piemontesische Revolutionsfreund Giovanni Antonio Ranza diese Worte Anfang Juni 1793 an Robespierre richtete,[236] sprach er für eine über die Einzelstaaten der italienischen Halbinsel verstreute Gruppe reformbewußter Intellektueller, die sich selbst »Patrioten« oder »Republikaner« nannten, von ihren Gegnern aber als »Jakobiner« denunziert wurden. Ranza war einer ihrer typischen Vertreter – durch sein Exilantenleben, durch seine Loyalitätskonflikte zwischen dem revolutionären Frankreich und seinem »Vaterland« Italien, durch seine eigentümliche Stellung zwischen Traditionalismus und Radikalismus sowie durch seine engagierte, letztlich aber elitäre Publizistik.

Ursprünglich zum Geistlichen ausgebildet, hatte Ranza sich in seiner Heimatstadt Vercelli als Buchdrucker selbständig gemacht und seit 1789 so nachdrücklich für die Verbreitung der revolutionären Ideen aus Frankreich eingesetzt, daß er 1791 emigrieren und nacheinander in Lugano und Genf, auf Korsika und schließlich im französischen Nizza Zuflucht suchen mußte. In Nizza, das vom

Konvent am 31. Januar 1793 annektiert worden war, erwarb er im selben Jahr das französische Bürgerrecht, trat dem örtlichen Jakobinerklub bei, gründete eine Tageszeitung, den »Monitore italiano politico letterario«, und polemisierte auf dessen Seiten gegen die Dechristianisierungspolitik Chaumettes und anderer französischer Revolutionäre, was ihm im September 1794 eine achtmonatige Haftstrafe wegen »Fanatismus« eintrug. Als dann französische Truppen im Frühjahr 1796 durch Piemont zur Poebene vorrückten, schloß er sich ihnen an und nutzte die Gelegenheit, um in der Kleinstadt Alba bei Cuneo am 27. April auf eigene Faust eine »Republik« auszurufen und dieses Ereignis einerseits mit festlicher Beleuchtung und einer Freiheitsbaumpflanzung, andererseits mit einem Te Deum zu feiern. In der Hoffnung, daß sein Beispiel Nachahmung und die Unterstützung Bonapartes finden würde,[237] arbeitete Ranza mit anderen »Patrioten« wie Ignazio Bonafous zugleich einen Verfassungsplan für Piemont aus, mußte aber erleben, daß die französische Besatzung über diese und weitere eigenständige Initiativen italienischer Revolutionäre hinwegging, ihn als mutmaßlichen »Verschwörer« verfolgte, Piemont aus diplomatischen Rücksichten als fürstlichen Rumpfstaat bestehen ließ und im Juni 1797 zwar die »Cisalpinische Republik« gründete, ihr aber die Direktorialverfassung aufzwang. Dennoch ging er nun nach Mailand, um unter dem Dach dieser Republik als Klubredner und Publizist eine eigenständige Revolution Italiens zu betreiben: »Libertà, Egualità italiana« lautete das Motto im Impressum seiner Pamphlete gegen die alte Aristokratie und für Volkserhebungen.[238] In seiner nach dem Vorbild Marats betitelten Tageszeitung »L'Amico del popolo«, die er vom 22. September 1797 bis zum Oktober 1798 redigierte, berichtete er über die »Freiheitsbegeisterung« des Mailänder »Club democratico« (3. Dezember 1797), plädierte für größere Rechte der Frauen (31. Dezember 1797), beklagte das Vordringen der französischen Sprache in Italien (19. Februar 1798), trat aber auch für ein geläutertes Christentum ein (Mai–Juli 1798).[239] Seine Spur verliert sich mit dem Wiedereinmarsch der Österreicher nach Mailand Ende April 1799, in dessen Folge die italienischen »Jakobiner« verfolgt, in Tirol oder Böhmen eingekerkert und teilweise hingerichtet wurden.

In dieser politischen Biographie spiegelt sich das zwiespältige Verhältnis der italienischen »Patrioten« zur Französischen Revolution.[240] Sie hegten für die Revolution zwar grundsätzlich Sympathie, weil sie in ihr das Modell einer neuartigen Freiheitsbewegung sahen, aber weder die Jakobinerdiktatur noch den Verwaltungszentralismus und die Dechristianisierung der Franzosen wollten sie auf Italien übertragen, letzteres schon allein aus Rücksicht auf die tiefe Verwurzelung des Katholizismus in der breiten Bevölkerung. Vielmehr griffen sie das französische Vorbild kritisch auf, um es mit italienischen Traditionen zu verbinden: mit dem wiederbelebten geistigen Erbe der altrömischen Republik, mit Niccolò Machiavellis Theorie der politisch-moralischen Erneuerung (*virtù*) und mit den aufklärerischen Reformbestrebungen der letzten 30 Jahre, die von Piemont bis Neapel, von Mailand bis Venedig eine Reihe wirtschaftlicher, administrativer und rechtlicher Verbesserungen, allerdings keine politischen und institutionellen Veränderungen herbeigeführt hatten. Gerade hier schien ihnen die Revolution einen Weg von der Kleinstaaterei und Fürstenherrschaft zu einem freien, politisch geeinten Italien zu weisen. Doch ihre Hoffnung, für diese Ziele die Unterstützung der französischen Italienarmee unter General Napoleon Bonaparte zu erhalten, wurde doppelt enttäuscht.

Zum einen zerschlug sich die anfänglich konkrete Aussicht, daß die »Patrioten« selber die Revolutionierung Italiens anführen könnten. Eigentlich sollte ihr wichtigster Verbindungsmann zum revolutionären Frankreich, Filippo Michele Buonarroti, laut Auftrag der Direktorialregierung vom Februar 1796 in Italien mit Hilfe befreundeter Patrioten wie Ranza Volksaufstände auslösen, um das Vordringen der französischen Truppen zu erleichtern. Buonarroti, der revolutionsbegeisterte Sohn eines toskanischen Adelsgeschlechts, der 1793 nach Frankreich geflohen, dem Pariser Jakobinerklub beigetreten war und sich 1794 als Revolutionskommissar für das im Königreich Piemont besetzte Gebiet Oneglia bewährt hatte, genoß seit seinem Exil in Korsika das Vertrauen der Familie Bonaparte. Sobald aber im Mai 1796 seine Beteiligung an Babeufs

»Verschwörung der Gleichen« aufgedeckt wurde, ließ das Direktorium Buonarroti verhaften, brach die Förderung der italienischen Revolutionssympathisanten ab und bekräftigte seine Instruktion an den Oberbefehlshaber der Italienarmee, auf der Apenninhalbinsel keinesfalls eine Revolution auszulösen, sondern sich lediglich Mailands zu bemächtigen, um Frankreich ein Faustpfand für diplomatische Verhandlungen mit Österreich und Piemont-Savoyen zu verschaffen.

Zum anderen erhielten die italienischen Patrioten nur sehr begrenzte Mitwirkungsmöglichkeiten, als Bonaparte im Laufe seines Siegeszugs aus eigener Machtvollkommenheit vier italienische »Republiken« errichtete und nachträglich vom Direktorium in Paris sanktionieren ließ. Das zeigte sich gleich zu Beginn in Mailand, dem Zentrum der »Cisalpinischen Republik«.[241] Kaum waren hier die österreichischen Truppen am 9. Mai 1796 vor den anrückenden Franzosen aus der Stadt geflohen, da ergriff eine Gruppe Mailänder Patrioten unter Führung von Carlo Salvador die Initiative: Sie pflanzte am 12. Mai vor dem Königspalast einen Freiheitsbaum, gründete einen revolutionären Klub und bereitete Bonaparte am 19. Mai bei seinem Einzug in die Stadt einen begeisterten Empfang. Der gab in einer »Proklamation an das Volk der Lombardei« auch wohltönende Freiheitsversprechen: »Die Republik Frankreich hat den Tyrannen Haß geschworen, den Völkern aber hat sie Brüderlichkeit gelobt. Der Despot, der die Lombardei so lange geknechtet hat, hat Frankreich großen Schaden zugefügt; aber die Franzosen wissen, daß die Sache der Könige nicht die Sache der Völker ist. [...] Unantastbarkeit des Eigentums und der Person, Achtung der Religion der Bevölkerung – diese Grundsätze leiten die Republik Frankreich und ihre siegreiche Italien-Armee.« Allerdings fügte die Proklamation mit drohendem Unterton hinzu: »Wenn die siegreichen Franzosen bereit sind, die Völker der Lombardei als ihre Brüder zu betrachten, dann schulden diese ihnen auch eine Gegenleistung. [...] In den verschiedenen Provinzen der habsburgischen Lombardei werden 20 Millionen Francs Steuern erhoben; der Bedarf der Armee erfordert es.«[242] Die französisch-italienische *fraternità* blieb eine Pose. Bonaparte selbst und sein Statthalter, Feldmarschall Louis-Alexandre Berthier, ernannten das gesamte neue Regierungs-, Verwaltungs- und Justizpersonal und bevorzugten dabei statt engagierter Patrioten politisch gemäßigte Männer. Sie unterstellten sich zudem die neugebildete Mailänder »Nationalgarde« und die zur Unterstützung von Bonapartes Truppen aufgestellte »Lombardische Legion« und ließen als Befehlssprache allein das Französische gelten. Überdies setzten sie sich über die demokratische Verfassung, die italienische Patrioten im Oktober 1796 bei einem Kongreß in Reggio ausarbeiteten, ebenso hinweg wie über die Mailänder Demonstration vom 11. November, bei der 500 Patrioten größere Freiheiten für »das lombardische Volk« verlangten; statt dessen diktierten sie die französische Direktorialverfassung, stellten aber die vorgesehenen Wahlen »bis zum Frieden« zurück. Mißtrauisch kontrollierten sie die patriotische Presse, verboten zum Beispiel die neue Zeitung »Il Rivoluzionario« von Giovanni Antonio Ranza schon nach der dritten Nummer als »ultrarevolutionär« (Juli 1798) und nötigten den Redakteur zur Flucht nach Genua. Die Zwangskontributionen von jährlich 18 Millionen Lire und der oben erwähnte Kunstraub taten ein übriges, um die Mailänder zu belehren, daß die 25 000 Mann französischer Besatzung mehr als Eroberer denn als Befreier gekommen waren.

Ähnlich verhielt es sich mit den übrigen von Bonaparte errichteten italienischen »Schwesterrepubliken« – von der »Ligurischen Republik« mit dem Zentrum Genua, für die sich die Bevölkerung im Plebiszit vom 11. November 1797 mit 100 000 Ja- gegen 17 000 Nein-Stimmen entschied, über die im Februar 1798 proklamierte »Römische Republik« bis hin zur »Parthenopäischen Republik«, die Bonapartes General Jean-Etienne Championnet Anfang 1799 in Neapel ausrief. Jedesmal wartete Bonaparte antifranzösische »Provokationen« oder republikanische Hilferufe ab, bevor er seine Armee einmarschieren und die angestammten Machthaber vertreiben ließ. Jedesmal eilten italienische Patrioten den Franzosen voraus, um eigene Wahrzeichen zu errichten – so am 15. Februar 1798 einen Freiheitsbaum auf dem römischen Kapitol – und um republikanische Proklamationen zu veröffentlichen. Wiederholt appellierten die französischen Heerführer bei ihrem Einzug in die eroberten Städte an die republikanische Tradition Italiens, um sich der Bevölkerung – wie Berthier am 22. Februar in Rom – als Erneuerer der altrömischen Freiheit darzustellen: »Mannen des Cato, Pompeius, Brutus, Cicero und Hortensius, empfangt die Huldigung der freien Franzosen – hier auf demselben Kapitol, wo ihr so oft die Rechte des Volkes verteidigt und den Ruhm der Römischen Republik vermehrt habt. Die Nachfahren der Gallier kommen heute mit dem Ölzweig in der Hand zu diesem erhabenen Ort, um die Altäre der Freiheit, die der erste Brutus hier errichtet hat, aufs neue zu errichten. Und du, Römisches Volk, als du deine legitimen Rechte ergriffen hast, da hast du gespürt, welches Blut in deinen Adern rollt, und hast die ruhmreichen Denkmäler in deiner Umgebung mit neuen Augen betrachtet. Erneuere deine vormalige Größe und die Tugenden deiner Väter.«[243] Überall wiesen die französischen Statthalter demokratische Verfassungsentwürfe der einheimischen Patrioten als zu liberal zurück,[244] zwangen den »Schwesterrepubliken« die Direktorialverfassung auf, ohne deren Bürgerrechte in Kraft zu setzen, erhoben gewaltige Kriegskontributionen, betrieben aber gleichzeitig die versprochene Abschaffung der Feudalität nur zögerlich. Kein Wunder, daß die französischen Eroberer sich bei der großen Mehrheit der italienischen Bevölkerung verhaßt machten, daß sich das Volk – von katholischen Priestern zusätzlich angestachelt – mehrfach mit dem Ruf »Viva Maria« gegen die Besatzer erhob (so in Genua am 21. und 22. Mai 1797, in Rom am 15. Februar 1798) und mit Gewalt zur Ruhe gebracht werden mußte. Ja, der mit König Ferdinand I. von Neapel nach Sizilien geflohene Kardinal Fabrizio Ruffo bildete in Kalabrien aus bewaffneten Banden frommer Bauern – den *Sanfedisti* – sogar eine »Armee des heiligen Glaubens«, um Neapel zurückzuerobern. Derart von der breiten Bevölkerung abgelehnt und den »Patrioten« entfremdet, brachen die italienischen »Schwesterrepubliken« fast ohne Gegenwehr zusammen, als österreichische und russische Koalitionstruppen im Frühjahr 1799 Bonapartes Abreise zum Ägyptenfeldzug nutzten, um Norditalien erneut zu besetzen.

Machtpolitisch gesehen war das dreijährige republikanische Intermezzo auf der Apenninhalbinsel somit ein völliger Mißerfolg. Unter den Bedingungen des Direktorialregimes und der Eigenmächtigkeit Bonapartes verkehrte sich die Freiheitsbotschaft in eine Militärdiktatur, der – von einer Reihe intellektueller Revolutionssympathisanten abgesehen – jeder Rückhalt in der einheimischen Bevölkerung fehlte. Die konkreten politischen und sozioökonomischen Strukturen der italienischen Kleinstaaten veränderte die Französische Revolution somit nur geringfügig. Dennoch gab sie den Impuls für die Herausbildung einer nationalen, tendenziell demokratischen politischen Kultur.

Grundzüge einer republikanischen Nationalkultur

Als Zentren patriotischer Meinungsbildung und politischer Soziabilität fungierten die Klubs. Vereinzelte Ansätze zur Bildung politischer Reformgesellschaften hatte es zwar schon einige Jahre zuvor gegeben – etwa in Neapel, wo die Polizei 1794 einen geheimen Zirkel entdeckt und 56 »Jakobiner« verhaftet hatte –, doch größere Bedeutung erlangten sie erst unter dem *Triennio*. Patriotenvereinigungen wie der »Circolo Costituzionale« von Bologna, in dem sich adelige und bäuerliche Mitglieder die Mahlzeiten teilten, der »Circolo costituzionale della Rosa« in Genua oder der sich auf die Gracchen berufende »Circolo degli Emuli di Bruto« in Rom bildeten sich ab 1796 in den meisten städtischen Zentren Ober- und Mittelitaliens, ohne allerdings so großen Zulauf zu finden wie die »London Corresponding Society«, oder in ländliche Gebiete vorzudringen wie die »United Irishmen«. Denn einerseits von der französischen Besatzungsmacht wie von neuen »republikanischen« Regierungen mißtrauisch beobachtet, andererseits von der mehrheitlich obrigkeitsfrommen Bevölkerung abgelehnt, hatten die Klubs des *Triennio* verhältnismäßig geringe Entfaltungsmöglichkeiten, wie ein Beispiel zeigt.

In Mailand,[245] damals eine Großstadt von gut 130 000 Einwohnern, formierte sich gleichzeitig mit dem Einzug der Franzosen schon Mitte Mai 1796 ein Klub mit dem harmlosen Namen »Accademia di letteratura e d'istruzione pubblica« (Akademie für Literatur und öffentliche Bildung). Sein Gründer und Vorsitzender Carlo Salvador, der 1793/94 enge Beziehungen zu Robespierre unterhalten hatte und zeitweise Richter am Pariser Revolutionstribunal gewesen war, bürgte für die revolutionäre Ausrichtung der Vereinigung. Doch als Salvador am 11. November 1796 eine Demonstration von 500 Patrioten für die Freiheit Italiens organisierte, verboten die Behörden seinen Klub: Das Direktorium der »Cisalpinischen Republik« duldete keinerlei Druck der Straße, wie ihn die Volksgesellschaften in Paris mobilisiert hatten. Auch die weniger revolutionäre »Società degli amici della libertà e dell'uguaglianza« (Gesellschaft der Freunde der Freiheit und Gleichheit), die gleichzeitig mit Salvadors »Accademia« entstanden war und der Munizipalität ihre Unterstützung bei der »Regeneration« des Volkes angeboten hatte, mußte sich auflösen (Juli 1796). Aber das Bedürfnis der Mailänder Patrioten, sich zusammenzuschließen, saß so tief, daß sie sich im Januar 1797 als »Società di pubblica istruzione« unter dem Vorsitz des gemäßigten Republikaners Pietro Moscati reorganisierten. Wie die feierliche Eröffnungssitzung vom 5. Februar im Palazzo Nazionale anzeigte, genoß diese neue Gesellschaft zunächst sogar behördlichen Rückhalt. Als sie aber binnen weniger Monate von 50 auf 200 Mitglieder anwuchs, mit Delegierten patriotischer Klubs in Brescia, Ancona, Mantua, Venedig, Padua, Cremona und Bologna fraternisierte und sich zu einem Zentrum italienischer Unabhängigkeits- und Einheitsbestrebungen entwikkelte, erhielt Polizeiminister Gaetano Porro am 5. Juli 1797 Order, die Sozietät zu schließen; denn – so die Begründung des Direktoriums der »Cisalpinischen Republik« – »die unter verschiedenen Namen zum Unterricht der Öffentlichkeit gegründeten Volksgesellschaften« seien nützlich gewesen, solange »der für die Freiheit eingenommene Geist des Volkes die Entwicklung kraftvoller Ideen und Gefühle verlangte«; nun aber, »da unsere Unabhängigkeit glücklich erreicht ist, sind sie ein Fremdkörper, der den Grundlagen der verfassungsmäßigen Regierung widerspricht«. Gleichwohl gründeten die Patrioten am 25. Oktober 1797 eine Nachfolgeorganisation, den »Circolo costituzionale«, und wählten mit dem Neapolitaner Matteo Galdi, inzwischen Sekretär des französischen Statthalters Baraguay d'Hilliers in Mailand, einen Republikaner aus dem Umkreis der Regierung zum Präsidenten. Derart abgesichert und auf einen Kern von vielleicht 50 Mitgliedern geschrumpft, konnte sich der Zirkel mit Unterbrechungen bis zum 1. September 1798 halten, als ein französischer Erlaß anordnete, »alle Gesellschaften zu schließen, die sich mit politischen Fragen befassen, den Gesetzen widersprechende Meinungen äußern und Reden halten, welche geeignet sind, die öffentliche Ruhe und Ordnung zu stören«. Gemeint waren damit nicht die ganz überwiegend maßvollen Debatten des Klubs über die verbesserungswürdige Lage der Armen, die Stärkung des italienischen Militärs oder die Erziehung der Jugend, möglichst sogar in Zusammenarbeit mit dem katholischen Klerus, sondern die bloße Existenz einer außerparlamentarischen Basisopposition und die Stärkung italienischer Einheitsbestrebungen, die Bonapartes Pläne des »divide et impera« störten.

Da auch auf der übrigen Apenninhalbinsel die patriotischen Klubs von vornherein so wenig Freiheit erhielten, daß sie weder nach innen noch nach außen eine revolutionäre Dynamik entfalten konnten, widmeten sich ihre führenden Aktivisten in besonderer Weise der Publizistik. So entwickelte sich während des *Triennio* – ebenfalls nach französischem Vorbild – eine politische Presse, die in ihrer Dichte, Aktualität und Radikalität für Italien neuartig war und eng mit den Klubs zusammenhing. In Mailand veröffentlichten etwa Matteo Galdi und Carlo Salvador, Klubisten und Journalisten zugleich, nacheinander im »Giornale popolare della Società di Pubblica Istruzione« (15. Mai–10. Dezember 1797) und in der Wochenzeitung »Il Circolo Costituzionale di Milano« (21. Dezember 1797–4. März 1798) ebenso ausführliche Berichte über die Aktivitäten der betreffenden Mailänder Sozietäten wie der Redakteur Giovanni Rasori im »Giornale degli Amici della Libertà e dell'Uguaglianza« (23. Mai 1796–2. Juni 1797). Zwischen 1796 und 1799 erschienen in Mailand 17, in Venedig 14, in Bologna und Rom je 13 und in Neapel zehn patriotische Zeitungen. Insgesamt umfaßte die über 22 Orte vor allem Nord- und Mittelitaliens verstreute patriotisch-republikanische Presse wenigstens 140 Zeitungen, darunter allerdings viele kurzlebige Blätter. Wie schon ihre Titel verkündeten, appellierten sie mit neuem Selbstbewußtsein an den mündigen Bürger im allgemeinen (»Il Cittadino«, »Il Democratico«, »Il Libero«, »Il Patriota«, »Il Repubblicano«, »Il Tribuno del populo«), an seinen Patriotismus im besonderen (»Il Censore italiano«, »Gazetta nazionale«, »Giornale de' patrioti d'Italia«, »L'Italiano regenerato«) und beanspruchten für sich eine öffentliche Wächterrolle (»Il Censore italiano«, »Il Difensore della libertà«).

Mit der patriotischen Klubbewegung und ihrer Presse verbanden die italienischen Revolutionsfreunde ein republikanisches Erziehungsprogramm, das sie allerdings mehr reflektierten als praktizierten. So entwickelte der Kanoniker Valentino Contri in Modena Pläne zur Unterrichtung von Arbeitern und Bauern im Lesen und Schreiben, um der Propaganda von Aristokraten und Klerus entgegenzuwirken, und warb dafür in seinem »Giornale repubblicano di pubblica istruzione« (1796–1798). Und Matteo Galdi nahm sich die französischen Revolutionäre zum Vorbild, weil sie dem öffentlichen Unterricht so große Bedeutung beimaßen: Ohne eine richtige Vorstellung von der »Freiheit« (*libertà*) bleibe das Volk im Irrtum gefangen und könne leicht von allen möglichen Parteien mißbraucht werden. Als Lehrstoff schwebten ihm »die unsterblichen Werke von Platon, Locke und Rousseau« vor.[246] Wie grundsätzlich Galdi das Erziehungsproblem verstand, zeigte sein »Traktat über den revolutionären öffentlichen Unterricht« (1798): »Bei der Revolution eines Volkes genügt es nicht, die alte Regierung gegen eine neue auszutauschen; vielmehr müssen die alte Religion, die alten Sitten und Gewohnheiten durch Prinzipien ersetzt werden, welche der neuen Ordnung der Dinge entsprechen: Ein morscher gotischer Palast ist in ein neues ebenmäßiges und stabiles Gebäude umzuschaffen. Wie die Freiheit der Sklaverei, die Tugend dem Laster, die Wahrheit dem Irrtum, die Religion dem Aberglauben [...] entgegengesetzt ist, ebensosehr muß sich der republikanische Unterricht von jenem knechtischen Lehrsystem unterscheiden, das im Ancien régime eingesetzt wurde, um die Völker in Unterdrückung und Unwissen zu halten.« Es gelte, »dem Volk in seiner Masse die Grundsätze der Demokratie zu lehren«.[247] Und eins nach dem anderen beschrieb Galdi die Institutionen und Mittel einer solchen Erziehung, wie er sie als Klubaktivist diskutierte, erlebte und zum Teil selbst praktizierte: Verfassungszirkel, patriotische Zeitungen und Katechismen, Dekadenfeiern, patriotische Theater und »republikanische Apostel«.

Die Ziele, auf welche sich all diese Aktivitäten letztlich richteten, waren nur zum kleineren Teil rechtlicher und sozialpolitischer Art.

Soweit es dabei um den Abbau von Feudalrechten, um die Abschaffung des Erstgeburtsrechts, die Einführung der Zivilehe sowie die Gleichstellung von Männern und Frauen im Erbrecht ging, wurde in der »Cisalpinischen Republik« viel erreicht. Ein sozialrevolutionärer Egalitarismus allerdings, wie ihn Giuseppe Gioannetti, der prononcierteste Revolutionär von Bologna, vertrat, fand nur wenige Anhänger. Ähnlich isoliert blieb der römische Republikaner Claudio della Valle, Redakteur des »Monitore di Roma«, wenn er in seiner Streitschrift »Dalla Grammatica Repubblicana« (1798) die ungleiche Verteilung des Bodens und die »Tyrannei« der Reichen über die Masse der Armen anprangerte und in seinem »Catechismo evangelico-repubblicano« (1798) sozialpolitische Reformen unter christlichem Vorzeichen predigte.

Am leidenschaftlichsten und nachhaltigsten setzten sich die republikanischen Patrioten für ein nationalpolitisches Ziel ein – die Überwindung der Kleinstaaterei zugunsten eines freien und geeinten Italien. Geradezu im Tonfall prophetischer Klagen über die Ohnmacht des Volkes Israel beschwor der römische Patriot Enrico Michele L'Aurora 1796 die Allegorie seines zersplitterten Vaterlandes: »Italia, du Elende! Italia, du Leidtragende! Siehe, wie verstreut dein Volk und wie entartet die Regierung ist, wie verdorben die Gesetze und wie verfinstert die Wissenschaften sind, wie die Künste darniederliegen und der Handel erloschen ist. O Nation, siehe, wie du niedergeschlagen und verhöhnt wirst. Italia erwache! Ja, Italia, erwache, sage ich, und höre auf einen Bürger, der in tiefer Sorge um deine Gebrechen dir ebenso nützliche wie weise Ratschläge erteilt. [...] Nein, nein Italiener, nein meine vielgeliebten Bürger, die Zeit der Unwissenheit ist vorüber, ziehen wir den Schleier beiseite, zerbrechen wir die Ketten und beginnen wir, uns endlich der ungerechten Herrschaft unserer Tyrannen zu entledigen. Habt Mut, besinnt euch auf eure alte Tüchtigkeit und Beharrlichkeit! Mit eurem Patriotismus und eurem republikanischen Geist werdet ihr für immer die mönchische Herrschaft zerstören, unsere Usurpatoren bestrafen und aufs neue die Römische Republik errichten – mit einer Volksherrschaft, unter der Italien aus der Knechtschaft heraustreten und endlich eine geachtete Nation werden wird.«[248]

Um diesem gemeinsamen Hauptziel näherzukommen, sahen sich die italienischen Republikaner vom revolutionären Frankreich in doppelter Weise ermutigt: einmal grundsätzlich durch die neuerkämpfte Einheit und Unteilbarkeit der *grande nation* und nun aktuell durch die militärische Präsenz von Bonapartes Armee in ganz Oberitalien. Die republikanische Publizistik nahm diese beiden Elemente unterschiedlich auf. Sie machte sich das Beispiel der geeinten Nation zwar bewundernd zu eigen, wollte es aber auf andere Weise und ohne französische Bevormundung auf die Apenninhalbinsel übertragen. »Die italienische Republik muß das Anliegen aller Völker der Einzelstaaten sein«, appellierte Mitte September 1796 die führende neue Wochenzeitung der Lombardei an die breite Bevölkerung; »dabei sollen die Völker die Eroberungen der Franzosen nutzen, aber noch mehr ihre eigenen Kräfte einsetzen, die stets am verdienstvollsten und sichersten sind. Wer wird so töricht oder so einfältig sein, jenen Monumenten der barbarischen Feudalität, der anarchischen Parteienherrschaft [...], welche die Völker ebenso untereinander trennen wie die Staaten, irgendeinen Wert beizulegen. [...] Völker Italiens, laßt eure Stimmen über die erbärmlichen Grenzen, die wenige Tyrannen wie ein Gefängnis um euch errichtet haben, hinausdringen. Der Enthusiasmus der Freiheit kennt nicht mehr jene Angst, mit welcher der Despotismus euch unterdrückt hat. Vereinigt euch massenhaft wie schon die Herzogtümer von Mantua und Modena, die Fürstentümer Massa, Bologna und Ferrara: erwacht mit dieser Neubesinnung nicht auch neue Hoffung? [...] Wie stünde es um Frankreich, wenn es dem Föderalismus den Vorzug gegeben hätte?«[249] Noch stärker äußerte sich dieses Nationalbewußtsein, als die von den Franzosen eingesetzte Mailänder Generalverwaltung am 27. September 1796 die Preisfrage stellte, »welche freie Regierung für das Glück Italiens am meisten geeignet« sei. Von den insgesamt 76 Bewerbungen, die vor allem aus der Lombardei (29), aber auch etwa aus Piemont (7) und Neapel (3) eingingen, wurde die nationalstaatlich orientierte und zugleich revolutionskritische Einsendung des gemäßigten Republikaners und Publizisten Melchiorre Gioia prämiert. Abwägend riet sie dazu, die alten Territorialstaaten auf der Halbinsel nicht mit einem Schlag, sondern nach und nach zu beseitigen:

»Wenn es einerseits ein gefährliches und ungewisses Unterfangen ist, gegen die tyrannischen Herrschaften Italiens mit offener Gewalt vorzugehen, wenn aber andererseits Tatenlosigkeit gegen die Menschlichkeit und die Vernunft verstößt, dann erscheint es angemessen, eine Methode anzuwenden, die den Fortgang der Freiheit beschleunigt, ohne einen verheerenden Krieg zu entfachen, welcher die Republik im Augenblick ihrer Geburt in Schutt und Asche legen könnte.«[250]

Darüber hinaus verstärkte der französische Einfluß auch das kulturelle Nationalbewußtsein der italienischen Republikaner. Für die Rückbesinnung auf das Italienische als Nationalsprache, die gegenüber der dialektalen Vielfalt der italienischen Regionen gestärkt werden sollte, haben uns bereits Ranzas Beschwerden über die hegemonialen Ansprüche des Französischen ein Beispiel gegeben. Zugleich gewann das Italienische in Anlehnung an die französische Revolutionsrhetorik ein neuartiges nationalpolitisches Pathos (dessen sprachliche Kunst allerdings im Deutschen kaum wiederzugeben ist); es äußerte sich etwa in den Worten, mit denen Giuseppe Compagnoni, von den Franzosen eingesetzter Rechtslehrer an der Universität Ferrara, am 2. Mai 1797 seine Antrittsvorlesung über »demokratisches Verfassungsrecht« eröffnete: »Junge Bürger [*giovani cittadini*]«, wandte er sich an die Studenten, »seit wenigen Monaten vollzieht sich bei uns eine große Revolution. Sklaven waren wir Jahrhunderte lang unter der doppelten Amtsgewalt eines Fürsten, der ein übermächtiges Regiment geführt hat; doch unverhofft hat uns ein edelmütiges Volk an die Hand genommen und zu Freien erklärt. [...] Junge Bürger, wir haben nun einen Punkt erreicht, an dem wir notwendig in der Freiheitsordnung, in die wir eintreten, voranschreiten und an dem ein Rückschritt unmöglich ist.«[251] Zu dieser Doppelbewegung von kultureller Nachahmung und Abgrenzung gegenüber dem revolutionären Frankreich kam drittens ein italienisches Überlegenheitsbewußtsein, das sich aus dem altrömischen Erbe und dessen besonderer Begabung für politische Feiern und Denkmäler speiste. Der junge Nationaldichter Ugo Foscolo etwa, damals Mitarbeiter jakobinischer Zeitungen in Mailand und Bologna, protestierte im Februar 1797 gegen den hohen Geltungsanspruch der Kunst der Französischen

Revolution im allgemeinen und ihrer Festarchitektur im besonderen: »Was hat man jemals Großes, Prächtiges, Eindrucksvolles geschaffen? Nichts, gar nichts. Wer könnte das glauben? Dieselbe Revolution, die so viele Wunder zu vollbringen vermochte, hat kein einziges Denkmal geschaffen, das physisch oder geistig auf die Nachwelt übergehen sollte. Holzobelisken, Holzaltäre, Stuck- oder Gipsstatuen: das ist alles, was man an Erhabenem sehen kann. [...] Ich gestehe ein, daß uns die Franzosen große Beispiele an Tapferkeit, Tugend und Größe gegeben haben, welche den Wunsch erwecken müssen, ihnen nachzueifern. Doch eifern wir ihnen nur in dieser Hinsicht nach; was aber die Feste und Denkmäler betrifft, so laßt uns versuchen, eigenständiger zu sein, und laßt uns unsere Befreier dazu verpflichten, sich bei uns ein Beispiel zu nehmen, wie man auf die beste Weise der Nachwelt die glorreichen und unvorstellbaren Wunder ihres Wertes überliefert.«[252]

Letztlich jedoch wies das von Frankreich ausgehende revolutionäre Republikmodell über Italien hinaus zur Idee einer Union der europäischen Schwesterrepubliken. So wurde der bereits erwähnte Patriot L'Aurora seinem Namen gerecht, indem er »im fünften Jahr der Französischen Republik und im ersten der Freiheit Italiens« eine Vision von »Generalständen« der 13 »europäischen Provinzen« veröffentlichte, die eine »europäische Freiheitserklärung« verkünden und nach den Grundprinzipien der Freiheit und Gleichheit eine »universale Verfassung Europas« ausarbeiten sollten.[253]

Gleichzeitig sprach Matteo Galdi aus Neapel Frankreich und Italien als revolutionären Führungsnationen den weltgeschichtlichen Auftrag zu, eine Art »Freiheitsliga« zu bilden, um das alte auf Kabinettspolitik und Kriegen beruhende labile Mächtegleichgewicht in Europa durch eine internationale Friedensordnung zu ersetzen: »Nach der glücklichen Revolution, bei der Frankreich das erste Beispiel gegeben und aus dem Italien begierig Nutzen gezogen hat, muß der Kriegszustand, der den bösen Geist der Eroberungen und Raubzüge hervorbringt, aufhören.« An seine Stelle sollten »die wahren Grundsätze der universalen Gerechtigkeit« treten, und das bedeutete gemeinsame Gesetze statt feindlicher Propaganda, Freihandel statt Eroberungen, Gleichheit aller Staaten statt Hegemonie einzelner, Verbrüderung der Völker statt Krieg. Die Grundlage dieser umfassenden Regeneration bildete nach Galdi das Doppelprinzip von nationaler *unità* und internationaler *fraternità*: »Die republikanische Brüderlichkeit, alle bürgerlichen Tugenden werden in Frankreich und in Italien ebenso erstehen wie die so sehr ersehnte Einheit, weil sie in den Prinzipien der beiden Systeme angelegt ist.«[254]

Wie zukunftsweisend diese unter dem Einfluß des revolutionären Frankreich spontan entwickelten Europavisionen auch waren – den tatsächlichen politischen Verhältnissen des *Triennio* von 1796 bis 1799 entsprachen sie ganz und gar nicht. Faktisch bestand vielmehr eine unüberbrückbare Kluft zwischen dem diktatorischen und ausbeuterischen »Republikanismus« der französischen Besatzer auf der einen und der Treue der katholisch beeinflußten breiten Bevölkerung zu den zeitweise vertriebenen absolutistischen Regimen der Territorien auf der anderen Seite. Zwischen beiden bildeten die italienischen »Patrioten« eine zwar sehr aktive, aber politisch-sozial isolierte Minderheit von Intellektuellen. Ihnen fehlte der nötige Rückhalt, um revolutionäre Volksbewegungen auszulösen, während katholische Priester gegenrevolutionäre und antifranzösische »Viva-Maria«-Aufstände organisierten. So brach das künstliche republikanische Experiment auf der Apenninhalbinsel fast widerstandslos zusammen, sobald seine militärische Stütze – die französische Italienarmee – wegfiel. Dennoch vermochte weder die anschließende Verfolgung der »Jakobiner« noch die politische Restauration jene Ansätze einer national-republikanischen Kultur Italiens, die sich innerhalb von drei Jahren entwikkelt hatten, restlos zu beseitigen. Wie beispielsweise mit Filippo Buonarroti und Ugo Foscolo revolutionäre Patrioten des *Triennio* unter der folgenden Herrschaft Napoleons an ihren politischen Überzeugungen festhielten, ja sie noch verstärkten, so lebte die Klubbewegung der Revolutionszeit in Form der Geheimgesellschaften der Carboneria, die zu Beginn des 19. Jahrhunderts in Süditalien entstanden, um sich ab 1813 nach Norditalien auszubreiten, wieder auf. Und wie die zyklisch wiederkehrenden und sich steigernden revolutionären Aufstandswellen von 1820/21, 1831 und 1848 zeigten, gewann das republikanisch-nationale

Credo der italienischen Patrioten von 1796 unter der breiten Bevölkerung von Mal zu Mal mehr Anhänger. So gesehen ist das Risorgimento als eine Spätfolge der Französischen Revolution zu verstehen.

»Unsere, die europäische Revolution«

»Die größte Begebenheit unserer Tage, und man kann wohl sagen, die größte Begebenheit aller Jahrhunderte, die fränkische Revoluzion, mußte auf jeden Menschen von einigem Gefühl eine entscheidende Wirkung äußern. Jeder, der nicht bloß für seine Existenz Sinn hatte, nahm auf irgendeine Art an dieser großen Erscheinung Theil, und mancher junge Mann, den sonst ein elendes Pflanzenleben fortgeschleppt hätte, erhielt dadurch einen entscheidenden Stoß, der alle seine Kräfte in Bewegung setzte. Schöner und größer, als es leider! je zur Würklichkeit kommen wird, stand das Ideal eines allgemeinen Brüderbundes vor der Seele des Menschen, der seine Mitbürger liebte.«[255]

Beide Elemente dieser Aussage des deutschen Jakobiners Georg Friedrich Rebmann vom Jahre 1796 sind bei unserem Rundgang durch drei europäische Ländergruppen, auf welche die Französische Revolution in unterschiedlicher Weise einwirkte, über das Biographische hinaus bestätigt worden: zum einen die weitverbreitete kosmopolitische Freiheitsbegeisterung, zum anderen ihre realpolitische Enttäuschung. Dazu kamen, wie wir gesehen haben, sehr konkrete Einflüsse des revolutionären Frankreich auf die Innenpolitik der Nachbarländer. Einerseits variierten diese Einflüsse in Form und Intensität nach den örtlichen Verhältnissen und der Zeit, in die sie fielen. Während auf den Britischen Inseln, die keinem unmittelbaren Druck französischer Revolutionstruppen ausgesetzt waren, das revolutionäre Modell plebejischer Organisation und Meinungsbildung besonders radikal und selbständig aufgenommen wurde, weil es an eine bereits entwickelte politische Vereins- und Diskussionskultur anschließen konnte, blieb das Alte Reich weitgehend im Vorstadium einer sehr breiten und zugleich gemäßigten publizistischen Aufnahme der revolutionären Konzepte und Ideologien. Im Rahmen Deutschlands bildete die Mainzer Republik von 1792/93 zwar eine Ausnahme, sie zeigte aber beispielhaft, daß in der weltbürgerlichen Frühphase der Revolution eine sehr enge und verhältnismäßig demokratisch herbeigeführte Anlehnung an das revolutionäre Frankreich durchaus im Bereich des Möglichen lag. Ganz anders die italienischen »Schwesterrepubliken« in der Spätphase der Revolution: Angesichts der nur noch von militärischen und finanziellen Interessen bestimmten Außenpolitik Frankreichs und aufgrund der Machtstellung des Adels und der katholischen Kirche stieß die Französische Revolution hier weithin auf Ablehnung.

Andererseits jedoch waren die europäischen Wirkungen der Revolution sehr ähnlich, und zwar besonders im Bereich der politischen Kultur. Überall wirkte die Revolution bei unzufriedenen Gruppen als Anstoß, überfällige Reformen und Veränderungen im jeweils eigenen Land energischer zu betreiben. Überall löste sie eine Welle politischer Publizistik von neuer Radikalität und sozialer Reichweite aus, welche die revolutionären Grundvorstellungen und Schlagworte verbreitete. Überall verband sich damit sowohl eine neuartige Klubkultur als auch eine internationale Freiheits- und Gleichheitssymbolik – beides nach französischem Vorbild. Überall wurden durch die so bewirkten Akkulturationsprozesse neue soziale Gruppen und Schichten an die Politik herangeführt beziehungsweise zusätzlich politisiert, überall erkämpften sich diese Gruppen unter Rekurs auf die Revolution Zugang zum Politischen: die Intellektuellen auf der Apenninhalbinsel, das mittlere Bürgertum im Alten Reich, die kleinen Leute auf den Britischen Inseln. Überall bildeten sich in Auseinandersetzung mit der Revolution deutlicher als zuvor gegensätzliche politische Lager heraus. So hat die Französische Revolution, wie unterschiedlich sie auch vordergründig auf einzelne Länder einwirkte, letztlich wichtige Impulse zur Herausbildung einer gemeinsamen, tendenziell demokratischen politischen Kultur Europas gegeben.

Die grundlegende Bedeutung, aber auch die Gefährdung dieses mentalen Wandels am Ausgang der Revolutionsdekade hat ein scharfsichtiger zeitgenössischer Beobachter wie Johann Wilhelm von Archenholz prägnant in Worte gefaßt, als er seine über zehn Jahre verfaßten – oft kritischen – Frankreichkommentare Ende 1802 mit folgender Betrachtung über die Revolution abschloß: »Bey der allgemeinen und genauen Verbindung der Europäischen, oder vielmehr der cultivirten Völker, vermöge welcher sie eine große Nationen-Gesellschaft bilden, konnte diese neue Wiedergeburt des Menschen nicht bloß local seyn; Frankreichs Gränzen konnten der Ausbreitung dieser segensvollen Revolution keine Schranken setzen. Frankreich wäre das Muster der übrigen Welt geworden. Nicht auf einmal, aber allmählich hätte jene veränderte, menschlichere, vernünftigere Denkart, jene Aufklärung, welche im achtzehnten Jahrhundert hervorbrach, sich immer mehr unter den Völkern verbreitet und festgesetzt. Die Denkart der Nationen hätte sich zuletzt auch den Regierungen mittheilen müssen. Belehrt durch Frankreichs Beyspiel vor und nach der Revolution, gewarnt durch den Anblick der schrecklichen Folgen, welche Verderbniß der Gesetzgebung und Religion in diesem Lande hervorgebracht hatte, gereizt zu edlem Neide durch das nachfolgende Glück dieses Volkes, würden sie auf die Stimme der Gerechtigkeit mehr gehört, würden ihre Völker zu gleichem Range des Wohlstands mit Frankreich zu erheben gesucht haben. Geistesfreyheit, das Palladium der Nationen, ihre geistvolle Vervollkommnung, und selbst auf gewisse Weise ihren bürgerlichen Wohlstand zu sichern, wäre vielleicht über ganz Europa verbreitet worden.« Archenholz umschrieb diese Vision im Irrealis, weil er nicht ohne Grund befürchtete, Napoleons Imperialismus, seine Kriege und sein despotisches Regiment, die sich im *Triennio* bereits angekündigt hatten, würden diese »Umwälzung des Denkens« in ihrer Entfaltung hindern oder sogar rückgängig machen. »Was läßt sich nun noch für das übrige Europa in Hinsicht des Fortschreitens und des Glücks der Menschheit von der französischen Revolution erwarten? [...] das Gute, welches die Revolution hervorzubringen schien, scheint unter diesen Umständen fast ganz verloren zu seyn.«[256]

Doch wie der vaterländische Publizist Ernst Moritz Arndt 1814 in einer Flugschrift konstatierte, lebten die von der Französischen Revolution geprägten und in Umlauf gebrachten neuen politischen

Grundwerte und Handlungsformen unter der napoleonischen Herrschaft nicht nur im Untergrund weiter, sondern trugen in den Freiheitskriegen auch wesentlich zum Sturz des Imperators bei. Darin sah Arndt mit Recht die von Archenholz fest- und zugleich in Frage gestellte Zäsurwirkung der Revolution für Europa bestätigt: »Auch das hat die fürchterliche französische Revolution, die wir jetzt unsere, die europäische Revolution nennen müssen, uns heller als das Sonnenlicht gezeigt, daß der alte Zustand Europas vergangen ist, daß wir in den Vorhallen einer neuen Zeit stehen.« Ohne »jemals ein Anhänger der Franzosen und ihrer Revolution gewesen« zu sein, gestand der deutsche »Nationalist« Arndt offen ein, »daß wir dieser wilden und tollen Revolution unendlich viel verdanken, daß sie ein reiches Feuermeer ausgegossen hat, woraus jeder nicht lichtscheue Mann sein Teil hat schöpfen können, daß sie Ideen in die Köpfe und Herzen gebracht hat, die zur Begründung der Zukunft die notwendigsten sind, und die zu fassen vor zwanzig und dreißig Jahren die meisten Menschen noch zitterten«.[257]

Mehr noch: Nicht nur in Leitideen wie Freiheit, Gleichheit und sozialer Gerechtigkeit bestand das Erbe der Französischen Revolution für Europa, sondern zunehmend in neuen Formen der kollektiven Meinungsbildung, der Mobilisierung und Aktion der aufständischen Volksmenge, in der immer weiter ausgreifenden Vorstellung von der Machbarkeit und demokratischen Gesetzmäßigkeit einer Revolution nach dem Pariser Modell. Nicht von ungefähr war das 19. Jahrhundert eine Epoche der Revolutionen, die 1830 und 1848 von Paris ausgehend weite Teile Europas ergriffen. Daß diese Kettenreaktion von Revolutionen bereits 1789 ausgelöst wurde, hat Lorenz von Stein, neben Alexis de Tocqueville vielleicht der scharfsinnigste Analytiker der Französischen Revolution in der ersten Hälfte des 19. Jahrhunderts, im Jahre 1842 unübertrefflich formuliert: »Von Frankreich aus zog sich ein doppelter Strom in alle Länder des Westens hinein; der eine, ein Strom neuer Gedanken und Hoffnungen, der andere ein Strom von Emigranten mit alten Ansprüchen. [...] Es ward plötzlich klar, daß es neben dem System des politischen Gleichgewichts für die Staaten, noch ein zweites, vielleicht viel mächtigeres Band, eine gewaltige Solidarität in dem ganzen neueren Leben der Völker gebe: die Gleichartigkeit der Gesellschaft in der europäisch-germanischen Welt. Die verschiedenen Stände begannen die Gleichartigkeit des Kampfes, die Gemeinschaft der Siege und Niederlagen, der Entwickelung und Hemmung zu erkennen; die Sache der Emigranten ward zur Sache des Privilegiums in ganz Europa, die Sache des Tiers-Etat zur Sache der unterdrückten Völker. Die Geschichte Europas hatte in ihrer Bewegung endlich das Element ergriffen, durch welches sie die Gemeinschaft der Völker auf immer hervorrief – den Boden der gesellschaftlichen Zustände. [...] Hier in der Tat und nicht in den Kriegen, Siegen und Staatenänderungen, welche alsbald folgten, liegt der Grund, weshalb wirklich die neueste Zeit sich von der früheren mit jenen Jahren scheidet.«[258]

Anhang

Anmerkungen

1 Die Quellenzitate sollen nicht so sehr materielle Fakten als vielmehr zeitgenössische Sichtweisen belegen. Wie später ausgeführt werden soll, beruht die Bedeutung und die Wirkung der Französischen Revolution zu einem wesentlichen Teil auf einer neuen zeitgenössischen Sichtweise von Politik und Gesellschaft, die sich in einer Fülle von Zeugnissen versprachlicht hat. Abgesehen von Archivalien wird unmittelbar aus den Primärquellen selbst zitiert; die Übersetzungen fremdsprachiger Zitate stammen vom Verfasser.

2 Zitiert nach Boutier, Jean, Campagnes en émoi. Révoltes et Révolution en Bas-Limousin, 1789–1800, korrig. Neuauflage, Treignac 1987, S. 38.

3 Ebd., S. 48.

4 Zitiert nach Evrard, Fernand, Les paysans du Mâconnais et les brigandages de juillet 1789, in: Annales de Bourgogne 19 (1947), S. 7–39 und 97–121, hier S. 99.

5 Ebd., S. 116.

6 Zitiert nach Gauthier, Florence, La voie paysanne dans la Révolution française: l'exemple Picard, Paris 1977, S. 149.

7 Zitiert nach Aberdam, Serge, La Révolution et les luttes des métayers, in: Études rurales 59 (Juli/September 1975), S. 73–91, hier S. 90f.

8 Zitiert nach Vovelle, Michel, Ville et campagne au 18e siècle: Chartres et la Beauce, Paris 1980, S. 273.

9 Zitiert nach Dupuy, Roger, De la Révolution à la Chouannerie: Paysans en Bretagne, 1788–1794, Paris 1988, S. 106f.

10 Le Tribun du Peuple, N° 34 (5. November 1794), S. 28.

11 Zitiert nach Dupuy, Roger, Die Illegitimität der Nation als politische Grundlage der Widerstände gegen die Revolution, in: Middell, Matthias (Hg.), Widerstände gegen Revolutionen 1789–1989, Leipzig 1994, S. 39–45, hier S. 43.

12 Markoff, John, Violence, Emancipation, and Democracy: The Countryside and the French Revolution, in: American Historical Review 100 (1995), S. 360–386.

13 Forot, Victor (Hg.), Le club des Jacobins de Tulle. Procès-verbaux de toutes les séances depuis l'origine jusqu'à la dissolution de cette société (1790 à 1795), Tulle 1912. In den chronologischen Sitzungsprotokollen dieses ungewöhnlich langlebigen und gut dokumentierten Klubs, auf denen das vorliegende Kapitel beruht, sind dieses und die folgenden Zitate unter den ge-

nannten Daten leicht auffindbar. Ergänzend zu den Protokollen waren für die folgende Skizze die neueren Arbeiten von Jean Boutier (siehe Bibliographie) besonders hilfreich.

14 Protokolle vom 30. November 1790, 28. Juni und 23./26. Oktober 1791.

15 Siehe ebd. nacheinander unter dem 20. Juli 1791 und dem 21. August 1792.

16 Ebd. unter dem 29. September, 3. Oktober und 1. Dezember 1793.

17 Zitiert nach Forot, Victor, Les Thermidoriens tullois (1794–1795), Paris 1907, S. 58 und 78–89.

18 Zitiert nach Blömeke, Heinrich, Revolutionsregierung und Volksbewegung (1793–1794). Die »Terreur« im Departement Seine-et-Marne (Frankreich), Frankfurt a. M. 1989, S. 94.

19 Ebd., S. 111.

20 Journal de Provence, Jg. 10, N° 1 (4. Mai 1790), S. 4.

21 L'Observateur marseillais, journal patriotique, N° 17 (13. Juni 1790), S. 68.

22 Siehe die Flugschrift »L'Écritoire patriotique. Requête à Camille Desmoulins, Procureur-Général de la Lanterene«, o. O. 1790, S. 6 f.

23 Vgl. die Flugschrift »Marseille sauvée, ou Les trois journées à jamais mémorables«, Marseille 1790, S. 8 f.

24 So die Flugschrift »Marseille sauvée, ou Détail exact du Siège et de la Prise du fort S. Jean de cette Ville, par la Garde nationale et le Peuple«, Marseille 1790, S. 5–8.

25 Zitiert nach Lüsebrink, Hans-Jürgen/Reichardt, Rolf, Die »Bastille«. Zur Symbolgeschichte von Herrschaft und Freiheit, Frankfurt a. M. 1990, S. 200.

26 Ami du Peuple, N° 118 (30. Mai 1790), S. 7 f.

27 Schreiben vom 16. März 1792, zitiert nach Guilhaumou, Jacques, Marseille républicaine (1791–1793), Paris 1992, S. 43.

28 Le Thermomêtre du jour (11. April 1792), zitiert nach ebd., S. 46.

29 Zitiert nach ebd., S. 66.

30 Ebd., S. 77.

31 Ebd., S. 146 f.

32 Ebd., S. 149.

33 Protokoll der 3. Sektion vom 17. April 1793, zitiert nach Scott, William, Terror and Repression in Revolutionary Marseille, London 1973, S. 75.

34 Ebd., S. 88 f.

35 Ebd., S. 257.

36 Zitiert nach der zeitgenössischen Verdeutschung: Pagès, F.-X., Geheime Geschichte der französischen Revoluzion von der Berufung der Notablen bis zum 1. November 1796 [...] Unverändert aus dem Französischen übersetzt, 2 Bde., Paris [d.i. Breslau: Korn] 1797 u. 1798, hier Bd. II, S. 290.

37 Ebd., Bd. I, S. 197 f.

38 Sobry, J.-F., Lettre de l'auteur du Mode françois, où est agitée la question des Assemblées provinciales, o. O. 1787, S. 20 u. 27.

39 Zitiert nach Sieyès, E.J., Politische Schriften 1788–1790, übers. u. hg. von Eberhard Schmidt / Rolf Reichardt, 2. Aufl., München 1980, S. 169.
40 Mémoire présenté au Roi par Monsieur comte d'Artois, M. le prince de Condé, M. le duc de Bourbon, M. le duc d'Enghien et M. le prince de Conti (Dezember 1788), abgedr. in: Archives parlementaires de 1787 à 1860, I. Serie: 1797–1799, hg. von J. Madival/E. Laurent, Bd. 1, Paris 1867, S. 487.
41 Brizard, Gabriel, Modestes observations sur le Mémoire des Princes, o. O. Dezember 1788, S. 6.
42 Zitiert nach der Quellenedition von Chassin, Charles, Les élections et les cahiers de Paris en 1789, Paris 1889, S. 249.
43 Archives parlementaires [wie Anm. 40], Bd. 8, Paris 1875, S. 127.
44 Ebd., S. 108.
45 Siehe gegen Ende Juli veröffentlichte anonyme Flugschrift »Le voile déchiré, ou Les projets des conjurés mis au jour«, o. O. 1789, S. 2f.
46 Ducray-Duminil, François-Guillaume, La Semaine mémorable, ou Récit exact de ce qui s'est passé à Paris depuis le 12 jusqu'au 17 Juillet, Nantes 1789, S. 26.
47 Zitiert nach der anonymen Flugschrift »Le Comte de Lorges, Prisonnier de la Bastille«, Paris 1789, S. 7.
48 Erlanger Real-Zeitung auf das Jahr 1789, N° 59 (31. Juli 1789), S. 527.
49 Zitiert nach Pernoud, Georges / Flaissier, Sabine (Hg.), Die Französische Revolution in Augenzeugenberichten, München 1978, S. 72.
50 Buchez, Philippe J. B./Roux, P. C., Histoire parlementaire de la Révolution française, Bd. 1–19, Paris 1834–1838, hier Bd. 10, S. 269–274.
51 Robert, F., Avantages de la fuite de Louis XVI, et nécessité d'un nouveau gouvernement, Paris 1791, zitiert nach Monnier, Raymonde, L'espace public démocratique. Essai sur l'opinion à Paris de la Révolution au Directoire, Paris 1994, S. 58.
52 Zitiert nach Mathiez, Albert, Le Club des Cordeliers pendant la crise de Varennes et le Massacre du Champ-de-Mars, Paris 1910, S. 45ff.
53 Zitiert nach der Zeitung Révolutions de Paris, N° 115 (17.–24. September 1791), S. 515.
54 So der Bericht der offiziösen Gazette nationale ou le Moniteur, N° 266 (23. September 1791), zitiert nach dem Nachdruck, Bd. 9, Paris 1842, S. 709f.
55 Rabaut-Saint-Étienne, Jean-Paul, Almanach historique de la Révolution française pour l'année 1792, Paris/Straßburg 1791, S. 250f.
56 Veröffentlicht im Moniteur, N° 271 vom 28. September 1791 [Ausgabe wie Anm. 54], Bd. 9, S. 834.
57 So die Zeitung Révolutions de Paris, N° 113 (3.–10. September 1791), S. 440–443.
58 Brissot, J.-B., Discours sur la nécessité de déclarer la guerre aux princes allemands qui protègent les émigrés, Paris 1791, S. 22.

59 Archives parlementaires [wie Anm. 40], Bd. 45, Paris 1895, S. 163 f. Verfaßt wurde diese Adresse von seiner Frau, Jeanne-Marie Roland.
60 Ebd., S. 411 f.
61 Brief des Kommandanten der Freiwilligen-Division des Departements Finistère vom 6. August 1792, zitiert nach Reinhard, Marcel, La Chute de la Royauté: 10 Août 1792, Paris 1969, S. 573.
62 Zitiert nach Reinhard, Chute de la Royauté [wie Anm. 61], S. 584.
63 Artikel 1 des Dekrets vom 10. August, in: Archives parlementaires [wie Anm. 40], Bd. 47, Paris 1896, S. 645.
64 Le Publiciste de la République française, N° 211 (8. Juni 1793), S. 2 f.
65 Marat, J.-P., L'Ami du Peuple aux Français patriotes, Paris, 10. August 1792, S. 3–7.
66 Roux, Jacques, Discours sur le jugement de Louis-le-dernier, sur la poursuite des agioteurs, des accapareurs et des traîtres, Paris 1792, in: ders., Scripta et acta, hg. von Walter Markov, Berlin 1969, S. 82.
67 Robespierre, M., Œuvres, Bd. 9, Paris 1958, S. 121–130.
68 Tolosé, Aux représentants amis du peuple, o. O., Frühjahr 1793.
69 Roux, Scripta et acta [wie Anm. 66], S. 431.
70 Journal de la République française, N° 133 (25. Februar 1793), S. 1 f.
71 Aulard, F.-A. (Hg.), La Société des Jacobins. Recueil de documents pur l'histoire du club des Jacobins de Paris, Bd. V, Paris 1895, S. 126 ff.
72 Lettres de Robespierre à ses commettants, Bd. II, N° 1 (Januar 1793), S. 19.
73 Rede vom 3. April 1793 im Pariser Jakobinerklub, in: Aulard, Société des Jacobins [wie Anm. 71], Bd. V, Paris 1895, S. 179.
74 Abgedruckt in: Archives parlementaires [wie Anm. 40], Bd. 65, Paris 1904, S. 320.
75 Père Duchesne, 2. Serie, N° 240 (Mitte Mai 1793), S. 2 f.
76 Rede des Sprechers Hassenfratz, in: Archives parlementaires [wie Anm. 40], Bd. 65, Paris 1904, S. 688.
77 Konventsrede vom 10. April 1793, in: Archives parlementaires [wie Anm. 40], Bd. 61, Paris 1902, S. 548.
78 Révolutions de Paris, N° 215 (Mitte November 1793), S. 201–207.
79 Roux, Scripta et acta [wie Anm. 66], S. 140–143.
80 Dieses und die folgenden Zitate nach dem Konventsprotokoll, in: Archives parlementaires [wie Anm. 40], Bd. 73, Paris 1908, S. 409–427.
81 Père Duchesne, N° 282 (5. September 1793), S. 7.
82 Archives parlementaires [wie Anm. 40], Bd. 76, Paris 1910, S. 313.
83 Markov, Walter / Soboul, Albert (Hg.), Die Sansculotten von Paris. Dokumente zur Geschichte der Volksbewegung 1793–1794, Berlin 1957, S. 315 ff.
84 Buchez, P.-J.-B. / Roux, P.-C. (Hg.), Histoire de la Révolution française, ou journal des assemblées nationales, Bd. 36, Paris 1838, S. 315–318.
85 Gazette nationale ou le Moniteur, N° 244 (23. Mai 1795), Nachdruck Bd. 24, Paris 1847, S. 498.

86 Correspondance de Napoléon Ier, publiée par ordre de l'Empereur Napoléon III, Bd. 6, Paris 1861, N° 4422, S. 25.

87 Vgl. in diesem Sinne die umfangreiche Übersicht von Kennedy, Emmet, A Cultural History of the French Revolution, New Haven 1989.

88 Gouges, Marie Olympe de, Les Droits de la Femme et de la Citoyenne [Paris 1791], S. 11 f.

89 Zum folgenden v. a. die Quellensammlung: Les Femmes dans la Révolution françaises, 2 Bde. u. 1 Mappe, Paris 1982. Außerdem Godineau, Dominique, Citoyennes tricoteuses: Les femmes du peuple à Paris pendant la Révolution française, Aix-en-Provence 1988; Desan, Suzanne, »Constitutional Amazons«: Jacobin Women's Clubs in the French Revolution, in: Ragan, Bryant T. / Williams, Elizabeth A. (Hg.), Re-creating Authority in Revolutionary France, New Brunswick/N. J. 1992, S. 12–35 u. 177–186; Höfer, Anette / Keilhauer, Annette, »Femme«, in: Reichardt, Rolf / Lüsebrink, Hans-Jürgen (Hg.), Handbuch politisch-sozialer Grundbegriffe in Frankreich 1680–1820, Heft 16/18, München 1996, S. 3–83.

90 Madame B*** B***, Cahier des Doléances et Réclamations des Femmes, »Pays de Caux«, 1789, in: Duhet, Paule-Marie (Hg.), Cahiers et doléances des Femmes en 1789, Paris 1981, S. 50.

91 Requête des Dames à l'Assemblée nationale [Paris 1789]. S. 1 ff. u. 11 f.

92 Gouges, Droits de la Femme [wie Anm. 88], S. 7 u. 9.

93 Condorcet, Sur l'admission des femmes auf droit de cité, in: Journal de la Société de 1789, N° 5 (3. Juli 1790), S. 1–13.

94 Siehe den anonymen Artikel »De l'influence de la révolution sur les femmes«, in: Révolutions de Paris, N° 83 (5.–12. Februar 1791), S. 226–235, hier S. 226.

95 Révolutions de Paris, N° 185 (19.–26. Januar 1793), S. 234 f.

96 Adresse individuelle à l'Assemblée nationale, par les citoyennes de la Capitale [...], Paris 1791, S. 1–4.

97 A.-J. Théroigne de Méricourt, Discours prononcé à la Société fraternelle des Minimes, le 25 mars 1792 [...], Paris 1792, S. 1–7.

98 Dupont, N., Départ de neuf cent citoyennes de Paris [...], suivi de leur pétition, présentée à la Convention nationale [...], Paris 1792, S. 2 u. 6.

99 Révolutions de Paris, N° 213 (28. Oktober–4. November 1793), S. 150 f.

100 Brissot, J.–B., Plan de conduite pour les députés du peuple aux États généraux de 1789 [Paris 1789], S. 91.

101 Ders., Réflexions sur l'état de la société des Électeurs patriotes [...], sur les formes propres à faire de bonnes élections [...], lues à l'assemblée de cette société, dans la séance du 21 décembre 1790, Paris 1790, S. 5.

102 Gueniffey, Patrice, Le nombre et la raison. La Révoution française et les élections, Paris 1993, S. 386–403.

103 So Nicolas de Bonneville im Prospekt seiner Zeitung La Bouche de Fer, Oktober 1790, S. 5.

104 Instruction patriotique en forme de catéchisme, adressé à tous les Citoyens du Département du Puy-de-Dôme [...], Clermont-Ferrand 1791, 39 Seiten.
105 Desgrouas, C.-F., Catéchisme républicain pour servir d'instruction à l'aristocratie bourgeoise, Mortagne [1793], 16 Seiten.
106 Elyada, Ouzi, La Mère Duchesne: Masques populaires et genre pamphlétaire, 1789–1791, in: Annales historiques de la Révolution française 60 (1988), S. 1–16, hier S. 3.
107 Campe, J. H., Briefe aus Paris zur Zeit der Revolution geschrieben, 2. Brief vom 9. August 1789, in: Günther, Horst (Hg.), Die Französische Revolution. Berichte und Deutungen deutscher Schriftsteller und Historiker, Frankfurt a. M. 1985, S. 22f.
108 Mercier, L.-S., Le Nouveau Paris, Bd. I–VI, Paris, Jahr VIII (1799/1800), hier Bd. V, S. 208 (Kap. CCXVI).
109 Campe, Briefe aus Paris [wie Anm. 107], S. 23.
110 Vgl. die Polizeiakten vom 27. Juni 1791 und 12. Januar 1792 (Archives Nationales, AA 40, dossier 1228); Angaben nach Feyel, Gilles, Les frais d'impression et de diffusion de la presse parisienne entre 1789 et 1792, in: Rétat, Pierre (Hg.), La Révolution du Journal, 1788–1794, Paris 1989, S. 77–99, hier S. 86.
111 Lettre de Marat [...] à la Convention nationale, lue à la séance du 13 Avril 1793 [...], imprimée et envoyée aux Départemens et aux Armées, Paris 1793, in: Marat, J.-P., Œuvres politiques 1789–1793, Bd. IX, hg. von Jacques De Cock / Charlotte Goëtz, Brüssel 1995, S. 6102.
112 Journal de la République française, N° 1 (25. September 1792), S. 8.
113 Vgl. nacheinander Godineau, Citoyennes tricoteuses [wie Anm. 89], S. 216 sowie Popkin, Jeremy D., Revolutionary News: The Press in France, 1789–1799, Durham 1990, S. 92.
114 Vergil hatte dagegen weder von Gallien noch von Rhetorik, sondern von imperialer Herrschaft Roms gesprochen: »tu regere imperio populos, Romane, memento (hae tibi erunt artes), pacique imponere morem, parcere subiectis et debellare superbos« (P. Vergilius Maro, Aeneidos, Lib. VI, 851–853).
115 Campe, Briefe aus Paris [wie Anm. 107], S. 26.
116 Aulard, Société des Jacobins [wie Anm. 71], Bd. III, Paris 1892, S. 263.
117 Archives parlementaires [wie Anm. 40], Bd. 52, Paris 1897, S. 451.
118 Aulard, F.-A. (Hg.), Recueil des actes du Comité de salut public, Bd. VI, Paris 1893, S. 443.
119 Boyer-Brun, J.-M., Histoire des caricatures de la révolte des Français, Bd. I, Paris 1792, S. 9f.
120 Journal des Révolutions de l'Europe en 1789 & 1790, Bd. IV, Straßburg/Neuwied 1790, S. 76f. Eine genauere Bildinterpretation bei Herding, Klaus / Reichardt, Rolf, Die Bildpublizistik der Französischen Revolution, Frankfurt a. M. 1989, S. 7–13.

121 So beginnt das mit einer anderen Radierung illustrierte Eröffnungskapitel »Ce que c'est que l'aristocratie« in der anonymen Flugschrift »Étrennes à la vérité ou Almanach des Aristocrates«, Spa 1791, S. 1.

122 Chemin-Dupontès le Jeune, L'Ami des jeunes patriotes, ou Catéchisme républicain dédié aux jeunes Martyrs de la liberté, Paris, Jahr II (1793/94), S. 30–33.

123 [Zschokke, H.], Auszüge aus Briefen eines Norddeutschen an einen Freund in Z. geschrieben aus Paris im April 1796, in: Der neue Teutsche Merkur, Stück 6 (Juni 1796), S. 147–173, hier S. 171.

124 Die folgende Skizze ist besonders den Aufsätzen von Herbert Schneider verpflichtet. Siehe außerdem Mason, Laura, Singing the French Revolution: Popular Culture and Politics, 1781–1799, Ithaca 1996.

125 Lenz, Christian Ludwig, Bemerkungen, auf Reisen in Dänemark, Schweden und Frankreich gemacht, Gotha 1800, S. 556f.

126 Chansons patriotiques du citoyen Piis [Paris 1793/94], S. 2.

127 La Feuille villageoise, Bd. VI, N° 29 (18. April 1793), S. 50.

128 »Chanson républicaine«, in: Marchant, François, La Constitution en Vaudevilles, Paris 1792, S. 134.

129 Révolutions de Paris, N° 131 (7.–14. Januar 1792), S. 94, Anm. 1.

130 Chansonnier de la Montagne, 3. Aufl., Paris, Jahr II (1793/94), S. 82f.

131 Ebd., S. 137 (dt. vom Verfasser, R. R.). Dem Text ist die Melodie von »Qu'en voulez-vous dire?« unterlegt.

132 Zu Einzelheiten und Belegen vgl. Lüsebrink, Hans-Jürgen / Reichardt, Rolf, Oralität und Textfiliation in rezeptionspragmatischer Perspektive, in: Berger, Günter (Hg.), Zur Geschichte von Buch und Leser im Frankreich des Ancien régime, Rheinfelden 1986, S. 111–143.

133 Mehr dazu in der kommentierten Neuausgabe von Reichardt, Rolf, Das Revolutionsspiel von 1791, Frankfurt a. M. 1989.

134 Siehe zum folgenden Lüsebrink / Reichardt, Handbuch [wie Anm. 89], Hefte 1–18, München 1985–1996.

135 Journal de la langue française, N° IV (5. November 1791), S. 122.

136 Révolutions de Paris, N° 18 (7.–14. November 1789), S. 3.

137 La Bouche de Fer, N° 73 (25. Juni 1791), S. 2.

138 Chantreau, P.-N., Dictionnaire national et anecdotique, o. O. 1790, nacheinander S. 154–164, 21f., 98f. u. 123.

139 Desgrouas, Catéchisme républicain [wie Anm. 105], S. 1f.

140 [La Harpe, Jean-François de], Sur l'abus des mots et les effets des différentes variations des idées dans la révolution, in: Mercure français, N° 6 (21. Oktober 1794), S. 161–168, hier S. 164.

141 Robespierre, Œuvres [wie Anm. 67], Bd. 8, S. 311.

142 Sicard, R.-A., Epître sur les mots avec lesquels on nous a gouvernés pendant la Révolution, Paris 1801, S. 6–13.

143 La Bouche de Fer, N° 44 (18. April 1791), S. 172f.

144 Dazu die regionalhistorischen Erhebungen von Meinzer, Michael, Der französische Revolutionskalender 1792–1805: Planung, Durchführung und Scheitern einer politischen Zeitrechnung, München 1992.
145 Révolutions de Paris, N° 185 (19.–26. Januar 1793), S. 224.
146 Zum folgenden u. a. Herding, Klaus, Davids »Marat« als »dernier appel à l'unité révolutionnaire«, in: Idea. Jahrbuch der Hamburger Kunsthalle II (1983), S. 89–112; Bonnet, Jean-Claude (Hg.), La mort de Marat, Paris 1986, u. Germani, Ian, Jean-Paul Marat: Hero and Anti-Hero of the French Revolution, Lewiston 1992.
147 Archives parlementaires [wie Anm. 40], Bd. 70, Paris 1906, S. 343.
148 Ebd., Bd. 72, Paris 1903, S. 643 f.
149 Abgedruckt als erstes Lied im anonymen »Chansonnier de la Montagne« [wie Anm. 130], S. 1.
150 Vgl. das Plakat: Évangile de la Liberté, adressée à l'Être suprême, par les Sans-Culottes de la République Française [Lyon 1793/94].
151 Peutat, Discours des Citoyennes d'Avallon [...] aux Amis de la Constitution, Avallon 1791, S. 6.
152 Zitiert nach Lüsebrink/Reichardt, »Bastille« [wie Anm. 25], S. 153.
153 La Revellière-Lépeaux, L.-M., Essai sur les moyens de faire participer l'universalité des spectateurs à tout ce qui se pratique dans les fêtes nationales, Paris, Jahr VI (1797).
154 Détail des honneurs funèbres rendus hier soir à M. de Mirabeau, par la nation reconnaissante, Paris 1791, S. 3.
155 Zum folgenden bes. Leith, James A., Les trois apothéoses de Voltaire, in: Annales historiques de la Révolution française 51 (1979), S. 161–209, u. Papenheim, Martin, Erinnerung und Unsterblichkeit. Semantische Studien zum Totenkult in Frankreich (1715–1794), Stuttgart 1992, S. 113–238.
156 Gudin de la Brenellerie, P.-P., Réponse d'un ami des grands hommes aux envieux de la gloire de Voltaire [Paris 1791], S. 3 u. 11.
157 Annales patriotiques et littéraires de la France, supplément au N° DCL (14. Juli 1791), S. 1682. Ergänzend: Chronique de Paris, N° 193 (12. Juli 1791), S. 781 f.
158 Lüsebrink, Hans-Jürgen / Reichardt, Rolf, »Kauft schöne Bilder, Kupferstiche ...«: Illustrierte Flugblätter und französisch-deutscher Kulturtransfer 1600–1830, Mainz 1997, S. 102–105.
159 Siehe J.-L. Davids Rapport in: Archives parlementaires [wie Anm. 40], Bd. 68, Paris 1905, S. 565 ff. Hieraus auch die folgenden Zitate zur Beschreibung des Festzugs und der Stationen.
160 Hérault de Séchelles, M.-J., Recueil des six discours prononcés par le président de la Convention nationale, le 10 août l'an 2e de la République, aux six stations de la Fête de l'Unité et de l'Indivisibilité de la République, Paris 1793, S. 1–8.

161 Collignon-Dumont, Catéchisme républicain, ou la France sauvée, N° II, 2. Aufl., Paris 1793/94, S. 17.

162 Révolutions de Paris, N° 211 (20. Juli–3. August 1793), S. 42.

163 Le Conservatoire du Musée National des Arts au Comité d'instruction publique, 7 Pluviôse III (Paris, Februar 1795). Dazu Wescher, Paul, Kunstraub unter Napoleon, Berlin 1976, S. 55–78, u. Harten, Elke, Museen und Museumsprojekte der Französischen Revolution, Münster 1989, S. 180–195.

164 Diese und die folgenden Zitate entstammen dem offiziellen Festprogramm: Fêtes de la liberté et entrée triomphale des objets de sciences et d'arts recueillis en Italie, Paris, Jahr VI (1798), S. 1–23.

165 Ebd., S. 23. Um die Argumentationslinie der Vorlage zu verdeutlichen, erlaubt sich meine Übersetzung einige kleine Freiheiten.

166 Darauf deuten die teils abenteuerlichen Namensverunstaltungen (»Benthoum, Gilleers, Klopsloc, Pestalorri«), in: Gazette nationale ou le Moniteur, N° 241 (28. August 1792), Nachdruck, Bd. XIII, Paris 1847, S. 540f.

167 Archives parlementaires [wie Anm. 40], Bd. 52, Paris 1897, S. 163.

168 Ausführungserlaß vom 9. Januar 1793 zum Dekret vom 15. Dezember 1792, in: Archives parlementaires [wie Anm. 40], Bd. 56, Paris 1899, S. 625.

169 Archives parlementaires [wie Anm. 40], Bd. 55, Paris 1899, S. 70.

170 Siehe Mortier, Roland, Anacharsis Cloots ou l'utopie foudroyée, Paris 1995.

171 Archives parlementaires [wie Anm. 40], Bd. 48, Paris 1896, S. 72.

172 Sitzung vom 26. September 1792, in: ebd., Bd. 52, Paris 1897, S. 593.

173 Dumouriez, C.-F., Adresse à l'armée u. ders., Manifeste du général Dumouriez au peuple de la Belgique, beides abgedruckt in: ebd., Bd. 53, Paris 1898, S. 103.

174 Siehe Wagner, Michael, England und die französische Gegenrevolution 1789–1802, München 1994.

175 Boie, F. C., Ueber Voltairens Vorhersagung der französischen Revoluzion, in: Neues Deutsches Museum I/12 (Dezember 1789), S. 627–638.

176 Siehe zum Hintergrund der folgenden Portraitskizze den Ausstellungskatalog: Weltbürger – Europäer – Deutscher – Franke. Georg Forster zum 200. Todestag, hg. von Rolf Reichardt / Geneviève Roche, Mainz 1994, sowie den Tagungsband: Georg Forster in interdisziplinärer Perspektive, hg. von Claus-Volker Klenke / Jörn Garber / Dieter Heintze, Berlin 1994.

177 Brief an Friedrich Heinrich Jacobi vom 2. Januar 1789, in: Forster, Georg, Werke, hg. von der Akademie der Wissenschaften in Berlin, Bd. XV, Berlin 1981, S. 231. Da die Forster-Briefe in dieser Werkausgabe in chronologischer Reihenfolge ediert sind (Briefe *von* Forster: Bd. XIII–XVII, 1978–1989; Briefe *an* Forster: Bd. XVIII, 1982), sollen im folgenden die Datumsangaben als Nachweis ausreichen.

178 Rezension des Berichts von J.-P. Brissot über seine USA-Reise in: Göttingische Gelehrte Anzeigen, Januar 1782 (Forster, Werke [wie Anm. 177], Bd. XI, Berlin 1977, S. 312–336, hier S. 312).

179 Gemeint sind sein Anfang 1792 abgeschlossener, aber erst 1794 postum in den »Friedens-Präliminarien« veröffentlichter Aufsatz über »Revolutionen und Gegenrevolutionen im Jahre 1790« sowie seine im Frühherbst 1792 verfaßten »Erinnerungen aus dem Jahr 1790« (Berlin 1793), beides in: Forster, Werke, Bd. VIII, 2. Aufl. Berlin 1991, S. 234–352.

180 Forster, Werke, Bd. X/1, hg. von Klaus-Georg Popp, Berlin 1989, S. 23, 14 u. 17.

181 Überliefert bei Hoffmann, Anton, Darstellung der Mainzer Revolution, Frankfurt a. M. u. Leipzig 1793 u. 1794, S. 578, Anmerkung.

182 Flugblatt »Das Te Deum Laudamus der Franken, wie es am letzt verflossenen Sonntag, den 13ten Januar 1793, bey Gelegenheit des großen Festes des Generals Custine in Mainz gesungen worden«, Mainz 1793.

183 So das anonyme Pamphlet: »Mainz im Genusse der durch die Franzosen errungenen Freiheit und Gleichheit, oder die Leiden der treuen Mainzer Bürger unter dem Joche der Franzosen und Klubisten«, o. O. 1793, S. 137f.

184 Forster, Werke [wie Anm. 180], Bd. X/1, S. 173. Die folgenden Zitate aus Forsters Zeitung, die aus derselben Edition stammen, sind durch die Nennung von Nummer und Datum ausreichend nachgewiesen.

185 Vgl. die plakatierten Bekanntmachungen dieser Beschlüsse, überliefert im Stadtarchiv Mainz: Bestand 11/101, fol. 151 u. 150.

186 Siehe Forsters im Herbst 1793 verfaßte, aber erst postum veröffentlichte Schrift »Parisische Umrisse«, in: Forster, Werke [wie Anm. 180], Bd. X/1, S. 596, 602, 610, 618 u. 634.

187 Zum folgenden grundlegend Dumont, Franz, Die Mainzer Republik von 1792/93: Studien zur Revolutionierung von Rheinhessen und der Pfalz, 2. verm. Aufl., Alzey 1993. Siehe auch Reichardt, Rolf, »Im Namen der Frankenrepublik«: Aux origines d'une culture démocratique en Allemagne (Pays rhéno-palatins, 1792/1793), in: Annales historiques de la Révolution françaises 66 (1994), S. 235–255.

188 Sitzungsprotokoll vom 10. Dezember 1792, in: Scheel, Heinrich (Hg.), Die Mainzer Republik I: Protokolle des Jakobinerklubs, 2. Aufl., Berlin 1984, S. 369.

189 Ebd., S. 431–439 u. 641–650.

190 Dazu die eindringliche Quellenstudie von Thiele, Gunter, Frühe deutsche Freiheitsbewegungen zwischen Elsaß und Kurpfalz, in: Reese, Armin (Hg.), Eigenständigkeit und Integration. Das Beispiel Rhein-Neckar-Raum, Villingen-Schwenningen 1987, S. 119–204.

191 Zitiert nach Dumont, Mainzer Republik [wie Anm. 187], S. 183 u. 192.

192 Scheel, Mainzer Republik I [wie Anm. 188], S. 186. Der Text dieser Adresse ist leider nicht überliefert.

193 Hoffmann, Darstellung der Mainzer Revolution [wie Anm. 181], S. 357.

194 Dumont, Franz, Revolution auf dem Land: Die Bermersheimer Unruhen von 1792/93, in: Alzeyer Geschichtsblätter 13 (1978), S. 136–156, hier S. 144.

195 Sitzung vom 21. Februar 1793, in: Scheel, Mainzer Republik I [wie Anm. 188], S. 723.

196 Siehe Mathy, Helmut, Die Nackenheimer Revolution von 1792/93, Nackenheim 1967, u. Dumont, Mainzer Republik [wie Anm. 187], S. 348f. u. 286.

197 Hoffmann, Darstellung der Mainzer Revolution [wie Anm. 181], S. 133f.

198 Ebd., S. 320 u. 325. Siehe auch Scheel, Heinrich (Hg.), Die Mainzer Republik II: Protokolle des Rheinisch-deutschen Nationalkonvents mit Quellen seiner Vorgeschichte, Berlin 1981, S. 144, sowie Dumont, Mainzer Republik [wie Anm. 187], S. 126.

199 Cotta, F. C., Wie gut es die Leute am Rhein und an der Mosel jezt haben können!, Mainz 1792, S. 13.

200 Ders., Handwerker- und Bauern-Kalender des alten Vaters Gerhard, Mainz 1793, S. V u. 37–47. Siehe auch Neugebauer-Wölk, Monika, Der Bauernkalender des Jakobiners Friedrich Christoph Cotta, in: Tel Aviver Jahrbuch für Deutsche Geschichte 14 (1985), S. 75–111.

201 Dumont, Franz (Hg.), Briefe aus der Mainzer Republik, in: Jahrbuch für westdeutsche Landesgeschichte 3 (1977), S. 305–349, hier S. 322f.

202 Siehe Neugebauer-Wölk, Monika, Das Rote und das Schwarze Buch – zur politischen Symbolik der Mainzer Jakobiner, in: Die Publizistik der Mainzer Jakobiner und ihrer Gegner, Mainz 1993, S. 52–68.

203 Dumont, Mainzer Republik [wie Anm. 187], S. 80, 124, 130ff., 152–159, 188–192, 196 (Karte), 271, 280, 310ff. u. 339f.

204 Instruktion für die Kommissärs, welche die Stimmen des Volks in den Städten und auf dem Lande zu Speyer, Worms und Mainz über eine neue Verfassung aufnehmen sollen, in: Hoffmann, Darstellung der Mainzer Revolution [wie Anm. 181], S. 508–515 (Beilage 27).

205 Dumont, Mainzer Republik [wie Anm. 187], S. 166–169, 195 u. 203.

206 Siehe ebd., S. 317–332.

207 Ebd., S. 399–450. Außerdem Dumont, Franz, Die Mitglieder des Rheinisch-deutschen Nationalkonvents zu Mainz, in: Archiv für Hessische Geschichte und Altertumskunde 40 (1980), S. 143–185.

208 Zum folgenden Reichardt, Rolf, Französische Revolutionskultur in Mainz 1792–1801, in: Die Publizistik [wie Anm. 202], S. 11–51.

209 Mainzer Zeitung, N° 13 (22. Januar 1798), S. 1. Festredner war der Vorsitzende der Munizipalität Adam Umpfenbach.

210 Berathschlagung der Munizipalverwaltung des Kantons, und der Gemeinde Mainz. Sitzung vom 24. Nivos 7ten Jahrs der [...] fränkischen Republik (zweisprachiger Druck), Mainz 1799, S. 1f.

211 Mulot, F.-V., Rede gesprochen in Mainz am Jahresfest der Bestrafung des letzten Königs der Franken, Mainz 1799, S. 3f. u. 15f.

212 Wedekind, G., Haß dem Königthume und der Anarchie, öffentlich gesprochen zu Mainz am 2ten Pluviose 7ten Jahres der Frankenrepublik, Mainz 1799, S. 7f.

213 Programme pour la Fête du Quatorze Juillet, à célébrer dans la Commune de Mayence, le 26 Messidor l'an six, Mainz 1798.

214 Mainzer Zeitung, N° 120/2 (16. Juli 1798), S. 1. Ebd. auch das folgende Zitat.

215 Lembert, A., Rede für die Feier des vierzehnten Juli, gehalten zu Mainz, am 26 Messidor 6, Mainz 1798, S. 3–6.

216 Mehr dazu bei Dumont, Franz, Mainzer Republik und Donnersbergdepartement in: Gerlich, Alois (Hg.), Vom Alten Reich zu neuer Staatlichkeit, Wiesbaden 1982, S. 45–75; ders., Von Mainz nach Hambach? Kontinuität und Wandel im Lebensweg rheinischer und pfälzischer Jakobiner, in: Rödel, Volker (Hg.), Die Französische Revolution und die Oberrheinlande (1789–1798), Sigmaringen 1991, S. 205–221.

217 Exemplarisch für die umfangreiche Literatur seien genannt: Berding, Helmut (Hg.), Soziale Unruhen in Deutschland während der Französischen Revolution, Göttingen 1988; Reith, Reinhold / Griessinger, Andreas / Eggers, Petra, Streikbewegungen deutscher Handwerksgesellen im 18. Jahrhundert, Göttingen 1992; Haasis, Hellmut G., Gebt der Freiheit Flügel: Die Zeit der deutschen Jakobiner 1789–1805, Bd. 1–2, Reinbek 1989.

218 Minerva XIV/6 (Juni 1795), S. 562f.

219 Nachweise und Differenzierungen zur folgenden Skizze durchgehend in dem Sammelband: Lüsebrink, Hans-Jürgen / Reichardt, Rolf / Keilhauer, Annette / Nohr, René (Hg.), Kulturtransfer im Epochenumbruch: Frankreich – Deutschland 1770 bis 1815, Leipzig 1997. Diesem Werk liegt eine noch unveröffentlichte bibliographische Datenbank französisch-deutscher Übersetzungen zugrunde, aus der die folgenden Zahlenangaben stammen.

220 Siehe dazu die Kongreßakten: Französische Revolution und deutsche Öffentlichkeit. Wandlungen in Presse und Alltagskultur am Ende des 18. Jahrhunderts, hg. von Holger Böning, München 1992, sowie den Quellenband von Theo Stammen / Friedrich Eberle (Hg.), Deutschland und die Französische Revolution 1789–1806, Darmstadt 1988.

221 Reichardt, Rolf, Die deutsche Bibliothek der Französischen Revolution oder: Wie jakobinisch war die Revolutionsrezeption im Südwesten?, in: Rödel, Französische Revolution [wie Anm. 216], S. 147–179, hier S. 170–175.

222 Lehmstedt, Mark, Über den Anteil des Leipziger Buchhandels am literarischen Austausch zwischen Frankreich und Deutschland: Das Beispiel der Peter Philipp Wolfschen Buchhandlung in Leipzig (1795–1803), in: Lüsebrink u. a., Kulturtransfer [wie Anm. 219], S. 401–439.

223 [Hennings, A.], Bemerkungen über Leserei, und über den Einfluß der kritischen Journäle auf die Lesewelt, in: Genius der Zeit III/12 (Dezember 1795), S. 437–446, hier S. 441.

224 Fliegende Blätter, dem französischen Krieg und dem Revolutionswesen unsrer Zeiten gewidmet, Heft 1 (Hannover, Januar 1794), unpaginiertes Avertissement.

225 Mehr dazu und zum folgenden Beispiel bei Reichardt, Rolf, Die »Revolution« – »ein magischer Spiegel«: Historisch-politische Begriffsbildung in französisch-deutschen Übersetzungen, in: Lüsebrink u. a., Kulturtransfer [wie Anm. 219], S. 879–999.

226 Mallet du Pan, J., Betrachtungen über das Wesen der Französischen Revolution, in: Friedens-Präliminarien I/3 (1793), S. 250–282, sowie I/4 (1793), S. 383–399, hier nacheinander S. 266, 281 u. 389f. (Zitat).

227 Ders., Über die französische Revolution und die Ursachen ihrer Dauer, übersetzt und mit einer Vorrede und Anmerkungen versehen von Friedrich Gentz, Berlin 1794, S. 15, 100ff., 115, 141–147.

228 Eine Fülle von Belegen enthalten die Sammelbände: Dickinson, H. T. (Hg.), Britain and the French Revolution, 1789–1815, New York 1989; Crossley, Ceri / Small, Ian (Hg.), The French Revolution and British Culture, Oxford 1989; Philp, Mark (Hg.), The French Revolution and British Popular Politics, Cambridge 1991.

229 Siehe die monumentale Dokumentation von Claeys, Gregory (Hg.), The Political Writings of the 1790s: The French Revolution Debate in Britain, 8 Bde., London 1995, mit einer wichtigen Einleitung des Herausgebers in Bd. 1, S. XVII–LVI.

230 Die folgende Skizze stützt sich v. a. auf Lottes, Günther, Politische Aufklärung und plebejisches Publikum. Zur Theorie und Praxis des englischen Radikalismus im späten 18. Jahrhundert, München 1979.

231 Siehe ebd., S. 207f.

232 Dazu u. a. Dickinson, H. T., Popular Loyalism in Britain in the 1790s, in: Hellmuth, Eckhart (Hg.), Transformation of Political Culture: England and Germany in the Late Eighteenth Century, Oxford 1990, S. 503–533, sowie Weinzierl, Michael, »Freiheit, Eigentum und keine Gleichheit«: Die Transformation der englischen politischen Kultur und die Anfänge des modernen Konservatismus 1791–1812, München 1993.

233 Lottes, Politische Aufklärung [wie Anm. 230], S. 175.

234 Zum folgenden insbes. Elliott, Marianne, Partners in Revolution: The United Irishmen and France, 2. Aufl., New Haven 1989; Gough, Hugh / Dickson, David (Hg.), Ireland and the French Revolution, Dublin 1990; Curtin, Nancy F., United Irishmen: Popular Politics in Ulster and Dublin, 1791–1798, Oxford 1994.

235 Aus einem handschriftlichen Verfassungsentwurf Giovanni Antonio Ranzas für Piemont (1796), zitiert nach Criscuolo, Vittorio, Die Französische

Revolution und die italienischen Jakobiner, in: Timmermann, Heiner (Hg.), Die Französische Revolution und Europa 1789–1799, Saarbrücken-Scheidt 1989, S. 493–512, hier S. 498.

236 Monitore italiano politico letterario, 2. Trimester, N° 19 (13. Juni 1793). Zum regionalhistorischen Hintergrund Vaccarino, Giorgio, I giacobini piemontesi, 2 Bde., Rom 1989.

237 Bonafous, I. / Ranza, G. A., Al Cittadino Buonaparte, generale in capo dell'armata francese, per la libertà italiana, i deputati del popolo d'Alba (26. April 1796).

238 Il repubblicano Ranza al marchese di S. Marzano a Torino, Mailand 1796; Difesa della insurrezione di Bergamo, Brescia e Crema contro la dottrina realistica del professor Tamburini, Mailand 1797.

239 Entsprechende Auszüge sind abgedruckt bei Felice, Renzo De (Hg.), I giornali giacobini italiani, Mailand 1962, S. 357f., 148f., 475 u. 219–227.

240 Siehe allgemein die Studien von Felice, Renzo De, Italia giacobina, Neapel 1965.

241 Dazu Zaghi, Carlo, Il Direttorio francese e la Repubblica Cisalpina, 2 Bde., Rom 1992.

242 Correspondance de Napoléon Ier, [wie Anm. 86], Bd. 1, Paris 1858, S. 297f.

243 Zweisprachiges (französisch-italienisches) Plakat von 1798 ohne Titel.

244 Siehe den Sammelband: Marcelli, Umberto (Hg.), Dalla federazione alla Repubblica. Atti dei Congressi e costituzione (1796–1797), Bologna 1987.

245 Peroni, Baldo, La »Società popolare« di Milano: 1796–1799, in: Rivista storica italiana 66 (1954), S. 511–517. Dort sind auch die folgenden Quellenzitate belegt.

246 Giornale de' patrioti d'Italia [11.–13. Juli 1797], in: Felice, Giornali giacobini [wie Anm. 239], S. 334.

247 Galdi, M., Saggio d'istruzione pubblica rivoluzionaria [1798], in: Felice, Giornali giacobini [wie Anm. 239], Bd. I, S. 223f.

248 L'Aurora, E. M., All'Italia nelle tenebre l'Aurora porta la luce. Riflessioni filosofiche e morali [...] [Rom 1796], in: Felice, Giornali giacobini [wie Anm. 239], Bd. I, S. 157 u. 174.

249 Termometro politico della Lombardia [13.–17. September 1796], in: Felice, Giornali giacobini [wie Anm. 239], Bd. I, S. 259f.

250 In: Saitta, Armando (Hg.), Alle origine del Risorgimento: I teste di un »celebre« concorso (1796), 3 Bde., Rom 1964, hier Bd. I, S. 86.

251 In: Felice, Giornali giacobini [wie Anm. 239], Bd. I, S. 22 u. 24. Interpretation und weitere Beispiele bei Kapp, Volker, Revolution und Rhetorik in Italien, in: Jüttner, Siegfried (Hg.), Die Revolution in Europa – erfahren und dargestellt, Frankfurt a. M. 1991, S. 131–147.

252 Giornale de' Patrioti d'Italia, N° 14 (18. Februar 1797).

253 L'Aurora, All'Italia [wie Anm. 248].

254 Galdi, M., Dei rapporti politico-economici dell'Italia libera con la Francia, e col resto d'Europa [Mailand 1796], in: Felice, Giornali giacobini [wie Anm. 239], Bd. II, S. 207–364, hier S. 219 u. 235. Dazu Leonardi, Mario, L'Apport des républiques italiennes et l'achèvement de la Révolution, in: Annales historiques de la Révolution française 66 (1994), S. 297–305.

255 Rebmann, Georg Friedrich, Vollständige Geschichte meiner Verfolgungen und meiner Leiden [Herbst 1796], in: ders., Werke und Briefe, hg. von Werner Greilin / Wolfgang Ritschel, Bd. II, Berlin 1990, S. 94 f.

256 Minerva, Bd. 44 (November 1802), S. 261–273.

257 Arndt, E. M., Über zukünftige ständische Verfassungen in Teutschland [1814], in: ders., Ausgewählte Werke, hg. von Robert Geerds, Teil 11, Leipzig 1908, S. 197–250, hier S. 208 f.

258 Stein, L. von, Geschichte der sozialen Bewegung in Frankreich von 1789 bis auf unsere Tage [1842–1850], hg. von Gottfried Salomon, 3 Bde., München 1921, hier Bd. I, S. 265 f.

Auswahlbibliographie

Die folgende Zusammenstellung beschränkt sich auf neue Forschungsliteratur aus dem Umkreis des Bicentenaire (ohne Aufsätze). In den Anmerkungen zitierte Titel brauchen hier nicht wiederholt zu werden. Ältere klassische Darstellungen und Quellenstudien sind in den allgemeineren Titeln der folgenden Bibliographie verzeichnet.

Nachschlagewerke und Forschungsberichte zur Französischen Revolution

Caldwell, Ronald J., The Era of the French Revolution: A Bibliography of the History of Western Civilization, 1789–1799, 2 Bde., New York 1985 (42 420 Titel).

Fierro, Alfred / Klauber, Véronique, Bibliographie de la Révolution française, 1940–1988, 2 Bde., Paris 1989 (Ergänzung von Martin und Walter, 31 960 Titel).

Historical Dictionary of the French Revolution, 1789–1799, hg. von Samuel F. Scott / Barry Rothaus, 2 Bde., Westport 1985.

Jeschonnek, Bernd, Revolution in Frankreich 1789–1799, Berlin 1989 (handlich, präzise).

Lemay, Edna Hindie, Dictionnaire des Constituants, 1789–1791, 2 Bde., Paris 1991.

Recherches sur la Révolution française. Un bilan des travaux scientifiques du Bicentenaire, hg. von Michel Vovelle / Antoine de Baecque, Paris 1991.

Soboul, Albert (Hg.), Dictionnaire historique de la Révolution française, Paris 1989 (bestes und reichhaltigstes Lexikon).

Kritisches Wörterbuch der Französischen Revolution, hg. von François Furet / Mona Ozouf, 2 Bde., Frankfurt a. M. 1996 (frz. 1988, historiographische Essays).

Solé, Jacques, La Révolution en questions, Paris 1988 (brillante Skizze der wichtigsten Streitfragen).

200. Jahrestag der Französischen Revolution. Kritische Bilanz der Forschungen zum Bicentenaire, hg. von Katharina und Matthias Middell, Leipzig 1992.

Einige der wichtigsten Tagungsakten (oft mit kulturhistorischem Akzent)

L'Art au temps de la Révolution française, 8 Bde., Straßburg 1992.

Culture and Revolution: Cultural Ramifications of the French Revolution, hg. von George Levitine, College Park 1989.

L'Écrivain devant la Révolution, 1780–1800, hg. von Jean Sgard, Grenoble 1990.
L'Enfant, la famille et la Révolution française, hg. von Marie-Française Lévy, Paris 1989.
L'Espace et le temps reconstruits. La Révolution française, une révolution des mentalités et des cultures?, hg. von Philippe Joutard, Aix-en-Provence 1990.
État, finances et économie pendant la Révolution française, hg. von Guy Antonetti, Paris 1991.
Les Femmes et la Révolution française, hg. von Marie-France Brive, 3 Bde., Toulouse 1990.
Die Französische Revolution als Bruch des gesellschaftlichen Bewußtseins, hg. von Reinhart Koselleck/Rolf Reichardt, München 1988.
The French Idea of Freedom: The Old Regime and the Declaration of Rights of 1789, hg. von Dale van Kley, Stanfort 1994.
The French Revolution and the Creation of Modern Political Culture, hg. von Keith M. Baker/Colin Lucas/François Furet/Mona Ozouf, 4 Bde., Oxford 1987–1994.
The French Revolution in Culture and Society, hg. von David G. Troyansky u. a., New York 1991.
Histoire politique pendant la Révolution française, 2 Bde., Paris 1992.
Iconographie et image de la Révolution française, hg. von Claudette Hould, Montréal 1990.
L'Image de la Révolution française, 4 Bde., hg. von Michel Vovelle, Paris 1989–1990.
Les Images de la Révolution française, hg. von Michel Vovelle, Paris 1988.
Langages de la Révolution (1770–1815), hg. von Annie Geffroy, Paris 1995.
La Légende de la Révolution, hg. von Christian Croisille, Clermont-Ferrand 1988.
Livre et Révolution, hg. von Roger Chartier / Daniel Roche, Paris 1989.
Music and the French Revolution, hg. von Malcolm Boyd, Cambridge 1991.
Paris et la Révolution, hg. von Michel Vovelle, Paris 1989.
The Press in the French Revolution, hg. von Harvey Chisick, Oxford 1991.
Les résistances à la Révolution, hg. von François Lebrun / Roger Dupuy, Paris 1987.
La Révolution et l'ordre juridique privé: rationalité ou scandale?, hg. von Françoise Brunel / Jean Bart u. a., 2 Bde., Orléans 1988.
Révolution et République: l'exception française, hg. von Michel Vovelle/Raymonde Monnier, Paris 1994.
La Révolution française et le développement du capitalisme, hg. von Jean-Pierre Hirsch / Gérard Gayot, Lille 1989 (= Revue du Nord, Sonderheft N° 5).
La Révolution française et le monde rural, hg. von Michel Vovelle / Danielle le Monnier / Marie-Claude al Hamchari / Serge Aberdam, Paris 1989.

La Révolution française et les processus de socialisation de l'homme moderne, hg. von Claude Mazauric, Rouen 1989.
Révolution française et »vandalisme révolutionnaire«, hg. von Simone Bernard-Griffiths / Marie-Claude Chemin / Jean Ehrard, Paris 1992.
Le Tambour et la Harpe. Œuvres, pratiques et manifestations musicales sous la Révolution, 1788–1800, hg. von Jean-Rémy Julien und Jean Mongrédien, Paris 1991.
Terreur et représentation, hg. von Pierre Glandes, Grenoble 1996.
Le tournant de l'an III. Réaction et Terreur blanche dans la France révolutionnaire, hg. von Michel Vovelle, Paris 1997.
1789–1799. Nouveaux chantiers d'histoire révolutionnaire, hg. von Michel Vovelle, Paris 1995.

Die wichtigsten allgemeineren Ausstellungskataloge zum Bicentenaire

Europa 1789: Aufklärung – Verklärung – Verfall, hg. von Werner Hofmann, Köln 1989 (Hamburger Kunsthalle).
French Caricature and the French Revolution, 1789–1799, Los Angeles 1989.
L'Image de la Révolution française, hg. von Claudette Hould, Québec 1989.
La Révolution française et l'Europe: 1789–1799, 3 Bde., Paris 1989 (Paris, Grand Palais).
Revolution in Print: The Press in France, 1775–1800, hg. von Robert Darnton/Daniel Roche, Berkeley 1989.
Sklavin oder Bürgerin? Französische Revolution und neue Weiblichkeit 1760–1830, hg. von Viktoria Schmidt-Linsenhoff, Marburg 1989 (Historisches Museum Frankfurt).

Allgemeine Darstellungen der Französischen Revolution

Atlas de la Révolution française, hg. von Serge Bonin/Claude Langlois, bisher 10 Hefte, Paris 1987–1997 (neuartig, gründlich, graphisch brillant).
Doyle, William, The Oxford History of the French Revolution, Oxford 1989.
Die Französische Revolution, hg. von Rolf Reichardt, Freiburg 1988 (Epochen-Ploetz mit Bildkommentaren).
Furet, François, La Révolution, 1770–1880, Paris 1988 (ideengeschichtlichere Sicht als in der mit Denis Richet verfaßten Darstellung von 1965).
Jones, Colin, The Longman Companion to the French Revolution, London 1988.
Vovelle, Michel, La découverte de la politique: géopolitique de la Révolution française, Paris 1993 (Kartographie möglichst aller Aspekte).
Woloch, Isser, The New Regime: Transformations of the French Civic Order, 1789–1820, New York 1994.

Politische und sozioökonomische Aspekte der Französischen Revolution

Ado, Anatolij V., Die Bauern in der Französischen Revolution 1789–1794, Leipzig 1997.

Baczko, Bronislaw, Comment sortir de la Terreur: Thermidor et la Révolution, Paris 1989.

Blanning, Timothy C. W., The French Revolutionary Wars 1787–1802, London 1996.

Botsch, Elisabeth, Eigentum in der Französischen Revolution. Gesellschaftliche Konflikte und Wandel des sozialen Bewußtseins, München 1992.

Brasart, Patrick, Paroles de la Révolution: les assemblées parlementaires, 1789–1794, Paris 1988.

Fitzsimmons, Michael P., The Remaking of France: The National Assembly and the Constitution of 1791, Cambridge 1994.

Forrest, Alan, Conscripts and deserters. The Army and French Society during the Revolution and Empire, New York 1989.

Furet, François / Halévi, Ran, La monarchie républicaine: la Constitution de 1791, Paris 1996.

La Gironde et les Girondins, hg. von François Furet / Mona Ozouf, Paris 1991.

Hampson, Norman, Vor dem Terror. Das revolutionäre Frankreich 1789–1791, Wien 1989.

Hincker, François, La Révolution française et l'économie. Décollage ou catastrophe?, Paris 1989.

Jones, P. M., Reform and Revolution in France: The Politics of Transition, 1774–1791, Cambridge 1995.

Landes, Joan B., Women and the Public Sphere in the Age of the French Revolution, Ithaca 1988.

Margadant, Ted W., Urban Rivalries in the French Revolution, Princeton 1992.

Markoff, John, The Abolition of Feudalism: Peasants, Lords, and Legislators in the French Revolution, University Park 1997.

Outram, Dorinda, The Body and the French Revolution: Sex, Class, and Political Culture, New Haven 1989.

Ozouf-Marignier, Marie-Vic, La formation des départements, Paris 1989.

La Protection sociale sous la Révolution française, hg. von Jean Imbert, Paris 1990.

Slavin, Morris, The Hébertistes to the Guillotine: Anatomy of a »Conspiracy« in Revolutionary France, Baton Rouge 1994.

Tackett, Timothy, Becoming a Revolutionary: The Deputies of the French National Assembly and the Emergence of a Revolutionary Culture (1789–1790), Princeton 1996.

Zur kulturellen Dimension der Revolution in Frankreich

Arasse, Daniel, Die Guillotine. Die Macht der Maschine und das Schauspiel der Gerechtigkeit, Reinbek 1988 (mustergültige Fallstudie).

»Aux armes et aux arts!« Les arts de la Révolution, 1789–1799, hg. von Philippe Bordes/Régis Michel, Paris 1988.
Baecque, Antoine de, Le corps de l'histoire. Métaphores et politique (1770–1800), Paris 1993.
Baker, Keith M., Inventing the French Revolution, Cambridge 1990 (gesammelte Aufsätze).
La Carmagnole des Muses. L'homme de lettres et l'artiste dans la Révolution, hg. von Jean-Claude Bonnet, Paris 1991.
Dhombres, Jean/Dhombres, Nicole, Naissance d'un pouvoir: science et savants en France, 1793–1825, Paris 1989.
Duprat, Annie, Le roi décapité. Essai sur les imaginaires politiques, Paris 1992.
Elyada, Ouzi, Presse populaire et feuilles volantes de la Révolution à Paris, 1789–1792, Paris 1991.
Gauthier, Florence, Triomphe et mort du droit naturel en Révolution: 1789–1795–1802, Paris 1992.
Guilhaumou, Jacques, Sprache und Politik in der Französischen Revolution, Frankfurt a. M. 1989.
Harten, Hans-Christian, Elementarschule und Pädagogik in der Französischen Revolution, München 1990.
Hesse, Carla, Publishing and Cultural Politics in Revolutionary Paris, 1789–1810, Berkeley 1991.
Heuvel, Gerd van den, Der Freiheitsbegriff der Französischen Revolution, Göttingen 1988.
Jourdan, Annie R. M., Les Monuments de la révolution 1770–1804: une histoire de représentation, Paris 1997.
Kennedy, Emmet, A Cultural History of the French Revolution, New Haven 1989.
Langlois, Claude, La caricature contre-révolutionnaire, Paris 1988.
Leith, James A., Space and Revolution: Projects for Monuments, Squares, and Public Buildings in France, 1789–1799, Montréal 1991.
Literatur der Französischen Revolution, hg. von Henning Krauß, Stuttgart 1988.
Naissance du journal révolutionnaire: 1789, hg. von Claude Labrosse/Pierre Rétat, Lyon 1989.
Popkin, Jeremy D., Revolutionary News: The Press in France, 1789–1799, Durham/London 1990.
Pratiques religieuses, mentalités et spiritualités dans l'Europe révolutionnaire (1770–1820), hg. von Paule Lerou/Raymond Dartevelle, Paris 1988.
Religion et Révolution, hg. von Jean-Clément Martin, Paris 1994.
Thomas, Chantal, »La Reine scélérate«: Marie-Antoinette dans les pamphlets, Paris 1989.
Vovelle, Michel, La Révolution contre l'Eglise: de la Raison à l'Être suprême, Brüssel 1988.

Die Französische Revolution in der Provinz

Bossenga, Gail, The Politics of Privilege: Old Regime and Revolution in Lille, Cambridge 1991.

Bourdin, Philippe, Les lieux, les mots, les révolutionnaires: le Puy-de-Dôme entre 1789 et 1799, Clermont-Ferrand 1995.

Désert, Gabriel, La Révolution française en Normandie, 1789–1800, Toulouse 1989.

Edmonds, William D., Jacobinism and the Revolt of Lyon, 1789–1793, Oxford 1990.

Fin de l'Ancien régime et Révolution en Haut-Languedoc et Pays tarnais, Albi 1991.

Forrest, Alan, The Revolution in Provincial France: Aquitaine, 1789–1799, Oxford 1996.

Fournier, Georges, Démocratie et vie municipale en Languedoc du milieu du XVIIIe au début du XIXe siècle, 2 Bde., Toulouse 1994.

Hanson, Paul R., Provincial Politics in the French Revolution: Caen and Limoges, 1789–1794, Baton Rouge 1989.

Jessenne, Jean-Pierre, Pouvoir au village et Révolution: Artois 1760–1848, Lille 1987.

Lemarchand, Guy, La fin du féodalisme dans le Pays de Caux, Paris 1989.

Le Limousin en Révolution, hg. von Jean Boutier, Treignac 1989.

Les Paysans et la Révolution en pays de France, Gonesse 1989.

Pérouas, Louis / D'Hollander, Paul, La Révolution française – une rupture dans le christianisme? Le cas du Limousin (1775–1822), Treignac 1988.

Les Pratiques politiques en province à l'époque de la Révolution française, Montpellier 1988.

Reshaping France: Town, Country and Region during the French Revolution, hg. von Alan Forrest / Peter Jones, Manchester 1991.

Révolution et Bretagne: apprendre à construire son histoire, hg. von Jacques Chérel, Rennes 1993.

Révolution et Contre-révolution dans la France du Midi (1789–1799), hg. von Jean Sentou, Toulouse 1991.

La Révolution française et l'Alsace, 8 Bde., Cernay 1989–96.

Die Revolution und Europa

Le cheminement de l'idée européenne dans les idéologies de la paix et de la guerre, hg. von Marita Gilli, Besançon 1991.

Echo und Wirkungen der Französischen Revolution bei den slawischen Völkern und ihren Nachbarn, hg. von Erich Donnert, Bern 1996.

L'Espagne et la France à l'époque de la Révolution française (1793–1807), hg. von Jean Sagnes, Perpignan 1993.

The Impact of the French Revolution on European Consciousness, hg. von H. T. Mason / William Doyle, Gloucester 1989.

Région, Nation, Europe: Unité et Diversité des processus sociaux et culturels de la Révolution française, hg. von Marita Gilli, Besançon 1988.

Remous révolutionnaires: République batave, Armée française, hg. von Annie Jourdan/Joep Leerssen, Amsterdam 1996.

Deutschland und die Französische Revolution

Buchholz, Christopher, Französischer Staatskult 1792–1813 im linksrheinischen Deutschland, Bern 1997.

Danelzik-Brüggemann, Christoph, Ereignisse und Bilder. Bildpublizistik und politische Kultur in Deutschland zur Zeit der Französischen Revolution, Berlin 1996.

Deutschland und Frankreich im Zeitalter der Französischen Revolution, hg. von Helmut Berding / Etienne François / Hans-Peter Ullmann, Frankfurt a. M. 1989.

Französische Revolution und deutsche Öffentlichkeit. Wandlungen in Presse und Alltagskultur am Ende des 18. Jahrhunderts, hg. von Holger Böning, München 1992.

»Freiheit, Gleichheit, Brüderlichkeit«. 200 Jahre Französische Revolution in Deutschland, hg. von Gerhard Bott, Nürnberg 1989 (Ausstellungskatalog des Germanischen Nationalmuseums).

Härter, Karl, Reichstag und Revolution 1789–1806, Göttingen 1992.

Kell, Eva, Das Fürstentum Leiningen: Umbruchserfahrungen einer Adelsherrschaft zur Zeit der Französischen Revolution, Kaiserslautern 1993.

Preußen und die revolutionäre Herausforderung seit 1789, hg. von Otto Büsch / Monika Neugebauer-Wölk, Berlin 1991.

Revolution und Gegenrevolution 1789–1830. Zur geistigen Auseinandersetzung in Frankreich und Deutschland, hg. von Roger Dufraisse, München 1991.

Revolution und konservatives Beharren. Das Alte Reich und die Französische Revolution, hg. von Karl Otmar von Aretin / Karl Härter, Mainz 1990.

Les Romantiques allemands et la Révolution française. Die deutsche Romantik und die französische Revolution, hg. von Gonthier-Louis Fink, Straßburg 1989.

Schmitt, Johannes, Eroberung oder Befreiung? Ausbreitung der Revolution im Westsaarraum 1792/93, Saarlouis 1993.

Schunk, Erich, Französische Revolution und pfälzischer Protestantismus, St. Ingbert 1992.

»Sie und nicht Wir«. Die Französische Revolution und ihre Wirkung auf Norddeutschland und das Reich, hg. von Arno Herzig / Inge Stephan / Hans G. Winter, 2 Bde., Hamburg 1989.

Smets, Josef, Les Pays rhénans (1794–1814): le comportement des Rhénans face à l'occupation française, Bern 1997.

Die Debatte um die Revolution und ihre Nachwirkungen
Bétourné, Olivier / Hartig, Aglaia I., Penser l'histoire de la Révolution. Deux siècles de passion française, Paris 1989 (marxistische Kritik des Bicentenaire).
Cominel, George C., Rethinking the French Revolution: Marxism and the Revisionist Challenge, London 1987.
L'héritage de la Révolution française, hg. von François Furet, Paris 1988.
Die Französische Revolution 1789 – Geschichte und Wirkung, hg. von Kurt Holzapfel / Matthias Middell, Berlin 1989.
Kaplan, Steven L., Adieu 89, Paris 1993 (fundamental, auch auf englisch erschienen).
Koppetsch, Axel, 1789 aus zweierlei Sicht. Die Französische Revolution als Gegenstand nationaler Rezeptionsgeschichten in der französischen und deutschen Schulbuchhistoriographie seit 1870, Frankfurt a. M. 1993.
Mazauric, Claude, De la Révolution française, Paris 1988 (Beispiel marxistischen Engagements).
Ory, Pascal, Une Nation pour mémoire: 1889, 1939, 1989 – trois jubilés révolutionnaires, Paris 1992 (mustergültige kulturhistorische Studie).
1789 – Weltwirkung einer großen Revolution, hg. von Manfred Kossok / Editha Kross, 2 Bde., Berlin 1989.

Abbildungsnachweise

Das Kürzel BNF steht für Bibliothèque nationale de France, Paris.

Umschlagbild: BNF, Kupferstichkabinett, Slg. De Vinck n° 1672. Repro nach: Die »Bastille« – Symbolik und Mythos in der Revolutionsgraphik, hg. von Rolf Reichardt, Mainz 1989, S. 50.

Abb. 1. Exemplar der »Bouche de Fer« in der Universitätsbibliothek Mainz.

Abb. 2. BNF, Kupferstichkabinett, Slg. Hennin n° 10907. Repro nach: Klaus Herding und Rolf Reichardt, Die Bildpublizistik der Französischen Revolution, Frankfurt a. M. 1989, S. 19.

Abb. 3. BNF, Kupferstichkabinett, Slg. Histoire de France, M 99004. Repro nach: L'Image de la Révolution française, hg. von Claudette Hould, Montréal (Québec) 1989, S. 84.

Abb. 4. BNF, Kupferstichkabinett, Slg. Histoire de France, M. 99988. Repro nach: Klaus Herding und Rolf Reichardt, Die Bildpublizistik der Französischen Revolution, Frankfurt a. M. 1989, S. 104.

Abb. 5. BNF, Kupferstichkabinett, Slg. De Vinck n° 1673. Repro nach: Die »Bastille« – Symbolik und Mythos in der Revolutionsgraphik, hg. von Rolf Reichardt, Mainz 1989, S. 49.

Abb. 6. BNF, Kupferstichkabinett, Slg. De Vinck n° 1559. Repro nach: ebenda, S. 29.

Abb. 7. Privatbesitz. Repro nach Alain R. Girard und Claude Quétel, L'Histoire de France racontée par le jeu de l'oie, Paris 1982, S. 92.

Abb. 8. Abbildung nach einem Originalexemplar in Privatbesitz.

Abb. 9. BNF, Münzkabinett, Inv.-Nr. RF 667. Repro nach Rolf Reichardt, Der Patriot Palloy und die Schleifung der Bastille, in: Praxis Geschichte, Nov. 1991, S. 56.

Abb. 10. BNF, Kupferstichkabinett, Slg. De Vinck n° 6171. Repro nach: Klaus Herding und Rolf Reichardt, Die Bildpublizistik der Französischen Revolution, Frankfurt a. M. 1989, S. 144.

Abb. 11. Diagramm © Reichardt.

Abb. 12. Diagramm © Reichardt.

Zeittafel

Wenn nichts anderes angegeben ist, sind die im folgenden genannten Ereignisse Frankreich beziehungsweise seiner Hauptstadt Paris zuzuordnen.

1787 Notabelnversammlung in Versailles (22.2.–25.5.): letzte Versuche des Absolutismus zur Selbstreform (Provinzialversammlungen) und zur Sanierung der Staatsfinanzen. Die »Revolte der Privilegierten« beginnt, die Flut der Reformbroschüren schwillt an. Der Aufstand der frankreichfreundlichen »Patrioten« in Holland wird von englisch-preußischen Truppen niedergeworfen.

1788 Eine Gerichtsreform (8.5.) provoziert den Widerstand der Privilegierten: Unruhen in Rennes (10.5.), Grenoble (7.6.) und Pau (19.6.) – vorrevolutionäre Ständeversammlung in Vizille (21.7.). Ludwig XVI. stellt die Schaffung von Generalständen in Aussicht (8.8.) und beruft Necker zum Generaldirektor der Finanzen (26.8.). Scheitern der 2. Notabelnversammlung (6.11.–13.12.). Die Regierung stimmt zu, daß die Zahl der Abgeordneten des Dritten Standes auf den *États généraux* verdoppelt wird (27.12).

1789 Die Flugschrift »Qu'est-ce que le Tiers État« von Sieyès erscheint (Januar) – Zusammenstöße zwischen »Patrioten« und »Aristokraten« in Rennes (Januar) – Wahlversammlungen zu den Generalständen, Abfassung der *cahiers de doléances* (März–Mai) – Hungerrevolten und Abgabenverweigerungen in mehreren Provinzen (Februar–Mai) – Arbeiteraufstand gegen den Fabrikanten Réveillon (28.4.). Eröffnung der Generalstände in Versailles (5.5.) – der Dritte Stand erklärt sich zur »Nationalversammlung« (17.6.) – diese leistet den »Schwur im Ballhaus« (20. 6.) und läßt sich nicht auflösen (23.6.): Auf königlichen Befehl treten die beiden oberen Stände der *Assemblée nationale* bei (27.6.), die sich zur *Constituante* erklärt (9.7.). Gerüchte über ein drohendes »aristokratisches Komplott« (Juni/Juli) – Truppenkonzentrationen um Paris (6.7.) – Entlassung Neckers (11.7.) – Bildung einer Bürgergarde (12.7.) – Bastillesturm (14.7.) – Bailly Bürgermeister und Lafayette Oberbefehlshaber der Nationalgarde (15.7.) – Rückberufung Neckers (16.7.) – Presserevolution – Ermordung des Intendanten Berthier und des Vorstehers der Kaufmannschaft Foulon (22.7.). Aufstand belgischer »Patrioten« gegen die habsburgische Herrschaft (Juli). Ausbreitung der Komplott-Panik, der *Grande Peur*, auf dem Lande (ab 20.7.) – Bauernaufstände in Ostfrankreich (19.7.–3.8.) – Munizipalrevolution. Nationalversammlung: »Opfernacht der Privilegierten« (4./5.8.) – Erklärung der Menschen- und Bürgerrechte (26.8.). Zug der Marktweiber nach Versailles und Umzug des Königs nach Paris (5./6.10.). Dekrete über die Nationalisierung der Kirchengüter (2.11.), die Munizipalitäten (14.12.) und die Assignaten (19.12.).

1790 Bauernunruhen im Westen und Südwesten (Januar, März) – Gemeinderatswahlen (Januar/Februar) – Gründung des Klubs der Cordeliers (27.4.) – 48 Pariser Sektionen statt 60 Distrikte (4.6.) – Aufruhr in der päpstlichen Enklave Avignon (10.–12.6.). – Föderationsfest (14.7.) – in Nancy meutern Soldaten gegen General Bouillé (31.8.) – Bauernaufstände im Südwesten (August–Dezember) – die Trikolore ersetzt das Lilienbanner (21.10.). Gesetze der Konstituante: Departementsverfassung (26.2.) – Verzicht auf Eroberungskriege (22.5.) – Abschaffung des Adels (19.6.) – Zivilverfassung des Klerus (12.7.) – Aufhebung der Parlements (6.9.) und der Binnenzölle (31.10.) – Einführung der allgemeinen Grundsteuer (23.11.) – alle Geistlichen, die ein öffentliches Amt bekleiden, müssen den Verfassungseid leisten (27.11.).

1791 Beginn der Bischofs- und Pfarrerwahlen (2.2.) – Aufbau einer Emigrantenarmee durch den Prinzen von Condé in Worms (ab Februar) – Papst Pius VI. verurteilt die Zivilverfassung des Klerus (10.3./13.4.) – Mirabeau stirbt und wird im Pantheon beigesetzt (2./4.4.) – Ludwigs XVI. Fluchtversuch wird in Varennes vereitelt (20./21.6.) – Beisetzung Voltaires im Pantheon (11.7.) – die *Feuillants* spalten sich vom Jakobinerklub ab (16.7.) – die Nationalgarde schießt auf dem Marsfeld eine republikanische Demonstration zusammen (17.7.) – der Graf der Provence emigriert, Koblenz wird Zentrum der französischen Emigration (Juli) – Parlamentswahlen (August) – Österreich und Preußen erklären in Pillnitz das Schicksal Ludwigs XVI. zu einer europäischen Frage (27.8.) – Anschluß von Avignon an Frankreich (12.9.) – Ludwig XVI. beeidigt die Verfassung (14.9.) – erste Sitzung der *Législative* (1.10.) – Brissot eröffnet die Propaganda für den Krieg (20.10.) – Pétion gegen Lafayette zum Bürgermeister gewählt (14.11.) – Ludwig XVI. verhandelt heimlich über eine Militärintervention des Auslands (3.12.). Gesetze: Aufhebung der Zünfte und Korporationen (2.3.) – Verstaatlichung von Emigrantenbesitz (9.2.) – Verbot von Streiks und Koalitionen (14.6.) – Verfassung (3.9.) – bürgerliche Gleichberechtigung der Juden (27.9.).

1792 Zucker- und Kaffeeunruhen in Paris (23./24.1.) – ländliche Lebensmittelunruhen (Februar/März) – Bündnis zwischen Preußen und Österreich (6.2.) – Ludwig XVI. beruft girondistische Minister (15.3.) – schwere Bauernunruhen im Departement Gard (März) – Kriegserklärung Frankreichs an Österreich (20.4.) – erster Einsatz der Guillotine (25.4.) – französische

Niederlagen an der Nordgrenze (28./29.4.) – Ludwig XVI. entläßt die Gironde-Minister (12.6.) – in den Tuilerien demonstrieren die Sansculotten gegen den König (20.6.) – Ausrufung des nationalen Notstands (11.7.) – Drohungen des Herzogs von Braunschweig gegen Paris (25.7.) – die Pariser Sektionen fordern die Absetzung Ludwigs (3.8.) – Bildung der Revolutionären Commune, Erstürmung der Tuilerien, Suspendierung des Königs (10.8.) – Sturz der Königsdenkmäler (11.8.) – Internierung der königlichen Familie im Temple (13.8.) – royalistische Bauernerhebung im Departement Deux-Sèvres (August) – preußische Truppen erobern Longwy (23.8./2.9.) – Gefängnismassaker (2.–5.9.) – Parlamentswahlen (September) – Proklamation der »einen und unteilbaren Republik« (25.9.) – Revolutionstruppen siegen bei Valmy (20./21. 9.) und besetzen Mainz (21.10.) – Gründung des Mainzer Jakobinerklubs (23.10.) – französischer Sieg über Österreich bei Jemmapes (6.11.) – Hilfsversprechen des Konvents an alle unterdrückten Völker (19.11.) – Anschluß Savoyens an Frankreich (27.11.) – Teuerungsunruhen in Nordfrankreich (November/Dezember) – der Konvent beginnt den Prozeß gegen Ludwig (11.12.). Gesetze: Deportation eidverweigernder Priester (27.5.) – Aufteilung der Gemeindeländereien und Verkauf der Emigrantengüter (14.8.) – entschädigungslose Abschaffung der Feudalrechte (25.8.) – Abschaffung des Königtums und Einführung der Ehescheidung (21.9.).

1793 Abstimmungen des Konvents über das Schicksal Ludwigs (14.–17.1.) – Guillotinierung Ludwigs auf dem Revolutionsplatz (21.1.) – Anschluß Nizzas an Frankreich (31.1.) – Kriegserklärung an England und die Niederlande und erste Koalition gegen Frankreich (1.2.) – Dumouriez dringt nach Holland ein (17.2.) – Pariser Ladensturm (25./26.2.) – Kriegserklärung an Spanien (7.3.) – Konventsabgeordnete als Kommissare in die Provinzen entsandt (seit 9.3.) – Bildung des Pariser Revolutionstribunals (10.3.) – Ausbruch gegenrevolutionärer Bauernaufstände in der Vendée (10./11.3.) – in Mainz tritt der Rheinisch-deutsche Nationalkonvent zusammen (17.3.) – Dumouriez bei Neerwinden besiegt (18.3.) – Gründung der Überwachungskomitees (21.3.) – Bildung des Wohlfahrtsausschusses (6.4.) – Gründung der Gesellschaft der Revolutionären Republikanerinnen (10.5.) – Bildung des Geheimen Neuner-Ausschusses im Bischofspalast (29./30.5.) – Sansculottenaufstände, Entmachtung und Verhaftung der Girondisten (31.5.–2.6.) – Jacques Roux verliest im Konvent das »Manifeste des Enragées« (25. 6.) – Seifenkrawalle (26.–28.6.) – Beginn der Föderalistenrevolte (Juli) – Marat von Charlotte Corday erdolcht (13. 7.) – Hinrichtung des Sansculottenführers Chalier in Lyon (16. 7.) – Mainz kapituliert vor den Preußen (23.7.) – Robespierre in den Wohlfahrtsausschuß gewählt (27.7.) – Österreicher besetzen Valenciennes (28.7.) – Verfassungs- und Einigkeitsfest (13.8.) – Marseille zurückerobert (25. 8.), aber Toulon an England ausgeliefert (27.8.) – Aufstand der

Sansculotten (4./5.9.) – französische Siege bei Hondschoote (6.–8. 9.) und Wattignies (16.10.) – Lyon und Toulon gegen die »Föderalisten« zurückerobert (9.10./19.12.) – Bildung der »Revolutionsregierung« und Beginn der legalen Terreurs (10.10.) – Niederlage der »Vendéens« bei Cholet (17.10.) – »Fest der Freiheit und Vernunft« in Notre Dame (10.11.). Gesetze: Vereinigung von Linientruppen und Freiwilligen (21.2.) – Aushebung von 300000 Mann (24.2.) – Höchstpreise für Lebensmittel (4.5.) – Zwangsanleihe von 1 Milliarde bei den Reichen (20.5.) – Bodenverteilung an die Armen (3.–10.5.) – Jakobinerverfassung beschlossen, aber nicht in Kraft gesetzt (24.6.) – völlige Abschaffung der Feudalrechte (17.7.) – Todesstrafe für Hamsterer (26.6.) – *Levée en masse* (23.8.) – Bildung von »Revolutionsarmeen« zur Requirierung von Lebensmitteln (9.9.) – Verfolgung der »Verdächtigen« (17.9.) – »Allgemeines Maximum« der Preise und Löhne (29.9.) – Einführung des Republikanischen Kalenders rückwirkend von der Proklamation der Republik an (5.10) – Verbot von Frauenklubs (30.10.) – Gleichberechtigung unehelicher Kinder (2.11.) – Zentralisierung der Revolutionsregierung (4.12.).

1794 Beginn des polnischen Aufstands gegen die russischen Besatzer (23.3.) – Hinrichtung der »Hébertisten« (24.4.), der »Dantonisten« (5.4.) und 27 ehemaliger Steuerpächter (8.5.) – Abschaffung des Provisorischen Vollzugsrats und der Ministerien (1.4.) – Beisetzung J.–J. Rousseaus im Pantheon (14.4.) – Anschläge auf Collot d'Herbois und Robespierre (20./23.5.) – Fest des »Höchsten Wesens« (8.6.) – Beginn des »Großen Schreckens« (10.6.) – die Revolutionstruppen besiegen Österreich bei Fleurus (26.6.) – Robespierre im Konvent entmachtet und mit seinen Anhängern guillotiniert (27.–29.7.) – Erneuerung der Regierungsausschüsse (31.7.) – Freilassung politischer Gefangener (5.8.) – Schließung des Jakobinerklubs (12.11.) – Eroberung von Holland und Gründung der Batavischen Republik (November/Dezember) – Rückberufung der ausgeschlossenen Girondisten in den Konvent (8.12.). Gesetze: Aufhebung der Sklaverei (4.2.) – Aufteilung des Verdächtigen-Besitzes an Bedürftige (26.2./3.3.) – Auflösung der Pariser »Revolutionsarmee« (27.3.) – Reorganisation der Regierung (24.8.) – Trennung von Kirche und Staat (18.9.) – Aufhebung des Maximums (24.12.).

1795 Sansculotten-Aufstände für »Brot und die Verfassung« (1.4./20.–23.5.) – Friede von Basel zwischen Frankreich und Preußen (5.4.) – »Weißer Terror« gegen Revolutionsaktivisten im Midi (Mai) – Friede von Den Haag zwischen Frankreich und der Batavischen Republik (16.5.) – Abschaffung des Revolutionstribunals (31.5.) – Emigranten landen mit englischer Unterstützung auf der Halbinsel Quiberon (27.6.) – Rückeroberung von Quiberon (21.7.) – Verfassungsreferendum (September) – Friedensschluß in Basel zwischen Frankreich und Spanien (22.7.) – der

Konvent verabschiedet die Direktorialverfassung (22.8.) – Auflösung der letzten Volksgesellschaften (23.8.) – Anschluß der habsburgischen Niederlande (1.10.) – Bonaparte wirft den royalistischen Vendémiaire-Aufstand nieder (5.10.) – der Konvent löst sich auf (26.10) – Eröffnung des jakobinisch-babouvistischen »Pantheonklubs« (16.11.).

1796 Schließung des Pantheonklubs (28.2.) – Berufung Bonapartes zum Oberbefehlshaber der Italienarmee (2.3.) – Ersetzung der Assignaten durch Territorialmandate (18.3.) – Sardinien-Piemont scheidet aus dem Krieg gegen Frankreich aus (28.4.) – Babeuf und die Anhänger der »Verschwörung der Gleichen« verhaftet (10.5.) – Errichtung der Cispadanischen Republik (16.10.) – Bonaparte siegt bei Arcole (15.–17.11.).

1797 Beginn des Kults der Theophilanthropie (9.1.) – Bonaparte siegt bei Rivoli (14.1.) – Ende der Papierwährung und Rückkehr zum Hartgeld (4.2.) – Wahlsieg konservativer und gegenrevolutionärer Kräfte (März/April) – Babeuf und Darthé werden nach dem Prozeß in Vendôme hingerichtet (27.5.) – Gründung der Ligurischen Republik in Genua (5.6.) und der Cisalpinischen Republik in Mailand (9.7.) – antiroyalistischer Staatsstreich des »Triumvirats« im Direktorium (4.9.) – Friedensschluß von Campoformio mit Österreich (17.10.).

1798 Errichtung der Helvetischen Republik (23.1.) – Proklamation der Römischen Republik (15.2.) – Wahlen zum Rat der 500 und Annullierung linker Mandate (April/Mai) – Anschluß der Republik Genf an Frankreich (17.5.) – Bonaparte landet in Ägypten (1.7.) – Fest zum Einzug der erbeuteten Kunstwerke aus Italien (27./28.7.) – Nelson vernichtet die französische Flotte in der Bucht von Aboukir (1.8.) – Einführung der allgemeinen Wehrpflicht, zugleich Gesetz über den Dekadi und die Feste der Republik (5.9.) – ein französischer Invasionsversuch in Irland scheitert (September) – erste nationale Industrie-Ausstellung auf dem Marsfeld (15.10.) – Zweite Koalition gegen Frankreich (16.11.).

1799 Proklamation der Republik Neapel (23.1.) – französische Niederlagen in Deutschland und Italien (März–August) – Wahlsieg der Neojakobiner (März) – Staatsstreich des Rats der 500 gegen das Direktorium (18.6.) – Gründung und Schließung des neojakobinischen Manege-Klubs (6.7.–13.8.) – mit der Schlacht von Novi verlieren die Franzosen Italien (15.8.) – Masséna siegt bei Zürich über die Russen und Österreicher (25.–27.9) – Bonaparte landet in Fréjus (9.10.) – Staatsstreich des 18. Brumaire, Sturz des Direktoriums (9./10.11.) – Verkündung der Konsulatsverfassung, Napoleon Bonaparte Erster Konsul (15.12.).

Glossar

Das folgende Glossar erhebt nicht den Anspruch, die gesamte revolutionshistorische Terminologie abzudecken, sondern will der Leserin und dem Leser lediglich einige knappe Erklärungen an die Hand geben. Diese beziehen sich zumeist auf Frankreich.

Aristokraten. *Aristocrates* war im alten Frankreich ein neutraler Terminus für die Adeligen als soziale Gruppe. Im späten 18. Jahrhundert und vollends in der Revolutionszeit ideologisierte sich der Ausdruck zu einem pejorativen Schlagwort gegen die Privilegierten und alle Revolutionsgegner überhaupt, also zum Beispiel auch Pfarrer und Kaufleute.

Assignaten. Papiergeld, das die französische Regierung Anfang 1790 auszugeben begann. Es handelte sich um zinstragende Schuldverschreibungen auf den Ertrag aus dem Verkauf der verstaatlichten Kirchengüter. Bei gleichbleibendem Nennwert verloren sie jedoch rasch an Kaufkraft, weil ihre Menge zur Überwindung der staatlichen Finanzkrise mehrfach willkürlich erhöht wurde: zum Nutzen der Schuldner, aber zum Schaden aller, die vom Staat in Assignaten bezahlt wurden. Diese liefen im Februar 1796 aus.

Cercle *Social*. Von Oktober 1790 bis Juli 1791 bestehender Pariser Revolutionsklub unter Führung des Literaten Nicolas de Bonneville und des katholischen Geistlichen Claude Fauchet. Von einer logenähnlichen Vereinigung revolutionärer Intellektueller entwickelte sich der Klub rasch zu einem Vorreiter der Volksbildung und des sozialen Egalitarismus. Seine Versammlungen im Palais Royal zogen zeitweise Tausende an, unter ihnen auch den Preußen Anacharsis Cloots und die Frauenrechtlerin Etta Palm-Aelders.

Cordeliers. Nach ihrem Tagungsort, dem Kloster der Cordeliers (Franziskaner), genannter Revolutionsklub der »Gesellschaft der Freunde der Menschen- und Bürgerrechte« am linken Seine-Ufer zwischen Rue Saint-André-des-Arts und Rue Vaugirard. Der im April 1790 gegründete Klub, dem unter anderem die sozialrevolutionären Wortführer Hébert, Vincent und Ronsin angehörten, zeichnete sich durch seinen basisdemokratischen Charakter aus. Im März 1794 wurde er von der Revolutionsregierung zur Selbstauflösung gezwungen.

Dantonisten. Anhänger des populären Revolutionärs Georges Jacques Danton (26. Oktober 1759–5. April 1794), eines ehemaligen Anwalts, der 1791 in die Administration des Departements Paris, 1792 in den Provisorischen Vollzugsrat sowie zum Justizminister und in den Konvent, 1793 in den Wohlfahrtsausschuß aufstieg. Gestützt auf die Pariser Commune, ihre wichtigste Machtbasis, organisierten die Dantonisten im Herbst 1792 die Abwehr der preußisch-österreichischen Invasionsarmee, duldeten die Septembermassaker, suchten die demokratische Volksbewegung einzudämmen, wandten sich aber auch gegen Robespierres Diktatur und wurden von diesem im März 1794 liquidiert.

Direktorium (*Directoire*). Verfassungsmäßige Exekutive der Republik vom 2. November 1795 bis zum 9. November 1799. Seine fünf Mitglieder wurden vom Rat der Alten unter zehn Kandidaten ausgewählt, die der Rat der Fünfhundert vorschlug. Jährlich mußte ein Mitglied ausscheiden und durch ein neues ersetzt werden.

Feuillants. »Gesellschaft der Verfassungsfreunde« mit Sitz in den Räumen der Feuillants, des ehemaligen Klosters der Feuillantiner in Paris. Ursprünglich Mitglieder des Jakobinerklubs, spalteten sie sich am 16. Juli 1791 von diesem ab (345 Abgeordnete der Nationalversammlung), weil sie unter Führung von Barnave, Duport und Alexandre Lameth eine gemäßigtere Politik wollten als die Radikaleren um Robespierre. Doch Uneinigkeit und organisatorische Schwächen führten bis August 1792 zu ihrem Machtverlust.

Föderalisten. Revolutionäre Politiker, welche die zentralistische Regierung des von den *Montagnards* beherrschten Konvents ablehnten und im Juni 1793 zwei Drittel der Departements auf ihrer Seite hatten. Obwohl sie lediglich eine größere Beteiligung der Provinz an den Pariser Entscheidungen anstrebten, wurden sie von den *Montagnards* erfolgreich als »Separatisten« (*fédéralistes*) angeprangert und bis Ende 1793 weitgehend ausgeschaltet.

Generalstände (*États généraux*). Seit 1302 zu dringlichen Staatsangelegenheiten (Bewilligung außerordentlicher Steuern usw.) von der Krone zu Rat und Tat einberufene Versammlungen der Lehnsfürsten, Erzbischöfe, Vasallen des Königs und Vertreter der königlichen Städte. Nach 1614 erst wieder am 8. August 1788 für den 1. Mai 1789 einberufen, nun aber mit doppelter Anzahl der bürgerlichen Vertreter (Dritter Stand), die sich am 17. Juni 1789 zur souveränen »Nationalversammlung« erklärten.

Girondisten (*Girondins*). Etwa 400 gemäßigt revolutionäre Konventsabgeordnete um den Publizisten Jacques Pierre Brissot, den redegewaltigen Anwalt Pierre Victurnien Vergniaud und Innenminister Jean Marie Roland de La Platière. Zunächst anerkannte Mitglieder des Pariser Jakobinerklubs, wurden sie von diesem Ende 1792 ausgeschlossen und für Frankreichs militärische Niederlagen an der Nordfront verantwortlich gemacht. 20 führende Girondisten wurden im Zuge des Pariser Volksaufstands vom 2. Juni 1793 aus dem Konvent ausgestoßen und am 31. Oktober 1793 guillotiniert. Andere flohen in die Departements und leiteten dort »föderalistische« Erhebungen. Die Überlebenden kehrten im Dezember 1794 in den Konvent zurück.

Grundholde. Bäuerlicher Inhaber eines agrarischen »Untereigentums« an Grund und Boden; das »Obereigentum« besaß der Grundherr (*seigneur*). Der Grundholde (*tenancier*) galt im Rechtsverständnis des 18. Jahrhunderts zwar als der eigentliche Eigentümer, der seinen Landbesitz veräußern und vererben konnte; aber dieses Recht blieb in der Regel theoretisch, weil sein Besitz mit so schweren grundherrlichen Abgaben in Geld und Naturalien belastet war, daß er sich kaum je freikaufen konnte.

Hébertisten. Gruppe sozialrevolutionärer Aktivisten und Publizisten wie Ronsin, Vincent und Momoro, die sich im Sommer 1793 um Jacques René Hébert und seine volkssprachliche Pamphletzeitung »Le Père Duchesne« sammelten. Ihre Basis bildeten die Pariser *Cordeliers*, doch sie hatten auch Anhänger in der Provinz. Sie unterstützten die Entchristlichungskampagne, agitierten für die Lebensmittelversorgung der kleinen Leute und mobilisierten die Straße gegen die Jakobinerdiktatur, bis sie von Robespierre als »Ultrarevolutionäre« angeklagt und vom Revolutionsgericht zum Tode verurteilt wurden (24. März 1794).

Konvent (*Convention nationale*). Drittes revolutionäres Parlament, dessen 729 Abgeordnete im Frühherbst 1792 gewählt wurden und bis zum 26. Oktober 1795 amtierten. Es wurde geprägt von einem sich steigernden Polarisierungsprozeß zwischen den *Girondins* auf der »Rechten« und den *Montagnards* auf der »Linken«, zwischen denen die Abgeordneten des »Sumpfes« (*Marais*) wechselnd abstimmten. Durch seine Regierungsausschüsse und seine in die Departements entsandten Sonderbevollmächtigten (*Représentants en mission*) übte der Konvent auch die volle Exekutive aus.

Montagnards. Gruppe von etwa 260 jakobinischen Konventsabgeordneten, die im Sitzungssaal die oberen Bankreihen (*la Montagne*) einnahmen und die »Linke« dieses revolutionären Parlaments bildeten. Von radikalen Sprechern wie Robespierre, Saint-Just, Couthon und Collot d'Herbois geführt, ermöglichten und stützten sie die Revolutionsregierung von 1793/94.

Munizipalitäten (*municipalités*). Zunächst – als Basisorganisationen unter den Provinzialversammlungen – die neuen Gemeinderäte der Verwaltungsreform von 1787; dann die aus Wahlbeamten bestehenden Verwaltungen der Städte nach dem »Munizipalgesetz« vom 14. Dezember 1789.

Patrioten (*patriotes*). Im engeren Sinne eine lockere Gruppe von etwa 30 Reformern (*parti patriote, Société des Trente*) um Mirabeau, La Fayette und Condorcet, die sich von Ende 1788 bis zum Frühjahr 1789 bei dem amtsadeligen Adrien Duport trafen, um die Meinungsbildung in Generalständen und Nationalversammlung vorzubereiten. Im weiteren Sinn ein wertbejahendes Fahnenwort zur Bezeichnung der engagierten Anhänger der Revolution.

Provinzialversammlungen (*Assemblées provinciales*). Gewählte Selbstverwaltungskörperschaften, die 1787 in zwei Dritteln der französischen Provinzen eingeführt wurden, die unmittelbar der zentralen Steuerverwaltung unterstanden. Sie mobilisierten viele Politiker und übten parlamentarische Verfahren ein, die 1789 nationale Bedeutung gewinnen sollten.

Rat der Fünfhundert (*Conseil des Cinq-Cents*). »Unterhaus« der Direktorialverfassung von 1795 und gemeinsam mit dem Rat der Alten (*Conseil des Anciens*, 250 Abgeordnete) Träger der gesetzgebenden Gewalt bis November 1799. Jährlich mußte ein Drittel der Abgeordneten ausscheiden und neu gewählt werden.

Sansculotten (*sans-culottes*). Ursprünglich eine diskriminierende Bezeichnung der kleinen Leute, die nicht die feinen Kniehosen der gehobenen Gesellschaft (daher »Ohne-Hosen«), sondern lange Arbeitshosen trugen. Etwa ab 1791 machten die Handwerker und kleinen Ladenbesitzer in Paris und in anderen Städten sich dieses Schimpfwort als Selbstbezeichnung zu eigen. Besonders in der radikalen Revolutionsphase waren es diese *sans-culottes*, welche die demokratische Volksbewegung hauptsächlich trugen.

Société des Trente. Siehe »Patrioten«.

Theophilanthropie. Deistischer Kult der Republikaner, der vom Herbst 1796 bis zum Frühjahr 1798 teilweise den erfolglosen Kult des Höchsten Wesens ablöste. Der von Jean-Baptiste Dupontès, einem Pariser Autor revolutionärer Katechismen, in seinem »Manuel des Théophilantrophiles« aufgebrachte Ersatzkult, der katholische, protestantische, freimaurerische und revolutionäre Elemente miteinander zu verbinden suchte, gewann 1797 durch das Direktoriumsmitglied La Revellière-Lépeaux für ein Jahr offizielle Geltung, um dann zur Angelegenheit einer kleinen Sekte zu verkümmern.

Thermidor. Eigentlich der »Hitzemonat« des revolutionären Republikanischen Kalenders (19. Juli–17. August): Aber meistens meint dieser Monatsname den

Sturz Robespierres und der Jakobinerdiktatur am 9. Thermidor des Jahres II (27. Juli 1794).

Thermidorianische Regierung. Übergangsregime zwischen der Entmachtung der Robespierristen und dem Beginn des Direktoriums (August 1794–Oktober 1795) – wie zuvor bestehend aus dem Konvent und aus seiner Mitte gebildeten Regierungsausschüssen.

Wahlmännerversammlung. Mittleres Gremium, das in Frankreich bei allen Wahlen der Revolutionszeit (zu den Generalständen, den revolutionären Parlamenten und den Wahlämtern der Departements) zwischen den wahlberechtigten Bürgern und den Abgeordneten eingeschaltet war.

Orts-, Personen- und Sachregister